英国 Senior Management Regime(SMR), 上級管理者機能(SMFs)とコーポレート・ガバナンス・コード

攻めのガバナンス，国際私法の交錯領域

藤川信夫［著］

文眞堂

まえがき

　本著では，国際取引法ならびに国際金融法制の領域における新たな展開として，英国金融法制に係る Senior Management Regime とコーポレート・ガバナンス・コードについてとり纏める。英国金融監督に関しては Approved Persons Regime（APR 役職員承認制度）が既に導入され，更に 2015 年以降導入に向けて銀行業界の上級管理者向けに Senior Management Regime（SMR）施行が検討され，大きな議論を呼んでいる最新のテーマである。裁判例を通じたソフトローの変容とハードローとのミックス化，上級管理者機能（SMFs）および域外適用などの国際私法的規律の接点に主な焦点を当てる。従来はとかく監視機能を担う非業務執行（社外）取締役の独立性，役割などに焦点があったが，企業価値創造を実際に果たす上級経営陣における上級管理者機能（SMFs）に考察対象を拡大し，またエンフォースメントが強化される点がポイントとなる。攻めのガバナンスとして注意義務のみならず，忠実義務，更には企業価値向上義務にも関わる議論となる。アベノミクスの第三の矢である政府成長戦略の中核をなす日本版コーポレート・ガバナンス・コードのアナロジー，今後の展望などが意識されるところである。
　本著は，『国際経営法の新展開―会社法改正ならびに金融法とコーポレート・ガバナンス，スチュワードシップ・コードの接点―』（2015 年 9 月，日本リスクマネジメント学会優秀著作賞受賞，文眞堂，2014 年 12 月）の姉妹・続編を構成する。我が国のガバナンス改革は 2014 年 6 月改正会社法（2015 年 5 月施行），2014 年 2 月日本版スチュワードシップ・コード，2015 年 6 月日本版コーポレート・ガバナンス・コードの 3 つを軸として進められ，特に日本版コーポレート・ガバナンス・コードは東証上場規則の内容として適用され，上場企業の焦眉の急の対応事項となっている。
　国際取引法ならびに国際金融法規制とコーポレート・ガバナンス改革の大きな枠組みに立ち，英国金融当局が発する最新の協議文書（consultation）など

と現地金融機関へのヒヤリング調査を基礎資料とし，実務面からの検討が進められる日本版コーポレート・ガバナンス・コード，更に国際私法的規律との接点・比較なども踏まえて包括的考察を深めたもので，研究の独自性と意義が存在すると信じる。

　コーポレート・ガバナンスに関する議論は日々深化しつつあり，業種・規模などに応じて多様でもある。各上場企業は，2015年6月株主総会を終え，金融庁・東証のコードへの対応を整えてきており，更に攻めのガバナンスに対処すべく，経済産業省コーポレート・ガバナンス・システムの在り方に関する研究会（座長神田秀樹教授）は2015年7月「コーポレート・ガバナンスの実践—企業価値向上に向けたインセンティブと改革—」と題する報告書を発出し，実践段階に向けたガイダンス・ガイドラインともなるべき報告書を発出している。従前の敵対的企業買収防衛策に関する経済産業省策定の企業価値報告書を彷彿とさせる。本書では，こうしたコーポレート・ガバナンスに関する急速な発展あるいは転換を睨みつつ，英国 Senior Management Regime，および大枠として英国金融法制ならびにリスクガバナンスや報酬政策などのガバナンス・フレームワークの深化等に係る理論と実践につき，包括的，比較法的な考察を図るものである。取締役会評価，ハードローミックスなどのソフトローの発展における司法判断の役割，更には域外適用ほか国際私法的規律といった最新の論点も併せつつ，就中攻めのガバナンスの実践との関連を意識し，今後の我が国企業におけるコーポレート・ガバナンス改革に資することを念頭に置き，取り纏めを図った。

　前著では，CGC，あるいは SWC と会社法改正を横軸として（hirizontal），DF 法，米国 FCPA なども含めた広範な国際取引法あるいは国際私法領域に亘って CG 規制に係る法制度の改革と企業実務の対応などを包括的に採り上げる形をとった。現下の多様な国際企業法領域をガバナンス改革の共通項を持って切っていった。

　他方，本著では，英国 SMR 制度を縦軸の主軸とし（vertical），これに日本版 CGC の実践ともいえる攻めの G，域外適用などに考察対象を深める。問題意識の根底は共通するが，対象領域，コンセプトは両著では全く異なる。本著では，各 Phase あるいは時系列毎に規制当局のその都度の対応や変革など横

串として整理を図っている。規制当局の対応等の推移・経緯については、改めて主題として時系列に採り上げる形をとっていない。FCA，PRA 等の政策対応状況が Phase 毎に背景として顕れてくるため，繰り返しとなる記述部分も多いが，論点の理解を進めるためにその都度書き込んでいる。時系列を意識し，各フェーズ毎に分けて，いくつか論点を有機的に連関させつつ，取り纏めを図った。類似の論点あるいは政策官庁のその都度のスタンスが，フェーズ毎で何度か採り上げられることになる。施行前の最終調整段階に入りつつあり，課題や展望の重点が微妙に変化しつつあることが浮き彫りにされよう。

　本書は，日本大学法学部の学術誌（「日本法学」）などにおいて，近年発表したいくつかの論稿をベースにしている。筆者は，政府系金融機関において長年に亘り融資・審査実務，更に格付機関（出向）で格付業務などに携わり，その実務経験も踏まえて理論と実践を考察した。研究書であるが，企業・法実務家の方々・大学・大学院の参考図書としてもお読みいただければ幸いである。

　池村正道教授・日本大学法学部長，杉本稔教授・前法学部長には平素，大変お世話になっており，御礼を申し上げたい。日本大学法学部では商法等分野の丹羽重博教授，松島隆弘教授，福田弥夫教授を始め，長谷川貞之教授，大久保拓也教授，工藤聡一教授，梅村悠准教授，そして日本大学商学部の根田正樹教授，嶋正教授，また経済法・外国法他の分野では新井勉教授，野木村忠邦教授，さらに稲葉陽二教授，中村進教授，小田司教授，坂力力也教授，刑法分野では船山泰範教授，関正晴教授，行政法分野では高橋雅夫教授・法学部次長，福島康仁教授など多くの先生方から常日頃御教授いただいている。早稲田大学では奥島孝康元総長・名誉教授，上村達男教授，正井章笮名誉教授・常葉大学教授を始め，尾崎安央教授，鳥山恭一教授，大塚英明教授，また稲葉威雄弁護士（元広島高裁長官），長谷川利明弁護士，龍谷大学末永敏和教授，神戸学院大学吉本健一教授，駿河台大学加藤紘捷名誉教授，千葉商科大学の齊藤壽彦教授（金融論），太田三郎教授，藤江俊彦教授，松田和久教授，さらに関西大学の亀井利明名誉教授，亀井克之教授，専修大学上田和勇教授には長年に亘って有益な御示唆を頂いている。改めて心より感謝したい。

　本書発刊においては，文眞堂の前野隆代表取締役社長に企画段階から大変お世話になった。また編集部前野眞司さん，山崎勝徳さんには校正作業に至るま

で面倒な作業を引き受けていただいた。本著は上記の方々の支えがあって世に出すことができた。感謝申し上げる次第である。

2016年1月

日本大学　藤川信夫

本書の要旨
英国金融法制における上級管理者承認制度とアベノミクスの攻めのガバナンスの交錯，ソフトロー形成に向けて

1．英国では2016年3月施行を目指して，Senior Management Regime（SMR）の枠組み構築が進められている。英国金融サービス市場法を根拠法とし，一連のコードなどにより形成されるソフトローミックスである。従前の上級管理者を対象とした規制当局の個別の事前承認制度であるApproved Persons Regime（APR）を下部経営層や従業員にまで継承・拡大するもので，実際に企業価値創造を担う執行陣に対する規律である点で，とかく独立性や多様性，専門性などの議論が主となっていた監視機能を担う社外取締役にかかる議論とは，関連性は強いが，一線を画するものともいえる。コーポレート・ガバナンスの根幹をなす議論の1つでもあるが，投資家の観点に立つスチュワードシップ・コードよりも，より企業経営の実践の現場に近い領域の考察となる。
2．この背景には，国際的な金融危機，近年のLibor金利不正に加えて，ロンドン金融資本市場の国際競争力向上，規制コスト削減などの競争政策上の思惑，更にはUBS事件において英国金融規制機関のFCAの行政処分が審判において覆されたことも存在する。後者では集団的意思決定，経営判断による個人責任の追及が困難となっており，不正・コンプライアンスに止まらず，戦略面にかかる意思決定，即ち適切なリスクテイクを採って企業価値向上を図らなかったという経営戦略・実行面の積極的妥当性に関する経営陣の責任も含めて論点となったものと思料する。
3．Senior Management Regime（SMR）の内容は，Senior Managers' Regimeにおいて FCA，PRAによる上級管理者の承認と責任を厳格に定める一方，Certification Regime（CR）では各企業による自主的な社内承認を

軸として対象人員の大幅な拡大を図っている。また行動ルール（Conduct Rules）により，補完規定としてプリンシプルベースによるソフトローを定め，ソフトローミックスとする。その他，UBS事件のFCA敗訴を受け，証明責任の転換により個人責任の追及を容易にし，併せて刑事罰規定も設けるなど厳罰化，エンフォースメント強化を図っており，司法判断を契機としたソフトローのルール・ハードロー化の様相も窺える。

4．アベノミクスの第三の矢である成長戦略の根幹をなす攻めのガバナンスに関して，日本版コードが策定され，上場企業においては対応を急いでいるが，不正防止もさることながら，中長期的観点からの企業価値向上に向けた積極的な経営の取組み，適切なリスクテイクとこれに対応したインセンティブ報酬設定などが問われており，英国SMRとは軌を一にする。攻めのガバナンスに関しては，インセンティブの導入に議論が集中している感もあるが，その機能の内容あるいは主体，積極的妥当性にかかる責任や義務など規律付けも検討が求められよう。英国SMRは金融機関を対象とする規制であるが，我が国の今後のガバナンス改革，就中攻めのガバナンスの実践において大きな示唆を与えるものと思料する。

5．コーポレート・ガバナンスの議論は，適法性（コンプライアンス），妥当性（効率性）の2つの側面から検討されるが，後者の中で特に積極的妥当性に係る考察が焦点となってくるといえよう。攻めのガバナンスの概念自体にはややもすると分かり難さがなしとしないが，こうしたガバナンスの議論からの整理を図り，実践段階に向けた検討を進めることで実効性を伴うものとなっていこう。

　攻めのガバナンス，積極的妥当性に関するチェック，評価とインセンティブ付けを会社機構あるいはガバナンス・フレームワークの中で構築することが重要となる。会社法の業務の適性を確保する体制の内容として定められるような不正防止（コンプライアンス），損失の危険の管理にかかるような消極的妥当性の監視機能を独立社外取締役がブレーキ役として担う場合の独立性や多様性，専門性の議論とは異にする。

　リスクテイクの促進・インセンティブ導入と共に，積極的妥当性の推進を図る担い手の機能の実際，非業務執行取締役との概念の重複・異同の整理，

適切な戦略目標，企業カルチャーの設定と報酬体系における評価・基準の策定などに係るスキームが鍵となる．取締役会評価の関連も議論されよう．

6．経営の監視機能を担い，ブレーキ役ともいえる独立社外取締役（非業務執行取締役：NED）とアクセル役で適切なリスクテイクの役目を担っている上級管理者の機能（SMFs）に関する検討が大きな論点となってくる．SMFs において包括的な責任を付与される個人（SMF18）を設けており，両者の境界域が不透明化しつつある．またそもそも NED 自体にも戦略面の積極的役割が期待される場合もあり，またアクセルとブレーキを同時に強化することもまた背理となりかねない．英国 SMR に関して，両者の機能自体の重複，不明確さを危惧する指摘もなされ，プリンシプルベースといいつつ，対応を図るべく詳細なコード，ガイドラインが施行時期を目前にして相次いで発出されている．SMFs に NED を包含することで，NED が業務執行機能面の責任をとらされることにならないか，結果として NED の独立性を損ね，資質の高い NED の獲得を困難としないか等の懸念が表明されている．このため，NED の中に一般的機能を担う Generic NED の概念を新たに設定するなど屋上屋を重ねる内容となりつつあり，一層のルール化，定式化の様相を強めているともいえる．一種のジレンマ・パラドックスとなる．欧米の取締役会という一層制のガバナンス・スキームならではの論点となろう．NED には中長期計画の策定自体に対する寄与もさることながら，その修正を図り，計画実行の事前の差し止めに関する役割が期待されよう．

7．この他，国際私法的規律に係る領域であるが，域外適用（Extraterritorial Application）に関し，現時点では FCA 当局は英国内の海外銀行支店に対して刑事罰規定などの適用に否定的な旨を述べており，海外銀行の本国本店などへの影響は少ないものとみられるが，米国 FCPA など域外適用強化の風潮もあり，競争政策上の方針の変更などにより，今後域外適用が進むリスクも否定できない．また近年の米国における刑罰規定（コンピュータ詐欺と濫用に関する法律（CFAA））における社会規範の概念導入，Morrison 判決などの域外適用に関する裁判例の謙抑的傾向，域外適用否定の推定則にも議論を進め，SMR における刑事罰規定のあり方の試論を行っている．

8．比較法的観点から，中長期的企業価値の向上に関して，英国会社法上の取

締役の担う一般的義務や注意義務，米国会社法上の取締役あるいは執行役の担う忠実義務，信認義務を負う役員の範囲，忠実義務および注意義務双方の適用を受ける上級業務執行役員，完全な公正性にかかる立証責任，経営判断原則と反証可能な推定，責任軽減規定などの考察も，SMR における執行機能の範囲，SMFs の責任マップなど SMR の論点に絡めて行った。また近時議論を呼びつつある取締役会評価（Board Evaluation）と SMR の関連，大きな枠組みとしての英国金融法制，2014 年英国コーポレート・ガバナンス・コードなどによるコーポレート・ガバナンス・フレームワーク，リスクガバナンスとリスクカルチャー，更にバーゼル規制において議論されている業務管理，リスク管理・コンプライアンス部門，内部監査部門という3つの防衛線（three lines of defense）と英国の司法判断等に係る包括的考察を SMR と比較検討しつつ行っている。日本版コードと SMR の突合も行い，最終的には我が国の攻めのガバナンスの実践段階において，英国 SMR の考察の有用さを示すことができたものと思料する。就中，攻めのガバナンスを意識しつつ，SMR 等に関して上級管理者機能（SMFs）を中心にその対象者，内容，評価そして問題点などを考察した。過度のリスクテイクから 2008 年リーマン金融危機を引き起こした欧米金融機関と異なり，コンプライアンス違反はあってもリスクテイクには慎重であり，いかに適切なリスクテイクを促進するかという段階にある我が国金融業界の現状としては，例えば SMR のスキームのうち，Certification Regime 導入による執行機能強化ならびにその監視をまずは図っていくことが有用であろう。

　また代表訴訟制度の意義における法規範形成，公序の観点とのアナロジーを通じて，証明責任の転換，刑事罰導入などは当面除外した SMR の緩和した形態をコードとして，我が国の実状に適合した自主的導入を図り，SMFs の内容，機能・責任分担，特に NED との異同，更にエンフォースメントなど社内で厳格に策定して規律づけ，妥当性領域において攻めのガバナンスの実効性を上げるべく機能させることが想定される。鍵の1つとなる SMFs と NED の機能分担の異同等についても私論を述べてきた。

　コンプライアンス，著しく不正，消極的・積極的妥当性の各領域と NED あるいは SMF18 などの分野に関する概念を整理・調整し，自主的な SMR

に係る社内プログラム策定・運用・評価により，量刑ガイドラインとコンプライアンス・プログラム，あるいは特別訴訟委員会同様の免責等に係る機能を付与し，インセンティブ付けを図ることも攻めのガバナンスの規律の一環として考えられよう。
9. 日本版コードについては，2016 年 6 月株主総会を経て，上場企業による当面のキャッチアップはほぼ終了しつつあり，次なる実践段階に向けて経済産業省からは，買収防衛策の指針同様，攻めのガバナンスの法的ガイドラインの役割も期待される報告書が発出され，会社役員賠償責任保険（D&O 保険）の実務上の検討ポイント，法的論点に関する解釈指針などが示される。役員報酬によるインセンティブの付与，現行会社法下における会社補償の可否など新たな論点が検討されている。また金融庁も精力的に日本版コードのフォローアップを図るなど，ガバナンスを巡る動向は我が国独自の未踏の領域に向け，日々大きな進化を遂げつつある。

　本書ではコーポレート・ガバナンスに関する急速な展開の中，英国 SMR，金融法制等にかかる理論と実践の考察を図り，ソフトローの発展における司法判断の役割，域外適用など国際私法的規律の論点も合わせつつ，中長期的企業価値向上に向けたコーポレート・ガバナンスの展望など今後の我が国企業におけるコーポレート・ガバナンスの発展を念頭に置きつつ取り纏めを図った。

　とかくコンプライアンスなどの守りを意識した観点から従来はガバナンスの議論がされることが多く，社外独立取締役の果たす機能，女性配置などの多様性，会計・法務など専門性が議論されてきた。

　しかるにアベノミクスの攻めのガバナンスでは，積極的に適切なリスクテイクを採り，企業価値向上を図ることが望まれ，そのためのインセンティブ導入のスキーム策定が役員報酬面などで問題となっている。またこうした経営執行陣における積極的妥当性に関する評価，相応の処分等の基準をどう図るのか，いかなる法令あるいはガイダンスやコードなどで発出するのか，その場合のエンフォースメント，民刑事罰をいかに規定するか，等の検討が求められる。明白な法令違反，あるいは重大な損失の発生ではなく，経営戦略面の失敗という，従来は取締役会の集団的意思決定，経営判断原則などによ

り守られてきた個人責任追及に対して，英国金融規制当局が発出した行政処分が大審院敗訴となったことを受けて取り組んできているテーマである。

我が国ではこうした研究は過去にも類をみない。またアベノミクスの攻めのガバナンスがいよいよ実践段階を迎えるに当たり，軌を一にする問題として，我が国ガバナンスの将来の発展に大きく資する研究であると信じるものである。

SMRの制度導入については，ケースローによるソフトローの発展の道筋を示す議論であり，またガバナンスの形態は単一ではなく柔軟性が許容されるとする中で，英国ではプリンシプルベースからルール化の様相を示し，他方ルールベースとされ，コード概念を受け入れないとしてきた米国では判例形成における忠実義務の規範化概念の進展の動向など一種のプリンシプルベースへの接近ともいえる傾向も窺うことができる。個々の国ごと，業種・規模毎の相違によるガバナンスの差異はあれ，グローバル企業の活動を通じた広義のガバナンスのコンバージェンス（収斂）の大きな動きも看てとれる。攻めのガバナンスと軌を一にする要素の大きい英国SMRに関する考察が，株主の観点もさることながら，経営の実践の視点において，今後の我が国ガバナンスの発展に資するものと確信する。

目　次

まえがき …………………………………………………………………… *i*
本書の要旨 ………………………………………………………………… *v*

序　章　問題意識 ………………………………………………………… *1*

Phase I
英国金融規制，Approved Persons Regime から Senior Management Regime への転換

第1章　英国 Approved Persons Regime とコーポレート・ガバナンス・コード ……………………………………………………………… *4*
　Ⅰ．英国 Approved Persons Regime の概要と課題 ………………… *4*
　Ⅱ．2014年9月改訂版英国コーポレート・ガバナンス・コードと非業務執行取締役ならびに Approved Persons Regime …………… *10*
　Ⅲ．Approved Persons Regime とリスクマトリックス，3つの防衛線ならびに域外適用 ……………………………………………… *15*
　Ⅳ．スチュワードシップ・コードおよび行動原則と数値規制，リスク管理と内部監査 ………………………………………………… *22*
　Ⅴ．Approved persons とスチュワードシップ・コードの域外適用リスク等の試論―恣意性ならびに国際私法の規律― ……………… *26*
　Ⅵ．二重処分リスクと私法的規律の導入 ……………………………… *29*

第2章　英国における金融機関の監督手法（ARROW）のリスクアセスメント・フレームワーク ……………………………………… *36*

Ⅰ．UKFSA と行政目的 …………………………………… 36
　Ⅱ．ARROW のリスク評価プロセス …………………………… 36
　Ⅲ．リスク評価プロセスの概要 ………………………… 37
　Ⅳ．リスク削減プログラム（RMP）………………………… 37
　Ⅴ．リスク評価と行政上の措置の関係 ………………… 38
　Ⅵ．ARROW における顕在可能性リスクのリスク要素 ……… 38
　Ⅶ．リスク要素と RTO および行政目標 ………………… 39

第 3 章　英国 Senior Management Regime とコーポレート・ガバナンス・コード ……………………………………………………… 41
　Ⅰ．英国 Senior Management Regime とコーポレート・ガバナンス・コード ……………………………………………………… 41
　Ⅱ．銀行システムと 2013 年英国金融サービス法のスキーム ……… 53
　Ⅲ．英国議会銀行委員会の最終報告書と Senior Management Regime … 58

Phase Ⅱ
Senior Management にかかる司法判断とソフトローの発展

第 4 章　UBS 事件（John Pottage v. FSA）と Senior Management Regime ……………………………………………………… 66
　Ⅰ．2012 年 UBS 事件（John Pottage v. FSA）など関連事例を通した Senior Management Regime 改正の意義・目的の考察——間接統治的規制への転換—— …………………………………… 66
　Ⅱ．John Pottage v. FSA 事件の考察——マネジメントリスクにおける Senior Management の役割の拡大と FSA の対応—— ……… 68

Phase Ⅲ
上級管理者機能（SMFs）と英国金融規制の動向

第 5 章　上級管理者機能（SMFs）と FCA・PRA 規制の考察——Approved

　　　　Persons における重要な影響力を保有する機能　(SIFs) から上
　　　　級管理者機能 (SMFs) への転換— ·· *82*
　Ⅰ．Approved Persons Regime と制御された機能 ······················ *82*
　Ⅱ．Senior Management Regime と上級管理者機能 (SMFs) および
　　　非業務執行取締役·· *85*
　Ⅲ．上級管理者機能 (SMFs) と FCA・PRA 規制 ······················· *89*
　Ⅳ．Certification Regime ·· *95*
　Ⅴ．行動規則—2 層制度— ·· *98*

第 6 章　英国金融規制当局 (FCA, PRA) の最新の動向と Senior Management Regime—3 層の監督構造と 3 つの防衛線, 成長戦略とコーポレート・ガバナンス改革のアナロジー— ··············· *105*

　Ⅰ．最新の FCA 規制—成長と規制のバランス, 取引所の国際競争力向上, 3 層の監督構造ならびに 3 つの防衛線と Senior Management の役割— ·· *105*
　Ⅱ．FCA の銀行における個人の説明責任に関する新制度と行動リスクの最新の説明 ·· *109*
　Ⅲ．PRA 規制の最新の動向と管轄権の戦略 ······························ *114*

第 7 章　大規模金融機関の国際的な破綻処理制度—TBTF 問題への対応と TLAC— ··· *121*

　Ⅰ．大規模金融機関の破綻処理制度と TBTF 問題 ······················· *121*
　Ⅱ．欧米主要国の TBTF 問題の対応 ·· *123*
　Ⅲ．英国と米国規制当局共同の破綻処理スキーム······················· *125*
　Ⅳ．欧米の銀行構造改革問題 ·· *126*
　Ⅴ．銀行構造改革の問題点と対応—銀行破綻処理制度の実効性— ········ *127*

Phase IV
コーポレート・ガバナンス・コード，非業務執行取締役，域外適用など国際私法の接点，ならびにソフトローのルール化などのコード展開の試論

第8章 Senior Management Regime における非業務執行取締役の機能ならびに英国行動ルールと日本版コーポレート・ガバナンス・コード 134
Ⅰ．Senior Management Regime における非業務執行取締役の機能（PRA） 134
Ⅱ．Senior Management Regime におけるサンクションの科される想定例 136
Ⅲ．Code of Conduct（行動面のコード）における非業務執行取締役の役割と責任（FCA） 138

第9章 Senior Management Regime に係る海外銀行英国支店の取り扱い —域外適用の可能性など国際私法的規律の接点— 143
Ⅰ．Senior Management Regime と外国銀行の英国支店に関する説明責任 143
Ⅱ．Certification Regime と行動ルール 144
Ⅲ．エンフォースメントと海外銀行の英国支店に係る域外適用の懸念 … 144
Ⅳ．英国外銀支店ならびに銀行の役職員個人に関する規制の邦銀への影響 146
Ⅴ．SMFs 等の内容面の重複と錯綜の危惧ならびに規制強化のジレンマ，他業界への拡大適用の可能性 155

第10章 Senior Management Regime におけるルール化の傾向とソフトローの考察 160
Ⅰ．ソフトローの発展と法規範化 160
Ⅱ．Senior Management Regime におけるルール化傾向とソフトローと

　　　　しての コード―社外取締役を置くことの不相当性に係る Comply or
　　　　Explain のアナロジー― ……………………………………………… *163*

第 11 章　英国会社法における取締役の一般的義務，二重の基準と Senior Management Regime の整合性―非業務執行取締役の機能を中心に― ……………………………………………………………… *166*

　Ⅰ．Senior Management Regime と英国会社法における取締役の注意
　　　義務および一般的義務 ………………………………………………… *166*
　Ⅱ．Approved Persons Regime, Senior Persons Regime に求められる
　　　資質と行動規範 ………………………………………………………… *170*
　Ⅲ．Approved Persons Regime, Senior Persons Regime と 2006 年会
　　　社法 172 条の符合 ……………………………………………………… *171*
　Ⅳ．Senior Persons Regime と非業務執行取締役の異質性 …………… *172*

第 12 章　Senior Management Regime と日本版コーポレート・ガバナンス・コードの突合―ソフトローのルール化も踏まえて― ………… *175*

　Ⅰ．日本版コーポレート・ガバナンス・コードの主旨 ………………… *175*
　Ⅱ．Senior Management Regime の行動ルールとコーポレート・ガバ
　　　ナンス・コード ………………………………………………………… *178*
　Ⅲ．金融機関の行動規範（FCA）とコーポレート・ガバナンス・
　　　コード …………………………………………………………………… *178*
　Ⅳ．ベスト・プラクティスとしてのコーポレート・ガバナンス・コード
　　　と Senior Management Regime―ソフトローのルール化，OECD
　　　コーポレート・ガバナンス原則も踏まえて― ……………………… *180*
　Ⅴ．日本版コーポレート・ガバナンス・コードと Senior Management
　　　Regime の接点と実務 ………………………………………………… *185*

第 13 章　英国議会委員会の第 7 報告書にみる Senior Management Regime の要諦と問題点 ………………………………………………… *187*

　Ⅰ．2014 年 10 月英国議会委員会の第 7 報告書における Senior

Management Regime にかかる提言内容の要諦―英国銀行業界の
　　　問題点とリングフェンスの独立性― ………………………………… *187*
　Ⅱ．個人の説明責任の強化と Senior Management Regime に関する議論
　　　の展開―Senior Management Regime の政策的意図と課題― ……… *190*
　Ⅲ．行動規則の整理 ………………………………………………………… *193*

第 14 章　Senior Management Regime の展開と課題―コード展開の試論　　　　　を交えて― ……………………………………………………… *195*

　Ⅰ．Senior Management Regime と英国コーポレート・ガバナンス・
　　　コードの展開ならびに我が国の敷衍 …………………………………… *195*
　Ⅱ．Senior Management Regime の課題と展望に関する試論 …………… *197*

Phase V
取締役会評価，攻めのガバナンス，米国における忠実義務の考察，ならびに統合的リスク管理（ERM），リスクカルチャーとプルーデンス規制

第 15 章　取締役会評価の考察―機関投資家の逆選別化，ROE と資本コス　　　　　ト― ……………………………………………………………… *206*

　Ⅰ．欧米の取締役会評価とコーポレート・ガバナンス ………………… *206*
　Ⅱ．英国 2014 年 9 月改訂版コーポレート・ガバナンス・コードにおけ
　　　る取締役会評価と筆頭独立取締役の役割 ……………………………… *211*
　Ⅲ．取締役会評価のベストプラクティスと Senior Management
　　　Regime ……………………………………………………………………… *212*

第 16 章　攻めのガバナンスと評価手法の実際―企業価値向上と監督機能，　　　　　報酬制度設計と独立社外取締役― ……………………………… *217*

　Ⅰ．企業価値向上と監督機能 ……………………………………………… *217*
　Ⅱ．モニタリングモデルと攻めのガバナンスの考察 …………………… *221*
　Ⅲ．企業価値創出と健全なリスクテイクの評価と取締役会ならびに社外

取締役の役割 ………………………………………………………… *222*
　Ⅳ．攻めのガバナンスならびに経営者報酬規制と日本版コード―欧米の
　　　報酬制度との問題意識の相違，報酬制度と独立社外取締役― ……… *224*
　Ⅴ．報酬制度設計の施策………………………………………………………… *225*
　Ⅵ．英米における報酬規制の開示などの変遷と国際機関の提言 ………… *227*
　Ⅶ．業績評価，独立社外取締役会議，自己評価に関するベスト・プラク
　　　ティス・モデル ……………………………………………………………… *229*
　Ⅷ．攻めのガバナンスと Senior Management Regime（SMR）ならび
　　　に Senior Management Functions（SMFs）―監査等委員会設置会
　　　社活用のアナロジー― ……………………………………………………… *230*

第17章　Senior Management Regime の位置付けと攻めのガバナンスと
　　　　　の異同―英国 SMR と日本版コードの交錯，我が国ガバナンス
　　　　　改革の影響― ………………………………………………………………… *236*

第18章　英国コーポレート・ガバナンス・コードの系譜と非業務執行
　　　　　取締役などの考察 …………………………………………………………… *239*
　Ⅰ．英国コーポレート・ガバナンス・コードと非業務執行取締役 ……… *239*
　Ⅱ．英国におけるコーポレート・ガバナンスの系譜と新たなリスクマ
　　　ネジメント―コーポレート・ガバナンスとリスクマネジメントの
　　　結合― ………………………………………………………………………… *248*

第19章　日本版コーポレート・ガバナンス・コードの理論と実践
　　　　　　―英国 Senior Management Regime を踏まえて― ……………… *255*
　Ⅰ．日本版コーポレート・ガバナンス・コードの特徴と対応 …………… *255*
　Ⅱ．日本版コーポレート・ガバナンス・コードおよびスチュワードシッ
　　　プ・コードと会社法改正の接点―上場企業におけるガバナンス対応
　　　の理論と実務― ……………………………………………………………… *264*

第20章　我が国のコーポレート・ガバナンス法制と Senior Management

Regime のアナロジー──内部統制と統合的リスク管理── ………… 293
　Ⅰ．金融規制と統合的リスク管理ならびに経営判断，Senior Management Regime の接点 …………………………………………………… 293
　Ⅱ．我が国のコーポレート・ガバナンス法制と Senior Management Regime のアナロジー──戦略的マネジメントと吟味の基準── ……… 295
　Ⅲ．内部統制とリスク管理の統合的運用 ………………………………… 297
　Ⅳ．内部統制と改正会社法の3類型 ……………………………………… 303

第21章　米国における法の拡張と柔軟性──責任制限，忠実義務などにおける規範化概念── ……………………………………………………… 310
　Ⅰ．法の拡張，効果的エンフォースメントと柔軟性維持──法と社会規範の相互作用── ……………………………………………………… 310
　Ⅱ．英国・米国における法の拡張，効果的なエンフォースメント達成と柔軟性の維持 ………………………………………………………… 310
　Ⅲ．責任免除規定の適用除外事由と注意義務ならびに忠実義務 ………… 312
　Ⅳ．米国における取締役の信認義務──グッドフェイスと新2分説など── ……………………………………………………………………… 317

第22章　日本版スチュワードシップ・コードの新たな実践と機関投資家，議決権行使の影響 ………………………………………………………… 328
　Ⅰ．日本版スチュワードシップ・コードと機関投資家 …………………… 328
　Ⅱ．機関投資家によるスチュワードシップ活動と議決権行使 …………… 330

第23章　英国における金融監督・規制ならびにバーゼル規制の方向性 …………………………………………………………………… 333
　Ⅰ．英国における金融監督・規制ならびにバーゼル規制の方向性とコーポレート・ガバナンス・アレンジメント，国際的相互作用──Senior Management Regime の接点── ……………………………………… 333
　Ⅱ．英国金融監督体制の変化と Senior Management Regime …………… 339
　Ⅲ．英国 FCA とリスクカルチャーならびにプルーデンス規制──Senior

　　　　Management Regime と報酬規制改革— ………………………… *341*
　Ⅳ．二重処分リスクと規律の多面性 ………………………………… *346*
　Ⅴ．コーポレート・ガバナンスのフレームワークとソフトローミックス
　　—Senior Management Regime とコーポレート・ガバナンス・コードの接点— ………………………………………………………… *346*

Phase Ⅵ
2015 年株主総会と攻めのガバナンスの実践，企業価値向上に向けたインセンティブと改革と Senior Management Regime（SMR）の接点，刑罰規定における規範化概念の進展と域外適用，Senior Management Regime ならびに SMFs と NED の関係ならびに未調整項目の克服，Senior Management Regime における忠実義務と攻めのガバナンス，報酬政策とガバナンス・フレームワークなど最新の動向と展望

第 24 章　2015 年株主総会の変化にみる攻めのガバナンスの実践と SMR の接点 ……………………………………………………………… *354*
　Ⅰ．2015 年 6 月株主総会にみる攻めのガバナンスとコーポレート・ガバナンス・コード ………………………………………………………… *355*
　Ⅱ．コーポレート・ガバナンスの実践—企業価値向上に向けたインセンティブと改革— ……………………………………………………… *362*

第 25 章　刑罰規定における規範化概念の進展と域外適用，SMR における刑事罰規定のあり方の試論 ……………………………………… *366*
　Ⅰ．CFAA にみる米国の刑罰規定における規範化概念の深化と司法判断 ……………………………………………………………………… *366*
　Ⅱ．CFAA にみる域外適用と米国法の動向—近時の裁判例との整合性— ……………………………………………………………………… *368*

第 26 章　SMR ならびに SMFs と NED の関係—SMF18 と NED を中心に，

　　　　　域外適用および攻めのガバナンスの一体的考察— ················· *377*
　　Ⅰ．SMR と NED の関係—SMF18 と NED を中心に— ············· *377*

第 27 章　SMR における忠実義務の考察—米国会社法制との比較検討，
　　　　　攻めのガバナンスにかかる挙証責任の試論など— ············· *388*
　　Ⅰ．SMR における忠実義務 ··· *388*
　　Ⅱ．SMR における執行機能の範囲の考察 ··························· *393*
　　Ⅲ．役員に対する経営判断原則の適用 ······························· *397*

第 28 章　Senior Management Regime（SMR）の展望—英国金融規制と
　　　　　SMR，報酬政策に関する最新の動向，未調整項目の克服に向け
　　　　　て— ·· *400*
　　Ⅰ．英国金融規制のガバナンスのフレームワークと報酬政策等の最新
　　　　動向 ·· *400*
　　Ⅱ．SMR における未調整項目の克服に向けて ······················· *416*

終　章 ·· *431*
　　Ⅰ．二重処分リスクと規律の多面性 ································· *431*
　　Ⅱ．Senior Management Regime の更なる対象拡大と変容ならびにグラ
　　　　ンドファザリング ··· *432*
　　Ⅲ．コーポレート・ガバナンスのフレームワークとソフトローミックス
　　　　—Senior Management Regime とコーポレート・ガバナンス・コー
　　　　ドの接点— ·· *433*

あとがき ·· *437*
索　引 ·· *440*

序章
問題意識

　金融危機後の改善策として，英国では2010年機関投資家に向けたスチュワードシップ・コードがコーポレート・ガバナンス・コードから派生し，策定された。一方我が国では改正会社法が成立し，監査等委員会制度創設や社外取締役の要件改正などガバナンスに関わる論点が中心をなしている。合わせて日本再生・成長戦略の一環として2014年2月日本版スチュワードシップ・コードが導入され，更には2015年6月には経営陣に向けた日本版コーポレート・ガバナンス・コードが策定された。この3つにより，我が国におけるガバナンス改革は進められる。

　英国金融監督に関してはApproved Persons Regime（APR役職員承認制度）が既に導入され，更に2015年以降導入に向けて銀行業界の上級管理者向けにSenior Management Regime（SMR）施行が検討され，大きな議論を呼んでいる。従来はとかく監視機能を担う非業務執行（社外）取締役の独立性，役割などに焦点があったが，企業価値創造を実際に果たす上級管理者機能（SMFs）に考察対象を拡大し，またエンフォースメントが強化される点がポイントとなる。英国金融監督スキームの中で，裁判例を通じたソフトローの変容，上級管理者機能（SMFs）および域外適用などに焦点を当てる。更に攻めのガバナンスを標榜する日本版コーポレート・ガバナンス・コードの理論と実践についても最新の議論と実務動向を踏まえて考察し，英国Senior Management Regimeの関連性を追求し，試論を提示したい。

Phase I

英国金融規制，Approved Persons Regime から Senior Management Regime への転換

第1章

英国 Approved Persons Regime とコーポレート・ガバナンス・コード

I. 英国 Approved Persons Regime の概要と課題

1．Approved Persons Regime から Senior Management Regime への変革

　英国においては，金融機関の英国現地法人における最新の論点として Approved Persons Regime（APR）が既に導入され，更に 2015 年以降の導入に向けて，金融機関向けに Senior Management Regime（SMR）の施行が検討されている。Approved Persons Regime の拡大適用とエンフォースメント強化によるコーポレート・ガバナンスの実効性確保，企業価値向上を企図してものともいえる。

　他方，我が国では安部晋三内閣のアベノミクスの成長戦略の一環として企業のガバナンス改革を推進するべく，長期的観点からの企業価値向上を目指し，2014 年 6 月会社法改正と合わせて，既に日本版スチュワードシップ・コードが導入され，更に 2015 年株主総会における導入を視野に入れ，日本版コーポレート・ガバナンス・コードの策定が金融庁により進められた[1]。経営陣に向けては日本版コーポレート・ガバナンス・コードが策定され，2015 年 6 月 1 日より，東証上場規則の内容として適用がされる[2]。両コードの理論と実践について，2015 年以降の株主総会などにおいて焦眉の急の課題となっている。

　本章は，英国スチュワードシップ・コードとコーポレート・ガバナンス・コードも合わせて検討し，Senior Management Regime と日本版コードとの比較検討を含め，理論と実践の考察を図る。国際経営・金融法の大きな枠組みの下で，コーポレート・ガバナンス法制とバーゼル銀行監督委員会による

国際金融法制にも関わる包括的かつ統一的な俯瞰を試みる。2015年3月時点の英国金融規制当局（ツインピークス体制となるFCA（金融行為監督機構），PRA（健全性規制機構），Bank of England（イングランド銀行））の姿勢など，最新の内容と現地進出金融機関の経営陣に対するヒヤリングを元に独自の考察を進める。我が国では先行研究が見当たらない中，欧米ではSenior Management Regimeに関する多数の報告書・研究書などが官民あげて出されつつある。我が国成長戦略におけるコーポレート・ガバナンス改革の中核をなす攻めのガバナンスの概念と問題意識も共有される部分が少なくなく，単なる海外事例の紹介に止まらず，今後の我が国の改革の示唆として研究の意義は大きい。本書の独創性と進取性は十分あるものと信じる。

　国際経営・組織法の大きな枠組みの下で，コーポレート・ガバナンス法制と国際金融法制に関わる包括的かつ統一的な俯瞰を試みたい。英国法制に関しては，2012年英国スチュワードシップ・コード（Stewardship Code：SWC），2014年9月コーポレート・ガバナンス・コード（Corporate Governance Code：CGC），2006年英国会社法ならびに関連のCode, Guidanceなどを主たる考察対象とする。以下では，先ずApproved Persons Regimeの考察から進めていきたい。

2．英国Approved Persons Regimeの概説と論点

　英国進出の我が国現地法人においては，英国スチュワードシップ・コード（SWC）とコーポレート・ガバナンス・コード（CGC）などに関連して，Approved Persons Regime（役員承認制度 APR）の適用が近時注視されてきている[3]。

　Approved Persons Regimeにより，英国におけるCEO（Chief Executive Officer），取締役（Directors）などの経営陣には，コンプライアンス，リスクマネジメントのみならず，戦略面（Strategy）等の判断能力について，英国金融当局（財務報告評議会：FRC）による直接の面談システムが導入され，その適格性を判断されることとなっている。従来のような経営の効率性について失敗であったか，という消極的妥当性の測面のみならず，CEOなどが採った経営戦略が最善の策ではなかったのではないか，もっと上手く経営・決定がで

きたのではないか，という企業価値最大化を図る義務について，その遂行能力を具備しているか，積極的妥当性も含め，当該人物の潜在的能力も包摂して財務報告評議会（Financial Reporting Council：FRC）が総合的にチェックしているものと考えられる。具体的チェック項目などは，integrity，説明可能な機能としての skill, care and diligence, 市場規範の遵守，FCA・PRA など規制機関との open, co-operative な deal, 情報の適切な開示などがあり，専門性や説明力など多義に亘るが，米国法における注意義務や忠実義務にも及ぶ内容となっていること，法制度よりもプリンシプルベースとして規範的概念の要素が強いことが指摘される。米国の忠実義務をみると利益相反禁止義務に限定されず，会社利益の積極的増進に専念すべきことを取締役に求め，積極的作為義務（自主開示の義務など）を含むことが学説，判例で確認されている。

　こうした Approved Persons Regime の嚆矢は，英国におけるコーポレート・ガバナンス・コードの発展に窺い知ることができ，就中，非業務執行取締役（Non Executive Directors：NED）の概念の展開の延長にあるものと思料される。この意味では，非業務執行取締役に係る忠実義務，注意義務等の考察も重要となる。Approved Persons Regime は，英国のコードの展開において形成された非業務執行取締役に親和性・共通性があるが，非業務執行取締役に止まらず，対象を経営層，更に直近では従業員層にまで拡大せんとしつつあり，従来の非業務執行取締役に関わる議論とは異なる面もある。

　Approved Persons Regime 導入は監査委員会等設置会社における非業務執行取締役による改革にも通じる。2014年改正会社法では社外取締役の社外要件も厳しくなるが，法文に書き込まれる形式面主体の厳格化と合わせて，非業務執行取締役中心のガバナンス改革を進める上で実質面からの必要条件にもなり得る。

　英国におけるこうした傾向は，スチュワードシップ・コードにおいて，中長期的企業価値の向上に向けて，株主に経営陣との対立でなく，対話と Engagement 作りを求める主旨と合致するところである。株主自身が担う会社に対する忠実義務の顕現化ともいえる。

　本邦の英国進出企業からみれば，従来の日本的慣行である本社における年功序列，ローテーション的人事の否定であり，今後，我が国の長期的雇用，企業

慣行にも影響を及ぼしかねない側面を有する。既に，最近において，株式会社三井住友海上火災保険の英国現地法人が Approved Persons に不適合として摘発され，行政処分を受けた事案が生じ，金融業界に大きな波紋を呼んでいる。こうした事案の分析，域外適用と法的考察については別稿で述べてきた。

今後は，経営陣に対して，こうした企業価値最大化の努力義務が求められる。法制度面では，英国2006年会社法改正における取締役の一般的義務，米国の忠実義務の判例形成における規範化概念のアプローチが挙げられる。

こうした英国のコードにおける非業務執行取締役，あるいは Approved Persons の理念と我が国のコーポレート・ガバナンス改革に関しては，英国のコーポレート・ガバナンス・コードの系譜ならびに非業務執行取締役，米国における Good Faith 義務あるいは Red Flag 遵守義務なども含め，一定程度の整合性のある考察を進めてきたところである[4]。

Approved Persons Regime 自体は，社外取締役選任において中心をなしてきた独立性要件などの形式性重視の弊害を正すべく，本人の専門性や経営・判断能力などの実質的内容の具備を要求するものでもあり，独立性強化と専門性の相克などの新しい問題点に対処しうるものといえる。この他，本邦本社に行政処分などの影響が及びかねないこと，各国が内容の異なるコードを導入してきた場合の国際私法的考察など，スチュワードシップ・コードの域外適用に関する多重・重畳適用リスクへの対処も問題となろう。

米国型モニタリングモデル一辺倒からの修正，ソフトロー，プリンシプルベース中心の英国型市民社会ルール重視の経営モデルへの転換も意識されるところである。2014年改正会社法において新たに導入された監査等委員会設置会社とも親和性，整合性が窺える。

3．リーマン金融危機と Approved Persons Regime
(1)　ウォーカー報告書にみる金融危機後のコーポレート・ガバナンス

リーマン金融危機後の英国のコーポレート・ガバナンス改革について，ウォーカー報告書を採り上げていきたい[5]。金融機関監督に関連した問題に対処すべく，英国政府は問題のレビューのために2009年2月ディビット・ウォーカー卿に銀行およびその他の金融機関（Bank and Other Financial

Institutions：BOFI）に関する調査を依頼した。調査では金融機関の取締役会のリスク管理体制，取締役のスキル・独立性，取締役会の実際の行動の有効性などが含まれ，機関投資家の役割，英国の問題に対するアプローチが国際的なプラクティスと比較して一貫性があったかなども調査された。調査には180社以上から回答が寄せられ，最終報告書として2009年11月26日公表されている。

　このウォーカー報告書は取締役会の規模・構成・機能・パフォーマンス評価，投資家の役割，リスクガバナンス，報酬など多くの提言を行い，結論として政府の金融機関監督に欠陥があった旨を報告した。金融機関の組織体制でなく行動パターンに問題があったことを指摘し，統合規範自体に問題はないが，より厳格に実際に適用することが求められることも報告した。ウォーカー報告書においては機関投資家に対しても受動的でなく積極的に早期段階から企業と関わりを持つ体制構築を図るべきことを提言をしている。2010年に投資家責任を明示したスチュワードシップ・コードが新たに提案され，投資家に規範の受入れが薦められ，FRCが監督することになった。

　ウォーカー報告書の他の提言内容には取締役会会長の選任を年1回実施すること，報酬に関する反対票が25％以上となる場合に株主に対し報酬委員会委員長の再任を問うものもある。多くの提言内容を統合規範，スチュワードシップ・コードにより実現すべきことを述べ，Comply or Explain（遵守を求めるが，遵守しない場合はその理由を説明する）形で実施されることとなった。この報告書は厳密には銀行その他の金融機関（BOFI）のみに該当するものであるが，他業界の様々な企業においても十分な意義があるものといえる。

　またFRCは統合規範に対する報告，コンサルテーション・ドキュメントを発表し，金融機関以外の企業はコーポレート・ガバナンスにおける深刻な欠陥，失敗はなかった旨が報告された。FRCは政府の要請によりスチュワードシップ規範の監督を行うこととなった。他方，統合規範に関しては，株主に対する説明責任を一層高める内容となっており，取締役会議長，取締役全員を毎年選挙により選任すべきことが提言される。独立非業務執行取締役に関して，会社において多くの時間を費やすべきことも提言され，取締役会評価，リスク管理，報酬にも言及されている[6]。

ガバナンスに関しては，(i)リスクを取る過程や報酬を決定する過程において，非業務執行取締役の役割を増やすことで銀行を始めとした大規模金融機関の取締役会の機能を変えるべきこと。(ii)今次金融危機において自社が抱えるリスクの種類や規模に関する取締役の認識が不十分であったことを踏まえて，取締役は，リスク管理の問題を議論する役員クラスの場であるリスク委員会に対し自社が抱えるリスクを精査するための強い権限を与えるべきこと。(iii)リスク管理の責任者であり企業全体のリスクを取る過程を監督するべきChief Risk Officer（CRO）は，取締役会に出席すべきこと。(iv)持続可能な業績を上げるための高い規律を取締役が保つことができなかったことを踏まえて，取締役会議長は1年ごとに再選出すべきこと。(v)取締役でない業務執行役員が従前以上に取締役会の業務に時間を費やすべきこと。(vi)機関投資家は株主としての責務を積極的に果たすべきこと等が述べられている。この他，報酬に関して既存のボーナスの枠組みは短期業績に報いる形のため過度なリスク・テイクを助長したとの認識に基づき，高額報酬を得た取締役に報酬に関する一層の情報公開をさせること，企業全体の報酬額の精査の報酬委員会に強い権限を与えることも言及されている[7]。

⑵　Approved Persons Regimeと金融危機の接点

　コーポレート・ガバナンスの実践について，2009年ウォーカー報告書はリスク機能（Risk Function role），議長の役割（Chairman role）などコントロール機能（Control Function）を細分化し，枠組みを用意している。ウォーカー報告書ではConsultation paperは発出されたものの法的な強制力を持たず，精神的な枠組みに止まり，内容面を補完する意味合いから，行為規制においてCEO（最高業務執行責任者），Chairmanなどkey personはFCAの個別承認を受ける必要があるものとされた（Approved Persons）。個人的資質を問われ，形式面でなく実質的な内容を求められる。本社の論行行賞によるローテーション人事・派遣では承認されない状況となっている。

　かかるApproved Persons Regimeは，2000年発効のFSMA2000（英国金融サービス法：Financial Services & Market Act 2000）のsection59を根拠法令（条項）とし，法令に基づきFSA（FCA/PRA）Handbookにおいて詳細な

規定がされる[8]。ウォーカー報告書において Chairman や非業務執行取締役 (NED) の責任と役割強化, Risk Committee 設置などリスク管理態勢強化が提言されたが, 当時の FSA はこの提言に基づき, コーポレート・ガバナンス・コード改訂の中で Approved Persons 制度の一部変更を進めてきたものである。

II. 2014 年 9 月改訂版英国コーポレート・ガバナンス・コードと非業務執行取締役ならびに Approved Persons Regime

1. 統合コードと非業務執行取締役ならびに Approved Persons Regime

スチュワードシップ・コードが分離される以前の 2003 年改正統合コードにおいて, 取締役会構成員の過半数は非業務執行取締役が要求され, 取締役会の監督機能強化の方向が示され (改正統合コード A.3.2), 監督機能に特化した機関になっている。非業務執行取締役の独立性に関して漸く具体的基準が規定され, その独立性が明確化されている (改正統合コード A.3.1)[9]。こうした改正統合コードでも, 取締役の専門性に関して, 取締役の研修を行うことに関する規定が置かれたが, 能力要件の規定は設けられなかった。

私見であるが, Approved Persons Regime 規定においてはこうした専門性, 研修などが規定されることとなっているが, 更に care, due diligence などの規範概念についても述べられ, 一層ソフトローに委ねるべき内容が増加していると思料される。改正統合コードの独立性の内容は, 具体性に踏み込んだものではあるが, 我が国会社法における社外取締役の独立性要件のレベルに止まっていよう。

2. 非業務執行取締役の注意義務と Approved Persons Regime ならびに 2010 年版・2014 年 9 月版コーポレート・ガバナンス・コード

コーポレート・ガバナンス・コードについては, 2010 年版に続いて 2014 年 9 月改訂版が出されている[10]。非業務執行取締役の注意義務とコーポレート・ガバナンス・コードの影響について検討を深めたい。かかる問題点については, 2010 年コード改訂が大きな転機になっている。最初に同コードの改正点

を検討し，更に最新の2014年9月改訂版コードをみておきたい。Approved Persons Regime の整合性，導入が意識される部分である。

　業務執行取締役に対して一定程度の専門性と能力を要求する規定は，英国の取締役の責任に関する議論に影響を与える可能性がある。即ち，コードの改正によって，取締役会の監督機能がさらに純化され，非業務執行取締役に独立性に加えて専門性や能力を課す規定が加えられ，非業務執行取締役の責任に影響を与える可能性がある。非業務執行取締役は，実務上の区別であり，制定法上または判例法上，特有の義務を有しているとは考えられなかった。しかし最近になり，上場会社における取締役会の監督や内部統制に関心が集まり，the Secretary of State v. Swan and North 事件，Commonwealth Oil and Gas Co., Ltd. v Baxter 事件において非業務執行取締役について重要な判決も出される。取締役会や監査委員会の中心である非業務執行取締役の責任について関心が集まっているといえる。非業務執行取締役の重要な義務違反として挙げられるのは監督義務違反などの注意義務（duty of care and skill and diligence）違反の問題であり，上記において検討を進めてきた。Approved Persons の概念などの議論につながる部分であると思料される。

3．ガバナンス・コードの影響—Approved Persons Regime の接点，注意義務の二重基準と非業務執行取締役

　英国では，取締役の注意義務に関して二重基準を用いて判断しているが，近時のガバナンス・コード改正がこの基準に大きな影響を及ぼすことが考えられる。主観的基準を補完するために客観的基準を加えることが有用であると考えられてきた。しかしガバナンス・コード改正により，取締役に専門性，能力を課す規定が設けられ，主観的基準の判断基準が実質的に引き上げられることが考えられる。取締役の専門性の高まりから，主観的基準の引き上げは指摘されていた[11]。

　抽象的にのみ把握されてきた取締役の専門性が，ガバナンス・コード規定により具体的に示され，取締役が認識していたことを基準に判断することにより，抽象的な取締役に要求する客観的基準により判断するより重い責任が課される可能性が高まる。

私見であるが，米国の注意義務や忠実義務の規範化概念の議論として把握ができる部分を英国では実質的にはガバナンス・コードが担っていることを示唆していよう。英国では主として注意義務の領域において判例・議論が多いが，信認義務を頂点とする米国と異なり，我が国では善管注意義務の概念が最上位にあることとパラレルに理解できよう(12)。米国では，注意義務に加えて，忠実義務のグッドフェイスの義務の境界あるいは異同に関する議論・判例が多く出されるが，英国ではこうした領域の規範はコード概念において示され，上場企業に対する縛りとなり，さらに20006年会社法改正による一般的義務の関連として明確にされ，包摂されてきていると理解されようか。

かかる傾向は，主観的基準により会計知識を有していると考えられた非業務執行取締役に重い責任を認めた1977年 Dorchester Finance Co., Ltd. v. Stebbing 事件判決(13)に窺える。二重基準の鼎立した現在，主観的基準により客観的基準より重い責任が課される可能性があろう(14)。Re City Equitable Fire Insurance Co., Ltd. 事件判決と以前の判決は，非業務執行取締役に相当する取締役の注意義務の問題が大部分である。一方 Norman v. Theodore Goddard 事件判決(15)の二重基準で判断した事案の多くは，業務執行取締役の問題で状況が異なる。判例は変更されていない可能性を指摘する。

上場会社は年次報告書などで取締役が能力を有していることを開示し，開示された取締役は取締役としての専門能力を有していることが推定され，不祥事が起きた場合，主観的基準により重い責任を負わされる可能性が出てきたことになる。役職により専門性が異なる場合，主観的基準によって柔軟・妥当な判断が可能となり，適切な責任追及ができる。

非業務執行取締役としては，取締役の専門化に伴う責任の厳格化により，非業務執行取締役の候補者が減少することになりかねず，取締役対象の役員保険（D&O insurance）も問題となる。上場会社では，取締役の専門化は当然の傾向であり，非業務執行取締役も監督者として専門的な知識・経験を有することに努めなければならない。責任を負うべきは当然でもあろう。the Secretary of State v. Swan and North 事件判決(16)では，裁判所は取締役会副議長，監査委員会委員長を兼ねた非業務執行取締役に対して，知識や経験があるため，財務担当取締役の情報を信用するだけでは足りず，自ら適切に監督する必要が

あること，十分に監督しなかったならば責任を負うことを判示している。

　主観的基準の補完としての客観的基準から，客観的基準を補完するための主観的基準に機能的変化がみられる。英国で取締役の注意義務が問題になる場合，中小規模会社が多く，取締役に専門性を求めることができない名目的取締役にいかなる基準で責任を負わせるべきかが問題であった。主観的基準により取締役の責任を免れることが多く，対応策として客観的基準が用いられてきた。

　現在は，取締役の注意義務が問題となる事案は上場会社に多くみられるようになり，上場会社における取締役会の監督機能の高度化と共に，取締役会の構成員である非業務執行取締役の注意義務は変容していくと考えられる。監督者として期待される最低限の基準としての①客観的基準があり，その上で，②主観的基準は(a)専門家，(b)ガバナンス・コードにより一定の知識や能力を要求される取締役に対して，客観的基準を超える厳しい責任を負わせる基準として機能する可能性がある。上場会社に対し，実質的に構成員の質の面から取締役会の適切な監督機能を求めることになる。

　私見であるが，(b)の部分が，Approved Persons に該当するが，その適用対象は経営陣に加えて，拡大傾向がみられる。即ち，取締役を対象とする制度に止まらず，独自の制度・基準として，スチュワードシップ・コード，あるいはコーポレート・ガバナンス・コードの多重・重畳適用の可能性と共に，適用領域を拡大しつつあるものといえよう。海外金融資本の英国現地法人に対する適用など，上場企業に限定した適用に止まらない。また Approved Persons に対する要求事項は，専門性に止まらず，誠実さなどの規範概念も含んでいる。米国では，コードが存在せず，こうした部分は判例による忠実義務などの概念化で柔軟に取り込んできたとみられる。英国における注意義務の検討過程での二重基準を枠を超えてきた問題といえ，米国における忠実義務あるいはグッドフェイスの義務として理解されてきた部分であり，英国ではコードが担う領域といえる。英国では，今後会社法規定，取締役の注意義務に関する判例形成，コード規範等との整合性をいかに保ちつつ，コーポレート・ガバナンスの規律を保っていくか，注視されることとなろう。

　2012年9月ガバナンス・コード改訂により，上場会社の取締役会は独立性

を高める規定が置かれ，監督機能の純化が進んだ。取締役に対して一定の専門性や能力を課す規定が置かれ，取締役の専門化の必要性の現れである。非業務執行取締役は，監督者として会社から独立しているのみでは業務執行者を監督することは困難である。

　一方，専門性や能力を取締役に求めることは独立性と相反することも指摘される。同業種の会社を複数兼任することも考えられ，専門性と独立性の調和が英国企業法制の課題といえる。我が国も，上場会社の取締役の専門化は必然の流れであり，会社法でなくとも，上場規則などソフトローによって専門性や能力を課す規定を置くか議論される。ガバナンス・コード改正により，大規模上場会社の非業務執行取締役の特に注意義務に関する判断基準に大きな影響を及ぼす可能性がある。ガバナンス・コードにより専門性や能力を求められ，主観的基準によって客観的基準よりも重い責任を負わされる可能性がある。高まっていく非業務取締役の責任に対して，どのような場合に責任を免れうるのかが問題として残る。株主代表訴訟制度の整備と共に，取締役責任免除制度も重要な検討課題になる[17]。

　主観的基準によって重くなった非業務執行取締役の責任の免除について，現行の取締役責任免除制度か，安全港ルール（safe harbor rule）を作るかが問題である。我が国判例をみて，経営判断原則の適用基準とされる取締役には，いかなる取締役が想定されているか，明らかではない。客観的基準といった抽象的な取締役を想定する場合，専門化が進む中で適切な基準として機能するか，疑問である。主観的基準を含めた二重基準を取り入れることはありうる[18]。

　米国の忠実義務などで考察されるが，責任減免制度のレベルで検討することも考えられるが，事後的な作法的段階であるだけに，非業務執行取締役としての独立役員，社外取締役・監査役，更には社内非業務執行取締役について，注意義務違反の判断レベルと合わせて検討を進めることが望まれよう。

　また反トラスト法領域との比較として，エンフォースメントと刑事訴追の分断（separation of prosecutor from enforcer），両罰規定と刑事・民事罰，適切な手続きの面（due process concerns）の制度設計等も今後の考察対象となろう。

私見であるが，今後，英国でスチュワードシップ・コードの事例の蓄積に伴い，行政処分から不服審査・司法判断へと進むことも予想される。反トラスト法分野では，抑止力の点で有用であるとして，米国FCPAなどにおいて個人に対する刑事罰が執行されている[19]。その場合のエンフォースメントを図る行政当局と刑事訴追の訴訟当局の関係，両罰規定と刑事・民事罰のあり方，私訴（private suit）が出される場合の代表訴訟・集団訴訟（collective actions）や3倍賠償制度ならびに証拠開示（discovery）のあり方など適切な手続面の制度設計が将来の検討課題となろう。

Ⅲ．Approved Persons Regime とリスクマトリックス，3つの防衛線ならびに域外適用

1．英国の金融機関現地法人のコーポレート・ガバナンスに係る理論と実践

　DBJ Europe Limited を例にとると，Governance Structure として取締役会（Board of Directors）メンバーとして5名がおり，取締役会議長兼業務執行者（Chairman & Executive Director（Executive Chairman）），Executive Director（最高経営責任者（Chief Executive Officer：CEO），最高業務執行責任者（Chief Operating Officer：COO））2名，非業務執行取締役（Non Executive Director：NED）2名となっている。内部監査（Internal Audit），リスク委員会（Risk Committee）は Board of Directors に報告・連絡を行う。英国型モデルであり，非業務執行取締役2名を Board of Directors に配している[20]。次に Board of Directors のコントロール下に経営執行委員会（Executive Committee）があり，Executive Chairman，CEO，COOの3名で構成される。COO は CRO，Head of Planning & General Affairs，Human Resources Officer，Compliance & MLR Officer を統括する。Executive Committee には Advisors が付けられる。

　Internal Audit は，DBJ Europe Limited の場合，通常の銀行における内部監査部門と異なり，銀行業務の内部検査でなく対外用として外部専門家に委託している。今後業務増大の場合には通常業務面の内部監査の処理も検討されよ

う。Internal Audit は Executive Committee のラインに設置される。私見であるが，全体としてコンプライアンスもさることながら，戦略的な意思決定を念頭に置き，ERM（Enterprize Risk Management）の精神を重視し，多様なリスク，ケースを想定した大変優れた経営組織モデルと評価できる。Internal Audit 機能における人員の人事，報酬面などの独立性の担保を図ることが鍵となろう。

業務面に関し，Head of CSF が Corporate & Structured Finance，CRO が Risk Control[21] と Facility Administration，CFO が Treasury，Back Office，Accounting & Tax，Head of Planning & General Affairs が Planning，General Affairs，Human Resources Officer が Human Resources，IT Security Officers が IT information Security，Compliance & MLR（Money Laundering）Officer が Regulatory & Legal の各機能を担当する。マネー・ロンダリングはコンプライアンス機能と纏めて，CRO とは切り離し単独のオフィサーに担わせている。

2．Approved Persons ならびにリスク・コントロールと金融犯罪―3 つの防衛線モデル，最近の金融犯罪摘発事案と域外適用リスクおよびコンプライアンス―

(1) リスク・コントロールと 3 つの防衛線モデル

英国における金融監督のテーマは，リスク・コントロール（Risk Control）と金融犯罪（Financial Crime）に大別され，監督の相違等について述べる。リスク・コントロールについては，3 つの防衛線モデル（the three lines of defence model）[22] が採用されている。第 1 の防衛線は業務管理（operational management），第 2 の防衛線はリスク管理部門，コンプライアンス部門およびその他のモニタリング部門，第 3 の防衛線は内部監査部門となる。3 つの防衛線モデルにつき，DBJ Europe Limited の場合，具体的に第 1 の防衛線は営業，IT など各現場であり，自己判断によりリスクコントロールを行う。第 2 の防衛線はリスクマネジメント，コンプライアンス部門である。第 3 の防衛線は内部監査（Internal Audit）部門であるが，大規模銀行の場合は内製化して 100 人規模の体制を備えているが，少人数の場合は外注化することが多い。

(2) Approved Persons ならびにリスク許容度とコンプライアンス
　　—第2の防衛線，2007年資金洗浄規則と最近の摘発事案の考察—
　リスク許容度（risk tolerance）とコンプライアンスの関連が問題となる。私見であるが，銀行経営・監督の現場でリスク管理とコンプライアンスが融合化し，境界線が不明確になってきつつある一例ともいえる。FSA（英国金融サービス機構），分割後のFCA（金融行為監督機構）が監督官庁として銀行検査に入る場合，検査対象・要求資料は，(イ)リスク・マトリックス（Risk Matrix），(ロ)コンプライアンスの2つである。
　(イ)　リスク・マトリックスと Approved Persons—リスク許容度，Mitsui Sumitomo Insurance Company（Europe）（8 May 2012）事件—
　(イ)では，リスク許容度の存在を前提に，当該金融機関において潜在的リスクは何かを英国における金融機関の監督手法である ARROW（Advanced Risk Responsive Operating Framework）のリスクアセスメント・フレームワークに従い監督当局に説明することになる。FSA においてリスク・マトリックス[23]が近年問題となった公表事案に，我が国損害保険大手の現地法人 Mitsui Sumitomo Insurance Company（Europe）（8 May 2012）事件がある[24]。ドイツの新ビジネス分野への業務拡大に関して適切な内部統制がとれておらず，FSA プリンシプル原則3が問題となった事案で，リスクマネジメント体制の構築不備を理由に現地法人 CEO に 3,345,000 ポンド（約6億円）の罰金が科せられた。理由の中で，日本の論功行賞的な人事ローテーションにより現地法人の経営トップが任命されることが多く適切な人材配置がされていないことが指摘され，Board によるビジネス戦略面の監視を問題とする点で ERM（統合的リスク管理，戦略的リスクマネジメント）の視点を重視していることが窺える。CEO などの交代時に英語力，担当職の役割をこなせる能力を身につけた人材かどうか，書類審査，個別インタビュー（審査側は 3-4 人，1.5 時間）により監督当局が認めた人物（Approved Persons）でないと認められないことが示され[25]，Approved Persons 制度の適用事案として，英国進出の邦銀にとり人事上の大きな脅威となってきたとされる。
　(ロ)　コンプライアンス—金融犯罪，Standard Bank（22 January 2014）事件の考察—

(ロ)では，違法性としてリスク許容度は存在せず，遵守すべき規制も多くなり，リスクコントロールの仕方を対象業務と対処方法のリストに従いマネジメント側が当局に説明することが求められる。金融犯罪（Financial Crime）についてはマネー・ロンダリング，テロリスト・ファイナンス（活動資金），UK Bribery Act of 2010（英国賄賂防止法）の3つが当該分野に包含される。コンプライアンスに対処するためのリスクの洗い出しとコントロールが問題となる。マネー・ロンダリングにつき英国には我が国にはない規制が存在し，司法省・警察が所管するが，金融機関が「無償の警察官」として疑わしい取引に関しては自発的に顧客デューデリジェンスを行い，当局へ報告する必要があり，怠ると両罰規定により金融機関の経営陣個人も刑事罰の対象となる。私見であるが，疑わしいと思われる取引に対する事前予防体制の内部統制構築と両罰規定の組み合わせという構図は，米国FCPA（The Foreign Corrupt Practices Act of 1977）など海外汚職行為防止法等とも共通する。

英国では2007年資金洗浄規則（Money Laundering Regulation 2007：MLR2007）[26]において，①法人顧客の真の受益者の確認義務について規定され，②継続的な顧客管理に関する義務も定められる（MLR2007規則8）。①について，真の受益者の確認が必要となる。取引の類型などにつき，金融機関は以下のいずれかに該当する場合は真の受益者の確認を含む顧客デューデリジェンスを自ら実施しなければならない（MLR2007規則7（1））。(a)継続的な取引を開始する場合，(b)臨時の取引を実行する場合，(c)資金洗浄やテロリストの資金調達が疑われる場合，(d)過去において顧客特定や照合に用いた情報について，正確性や適切性が疑われる場合。リスクベース・アプローチであり，顧客が例外事由に該当すると信じるに足る合理的根拠がある場合は金融機関に対し顧客デューデリジェンスは要求されないが，資金洗浄やテロ資金供与の疑いのある場合は除かれる（MLR2007規則13（1））。罰則として両罰規定であり，金融機関が「真の受益者」の確認を含めた顧客デューデリジェンスの実施に係る義務（MLR2007規則7（1））に違反した場合，監督機関（FSA）は適正と考える金額の罰金（civil penalties）を課すことができる（MLR2007規則42（1））。当該義務違反は以下の刑事罰の対象にもなる（MLR2007規則45（1））。(a)即決裁判により法定上限以内の罰金，(b)陪審裁判により2年以下の禁固また

は罰金，あるいは両方。会社法人である金融機関による違反の場合，当該違反が当該金融機関の役員（officer）の同意または黙認の下に行われたもの，あるいは当該役員の怠慢に帰せられるものである場合は当該役員も刑事罰の対象となる（MLR2007 規則 47（1））。

　マネー・ロンダリングに関連し，FCA による金融検査が行われ罰金が課された最近の公表事案として，南アフリカに本社を置く Standard Bank（22 January 2014）事件がある[27]。金融犯罪防止のための内部統制構築がされていないことで Money Laundering Regulation 20（1）違反の指摘を受け，7,640,400 ポンド（約 14 億円）の罰金を科された。金融機関は事前予防体制整備が求められ，整備・構築の不備のみで処罰される点で英国賄賂防止法と共通するが，英国賄賂防止法では実際に汚職行為の事案が生じて初めて内部統制の不備が問題となるが，マネー・ロンダリングの場合は事件が勃発しなくても不備が指摘される。

⑶　内部監査とオペレーショナル・リスク―第 3 の防衛線―

　第 2 の防衛線に続き，第 3 の防衛線として内部監査（Internal Audit）の機能がリスクマネジメントにおいて重要となる[28]。英国内部監査協会（Charted Institute of Internal Auditors）が 2013 年 6 月金融機関向け指針（Effective Internal Audit in the Financial Services Sector, Recommendations from the Committee on Internal Audit Guidance for Financial Services）を発出し，当該分野につき理解ができる独立した内部監査人により情報提供がなされるべきことを規定し[29]，英国 FCA の監督アプローチも内部監査重視に変容しつつある。特にオペレーショナル・リスクに関する監査委員会監査が金融機関においては現下のホットイッシューで，4 大会計事務所の人材もウォーカー・レビュー発出時期はリスクマネジメントに向け，一方現在は内部監査に向けて，異動・転出がみられる。英国 FCA は最後の第 3 の防衛線も重視し，直接チェックを行うようになっている[30]。またプリンシプルベースの考え方から FCA はガイダンスを発出するのみで，新設されたガイダンス規定の個別金融機関の組織等への落とし込み作業は大手会計事務所が担うこととされる[31]。

(4) 金融犯罪ガイドライン

　金融犯罪関連の監督に関して，FCA から 2013 年 4 月金融犯罪ガイドライン（Financial crime: a guide for firms Part1: A firm's guide to preventing financial crime, Part2: Financial crime thematic reviews）が発出されている[32]。金融犯罪ではいずれの類型もプリンシプルベースであり，ガイダンス発出により内容の明確化を図っている。英国賄賂防止法に関しては agent が多く用いられ[33]，agent における責任，資金決済方法，身元照会等のリスク分析が金融機関側に求められる[34][35]。適切な管理体制を敷き，問題発生時も親会社側の不正な意図がないことを説明できることが必要となる。

3．Approved Persons 規定と通常監督―内部統制と行動規範―

　FRC と PRA の分離独立に伴い，FSA Handbook において Threshold Conditions Code（COND）が策定され，Approved Persons の内容を規定し，対象企業を拘束する。Approved Persons に対する Principles and Code をみると[36]，第 1 に Principles として，integrity，説明可能な機能としての skill, care and diligence，市場規範の遵守，FCA・PRA など規制機関との open, co-operative な deal，規制機関側が期待する情報の適切な開示，更に以上の説明可能で重要な影響を及ぼす機能（accountable significant influence function）を実践する Approved Persons がビジネス組織の効率的統制に向けた組織形成のための合理的な段階を踏んでいることなどが求められる。市場との対話・開示もさることながら，監督当局との通常の付き合い（deal），監督当局側が求める適宜情報開示という当局主導かつ日々の通常監督が重視される[37]。第 2 に，Code of Practice（行動規範）は FCA ルールブック（Statements of Principle and Code of Practice for Approved Persons）に準拠している[38]。

　英国賄賂防止法では事前予防の見地からコンプライアンス・プログラム構築などが求められるが，金融犯罪，インサーダー取引などに関しては CEO，スタッフのトレーニングが必要となる[39]。特に CEO など他現地法人等の経営トップに対して新任着任時の事前研修などを行い，業務に即応できる人材を監督当局側は求めており，ローテーション人事による人材が着任後に一定時間をかけて業務にキャッチアップすることは許容されていない。着任時に

Approved Persons として FCA に登録することが必要となり，弁護士事務所などに委託した CEO などの研修の内容は，金融犯罪などの研修ならびに Approved Persons の研修の 2 つが中核となる。内部統制の実効性確保として，事前の体制構築という枠組み作りと共に，業務を担う CEO などの人材の承認という 2 本立ての制度となっている。

4．3つの防衛線モデルの理論と実際

3 つの防衛線モデルの実際を現地法人（DBJ Euorope）において考察すると[40]，第 1 の防衛線（First line of defense）は Head of Corporate & Structured Finance and CFO（Chief Financial Officer），第 2 の防衛線（Second line of defense）は CRO（Chief Risk Officer, enhanced by Risk Committee），第 3 の防衛線（Third line of defense）は内部監査（Internal Audit）の各セクションが担い，先ずは通常業務の枠組みにより最高財務責任者（CFO）が第 1 の防衛線として役割を果たすこととなる。

私見であるが，内部監査，リスク委員会は取締役会の直属となっており，ガバナンスも利いている。リスク担当最高責任者は Executive Chairman, CEO, COO の 3 名で構成される経営執行委員会の傘下にあり，経営執行委員会自体は取締役会の統率下にあることから最終的には取締役会のガバナンスの枠内にある。別案として，経営執行に関する第 2 の防衛線の構築面で考察の余地はあろう。CRO の独立性の担保として内部監査，リスク委員会同様に取締役会の直属組織とすることも想定される。あくまでも役員（officer）の一員であることから，経営執行委員会から完全に切り離すことは困難な面もあろうが，並行して CRO の人事・報酬面では取締役会の判断に委ねることも一案となる。現状では CFO と並行して経営執行委員会の傘下にあり，第 1 の防衛線と第 2 の防衛線の区分において不透明となりかねない懸念も残るが，全体のガバナンス・モデルの枠内で実効性の確保はできている。また第 3 の防衛線に関しては実際には会計事務所へ外注しており，今後業務量・業容の増加・拡大につれ，人員を配して自己アセスメントする案も検討される。総体として，非常に配慮され，ガバナンスも利いた優れたコンプライアンス・モデルと評価できる。

Ⅳ．スチュワードシップ・コードおよび行動原則と数値規制，リスク管理と内部監査

1．行動原則ならびに数値規制—2014年3月の新FCAガイドブック—

　スチュワードシップ・コードと金融監督の関係につき検討したい。金融機関においては，アセット・マネジメント，議決権行使を行うインベストメント・バンク（投資銀行）などはスチュワードシップ・コードに対する取り組みを示し，さらに情報開示が求められる。

　FCAの金融機関に対する規制・監督アプローチは，大きく行為規制と数値規制（prudential supervision）に分類される。FSA Handbookの行動原則（Principles for Businesses：PRIN）をみると，以下の11原則が示される[41]。1. Integrity, 2. Skill, care and diligence, 3. Management and control, 4. Financial prudence, 5. Market conduct, 6. Customers' interests, 7. Communications with clients, 8. Conflicts of interest, 9. Customers: relationships of trust, 10. Clients' assets, 11. Relations with regulators。更に内部統制（Systems and Controls）に関しては[42]，強靱なガバナンス（robust governance），コンプライアンス，リスクマネジメント，利益相反（manage conflicts of interest），報酬規制等を内容とし，近時の問題事案（Enforcement examples）が提示されている[43]。

　数値規制に関してPillars of conduct supervisionがあり，2014年3月に発出されたばかりの新FCAガイドブック（The FCA's Approach to Supervision for C2 firms and groups）によれば[44]，FCAの監督アプローチ（approach to supervision）のカテゴリーは，4 categories of supervision, 4 categories of prudential supervision に分かれる。FCAのPrudential Approach（数値規制）として，Pillar1. Proactive Firm Supervision（Firm Systematic Framework），Pillar2. Event-driven work, Pillar3. Issues and products（including thematic reviews）の3つがある[45][46]。Pillar（柱）1-3は，金融機関の最低所要自己資本の積み増しに関わる数値規準で，

Pillar1 はベーシック・リスクに対応する最低所要自己資本（非予想損失／今後1年間）として市場リスク，信用リスク，オペレーショナル・リスクの3つのリスクに対応する。Pillar2 は所要自己資本（ピラー1に含まれていないリスク）で，3リスク以外に各金融機関において個別に相違があるリスクを自己アセスメントして自己資本を積み増すもので，流動資産，グループ間リスク，ビジネスリスク，IT リスクなどが該当する。リスク・マトリックスを用いてリスク評価を行い，リスク軽減（mitigation）策を図った上で資本バッファーを積む。Pillar1－2 は，その時点（spot）のリスク分析に基づくが，加えて時系列，さらには3－5年程度将来の景気変動による資本毀損などのストレス・テスト（stress test）を想定した Pillar3 を積むことになる。関連して，逆に当該金融機関が破綻するだけのストレスを想定・計算し，自己清算に必要なコストを算定する手法（reverse stress test）も近時は行われる。

　我が国において類似制度導入を考えた場合，レピュテーショナル・リスクはともかく，強制力の点で弱さがあり，事後的な金融検査などとは別に予防的なシステム構築が求められることは論を待たない。ソフトローとして上場規則への各種ルールの盛り込み，開示の徹底，中央銀行による通常監督の一層の強化を図り，日本版スチュワードシップ・コード導入も予定される。金融規制改革に限っては米国ドッド・フランク法の対応も大きな課題となり，従来の金融規制と統一性を維持しつつ規制改革を進めるには各規制の摩擦による効果・成長の低減なども予想され，監督当局，金融機関側双方の相当綿密な努力が求められる。もっとも，詳細に規定すればプリンシプルベースの意義を損ねかねない。

2．英国金融法制のリスク管理と内部監査の要諦

　金融機関の現地法人のヒヤリングを通じて近時の英国金融法制のアプローチを考察してきた。まとめると，①Board（取締役会）として，戦略面のリスクマネジメントへの取り込みである ERM への即応性が求められている。②そのための規制枠組みの充足のみならず，実際に配置される経営トップの人材の資質が面談などを通して問われている（Approved Persons）。③プリンシプルベースを基本とし，きめ細かいガイドブックを発出することで実際の金融監

督の実効性を向上させることを狙っており,そのためにもローテーション人事でなく,精緻な法規制の内容が理解でき,監督当局に求められる情報を適宜に作成・報告できる人材の養成と現地法律事務所などによる事前のトレーニングが求められている。④リスク・コントロールについては,3つの防衛線モデルが示され,第2の防衛線はリスクマネジメント,コンプライアンスの各部門であるが,コンプライアンスに関しては,リスク・マトリックスによるリスク許容度(risk tolerance)との関連が問題となる。銀行経営・監督の現場で,リスク管理とコンプライアンスが融合化し,経営判断原則の適用される境界線が不明確になってきつつあるといえる。英国では伝統的にERMが重視されてきたことも背景にある。消極的妥当性に関わる経営判断として,2010年英国賄賂防止法などのコンプライアンス・プログラム策定,経営陣自身の自己規律,従業員教育などにおけるコンプライアンスとの境界を示すことが必要となり,米国判例法理であるRed Flag(危険な徴候)の活用も検討されよう。⑤リスク許容度についてはMitsui Sumitomo Insurance Company(Europe)(8 May 2012)事件,コンプライアンス・金融犯罪についてはStandard Bank(22 January 2014)事件が注目され,両罰規定であることから邦銀などの対応が焦眉の急となる。⑥第3の防衛線では,内部監査とオペレーショナル・リスクが問題となる。英国FCAの監督アプローチも内部監査の重視に変容しつつあり,業容拡大に伴い,会計事務所への外注から自社の人材育成も課題となる。特に当該分野では,事前予防として金融当局の通常監督が重要であり,この観点からもApproved Persons RegimeあるいはSenior Management Regimeの存在が必須となろう。

3. スチュワードシップ・コードと金融規制の交錯

　スチュワードシップ・コードは短期的視点に偏りがちなアクティビストから長期的視点に立つ機関投資家による経営陣とのエンゲージメント強化を働きかけるものとなるが,FCAのPrudential Approach(数値規制)に関してPillars of conduct supervisionがあり,2014年3月発出のガイドブックによれば,ストレス・テスト(stress test)を想定したPillar3に関してはPillar1－2の文書化と開示も併せて求められる。この中にリスクコントロール,内部統

制に関わる文書化と開示が含まれ，ここにスチュワードシップ・コードに関する開示が必要となる[47]。数値規制とスチュワードシップ・コードの接点となる。これらの内容は最近の改訂により FCA Handbook に落とし込まれ，アセット・マネジメント，議決権行使を行うインベストメント・バンクなど金融機関は自発的対応が迫られている。

4．英国金融法制のアプローチと我が国金融規制の比較

我が国において 2014 年日本版スチュワードシップ・コードが導入され，続いて日本版コーポレート・ガバナンス・コードが 2015 年 6 月導入された。実効性のある改革枠組みのさらなる検討に向けて英国のスキームが参考となる。英国では，規範（code）あるいはハンドブックという法律ではない規制が中心となるが，規制としての実質的なエンフォースメントとして，ジェントルマンシップ・ルールにより金融の中心であるシティに存在が許されないという厳正な欧州市民社会ルールが背景に確立しているとされる。金融危機の再発防止の観点から，事前防止としての通常監督が重視され，Approved Persons Regime が徹底されてきていることも同様の考え方の一環であろう。我が国においては，大きな制度枠組みは米国方式を採り，原則的には企業活動は自由ながら，クラスアクション，米国証券法 10b-5 など米国には別途独自の規律づけがある。我が国の場合，米英に比しても実質的なエンフォースメント枠組みの不足がつとに指摘される所以である（上村達男教授）。Comply or Explain 原則の導入によるスチュワードシップ・コード導入にしても然りであり，日本版コード策定・導入を上場規則などソフトローで図るとしても，上記の背景を異にする限りは実効性は疑問符が付きかねない。金融検査と共に通常監督を重視するのであれば，英国では中央銀行に権限を集約し，金融庁（FAS）解体を図ったが[48]，我が国においても日本銀行が所要の監督人員を確保して通常監督するにせよ[49]，中央銀行の組織である限りはエンフォースメントに限界がある。英国の場合，実質的に CEO 等が金融の中心地で活動できない制裁が存在するが，Approved Persons Regime のない我が国では，通常監督違反に対する制裁は現実には金融庁が業務停止処分などを行うことになるが，反社会的勢力の取引，システム障害など明確なコンプライアンス事案に止まり，不良

債権など金融検査は別として事後制裁的に止まる。今後は各金融機関が自発的にERMのリスク管理体制を組織として取り込み、通常監督と併せ、コンプライアンスのみならず、一定の重要な消極的妥当性に関わる経営判断事項についても、監視の目を他律的のみならず、自発的に重畳的に強化していくことが将来の金融危機の再発防止の鍵となろう。英国のような市民社会ルール形成には相当な日時を要しようが、一方で米国金融改革法制であるドッド・フランク法の域外適用ならびにガバナンスや破綻処理などの実質的影響、さらに金融システムの重要な影響を及ぼしかねない一定規模以上の金融機関等に対してはバーゼル規制の適用も進展してくるとみられ、会社法改正、金融商品取引法、銀行法に加えてソフトローである日本版コードや上場規則などの全体的な整合性をいかに保つか、今後の金融法制において大きな課題が残される。

V. Approved personsとスチュワードシップ・コードの域外適用リスク等の試論―恣意性ならびに国際私法の規律―

1. Approved personsとFCA規制―スチュワードッシップ・コード適用―

　現地法人ヒヤリングを通してリスクガバナンスの試論を提示したい。Approved personsの事項はFCAのPrinciples for businessの構成要素の11 Principlesに位置している。英国当局は諸外国の子会社が国内で経営されている場合、スチュワードッシプ・コードやコーポレート・ガバナンス・コードの適用内であるならばFCAの定めるApproved personsの要件を満たすように要求する。スチュワードシップ・コードやコーポレート・ガバナンス・コードとFCAの既存規制を合わせることで国内のほとんどの海外企業子会社に対してFCAの規制を及ぼすことが可能となると考えられ、また2つのコードには手を加えず、FCA関連規則を修正することで規制の対象・態様は無限に広がりうるともいえよう。英国進出の金融機関など現地法人に対しては、FCA関連規制につき、2つのコードを媒介・仲介項として当局の恣意的な規制の網がかぶせられる怖れがある点で国際汚職行為法同様のリスクがある。

2．Mitsui Sumitomo Insurance Company（Europe）Ltd. の事件から考えられること

　この事件の論点を改めてみてみたい。三井住友海上グループホールディングスは英国内の子会社の株主（本社）であるため，スチュワードシップ・コードの適用対象となる。よって FCA の定める Approved persons の要件を満たさなければならない。FSA の Final Notice（8 May 2012）を分析すると，①対象につき，Mitsui Sumitomo Insurance Company（Europe）Ltd.（MSIEu）は，今や MS&AD グループの1つである三井住友海上グループホールディングスの完全子会社である[50]。かって MSIEu は英国外の企業で対象外であったが，現在はドイツやフランスなど欧州のエリアに進出してきており，ついにはロンドンにも設立したため，当局がスチュワードシップ・コードの規制をかけることができる対象内に入ったことが示される。②事例について，三井住友現地法人の親会社が directors（取締役）を任命したが，選出の仕方は非合理で，かつ directors は Approved persons の要件を充足しないとの判断を当局は示し，日本市場と性質が異なるので安易に日本式人事で決定すべきでないとした。

　私見であるが，100％子会社であることが根拠の1つとなっており，今回はスチュワードッシップ・コードの対象として本社に適用されている感があるが，示された行動内容はコーポレート・ガバナンス・コードの行動規範の内容と類似する印象を受ける[51]。スチュワードシップ・コードとコーポレート・ガバナンス・コードは本来1つの統合規範が分離したものであるため相関性が高く，裁決者が適用を恣意的に選択できる要素があろう。

3．Standard Bank 事件について

　Standard Bank 事件は，南アフリカの最大手銀行 Standard Bank が FCA の規制する PEP（Politically Exposed Person）に該当する顧客と取引したとしてマネー・ロンダリング規制を受けたという内容である。Politically Exposed Person の該当性は明確でなく，やはり FCA の恣意的判断基準により決定，規制される可能性がある。

4．Approved person 事項と FSA 原則

　英国 FSA は解体され，政権交代により FCA に権限などが委譲されたが，依然として旧 FSA の名称で規則などが残されている。どちらのコードの適用か，必ずしも明確ではない所以である。Approved persons は FSA により選定される会社のコントロールに適した人材である。金商法の適合性・公正原則に相応する内容（the FSA's Fit and Proper test）も述べられる。具体的な資質として，(a) honesty, integrity and reputation, (b) competence and capability, (c) financial soundness などが要求される。

　海外企業が英国と関連するとき，スチュワードシップ・コードまたはコーポレート・ガバナンス・コードの適用を受けるかのアプローチをかけ，該当した場合は FSA の規制，つまり approved person 事項を厳守するように強制させる。英国に子会社を持つ全ての会社が，①その子会社の株を所有している（スチュワードシップ・コードの対象），または②ガバナンスにおいて関係性がある（コーポレート・ガバナンス・コードの対象）ので例外なく，FSA の規制や原則を遵守することが要求されることとなろう。

5．Approved persons の対象の考察

　FCA 規制の Approved persons について，どこまで規制対象になるのかは必ずしも明確ではない。印象として manager, director などの経営幹部のみでなく，範囲が拡大し，英国現地法人で働く全ての社員に拡大する可能性もある。この点も規制当局の恣意性に関わり，FCPA, UK Bribery Act of 2010 の適用拡大と厳罰化の動きと軌を一にするリスクがある。我が国の長期的雇用慣行等に影響を及ぼしかねず，後手に回ったその場しのぎの措置，現場任せや法務部限りの対応でなく，事前予防として経営トップ主導による人事制度改善と平仄を合わせた改革，リスク対応プログラムの構築が求められる。内部統制・会計条項を含むコンプライアンス・プログラム構築などが海外汚職行為防止法では求められるが，同様の観点からのコンプライアンス対応が必要となろう。

6．コード適用の交錯と域外適用の影響ならびに国際私法規律
　　―多重・重畳適用リスクなど―

　以上から，英国進出現地法人を抱える本邦の金融機関において，本社はスチュワードシップ・コード（域外適用），現地子会社はコーポレート・ガバナンス・コードならびにスチュワードシップ・コード（現地子会社が他に投資を行っている場合[52]）の二重適用の怖れがある。これらが現地法人と本社に同時適用される懸念もある。コードに止まる限りはエンフォースメントの点で問題は少ないとも思料されるが，本社において人事制度を見直さざるを得なくなり，その意味合いの実質的な域外適用の影響も見逃せない。直接の親会社である三井住友海上グループホールディングスのみならず，さらにその親グループである MS&AD グループにも多重に及びかねない。他方，英国子会社に対する本社株主として日本版スチュワードシップ・コード自体の適用も想定される。親子会社グループ全体に対して（多重適用），国内外のスチュワードシップ・コードが幾重にも適用されかねない（重畳適用）という多重・重畳適用のリスクがあることになる。今後世界的に独自のスチュワードシップ・コードの導入を図る国や機関投資家が増加してくると，こうした国際進出企業に対する域外適用（Extraterritorial Application）を含む内容の相違するコード適用の交錯により，企業サイドの混乱を招致しかねず，準拠法，消極的抵触における反致（renvoi）など国際私法の絡む問題にもなりかねない。法規制でなくプリンシプルあるいはコードであるため，国際連携を基にソフトローによる国際礼譲主義（international comity），特に他国の利害にも配慮した消極的礼譲（negative comity）に依拠した一定の規律づけが望まれる。もっとも，後述のソフトローによる規律付けゆえの問題点などもある。

Ⅵ．二重処分リスクと私法的規律の導入

1．二重処分リスクとジレンマ

　以上を総覧して，Approved Persons Regime，Senior Management Regimeにせよ，処分主体からすれば公法的規律といえようが，内容はコーポレート・

ガバナンスに関する会社法規律との接点であり、ソフトローのハード化同様、公法規律と私法規律の交錯、渾然一体化した局面の事象といえる。国毎の法制度の相違はあれ、処分主体による単純な分類には馴染まない、新たな領域と思料される。Senior Management Regime に係る議論もコーポレート・ガバナンス・コードと関連が深い。本来的な公法領域への私法的な規律の導入と考えられる(53)。

多重適用に関して(54)、現地法人につき進出先のコードと母国規制機関による二重処罰リスクが懸念される。国際連携と独自性発揮の同時進行によるジレンマともなろう。規制導入の根幹には証券市場の競争力向上があるが、逆に市場の国際競争力喪失にも繋がりかねない。即ち国際連携により情報が入手しやすくなり、母国でも規制庁の処分が同一内容に関して下される怖れがあり、特に各国規制庁における独自性発揮の色彩が強まってきている折、こうした傾向に拍車がかかる。コーポレート・ガバナンス関連規制がコンバージェンスに向かう反面、金融規制など規制の独自色が強まる場合は相違点が浮き彫りになり、二重処罰の弊害を招きかねない(55)。企業サイドの負担増加が課題となろう。

2．私法的規律と公法的規律による多面性

三井住友海上グループホールディングスの現地法人の事案に関して、保険業法であれば公法領域であるが処分内容自体は Approved Persons Regime という経営陣の適性に関する内容で、コーポレート・ガバナンス規律に係るものであり、私法的領域ともいえよう。

即ち、第一義的には公法の規律領域であろうが、実体的にはコーポレート・ガバナンスにかかる会社法、私法的規律領域の内容が問題となっており、多面的側面を有する問題といえる。コーポレート・ガバナンスの内容自体が、背景、業界などの相違から One size does not fit all とされる多様性を包含し、広がりを有している。

英国 FSA は金融庁に相当する公法規律の主体であるが、Senior Management Regime に係る UBS 事件（後掲）は上級審判所に係属しており、FCA の処分を争っている。その仮名ではリスクマネジメントなどに関わる経

営陣の経営判断内容を問題としている。

　英国の2つのコード（スチュワードシップ・コード，コーポレート・ガバナンス・コード）はFRCが担当するが，FCA・PRA，FRCの各々の担当領域はガバナンス規律に関しては重なる部分，境界が不明確な部分が多々あるといわざるを得ない。全体として調和のとれた規律体系を目指しているようにみえるが，政権交代による組織変革の縄張り争いなどもあり，釈然としない。そもそも旧FSA（FCA，PRA）の機能が直ちに金融庁の機能と同一ともいいにくい側面がある

3．二重処罰のリスク

　FSA審決は，本社に対する域外適用などのリスクと共に，国内で金融庁による二重処罰のリスクがある。規制の多重適用リスクの顕現事例といえる。国際的連携の業でもあろうが，各国協調というよりも，近年各国政策の独自性が発揮されてきている証左でもある。昨今の英国のガバナンス関連政策はEUのそれとの乖離を示してきている。

　以上を受け，企業側の受ける不利益につき，特に国内本社において，英国域外適用，国内の金融庁処分が重畳適用された場合の不利益を甘受する根拠が明確に示される必要がありはしないか。

【注】
（1）「コーポレートガバナンス・コード原案〜会社の持続的な成長と中長期的な企業価値の向上のために〜」（金融庁）。http://www.fsa.go.jp/news/26/sonota/20150305-1/04.pdf.「「責任ある機関投資家」の諸原則（案）《日本版スチュワードシップ・コード》〜投資と対話を通じて企業の持続的成長を促すために」（金融庁）。http://www.fsa.go.jp/news/25/singi/20140422-2.html。
（2）コーポレートガバナンス・コードの策定に伴う上場制度の整備について（東京証券取引所）。http://www.jpx.co.jp/equities/listing/cg/.
（3）拙著『国際経営法の新展開―会社法改正ならびに金融法とコーポレート・ガバナンス，スチュワードシップ・コードの接点―』文眞堂（2014年12月），拙稿「英国スチュワードシップ・コードとApproved Persons制度―域外適用と金融機関のリスクガバナンスならびに監査等委員会制度などの接点―」日本法学『日本大学法学部創設125周年記念号』第80巻2号（2014年9月），415-467頁。2014年3月に筆者が従前勤務していた日本政策投資銀行のLondon現地法人であるDBJ Europe Limited（Level 20, 125 Old Broad Street London EC2N 1AR, UK）に資料収集・ヒヤリング調査を行った。
（4）拙稿「忠実義務と非業務執行取締役の考察―米国の忠実義務の規範化概念と英国会社法の一般的義務，英国スチュワードシップ・コードとApproved Persons制度等の接点―」日本法学『山川一陽教授古希記念』第80巻3号（2015年1月），439-492頁。

（5） Walker, David Alan, A review of corporate governance in UK banks and other financial industry entities, July 2009.
（6） フランク・カーティス（レイルペン ヘッド・オブ・コーポレート・ガバナンス）発言「投資環境の変化と日本投資の方針」日本コーポレート・ガバナンス・フォーラム編『金融危機後のコーポレート・ガバナンス』成文堂，2010年，5頁以下。
（7）「次の危機に備えた金融システムの構築―現下の対症療法的対策の問題点を踏まえた提案―」NIRA研究報告書，2009年10月，18頁以下。
（8） http://www.fsa.gov.uk/doing/regulated/approved/persons.
（9） 林孝宗「イギリスにおけるコーポレート・ガバナンスの展開―非業務執行取締役の役割と注意義務を中心に―」社学研論集 Vol. 17, 2011年3月，247-263頁参照。
（10） The UK Corporate Governance Code（September 2014）.
（11） 川島いづみ「イギリス会社法における取締役の注意義務」比較法学41巻1号，2007年，34頁（注34）。
（12） 英国では同質説として把握する方が現実に合致していようか。
（13） Dorchester Finance Co. v. Stebbing [1989] BCLC 498.
（14） Andrew Hicks, directors' liability for management errors, 110 Law Quarterly Review, 1994, p. 392.
（15） Norman v Theodore Goddard, BCC 1991, 14.
（16） Secretary of State for Trade & Industry v Swan & Ors, EWHC 2005, 603.
（17） 吉本健一「イギリス会社法における取締役の義務違反行為の承認と責任免除」酒巻俊雄先生古希記念論集『21世紀の企業法制』商事法務，2003年，869頁以下。
（18） 石山卓磨『現代会社法講義 第2版』成文堂，2008年，219頁。
（19） 梅田勝『外国公務員贈賄防止体制の研究』麗澤大学出版会（2011年）114-170頁。経済産業省知的財産政策室「平成23年度中小企業の海外展開に係る不正競争等のリスクへの対応状況に関する調査（外国公務員贈賄規制法制に関する海外動向調査）」日本能率協会総合研究所（2012年3月）。
（20） http://www.dbj.jp/en/co/info/governance.html.
（21） Credit Fundation, General Control, ICAAP（the Internal Capital Adequacy Process）, Liquidity Risk Control, Operating Risk.
（22） バーゼル銀行監督委員会の2011年12月市中協議文書「銀行の内部監査機能」では原則13説明文のパラグラフ55に3つの防衛線モデルが示される。最終文書（パラグラフ60）は「銀行の業務部門，管理部門および内部監査部門の関係は3つの防衛線のモデルを使って説明できる」。パラグラフ56は，「ある防衛線の不備は原則として他の防衛線で検知されなければならない」。しかし最終文書（パラグラフ61）では，「内部統制の責任は1つの防衛線から次の防衛線（the next line）に移るわけではない」と修正された。英国銀行協会（BBA）は「下流の防衛線は上流の防衛線の不備を検知するべきであるが，反対に第1および第2の防衛線が内部監査（第3の防衛線）の不備を検知することは期待されない。誤解を避けるため明確にすべき」という意見を出した。原則14は，「グループ企業や持株会社における内部監査は親銀行によって一元的に整備される」。日本内部監査協会CIAフォーラム研究会報告「バーゼル銀行監督委員会「銀行の内部監査機能」の最終文書における市中協議文書からの変更箇所及び市中協議文書に対する各機関のコメントについての調査研究」研究会 No.24, 月刊監査研究，No.473, 2013年4月，21-29頁。Basel Committee on Banking Supervision Consultative document, The internal audit function in banks, December 2011. http://www.bis.org/publ/bcbs210.pdf.
（23） ボックス・チェック型リスクチェックで，重要性を有する部分を主に調べる。
（24） Financial Services Authority, FINAL NOTICE To: Mitsui Sumitomo Insurance Company

第 1 章　英国 Approved Persons Regime とコーポレート・ガバナンス・コード　　33

　　　（Europe）Ltd., Date 8 May 2012. http://www.fsa.gov.uk/static/pubs/final/msicel.pdf. http://www.fca.org.uk/static/documents/annual-report/fsa-annual-report-appendix-2.pdf.
（25）コーポレート・ガバナンス，System and Control の不備，関連してビジネス戦略の変更においては Board による注意深い監視が必要とし，ERM に繋がる。また Board 機能を十全に発揮し，効率的な監視と分担を可能にするためには良質で十分なマネジメント層からの情報が必要で新分野ビジネス，英国規制に関する十分な理解が求められる。新分野進出に当たり，英国規制が要求する資本の積み上げなど，特に FSA プリンシプル原則 3 が問題となった事案であり，FSA Final Notice をみる限りコーポレート・ガバナンス，内部統制の対象をリスクマネジメントとし，我が国会社法における内部統制の構造と類似する。3 つの防衛線モデルに基づいた経営陣の義務と責任の分離を求め，対象の本邦企業は新 CEO，2 名の独立 NED（非業務執行取締役）等の配置により改善され，課徴金軽減（1,435,000 ポンドの軽減）に繋がったとされる。
（26）金融庁「諸外国における金融機関のマネー・ローンダリング対策に係る調査」三菱 UFJ リサーチ＆コンサルティング（2013 年）。米国は「FATF40 の勧告および 9 の特別勧告の履行状況審査のためのメソドロジー」における勧告 5 に対応する規制制定の過程にあるため，現時点では米国資金情報機関（FIU）の財務省金融犯罪取締ネットワーク（Financial Crimes Enforcement Network FinCEN）が 2012 年 2 月公表した規制案提案に向けた事前通達（advance notice of proposed rulemaking）が参考となる。金融犯罪に対しては Money Laundering Reporting Officer（MLRO）を 1 名置き，金融機関の関連情報を監督当局に報告する。金融犯罪に対する内部統制（System and Control）の構築が求められ，金融犯罪処罰の根拠法規制は 2007 年資金洗浄規則（両罰規定），FCA Handbook（罰金）の 2 つとなる。
（27）Financial Conduct Authority, DECISION NOTICE To: Standard Bank PLC, Date: 22 January 2014. http://www.fca.org.uk/static/documents/decision-notices/standard-bank-plc.pdf.
（28）Effective Internal Audit in the Financial Services Sector, Recommendations from the Committee on Internal Audit Guidance for Financial Services, Charted Institute of Internal Auditors, July 2013. http://www.iia.org.uk/media/354788/0758_effective_internal_audit_financial_webfinal.pdf.
（29）英国 FCA の監督アプローチも変化しつつあり，近時は Hi Risk, Middle Risk, Low Risk の 3 分類のうち Hi Risk は年 1 回，Middle Risk は 4 年に 1 回程度のチェックを金融機関にかけ，Internal Audit 責任者に直接ヒヤリングを行い，年間の監査計画提出を求めている。
（30）内部監査部は FCA の手下と称されている。
（31）英国シティの産業化として（ニューディール政策），会計事務所繁忙に繋がる。
（32）Financial crime: a guide for firms Part1: A firm's guide to preventing financial crime, Financial Conduct Authority, April 2013. http://media.fshandbook.info/Handbook/FC1_FCA_20130401.pdf. http://media.fshandbook.info/Handbook/FC2_FCA_20130401.pdf.
（33）拙稿「新たな国際汚職行為防止法の考察―域外適用と Red Flag 対処義務―」政経研究第 50 巻第 3 号（2014 年）。UKBA は Facility Payment としての僅少な金額の賄賂も認めておらず，厳格である。
（34）近時，代表的な再保険ブローカーのウィリス・リミテッド（英国）が賄賂の agent の件で問題となっている。
（35）海外汚職問題のリスク管理は会社の贈賄リスクの直視・把握，贈賄リスクを踏まえた詳細な社内規定整備，リスクコントロールの合理的手順や仕組みの設定の 3 つに集約される。髙巖「外国公務員贈賄防止に係わる内部統制ガイダンス」麗澤大学企業倫理研究センター（2014 年 3 月 20 日），1-196 頁。
（36）"DBJ Euorope Limited　Approved Persons Training" Tim Lewis, Heenal Vasu, TRAVERS

SMITH, 27 February 2014.
(37) 金融危機の反省から事前予防の観点で年1回の事後的チェック型金融検査でなくオペレーショナル・リスクに焦点を当てた日常監督が重視され，所要の能力を備えた CEO などが自ら FCA 等と普段から綿密に接することが必要で Approved Persons が意義を持つ。
(38) FCA APER rulebook. 原則 1 は Integrity, 原則 2 は Skill, care and diligence, 原則 4 は Proper standard of market conduct, 原則 3 は Dealing with the FCA (and the PRA and other regulators) となり，Principles に対応する。http://fshandbook.info/FS/html/handbook/APER.
(39) コンプライアンス・プログラム構築における Red Flag (危険な徴候) の認識と従業員教育，経営判断・妥当性との関わりなどに関して，藤川・前掲注（28）参照。
(40) "DBJ Euorope Limited Governance and control of risk".
(41) http://fshandbook.info/FS/html/handbook/PRIN/2/1.
(42) http://fshandbook.info/FS/html/FCA/SYSC/4/1.
(43) ① UBS 事件（詐欺事件における内部統制不備，2012 年），② HBOS 事件（拡大戦略における不十分なリスクコントロール，2012 年），③ Barclays, UBS, Rabobank and RBS 事件（LIBOR 不正，2012 年）。HBOS 事件は既述の Mitsui Sumitomo Insurance Company (Europe) 事件と類似しよう。① FSA fines UBS £29.7 million for significant failings in not preventing large scale unauthorized trading, FSA/PN/105/2012, 26 Nov. 2012. http://www.fsa.gov.uk/library/communication/pr/2012/105.shtml. ② FSA issues ban and fine of £500,000 against former HBOS executive, Peter Cummings, FSA/PN/087/2012, 12 Sep 2012. http://www.fsa.gov.uk/library/communication/pr/2012/087.shtml. ③ Financial Services Authority FINAL NOTICE To: Barclays Bank Plc, FSA Reference Number: 122702, Date: 27 June 2012. http://www.fsa.gov.uk/static/pubs/final/barclays-jun12.pdf. RBS について，"RBS and Lloyds sued in New York over libor scandal", Friday 14 March 2014. http://www.heraldscotland.com/news/home-news/rbs-and-lloyds-sued-in-new-york-over-libor-scandal.1394835564.
(44) The FCA's Approach to Supervision for C2 firms and groups, March 2014. http://www.fca.org.uk/static/documents/corporate/approach-to-supervision-c2-guide.pdf.
(45) FCA FACTSHEET How the FCA will supervise firms. http://www.fca.org.uk/static/fca/documents/factsheet.pdf.
(46) バーゼル銀行監督委員会による新バーゼルⅢの枠組みで金融機関の所要自己資本構成は Pillar1, 資本保全バッファー，カウンターシクリカル・バッファー，G-SIFI/N-SIFI バッファー，Pillar2 の合計となる。G-SIFI/N-SIFI バッファーはグローバルなシステム上重要な金融機関（G-SIFI），国内のシステム上重要な金融機関（N-SIFI）に付加される資本サーチャージである。「次の危機に備えた金融システムの構築 現下の対症療法的対策の問題点を踏まえた提案」（NIRA 研究報告書，2009 年），「上昇するか？減損提案が規制上の自己資本に与える影響」（Deloitte LLP, 2013 年）。
(47) 田村俊夫「アクティビスト・ヘッジファンドと企業統治革命―「所有と経営の分離」の終わりの始まり？―」証券アナリスト協会，2014 年 2 月。
(48) もっとも Web サイト等で FCA (FSA) 等と併記されることも散見され，実質的には FCA などとして FAS の実質は存続しているとみられる。
(49) 金融庁はオペレーショナル・リスクなど通常監督に十分な人員はいないと思われる。
(50) MSIEu is 100% owned by the Holding Company which is in turn owned by the Parent Company. ⋯ It is now part of the Japanese MS&AD Group which is one of the world's largest non-life insurance groups. 前掲注（24）。
(51) 私見であるが，英国子会社は非上場企業と考えられるため，スチュワードシップ・コードの直

接適用のケースではないとも考えられるが，完全子会社であることを処分事由に掲げており，明示はしていないが，スチュワードシップ・コードも念頭に置いて処分したものとみられる。2つのコードを合わせた全体の規範を適用した事案といえよう。加えて，Final Notice を読んでも，英国における金融機関の監督手法（ARROW）のリスクアセスメント・フレームワークに従ったもので，breaches of Principle 3 of FSA Principles, Approved persons 適用の文言はあるが，エンフォースメントの名称・根拠などについては必ずしも明確にされない。全体として，スチュワードシップ・コードを適用したのか否かも含め，不透明さが残る印象を受ける。他方，同じく Approved persons 制度が適用されたリスク・マトリックス案件である HBOS 事件（2012 年）では（前掲注（43）），処分事由は FSA のコード原則違反（breaching Statement of Principle 6 of the FSA's Code of Practice for Approved Persons），ペナルティについてはコード原則でなく，2000 年金融サービス市場法第 66 条（section 66 of the Financial Services and Markets Act 2000）に従ったものである点が明記される。CEO 個人に対する罰金としては過去最大の 500,000 ポンドの罰金を課している。処分の根拠をコードとしつつ，エンフォースメントは法制度に依拠しており，ルールベースとしての強行法規性が強まっているともいえる。MSIEu 事案とほぼ同一内容であり，両案件は，拡大戦略における不十分なリスクコントロールを問題視した点では類似性が高いが，英国国内案件に対しては適用法規などを明示していることと比べても，海外案件に対する規制当局側の恣意性を伺うことができようか。もっとも，損失計上ではなく，人事ローテーションという計数化し難い点を問題視する限りは，こうした不透明さが残ることに已むを得ない側面もあろう。また金融サービス市場法は，2000 年に上場関連の権限が LSE（ロンドン証券取引所）から FSA（金融サービス機構）に移された折，上場規則違反の制裁規定が置かれ，統合規範のエンフォースメントに繋がったものである（この点は，林孝宗・前掲注（9）261 頁参照。Alan Dignam, Capturing corporate governance: The end of the UK self-regulating system, (2006), Vol. 4 (1) International Journal of Disclosure and Governance, at p. 24）。従って，上場・非上場による扱いの相違は存在することも否めない。対象が非上場の場合は，エンフォースメントの根拠が明確な法ではなくコードなどに委ねられている可能性もある。この点は，更なる考察対象としたい。何れにしても，スチュワードシップ・コードと米国 FCPA における共謀罪は，各々媒介・仲介項として機能することで，背後にある FCA ルール，FCPA の広範な罰条の適用が可能となる点で，共通性があるといえよう。
(52) 現地孫会社など現地子会社が中間持株会社形態をとる場合が想定できる。域外適用といっても，現地法人自体は英国に存在し，効果主義を持ち出すまでもなく，客観的属地主義に基づくもので，英国版コードの域内適用といった方が正確かもしれない。また日本版スチュワードシップ・コードの適用としては，投資先は英国にあるが，本社は日本本国にあり，これも日本版コードの域内適用として扱うこともできようか。拙稿「国際取引における域外適用ルール統一化ならびに秩序形成に向けて」日本法学第 79 巻第 1 号（2013 年 6 月）1-73 頁参照。
(53) 国際私法上の反致の概念等が適用・準用の余地があると思料する。
(54) 三井住友海上グループホールディングスの現地法人（London Management Company）に関しては，厳密には現地中間持株会社として存在し，ロンドン所在であり，子会社の処分を通じた間接的・重畳適用のみならず，FSA の直接の処分対象にもなる可能性がある。
(55) 金融庁により爾後，三井住友海上グループホールディングスに対して同一内容を対象に処分が下されている。金融庁は英国 FSA の処分を受けて（国際連携の下，何らかの報告・連絡は受けているのではないかとも推測される），国内には Approved Persons Regime に相当する規律がないため，Approved Persons Regime とは別に（Approved Persons Regime には触れず），業法による処分を下したものである。

第2章
英国における金融機関の監督手法（ARROW）のリスクアセスメント・フレームワーク

I．UKFSAと行政目的

　英国における金融機関の監督手法（ARROW）とリスクアセスメント・フレームワークをみておきたい[1]。UKFSA（英国金融サービス機構）と行政目的をみると，2000年金融サービス市場法（Financial Services and Markets Act 2000）により設立され，それまで複数の機関に分散していた銀行・証券会社・保険会社などに対する監督権限を統合した。4つの行政目的（金融サービス市場法第2条）として，①英国金融システムの信頼維持，②公衆の啓蒙，③利用者の保護，④金融犯罪の削減がある。

II．ARROWのリスク評価プロセス

　ARROW（Advanced Risk Responsive Operating Framework）は，2000年1月より実施され，リスク評価プロセスは原則としてオフサイトで検証を行うが，必要に応じオンサイトにより補足する。FSAによるリスク評価およびリスク削減プログラムの策定，リスク削減プログラムの金融機関への通知，金融機関の状況に応じ12ヶ月−36ヶ月の期間が設定，経営改善状況のフォローアップのサイクルなどを内容とする。

Ⅲ．リスク評価プロセスの概要

リスク評価プロセスについて，①インパクトの評価（Impact Assessment）は，規模などにより4段階の評価（High, Medium High, Medium Low, Low）がされる。②リスク顕在化可能性の評価（Probability Assessment）は，環境リスク（地理的リスク，競争リスクおよび市場構造リスクなど），リスクをビジネスリスクおよびコントロールリスクに分類，ビジネスリスクおよびコントロールリスクを各4, 5のリスクグループに分類，さらに45項目のリスク要素に細分化し，各々実質4段階の評価を行う。最後の評価は7つのRTO（Risks to Objectives Group），さらに4つの行政目的に関連付けて整理される。③リスク削減プログラム（RMP：Risk Mitigation Program）の作成は，リスク評価に応じた経営改善計画，併せて計画の実施予定期間（次のリスク評価までの期間）が盛り込まれる。

Ⅳ．リスク削減プログラム（RMP）

リスク評価を踏まえた行政上の措置（リスク削減プログラム：RMP）について，①リスク削減プログラム（RMP）案の策定，②内部検証等により，当局と金融機関による事実関係の擦り合わせを行い，ただし事実関係についての評価および改善措置の内容については一義的に当局が決定する。③リスク評価結果およびRMPの金融機関への通知は，金融機関は受諾通知を行うが，ただし金融機関は事実誤認やより優れた他の改善方法があると考える場合には監督担当者に申し出ることができる。さらに監督担当者による対応に異議がある場合には監督担当者の上司あるいは担当部局の長に申し出ることもできる。金融機関がなおRMPに従わない場合，正式手続に移行し，法に基づく報告徴求や裁定手続がとられることになるが，これまでは実例はない。④RMPの内容により，次のリスク評価が行われるまでの期間は12ヶ月－36ヶ月。⑤中間評価

は，オフサイト（監督）を通じリスク評価のアップデート，行政上の措置のレビューが行われる。

V．リスク評価と行政上の措置の関係

　リスク評価と行政上の措置との関係をみると，①リスク評価は，⑴Low，⑵Medium Low，⑶Medium High，⑷Highに分かれ，②行政上の措置として⒜診断（Diagnostic），⒝監視（Monitoring），⒞予防（Preventative），⒟是正（Remedial）に分類される。⑵Medium Lowは⒜診断（Diagnostic），⒝監視（Monitoring），⑶Medium Highは⒞予防（Preventative），⒟是正（Remedial），⑷Highは⒞予防（Preventative），⒟是正（Remedial）と各々対応する。我が国法令に大まかに当てはめると，⒜および⒝は報告徴求，⒞および⒟は業務改善命令等に相当する。

VI．ARROWにおける顕在可能性リスクのリスク要素

　ARROWにおける顕在可能性リスクのリスク要素として，我が国の検査マニュアルにおけるチェック項目と英国FSAのリスクアセスメント・フレームワーク（ARROW）における45のリスク要素との関係をみると，リスク局面は①ビジネスリスク，②コントロールリスクに2分され，①ビジネスリスクのリスクグループは経営戦略（リスク要素は1.経営戦略の質，2.ビジネス特性），市場・信用・保険引受け・オペレーショナルリスク（3.信用リスク，4.保険引受リスク，5.市場リスク，6.オペレーショナルリスク，7.訴訟／法的リスク），健全性（8.資本の適切性，9.流動性，10.収益性），顧客特性・利用者・商品・サービス（11.顧客／利用者／会員の類型，12.業務収益源および利益分配メカニズム，13.商品／サービスの類型，14.市場効率（主要マーケットのみ），15.適切な市場），②コントロールリスクのリスクグループは顧客・利用者の待遇（16.販売強化トレーニングおよび採用，17.職員の俸給基準，18.財

務促進，19. 顧客／利用者／会員の承認，広告，報告，20. 取引および管理，21. 顧客／利用者／会員の資産の安全性，22. 商品資料のディスクロージャー／適切性，23. 会員の管理（発言を許されている会員のみ），組織（24. 法律上／所有構造の透明性，25. 会計監査／グループ構成の管轄／特質，26. グループの残りの人々との関係），内部体制および内部統制（27. リスク管理，28. 方針，手順，制御，29. 経営情報，30. IT システム，31. 財務報告，定期レポート，会計方針，32. 法令等遵守，33. 内部監査，34. 外注／第三者割当，35. プロフェッショナル・アドバイザー，36. 業務の継続性，37. マネーロンダリングの制御，38. 市場の透明性，39. 協定の制定および改廃（主要マーケットのみ）），取締役会・経営陣・職員（40. コーポレートガバナンス，41. 経営責任の割当および明確化，42. 管理の質，43. 人的資源），業務とコンプライアンス・カルチャー（44. 監督当局との関係，45. 文化的テーマおよびビジネス倫理）である。45 のリスク要素について，我が国検査マニュアルでは，4，10，11，13-18，22，23，26，30，34-40，44-45 は扱われていないが，22. 商品資料のディスクロージャー／適切性，37. マネーロンダリングの制御は法令等遵守項目となる。ARROW では，コンプライアンスも含んだリスクアセスメント・フレームワークとなっており，リスクマネジメントとコンプライアンスの融合による ERM の特徴を示していよう。

Ⅶ．リスク要素と RTO および行政目標

　リスク要素と RTO（Risks to Objectives Group）および行政目標の関係として，4 つの行政目標と 7 つの RTO（Risks to Objectives Group）の対応関係を示すと，RTO は①破綻・経済的損失，②不適切な販売・経営，③消費者の理解，④不正行為，⑤市場における不正行為，⑥マネーロンダリング，⑦市場機能の 7 つであり，行政目標は 1. 英国金融システムの信頼維持，2. 公衆の啓蒙，3. 利用者の保護，4. 金融犯罪の削減である。①，②は，1. 英国金融システムの信頼維持，3. 利用者の保護，③は 2. 公衆の啓蒙，3. 利用者の保護，④は 1. 英国金融システムの信頼維持，4. 金融犯罪の削減，⑤は 3. 利用者の保

護，4.金融犯罪の削減，⑥は1.英国金融システムの信頼維持，4.金融犯罪の削減，⑦は1.英国金融システムの信頼維持，3.利用者の保護と各々対応する。金融機関に対するリスク評価として，最終的に4つの行政目標に対応する4段階のリスクスコアが，インパクト・リスクおよび顕在可能性リスクについて通知される。

【注】
（1）「英国における金融機関の監督手法（ARROW）について」金融庁検査局（2005年2月）。

第3章
英国 Senior Management Regime と
コーポレート・ガバナンス・コード

I. 英国 Senior Management Regime とコーポレート・ガバナンス・コード

1. 英国 Approved Persons Regime から Senior Management Regime への転換

　Approved Persons Regime（制度）は，2000年に発効した FSMA2000（Financial Services & Market Act 2000）の section59 が根拠となる法令（条項）であり，この法令に基づき FCA/PRA Handbook に詳細に規定されている。金融危機後の 2009 年に発表されたウォーカー報告書（Walker Review）で，取締役会議長（会長）である Chairman や非業務執行取締役（Non Executive Director）の責任と役割の強化や取締役会の内部委員会であるリスク委員会（Risk Committee）設置などのリスク管理態勢強化が提言され。当時の英国金融庁に当たる FSA もこの提言に基づき Approved Persons 制度の一部変更を進めたが，有力金融機関（米系）のロビー活動などにより，従前のルールが概ね，そのまま継続した状態にある。英国コーポレート・ガバナンス・コード（UK Corporate Governance Code）も，Walker Review の提言を受けて改訂されている。

　かかる Approved Persons Regime に関して，本邦の大手金融機関の英国現地法人を含む行政審決事例が既に生じてきている。リスク許容度については Mitsui Sumitomo Insurance Company（Europe）（8 May 2012）事件，コンプライアンス・金融犯罪については Standard Bank（22 January 2014）事件が

注目されることは述べた。民事制裁金も課徴されるほか，我が国独特の論功行賞的な人事ローテーションが否定されること，経営判断原則で本来は免責される領域ともいえる経営戦略面での齟齬を追求した側面があることなど，グローバル企業に大きな影響を及ぼしつつある。こうした Approved Persons Regime と英国スチュワードシップ・コードならびにコーポレート・ガバナンス・コードに関しては，英国会社法における取締役の一般的義務（general duties），非業務執行取締役の検討などを含めて，既に考察を進めてきたところである[1]。

Approved Persons Regime は 2015 年以降，特に銀行業界を対象に Senior Management Regime への転換を図ることが予定され，英国では非業務執行取締役（Non Executive Directors：NED）に加えて，上級管理者機能（Senior Management Function：SMFs）の役割との合わせて検討が進められ，英国の金融業界においては大きな反響を呼んでいる。

我が国では金融機関に対しては会社法，上場企業として金融商品取引法，更に銀行法などの業界規制が3層にかかっている。更に既述の通り，上場企業に対してスチュワードシップ・コードが 2014 年導入され，2015 年 6 月コーポレート・ガバナンス・コードが東京証券取引所の遵守すべき規制として策定が進められる。英国でも一般法としての英国会社法，コーポレート・ガバナンス・コードとスチュワードシップ・コードに加えて，あるいはコード規律の内容として，特に銀行業界のみならず保険業界（Solvency II firms）など金融機関を対象に Senior Management Regime の規制がかぶせられることになる[2]。

以下では，最新の英国金融当局の資料とヒヤリングなどを基に，我が国のコーポレート・ガバナンス・コードとの比較，我が国ガバナンス改革に与える影響なども踏まえて，導入が予定される Senior Management Regime の考察を図りたい。金融機関対象の金融サービス法・コード関連規制に絞り検討を進める。英国のコーポレート・ガバナンス・コードあるいは非業務執行取締役，2006 年会社法における取締役の一般的義務（企業価値向上），更には我が国のコーポレート・ガバナンス・コードなどに関する先行研究は少なくないが，英国の金融規制の視点に絞り，Approved Persons Regime, Senior Management Regime について 2015 年以降の直近の新しい政策動向も踏まえ

た先行研究は見当たらない。英国現地金融法人の直近の経営幹部ヒヤリングを端緒として，2015年2月・3月以降に英国金融当局から発出された多くの協議文書（consultation）などを基礎資料とし，2014年導入の日本版スチュワードシップ・コード，2015年6月導入の日本版コーポレート・ガバナンス・コードとの接点も踏まえて包括的考察を深めたものであり，本書の独自性と意義が存在すると信じる。

2．Senior Management Regime の提示と FCA，PRA

　Approved Persons Regime に関して，英国 Parliamentary Commission on Banking Standards（PCBS）が Senior Persons Regime，あるいは Senior Management Regime という新たな制度を提言したことが注視される。現在 Approved Person として FCA・PRA の管理下にある銀行員は全体の10％程度であるが，新制度では更に裾野を広げて，直接 FCA・PRA が管理できる人員数を増やすことが趣旨となっており，2015年導入の方向で準備が進められている。ここで近時の英国の金融監督体制の改革を概観すると，2012年金融サービス法（Financial Service Act 2012）により2013年4月をもって FSA（Financial Services Authority：金融サービス機構）が解体され，FCA（Financial Conduct Authority）と PRA（Prudential Regulation Authority）に分割し，PRA は個別会社の監視・監督を担当する健全性監督機構，FCA は消費者保護および市場参加者の行為規制を担当する金融行為監督機構として機能させることとなった[3]。また PRA はイングランド銀行（BOE）の傘下におくことを改革の内容とする。

　即ち英国では，金融監督体制の抜本的改革を図るべく金融サービス法（Financial Service Act）が2012年1月財務省から議会に提出され年末に成立した。一元的監督当局である金融サービス機構（FSA）を解体し，新たに3機関を設立することを規定している。①英国の金融システムの安定，マクロプルーデンス（マクロ健全性）の監視を担う金融安定政策委員会（FPC）をイングランド銀行（BOE）に設置する。②ミクロプルーデンス（ミクロ健全性）規制を必要とする金融機関を監督するプルーデンス規制機構（PRA）を BOE の子会社として設置する。③英国の金融システムの信認の保護・改善を

図る業務行為規制（消費者保護・市場規制）を担う金融行為監督機構（FCA）を独立した規制当局として設置する。改革の背景には金融危機で明らかになった現行体制の不備・欠陥がある。従来は財務省，FSA，BOEの三者（トライパタイト）体制下，財務省は金融サービスや市場の規制・監督の全体的な枠組みの整備，法制化を担い，FSAはその枠組み下で規制・監督を行う責任を負う。一方BOEは，金融システムの包括的安定性の確保に責任をもつという役割分担の機能が期待された。しかし金融危機が生じ，不備・欠陥が露呈し，新金融監督体制下ではFSA解体，代わってFPC（Financial Policy Committee），PRA（Prudential Regulation Authority），FCA（Financial Conduct Authority）の3機関設立により，規制目的に焦点を当てる主旨からプルーデンス政策を担う当局，消費者・投資家保護および市場規制を担う規制当局を分けるツインピークス・モデルが採用される。金融システム全体の安定を図るマクロプルーデンス政策の実効性確保の観点から手当てもされる。背景には，政治の影響もあり，2010年5月総選挙で労働党から保守党・自由民主党連立政権へ政権交代し，オズボーン財務大臣によって打ち出されたものである。BOEは金融監督体制の中心に位置づけられ，金融システム安定を監視する責務を担う。マクロプルーデンス政策に責任をもつFPCは，金融政策を担う金融政策委員会（MPC）同様，BOEの理事会小委員会として設置される。一方PRAは，BOEから運営上独立した子会社として設置され，銀行，保険会社，その他プルーデンス政策上重要な金融機関の健全性を監視する役割を担う。これにより，中央銀行BOEにミクロ，マクロの両面でプルーデンス政策を担う責任が与えられる。英国は危機以前は銀行破綻処理制度がなく，2009年銀行法は銀行対象の特別破綻処理制度（SRR）を設け，これを管理する役割をBOEに付与した。更に，SRRを通じた銀行の破綻処理を含む危機管理についてもBOEの責任を求めている。

3．Senior Management Regime の概略ならびに問題意識と我が国のガバナンスモデル

(1) Senior Management Regime の導入

　Approved Persons Regime に関しては実効性確保などの点から問題点が指

摘され，企業価値創造を実際に担っている Senior Management 層への対象の拡大，登録制度導入，エンフォースメントとしての刑事罰の規定，民事罰の面で挙証責任転換などを骨子とする Senior Management Regime の導入へと改革が進められる。取締役会など集団的意思決定においては，個人責任が免責されがちであったことに鑑み，個人の説明責任，更に経営破綻を引き起こしかねない判断ミスは不正として扱い，責任追求を図らんとするところに主旨がある。経営面の積極的妥当性と消極的妥当性，コンプライアンスと著しい不正といった境界領域の議論ともなる。

またプリンシプルベースからルールベースへの揺り戻し，米国 FCPA（連邦海外腐敗行為防止法：The Foreign Corrupt Practices Act of 1977）あるいは英国 BA（賄賂防止法：UK Bribery Act 2010）などの国際不正行為防止法，コンプライアンス・プログラムおよび内部統制規定等のスキームへの接近が窺われる。英国銀行改革法を根拠法令とし，また民事罰から踏み込んで刑事罰を導入する限りは構成要件などの明確化も必要となる。従前のスチュワードシップ・コードなどにおける Comply or Explain（遵守せよ，さもなければ説明せよ）のアプローチの枠を超えるものとも思料されよう。日本版コーポレート・ガバナンス・コードの実践においては，Comply or Explain のアプローチに関して具体的な原則毎に使い分けられることも想定され，例えば独立社外取締役導入に関しては，導入しないことにより逆に企業価値が向上するなどの説明が求められ，政策投資保有株式に関しても同様とされる。この2つは上場企業においては事実上の強制となりかねないが，それ以外の項目については Comply しないのであれば一般的な説明を持って足りる部分もあるともいわれる。英国のような刑事罰規定の導入ではないが，さりとてエンフォースメントのない訓示規定というわけでもなく，我が国のコード導入については中間段階にあるといえようか。英国ではロンドン金融市場における Libor 金利不正など経営面のコンプライアンス問題が制度導入の基底にあるところ，我が国ではアベノミクスにおける第三の矢である成長戦略の根幹に位置づける動機があり，英国とは誘因も異なる。日本版コーポレート・ガバナンス・コードの導入・実践において，直ちに刑事罰規定導入が視野に入るという局面ではないと思料される。

(2) Senior Management Regime の概要

　Senior Management Regime（広義）の内容について，Approved Persons Regime との比較も交えて逐一検討していきたい。その後 Senior Management Regime の実践についても考察を深める。先ず，Senior Management Regime の概略からみていきたい。

　議会（Parliament）からの委任を受け，英国規制機関は銀行における個人責任を規律する新しい体制作りに取り組んでいる(4)。英国 FCA（Financial Conduct Authority）とプルーデンス規制を担う PRA（Prudential Regulation Authority）は，近時個人の説明責任の基準を高め，銀行，住宅金融共済組合，信用組合と PRA 指定の投資会社で働く個人に対する規制を強化するために，2014年7月共同諮問文書（the Joint Paper）(5)を公開した。

　議会の提案によれば，Senior Management Regime（広義）は取締役と他の上級経営陣（directors and other senior individuals）のための新しい Senior Managers' Regime（狭義），下級従業員のための証明制度（Certification Regime）を含むものとなる。これに伴い，個人の行動を管理する FCA と PRA において新しい行動規則（new conduct rules）が発出される。この2つの体制は現状の Approved Persons Regime，Approved Persons Regime のための原則とコード（statements of principle and code of practice）に置き換わるものとされる。

　かかる提案は，2013年6月に銀行基準に関する議会委員会（the Parliamentary Commission on Banking Standards：PCBS）(6)から出された報告書（Changing Banking for Good）における提言（recommendations）の内容を基にしている。

　端的に言えば，現状の Approved Persons Regime の下では，個人の責任追及の範囲が狭く，効果的なエンフォースメントも十分なしえないことが PCBS において述べられ，2013年英国金融サービス（銀行改革）法（the Financial Services (Banking Reform) Act 2013）において新しい体制に対するフレームワークが包摂されたものである。

　その対象は英国法人の銀行，住宅金融共済組合と信用組合（UK-incorporated banks, building societies, and credit unions），PRA 指定投資会

社（UK-incorporated and PRA-designated investment firms（collectively, banks）となる。また2014年11月17日財務省は，英国銀行改革法に，海外銀行の英国支店に対しても新しいSenior Management Regimeの対象範囲とする内容の協議文書を出している。

(イ) Senior Managers' Regime

第1に，Senior Managers' Regime（狭義）についてみていきたい[7]。共同諮問文書（the Joint Paper）によれば，新たな承認制度はその行動と決定が金融セクターと顧客に重要な影響を及ぼす上級マネージャー（Senior Managers）に対するものとなる。具体的には銀行の取締役会，Executive Committeeのメンバー（および同等の者），特定の基準（certain criteria）を満たす重要な事業の長，銀行内における重要なビジネス，コントロールまたは行動に焦点を置いた機能に対して責任を有する個人，そして銀行の意思決定に対する重要な影響力を及ぼすグループあるいは親会社よって雇用されているこれらの個人を含むものである。

PRAで特定されたSenior Management機能を担う個人は，FCAの同意と共にPRAによる事前承認を必要とするが，該当する機能がFCAにより指定される場合は，FCAによる事前承認が必要とされることになろう。Senior Management Regimeへの移行の一部として，現在のApproved Persons Regimeにより承認された個人は，Senior Managers' Regimeに該当する場合，移行期間が設けられる。FCA，PRAに対する適用において，個人が銀行の事業領域に関する責任について企業による声明の提出が求められる。この声明は，当局の承認のプロセスにおいては重要な役割を果たすもので，個人の担う責任の重要な変化がある場合，声明は関連の規制機関に再提出する必要がある。

(ロ) Certification Regime

第2に，共同諮問文書においては，新たに認定制度（Certification Regime：CR）が含まれる。Senior Managers' Regimeの規律には服さないが，規制活動に関連した役割を果たし，従って銀行あるいは顧客に重要な危害（significant harm to the bank or its customers）を引き起こす可能性がある従業員に対して適用される。PRAにおいては，この認定制度は重大な危険を

引き受ける者（material risk-takers）に適用され，FCAにおいては顧客に直面する役割，認定を求められる従業員（certified persons）を監督する個人，Senior Managers' Regimeではカバーされない，例えばベンチマーク提示者等の役割を担う者が全て該当する。Senior Managersは関連する下級従業員の評価と証明（the assessment and certification）に対して責任を担い，毎年その適合性と適切性（their fitness and propriety）[8]を評価することを要求される。これは銀行においては重要なデュー・デリジェンスを行うべきプロセスとなる。(イ)，(ロ)を含む広義のSenior Management Regimeの対象はApproved Persons Regimeの対象よりも拡大するが，(イ)の狭義のSenior Managers' Regime自体の対象はApproved Persons Regimeの対象よりも狭くなる。Approved Persons Regimeの対象からSenior Managers' Regimeの対象を差し引き，新たに下級従業員を加えたものがCertification Regimeの対象となる。

(ハ) 適合性と適切性（fitness and propriety）

第3に，適合性と適切性（their fitness and propriety）に関して，2013年英国金融サービスは，銀行に対して，Senior Managersの候補者または認定機能について，その担うべき機能を果たす上で適合かつ適切であることを確固たるものとし，従って各年その評価を行うこと，規制機関に対してかかる評価を行うことを怠ったSenior Managersについては報告を行うこと，評価されない従業員については証明の更新を拒否することを強制している。適合性と適切性の評価に関してFCAのガイドラインが策定されているが，FCAはSenior Managers' Regimeにそのまま適用する予定であり，またPRAは新たにガイドラインを設けるものとされるが，適合性と適切性を遵守する重要性は変わらない。

(ニ) 行動規則（conduct rules）―2層（two tiers）のルール―

第4に，行動規則（conduct rules）に関して，純粋に単なる補助機能を実行する人員（証明体制に該当する従業員よりも広範囲なグループ）を除いて，共同諮問文書においては全てのSenior Managers，認定制度の対象のみならず，他の全銀行従業員にもあてはまる新たな行動規則が提案されている。FCAとPRAは類似した規則を提案しているが，現在の行動規則を主として引用した内容となっている。

提案される行動規則は2層（two tiers）に分けられる。第1層は，個人に対する行動規則であり，上記で述べてきた2つの新制度（the two new regimes）に従う全ての役割に適用される。第2層は，Senior Managersのみに適用される行動規則であり，第1層の規則の内容を含むものである。先ず，第1層の行動規則において，(i)各個人は誠実さを持って行動すること（act with integrity），(ii)十分なスキル，注意と勤勉さを持って行動すること（act with due skill, care, and diligence），(iii) FCA，PRAや他の規制監督機関とオープンで協力的な関係を構築することが求められる。誠実義務，注意義務の実質を含むものであろう。また監督官庁との関係作りの能力も求められていることが特筆される。日本版スチュワードシップ・コード，同コーポレート・ガバナンス・コードにおいては，機関投資家などの株主，経営陣の双方において関係作り（engagement）が規定されるが，規制機関との対話については開示が求められる以外は規定されていない。英国の場合，近時のLibor金利不正など金融コンプライアンスが規制強化の根底にある所以といえようか。成長戦略を目指す上では，逆に経営陣などの萎縮効果をもたらしかねない部分であろう。

次に，第2層では，Senior Managersに対して，以下の内容を確実なものとするために合理的な処置をとることが求められる。(i)自らが責任を有する企業の事業が効果的に管理されること。(ii)自らが責任を有する企業の事業が規制システム必要条件と標準に従うものであること，(iii)適切な人員に責任を委譲し，また委譲された責任の遂行についても監視していくこと。FCA，PRAが通知を期待する情報については，全て適切に開示すること。

(ホ)　エンフォースメント

第4に，エンフォースメント（enforcement）に関して，規則違反が生じた領域に関して責任を有するSenior Managersは，民事責任における証明責任の転換（Reversal of the burden of proof in cases of civil misconduct）により，違反の防止に向けて合理的な措置をとったことについてFCA，PRAに対する説明責任を負担するものとされる。金融サービス法では，現状のApproved Persons Regimeのスキーム以上に幅広い範囲の銀行の従業員に対して処分を科すことができるようになる。国内外のいかなる場所であろうとFCA，PRAはこうした責任追及が可能となることが記される。更に英国法人

の銀行，住宅金融共済組合と PRA 指定投資会社に勤務する Senior Managers は，金融機関を破綻に追い込む原因になった戦略面の決定に関して，新しく設けられた処罰規定の下では潜在的に刑事責任追及に晒されることとなる。これまで財務省は，海外銀行の英国支店の Senior Managers にはかかる処罰規定を適用しない旨を定めている。これによって該当行為の域外適用はなされても，海外銀行の現地法人の Senior Managers には刑事責任の追求はされないものと現状では理解されるが，課徴金などの民事責任追及規定の適用はなされるものと思料される。また海外銀行の英国支店に関する規制の動向には未確定な要素がある。

この点につき，2015 年 3 月 FCA 提案の EEA（European Economic Area：欧州経済圏）域外金融機関の在英支店に係る認定制度について，英国の監督上の方針では以前から大規模支店を準子会社とみなし，支店内の業務管理に完全な責任を負うことを要求している。在英支店内の全管理職を SMFs として登録する必要はないこと，外銀子会社・支店が現地マネジメントによって適切に統治されている場合に，法域を超えて親会社個人に対する規制適用は必要最低限に抑えられるべき旨の要望が 2015 年 5 月全銀協から出されている[9]。

(ヘ) 責任マップとタイムテーブル

FCA と PRA は，銀行が自らのマネジメントとガバナンスに関して，就中，一般的な経営責任，レポーティングライン，組織構造の配置について，詳細かつ最新の責任マップ（the Responsibilities Map：責任の図解）を策定することを提唱している。

共同諮問文書の協議期間は 2014 年 10 月 31 日に期限切れになっているが，最終規則が年度末までに発表されるという予想が出されていた。しかしながら，財務省による最近の協議文書（2015 年 1 月 30 日に期限切れを迎える）によれば，実施に向けたタイムテーブルが 2015 年度にずれ込むことを示している。FCA と PRA が海外銀行の英国支店に関する新しいスキームを伴うアプローチを提示する更なる共同諮問文書を公開する可能性もある。もっとも，財務省の協議文書の成り行きについては明らかにされていない。概して PRA は英国支店に対しては，プルーデンス（健全性）規制に関してみればより負担の軽いライトアプローチ（a lighter approach）を採用し，また FCA も英国の銀

行に向けてかなり類似したアプローチをとることが予想されている。

⑶　Senior Management Regime と我が国のガバナンスモデルの敷衍
　私見であるが，実質的な企業価値創造ならびにその意思決定を行っている下部経営層に監督対象を拡大したもので，実際には現場の事業部長・支店長クラスが包摂されようか。かかる下部経営層に対してコンプライアンス強化を図ることの重要性もあろうが，むしろリスクをとり，企業価値最大化を図る実働部隊に対する承認制度であり，企業側，規制当局側ともに積極的妥当性の観点から趣旨を検討するものといえよう。モニタリングモデル構築，あるいはコンプライアンス・プログラムの活用もさることながら，現場の戦略的意思決定について，萎縮させることなく，企業価値最大化をいかに図るかが問われることになる。英国では企業不祥事が規制強化の発端となっており，コンプライアンスと刑事罰強化の色彩もあるが，我が国の場合は政府の成長戦略の一環としてスチュワードシップ・コード，コーポレート・ガバナンス・コードの策定が図られつつあり，そもそもの制度強化のインセンティブを異にする。グローバル化した金融・資本市場において適切なリスクをとり，いかに資本コストを上回るROE（自己資本利益率）が得られる最適資本構成の構築を図り，企業価値向上を目指していくかが問われている。コンプライアンスあるいは赤字計上を忌避する守りの内部統制でなく，戦略面を含めた全社的コーポレート・ガバナンス・戦略的リスクマネジメント（ERM）の体制整備こそが鍵となる。会社法制と企業実務の離齬が生じる領域でもあることは後述する。
　この場合，指名委員会等設置会社型（旧委員会設置会社）であれば，取締役会におけるコンプライアンスの機能は強く，戦略決定面は重要な業務執行機能と共に執行役のレベルに下ろしていくことが想定される。反面，戦略決定の評価について，独立社外取締役に前提としてグローバル企業の複雑な業務内容の熟知・戦略の評価の判断が求められることとなる。単純な数値化で判断できるものでもない。我が国のコード導入において述べられる事前研修などでどこまでカバー出来るかが鍵となる。あるいは，取締役会に内部の非業務執行取締役（NED を配置して共同化させることも考えられるが，その場合，本来的な米国型のモニタリングモデルの趣旨が曖昧となりかねない。結局は，取締役会の機

能としては，重要な業務執行と共に戦略面の決定機能も執行役に移し，監督に特化させ，戦略面の事後評価にしても把握しやすいものを追認する程度とすることが究極型となるのであろうか。

　他方，監査等委員会設置会社型の場合，執行と監督の分離の不徹底から，コンプライアンス面で脆弱性を抱えているが，Approved Persons Regime，Senior Management Regime 等の制度導入により ERM の統制環境（Control Environment）の強化を図ることに繋がる。一種の経営陣・従業員ともに性善説を前提とする改善への転換を図ることになる。経営戦略の評価においては積極的妥当性の判断は，内部非業務執行取締役の協働化を得て実務上容易となる。もっとも取締役会が戦略決定とその評価を兼ねて受け持つことになるため，やはり馴れ合いの防止策が求められる。コンプライアンスと著しい不正の境界領域も実際には不明瞭であり，自主的な判断においては安易に流れかねない。コンプライアンスではやはり弱さを内包するモデルであるため，英国型取締役会の単層型の中での分離（業務執行取締役と非業務執行取締役）をいかに図り，ファイヤー・ウォール（隔壁）を設定するか，実際の機関設計のあり方に成否がかかってこよう。

　また英国 Senior Management Regime に関して，行動規則（rules）の文字を用いている点，そもそもの根拠法典を銀行改革法としていることと合わせて，エンフォースメント強化に重きを置いたものともいえる。従来の Approved Persons Regime 自体，銀行改革法において導入された金融サービス法（FSMA）において規定されている。詳細な内容はコードで規定されているにしても，Approved Persons Regime，Senior Management Regime 共に，こうした行動規則を定めている。Senior Management Regime への変革は，従来の英国のコーポレート・ガバナンス改革がソフトローとして，コード規範とプリンシプルベースを主眼としてきたことに対するルール指向への若干の揺り戻しの動きともいえようか。

　また 2012 年 UBS 事件（John Pottage v. FSA（FS/2010/0033））において，Approved Persons に関する第7原則（Principle 7 of the Statements of Principle for Approved Persons）違反が問われたが，規制当局が証明責任を負う個人責任の追及ができなかったことが Senior Management Regime への

転換の一因とされている$^{(10)(11)}$。詳細は後述するが，Senior Managers が担うマネジメント・リスクの拡大に関して，FCA による責任追及において経営判断の壁が存在したため，反証可能な推定規定の導入の提示に至った事件である$^{(12)(13)}$。

この点でも，我が国が日本版コード導入により，ルールベースからプリンシプルベースへと転換しつつあることとは逆行する間もある。もっとも，今後日本版コードの遵守状況如何によっては強制力が強まるという見方もされる。法制面におけるプリンシプルベースの英国とルールベースの米国の接近の動きとも関連があろう。米国では資本市場の国際競争力低下の懸念から柔軟な規制への転換とし株主権限強化の方策が模索されつつあり，英国スチュワードシップ・コードによる機関投資家の役割強化と類似性も窺える$^{(14)}$。

II．銀行システムと 2013 年英国金融サービス法のスキーム

1．英国の銀行改革スキーム

ここで最近の 2013 年英国金融サービス法と銀行システムについて$^{(15)}$，全体を概観しておきたい$^{(16)}$。

英国においては預金業務を銀行グループ内で分離する内容を主旨とする銀行改革法が 2013 年 12 月成立し，預金業務を行うリングフェンス銀行は米国ドッド・フランク法（金融改革法）によるボルカー・ルールよりも広範囲の投資業務が禁止され，銀行グループ内において厳格な独立性が要求されることとなった$^{(17)}$。一方，グループ内の他の事業体が投資業務を行うことは認められる。業務分離の実施期限は 2019 年までとされる。

2013 年金融サービス法の成立は世界的金融危機を契機としており，プルーデンシャル規制当局である PRA，FCA，中央銀行である BOA（Bank of England）にリングフェンス銀行等に関して新たな権限を付与していると共に，銀行基準に関する議会委員会の多くの提言（recommendations of the Parliamentary Commission on Banking Standards）に沿った形で規制を設けている。その全体像の要点は以下の通りとなる。

(1) リング・フェンシング (Ring-fencing)

リング・フェンシング (Ring-fencing) について，個人および中小企業のためにリテール預金は，ホールセールおよび投資業務の預金とはリング・フェンシングされる。リテール業務は銀行において不可欠であるが，次の新たな金融危機を引き起こしかねない危惧がある。リング・フェンシングにかかるPRA規則については，銀行は2019年までに要求事項を充足することが求められている。

(2) Cap on payday loans

Payday loans（給料日の返済を予定した銀行貸出）に関して，銀行改革法は銀行金利に上限を設けることとしている。100万人以上の借り手が利益を得ることが想定され，FCAにより導入される新規則ではローン金利は1日当たり0.8％が上限とされる[18]。

(3) Senior Management Regime

全ての銀行は既述の通り，銀行における特定の重要な機能に関して責任を担うSenior Managementを任命する必要がある。また銀行規制の違反に対する責任を避けるために，Senior Managementはこうした違反の発生を防止するべく責任のある手続きをとっていることを述べることが求められる。

(4) Reckless misconduct

Reckless misconduct（不注意な管理・経営のミス）に関して，当該基準がSenior Management Regimeと共に機能し，Senior Managementは銀行における経営面の不注意な管理ミスにより刑事罰をもって提訴される（後述）。罰則規定の内容として7年の禁固刑と無制限の罰金となる。

(5) Payment Systems Regulator

Payment Systems Regulator（決済システム監査機関 PSR）について，金融サービス法は新しい規制機関を設立し，銀行の決済システムの監督を担わせることを定める。決済市場における競争促進，最終ユーザーのために効率性，

技術革新，システムの品質を改善することがPSRの役割となっている。

2．英国の金融破綻スキーム—Bail-in option（金融破綻時のオプション）—
(1) bail-in のスキーム

　金融機関の経営破綻時時に公的機関が介入して経営再建を目的に債権者に一定の負担を強制的に求め債務を減少させる仕組みを bail-in と称する。社債・劣後債の株式への組替え，預金保険対象外の預金，無担保債務が課税あるいはヘアカットされるものである。再建を求める方が破綻させるよりも債権者の最終的負担が少なくすむことが根拠となる。

　実際には，債権者が債権額の一部または全部について支払猶予あるいは放棄，資本に変換することを認め，金融機関破綻において納税者負担を最小にすることになる。このように金融機関のステークホルダーに広く負担を求める bail-in に対して，外部から資金が提供されることで金融機関が救済される方式を bail-out と呼称する。銀行救済方式として内部者の自助努力（bail-in），税金投入（bail-out）と対比的に用いられることもある。

　G20 の下部組織である金融安定理事会（Financial Stability Board：FSB）でも，公的資金投入による銀行救済を回避する方法として，bail-in を国際的ルールとして策定する計画が打ち出され，大手銀行，too big to fail の金融機関が保有する劣後債，その他債務を緊急時に削減できる規定案が提示される予定である[19]。

　我が国も国際的流れを踏まえて bail-in の概念を取り入れ，預金保険法が2013年6月改正されたが，改正預金保険法の中で公的資金注入による大規模金融機関の bail-out 方式は残っており，bail-in の対象も劣後債，優先株式，劣後ローンの3種類のみでシニア債務や預金，既存の債券などは対象外となっている。bail-in の留意点としては，金融機関のファンディング・コスト，ファンディング構造やグループの体制に影響が出てくるとみられる。

　ここで EU 域内共通の危機管理の枠組みの整備をみると，危機に対する予防，早期介入策実施にもかかわらず，銀行の破綻が不可避となった場合に破綻処理として3つのオプションが用意されている[20]。

　①　金融システムの安定に懸念がない場合：一般的ルールに則り通常の破綻

法制（bankruptcy code）に基づき処理される。

② 金融システムを不安定化させる懸念がある場合：当該銀行の清算（gone concern）を前提に破綻に伴う影響を最小化し，必要不可欠な一部業務の継続を図るべく，秩序立った清算（orderly wind down）を行う。当局は付与された法的権限に基づき，承継銀行（ブリッジバンク），事業の売却，不良資産の分離などの破綻処理手段を活用する。破綻処理当局がこれらの手段により金融取引を移転させる場合，当該金融取引のカウンターパーティのクローズアウト・ネッティングの権利行使は一時的に制限される方針である。

③ オプション②では秩序立った清算が困難な場合：当該銀行の継続（going concern）を前提として事業再構築を行わせることもあり，必要手段として当局に対し，上記の諸手段に加えて債務削減や株式転換を行う権限を与えることを検討する。going concern を前提とした破綻処理枠組みも検討している点は米国ドッド・フランク法における新しい破綻処理枠組みとは手法が異なる。

但し，2010年欧州委員会（European Commission）においては，こうしたオプションの行使について極めて例外的な金融環境の下で，金融システム安定化の観点から，当該銀行の本質的に存続可能な業務を継続させることが十分に正当化される場合に限定されるべきという姿勢が示されている。大規模で複雑な銀行（large, complex financial institutions）が担うシステム上重要な決済機能や貸出機能は性質や規模に鑑みて即時の代替や承継は困難であり，破綻による機能が損なわれた場合の影響も大きいことなどが例示される。

債務の削減手法（bail-in）を巡る議論，さらに bail-in の活用について欧州と米国の間の考え方の相違について付言すると，欧州委員会は経営破綻銀行をやむを得ず going concern として事業再構築する特別な場合に限定して債務削減手法（bail-in）を活用する方針を示しており，将来実施する場合にもその時点での既存債務は適用対象としないこと，適切な移行条項や移行期間を設ける方針が示される。2011年欧州委員会は，次の２つのアプローチを示し，関係者から意見を求めている。２つのアプローチともに当局が法的権限に基づき，既存株主の権利を償却し，次に劣後債務を株式転換あるいはヘアカット

する点は共通である。bail-in の活用について，欧州は too large, complex or interconnected といった理由で破綻銀行が秩序立って退出できない場合，当該銀行を going concern として事業再構築する有力な補助手段として bail in に期待する。他方，米国はいかなる場合も破綻可能となる破綻処理計画の導入を進め，bail-in は銀行に誤った救済期待を持たせることになりかねないという警戒感を有する(21)。

(イ) 包括的アプローチ（Comprehensive approach）

当局に対し一般債務（senior debt）を含む無担保債務についても，株式転換ないしヘアカット(22)（債務再編）を裁量的に行うことのできる法的権限を付与する。但し，(a)金融市場の機能維持の観点から，スワップ・レポ・デリバティブ取引等のカウンターパーティ，その他の営業債権者（other trade creditors），短期債務（該当債務の期限は今後定義を要する），リテールおよびホールセール預金，担保付債務（カバード・ボンド等）は債務再編の対象から除外すべきか。(b)当局が株主・債権者に損失負担させる場合，株式，劣後債，一般債の優先順位は遵守されるべきとしても同列債権者間の負担の公平性は常に維持できないこととなっても許容されるか。(c)当局は債務再編の対象とする債務の種類や割引率（株式への転換比率，ヘアカット率）などを裁量により決定する。裁量の内容には特定債権者に損失負担させた場合のシステミック・リスクへの配慮も含める。(d)将来 EU 域内の銀行が債務を新規発行する場合，債務再編に関する法的権限についての条項を挿入して海外の法廷で権限行使が差し止められないように手立てを考えることなどが課題となる。

(ロ) 対象限定アプローチ（Targeted approach）

当局は銀行に対し一定額の bail-in 債務の発行を義務付け，破綻時に当局の法的権限で必要に応じて債務再編を行うアプローチである。全ての銀行に対して bail-in 債務の最低水準（総負債に対する一定比率など）の発行を義務付け，破綻処理計画において追加発行の必要性が認められる場合，当局が当該銀行に対し増額を要求する権限を付与すること，あるいは主としてシステム上重要な金融機関（SIFIs）に発行を限定することが考えられる。債務の割引率（株式への転換比率，ヘアカット率）は発行する bail-in 債務に事前に明記するか，当局の裁量に委ねるかの選択肢があるが，bail-in 債務の契約条項には破

綻時に当局が法的権限を行使する可能性を明記する(23)。

(2) bail-in option

　以上の前提の下に 2009 年銀行法によれば破綻段階に達した銀行の資本再構成を図る（recapitalize）ためにイングランド銀行に対して bail-in option を設定している。この bail-in option のプロセスでは銀行の債権者に負担を生じさせることが予定される。かかる手法の狙いは，銀行の損失について資本再構成の中で吸収されること，あるいは解散時に清算を容易にすることにある。

Ⅲ. 英国議会銀行委員会の最終報告書と Senior Management Regime

　今次の Senior Management Regime の改革に関する嚆矢となった 2013 年 7 月英国議会の銀行基準に関する委員会（The Parliamentary Commission on Banking Standards）の最終報告書（Final report）である Changing banking for good について，最終報告書を策定した議会委員会の立場から報告書全体の内容を更に検討したい(24)。銀行業全体における基準の改善を要求する急進的な改革（the radical reform）といえる。

1. 最終報告書の策定

　銀行委員会は LIBOR 事件（the LIBOR scandal）の金利操作の不正を契機とし，英国金融セクターにおける専門的な標準・企業倫理の調査を行い，立法面などの提案を図ることを目的に 2012 年 7 月設立された。銀行委員会議長からは銀行信用低下と経済の苦況，役員の報酬体系の修正などの内容が示されるが，コンプライアンスあるいは消極的妥当性に関する問題点が発端となっており，この点では我が国におけるコーポレート・ガバナンス・コードの改革とはやや様相を異にする部分でもあろう。最終報告書に対しては，FCA，イングランド銀行などから回答書が出されている(25)。

2．最終報告書と Senior Management Regime

　最終報告の公表について銀行委員会議長である Andrew Tyrie 議員のコメントの趣旨をまとめると以下の通りで，銀行業務に関連した不正に対する危機感の大きさを物語っている[26]。

　LIBOR のレートの不正操作の問題は広範囲でショッキングな影響をもたらしているが，納税者，顧客の損失は大きく，経済へのダメージも甚大であった。金融セクター，就中銀行の信用は失墜している。健全性に関する不正事件には共通の原因があるが，信用を回復する単一の解決策は存在しない。

　個人責任の欠如は銀行業界全体を通じてみられる現象であり，Senior Management の数の多さ，即ち集団的意思決定のスキームは個人責任の追及を避けるファイアウォールの役割を果たしてきた。また銀行業務のリスクと報酬の関係において，標準設定に関わるインセンティブは機能しないまま誤った形で常態化していた。また業務のミスもないのに多くの下級スタッフは Senior Persons が引き起こす行動によって非難されてきた。こうしたことには終止符を打つ必要がある。成功の報酬は銀行と顧客のために長期利益（long-term benefits for banks and their customers）を生み出すことに集中させることが求められる。個人，特に Senior Management の役割に関する標準に欠陥があり，明確な責任のラインおよびエンフォースが可能な制裁が必要であるところ，両方ともこれまでは不足していた。変革が求められるのは銀行家側ではなく，規制機関・政府ともに基準の低下に対する一因であった。政府はこうした改革の実行に取り組み，規制監督機関は厳格にそのエンフォースを図ることが必要となる。規制を増加させるのではなく，よりよい規制・機能が求められ，銀行業界の競争力向上にとりかかる必要がある。高い基準作りにより英国は世界的な金融センターの機能を担うこととなるが，各国間の協力によって改革の進展が遅れてはならない。英国にとっての適切な改革を進めることが望まれる。

　銀行業務におけるインセンティブ設定の誤りが問題の根源であり，最終報告（Changing banking for good）ではそのための一連の基準策定を提示している。いくつかの主要な領域にかかる提案をみると，senior bankers の個人責任を追及可能とすること，銀行のガバナンスを改革すること，機能的で多様な市

場を創設すること，規制機関が業務を果たす上での権限を強化することなどである。

改革の鍵となるべき提案として，① Approved Persons Regime に代替するべき Senior Management Regime があり，銀行内の最も重要な責任を割り当てられた Senior Management はその意思決定と銀行内の基準に対する十分な説明責任を果たせるようにすることが求められる。②銀行標準ルール (Banking Standards Rules) によって支えられる新しいライセンス体制 (new licensing regime) は，実際に銀行に対する有害な行動をなし得る人員に対して，幅広いエンフォースメント権限に服することが求められる。③ Senior Management の不注意な経営の誤り (reckless misconduct) に対する刑事罰則規定の創設。④リスクと均衡のとれた報酬体系における新しいコードの策定。⑤規制機関において報酬支払いの停止などに関する権限を付与し，また Senior bank employees のために税金投入の必要な局面等ではかかるリスクを避けるべきインセンティブを設ける。

私見であるが，今般の Senior Management Regime は基本的には行き過ぎたリスクテイクの是正を図ることに一義的な主眼はあるが，インセンティブ設定の誤りの修正，銀行と顧客のために長期利益を目指すべきこと，銀行業界の競争力向上，高い基準作りにより英国が世界的な金融センターの機能を担うべきこと，各国規制当局間の協力による改革の進展など，英国の中長期的な競争政策の視点に立つものであることが窺える。2010 年にコーポレート・ガバナンス・コードから分離した英国スチュワードシップ・コードの意義付けとも平仄が合う内容である。濃淡あるいは時系列の差こそあれ，日本版コードと共通の問題意識を担うものであろう。

【注】
（1）拙稿「英国スチュワードシップコード，コーポレート・ガバナンス・コードの理論と実践—英国における新たなガバナンス規範と非業務執行取締役ならびに我が国の導入に向けて—」法学紀要，第 56 巻，2015 年 3 月，35-140 頁参照。
（2）英国では銀行以外に保険業界なども Solvency II firms として新たな Senior Management Regime の規制の対象となる予定である。Prudential Regulation Authority, Bank of England, Consultation Paper FCA CP15/5 PRA CP7/15, "Approach to non-executive directors in banking and Solvency II firms & Application of the presumption of responsibility to Senior

第3章 英国 Senior Management Regime とコーポレート・ガバナンス・コード　*61*

Managers in banking firms", February 2015.
（3）従前の英国の FSA 解体後の規制枠組みについて，小立敬「英国の新たな金融監督体制―マクロプルーデンスに重点を置いた体制づくり」月刊資本市場 No. 323, 2012 年 7 月, 28-34 頁参照。
（4）UK Financial Institutions: Proposals for New Senior Managers and Certification Regimes, by William Yonge, Financial Services Practice, Morgan Lewis. http://www.morganlewis.com/pubs/FinServices_LF_UKFinancialInstitutionsProposalsAndCertificationRegimes_15dec14.
（5）PRA CP14/14 and FCA CP14/13- Strengthening accountability in banking: a new regulatory framework for individuals.
（6）PCBS は英国の銀行における専門的基準の策定を提示する役割を担っている。（PCBS was established in 2012 to inquire into professional standards and culture in UK banks and to make recommendations.）
（7）Senior Management Regime の名称に関して，Senior Persons Regime が当初の論稿では用いられることがあったが，Senior Management Regime が近時は用いられている。2015 年 3 月に FCA, PRA から発出された新たなガイダンス（Strengthening accountability in banking: a new regulatory framework for individuals—Feedback on FCA CP14/13/PRA CP14/14 and consultation on additional guidance, March 2015）では，Senior Managers' Regime が Certification Regime と区分された内容で使用されている。本書では，Senior Management Regime（広義）の内容として，Senior Managers' Regime（狭義）ならびに Certification Regime が含まれるものとして整理を図っている。
（8）適合性原則などに関連して，英国における金融機関の監督手法（ARROW）のリスクアセスメント・フレームワーク，ARROW における顕在可能性リスクのリスク要素等について，拙稿・前掲「英国スチュワードシップコード，コーポレート・ガバナンス・コードの理論と実践―英国における新たなガバナンス規範と非業務執行取締役ならびに我が国の導入に向けて―」68-71 頁。
（9）「英健全性監督機構（PRA）および英金融行動監視機構（FCA）による市中協議文書「銀行の説明責任の強化：英国外銀支店に係る規制」に対するコメント」全国銀行協会（2015 年 5 月 25 日）。
（10）http://www.skadden.com/sites/default/files/publications/Pottage_Case_UK_FSA_Fine_Overturned.pdf. http://www.petersandpeters.com/sites/default/files/publications/DMC%20NJQ%20FSA%20v%20Pottage%20JIBFL%20Sep%202012.pdf.
（11）Brown Rudnick Alert: Changes to the Approved Persons Regime—the biggest shake up for a decade, January 8, 2014, Author（s）: Peter Bibby, former Head of Enforcement at FSA and author of the FSA's Statements of Principle and Code of Practice for Approved Persons. http://www.brownrudnick.com/news-resources-detail/2014-01-changes-to-the-approved-persons-regime---the-biggest-shake-up-for-a-decade, http://www.brownrudnick.com/uploads/1077/doc/Brown_Rudnick_Alert-_Changes_to_the_Approved_Persons_Regime-the_biggest_shake_up_for_a_decade-ATTORNEY_ADVERTISING.pdf. http://www.linklaters.com/Insights/RI/Regulatory-Investigations-Update-May-2012/Pages/UK-Recent-Decisions.aspx. http://www.cisi.org/bookmark/WEB9/COMMON/LIBRARY/FILES/TCIG%20SG%20PRES%20280612%20FOR%20WEBSITE.PDF.
（12）関連して，内部統制（Systems and Controls）に関しては，3 つの防衛線（3 Lines of Defenses）の観点から強固なガバナンス（robust governance），コンプライアンス，リスクマネジメント，利益相反（manage conflicts of interest），報酬規制等を内容とし，近時の問題となった事案（Enforcement examples）が検討される。http://fshandbook.info/FS/html/FCA/SYSC/4/1. ① UBS 事件（詐欺事件における内部統制不備，2012 年），② HBOS 事件（拡大戦略における不十分なリスクコントロール，2012 年），③ Barclays, UBS, Rabobank and

RBS 事件（LIBOR 不正，2012 年）。前掲・第2章注（43）参照。特に UBS 事件については，26 November: FSA fines UBS GBP 29.7 million for significant failings in not preventing large scale unauthorized trading. The FSA has published a press release relating to the Final Notice it issued to UBS, fining the bank GBP 29.7 million (discounted from GBP 42.4 for early settlement). The penalty arose since a lack of adequate systems and controls at UBS allowed an employee, Kweku Adoboli, to cause substantial losses of USD 2.3 billion as a result of unauthorized trading. The FSA believes that UBS failed to take reasonable care to organize and control its affairs responsibly and effectively, with adequate risk management systems and failed to conduct its business from the London Branch with due skill, care and diligence. UBS's systems put market confidence at risk and enabled Mr. Adoboli to commit financial crime. The penalty was set at 5% of the revenue of the Global Synthetic Equities (GSE) trading division. Tracey McDermott commented that this was to "make it clear the FSA expects much higher standards from the firms [it] regulates". The Swiss Financial Market Supervisory Authority is also taking action against UBS in relation to the above breaches. Press Release: http://www.fsa.gov.uk/library/communication/pr/2012/105.shtml. Final Notice: http://www.fsa.gov.uk/static/pubs/final/ubs-ag.pdf.

(13) http://www.publications.parliament.uk/pa/jt201314/jtselect/jtpcbs/27/27v_we57.htm. http://www.blplaw.com/expert-legal-insights/articles/the-expanding-role-of-senior-management-in-managing-risk-fsa-misses-its-target-but-succeeds-in-establishing-wide-responsibilities-2/

(14) The Committee on Capital Markets Regulation (Paulson Committee) による Interim Report (2006) における株主権限強化の提案について，江口高顯「スチュワードシップ・コードは日本企業と機関投資家の関係をどう変えるか？」上場企業ガバナンスフォーラム・セミナー（2015年2月25日）。

(15) Banking Reform Act receives Royal Assent, gateley, talking finance, posted on 23/01/2014. http://www.legislation.gov.uk/ukpga/2013/33/contents/enacted/data.htm, http://talkingfinance.gateleyuk.com/tag/senior-persons-regime/.

(16) 英国など先進各国の規制に関して，北見良嗣「米・英・EU・独仏の銀行規制・構造改革法について」金融庁金融研究センター FSA Institute Discussion Paper Series（2014年9月）1-84 頁。小林襄治「英国の新金融監督体制とマクロプルーデンス政策手段」証券経済研究第82号（2013年6月）1-19 頁。佐原雄次郎「国際的な金融規制改革の動向（8訂版）」みずほ総合研究所（2014年3月13日）1-46 頁。小立敬「英国の金融システム改革法―マクロプルーデンスに重点を置いた体制構築」野村資本市場クォータリー（2012夏号）1-15 頁。萬場大輔「英国銀行改革の動向〜銀行改革法案と欧州各国の状況〜」国際協力銀行（JBIC）ロンドン駐在員事務所（2013年2月8日）1-9 頁。林康史「英国の金融サービス法制の展開」大蔵省財政金融研究所研究部 IFMP Discussion Paper Series（2000年3月）1-10 頁。小立敬「英国の新たな金融監督体制―マクロプルーデンスに重点を置いた体制づくり」月刊資本市場 No. 323（2012年7月）28-34 頁。シンポジウム「英米の金融制度改革を検証する―日本はどのように受け止めるべきか―」早稲田大学 GCOE（上村達男，河村賢治，坂東洋行，渡辺宏之，若林泰伸，池尾和人，黒沼悦郎，松尾直彦）2010年11月15日。

(17) 山口和之「銀行の投資業務の分離をめぐる欧米の動向」レファレンス（平成26年3月号）7-33 頁。

(18) http://www.theguardian.com/money/2015/jan/02/cost-payday-loans-fall-new-price-caps. http://www.theguardian.com/money/2015/jan/02/payday-loans-caps-fca.

(19) http://www.morganmckinley.co.jp/ja/article/.

(20) 破綻処理手段の発動条件として支払い不能（insolvent）に陥る前に破綻処理手段を利用できるようにする方針（他の全ての現実性のある再生計画を実施または検討した後で早期の破綻処理が公共の利益となる場合に限定）。御船純「欧州における金融規制改革の動向―監督・セーフティネット・破綻処理―」預金保険機構・預金保険研究第13号，2011年5月参照。http://www.dic.go.jp/katsudo/chosa/yohokenkyu/201105-13/13-3-11.html. このほか，杉原正之「米国における金融機関破綻処理の最近の動向について」同第12号（2010年4月），澤井豊・米井道代「ドッド＝フランク法による新たな破綻処理制度」同第15号，2013年5月。
(21) 英国 Financial Times 2010年9月27日．"FDIC urges bank action on living wills" における米連邦預金保険公社（FDIC）ベア総裁の発言。
(22) 担保設定において，価格変動リスクから担保の損失リスクを明確にするべく，提供された株式の市場価値，債券額面額に対して設定される担保の掛目である担保価値の削減率を意味する。ヘアカット率が10％とすれば，担保資産額面の90％を担保価値と想定することになる。http://www.glossary.jp/sec/finance/haircut.php. http://www.nikkei.com/money/investment/toushiyougo.aspx
(23) 本アプローチについては，破綻処理段階での bail in 債務と早期介入段階での contingent capital は理論上は相互補完的であり得るが，現実に併存させる場合には重複を避け，過度に複雑にならないように調整を図る必要があることなどについて，意見が求められている。具体的には，bail in 債務の適切な発行水準を決定することは困難であり，市場に歪みを与えず，かつ破綻処理にも資するため当局はいかなる要素を勘案して発行水準を決めるべきか。bail in 債務の調達コストを株式より低く抑えても市場に相応の規模の潜在需要は存在するかどうか。当局が法的権限をもって bail in 可能な特定の金融商品を発行させる代わりに銀行側の判断で適当と思われる金融商品に債務再編条項を付けさせる案はどうかなど。御船純・前掲「欧州における金融規制改革の動向―監督・セーフティネット・破綻処理―」。
(24) http://www.parliament.uk/business/committees/committees-a-z/joint-select/professional-standards-in-the-banking-industry/news/changing-banking-for-good-report/.
(25) The FCA's response to the Parliamentary Commission on Banking Standards, October 2013. http://www.fca.org.uk/static/documents/pcbs-response.pdf. Bank of England response to the Final Report of the Parliamentary Commission on Banking Standards, 7 October 2013. http://www.bankofengland.co.uk/publications/Documents/news/2013/pcbsresponse.pdf.

Phase II
Senior Management にかかる司法判断とソフトローの発展

第4章

UBS事件 (John Pottage v. FSA) と Senior Management Regime

I．2012年UBS事件（John Pottage v. FSA）など関連事例を通したSenior Management Regime改正の意義・目的の考察
―間接統治的規制への転換―

1．英国の規制強化と規制コスト

　英国のFSAから，金融業界におけるSenior Managementなど経営陣の個人責任の追求と透明性の規律付けについて，制裁金が課された46事例が示されている[1]。制裁金の平均金額は10万ポンドとなっている。ホールセール（Wholesale Conduct），リテール（Retail Conduct），利益の衝突（Conflicts of Interest），市場における不正（Failure to Disclose to the Regulator），上場規則関連（Listing Rule Cases）などを内容とするものであるが，特にホールセールとリテール業務の間で銀行が顧客に負う責任に関する利益の衝突（Conflicts of Interest）について，協議文書ならびにFCAガイダンス[2]が発出されており，開示義務に関する訴訟[3]が相次いで提起されている。

　2013年罰金（Fine）総額は2012年のそれと比較して150％と増大したが，規制コストがかかりFCA財政を圧迫していることが述べられて[4]，対策として企業の中核であるSenior Managersを規制，統制（control）することで企業の文化，行動を変革することが述べられる。

2．改正の目的と間接統治的規制
─Senior Management の責任追及と我が国への敷衍─

　私見であるが，企業の統制環境（control environment）を整備して自主的な ERM 態勢の構築を促すことで実効性向上を図ることがコストベネフィットのみならず，事前防止の観点からみても合理性があることはいうを待たない。今次の英国の Senior Management Regime の改革は従前より築き上げた英国のリスクマネジメントの伝統に沿った内容のものといえよう。我が国においても金融監査などの面で規制コストの問題は存在し，不良債権などの監査はともかく，金融庁に日常監査権限まで一元化するには人員不足であるとみられ，日銀が資金コントロールを通じてかかる機能の一部を担っている面が強い。もっとも現状の日銀では金融庁同等の監督権限を全面的に担うには無理もある。我が国においても Senior Management Regime の制度を十分検討する素地があるといえる。

　Senior Management Regime への改正の目的・理由として，①2013 年の年間の罰金（fine）の総額は 2012 年に比して 150 ％（474, 138, 738 ポンド）となった。エンフォースメントとして Approved Persons Regime が一定の成果を上げていることを示してもいよう。しかし，同時に規制のためのコストが増大し，FCA の財政を苦しめる状況となった（the cost of facing regulatory discipline is on the increase）。

　即ち，①規制にかかるコスト削減からみても改正が必要だったと思料される。Approved Persons Regime も規制としてはそれなりの成功を収めたといえるが，財政面からみると莫大なコストがかかり，失敗だったと評される。コスト面の課題の解決も今回の改正の重要事項であると推察される。②企業の中核である Senior Persons（Management）を規制し，統制することにより本質的に会社のスタンスや企業文化・慣習を FCA（Financial Conduct Authority 金融行為監督機構）の予期する方向に変化させることができるという思惑があるように見受けられる。会社の内部において本質的に優秀なコーポレート・ガバナンスを行えるような企業文化が育てば，規制当局の手間，コストが減少する。③全体として Senior Management Regime の移行は，これまでの外部から機関（企業）に規制をかけるのではなく，個人である Senior Persons

（Management）を規制することにより内部から企業をFCA仕様に変えていくことを意図している印象を受ける。一種の間接統治的規制ともいえようか。

II．John Pottage v. FSA 事件の考察—マネジメントリスクにおけるSenior Management の役割の拡大と FSA の対応—

1．John Pottage v. FSA 事件の概要と意義に関する考察

　Approved Persons Regime から Senior Management Regime への制度転換を図るきっかけとなったとみられる 2012 年 UBS 事件（John Pottage v. FSA（FS/2010/0033））[5]の考察を図りたい[6]。検討対象である Approved Persons, Senior Managers などの銀行経営に重要な影響を与える経営層に関しては，SIFs（holders of Significant Influence Functions）[7]と称されている。

　John Pottage は 2006 年当時 UBS[8]の英国における富裕層ビジネス部門の前最高業務執行責任者（the former chief executive of UBS's UK wealth management business）であり，Senior Persons（Management）に当たる。FSA（Financial Services Authority 金融サービス機構）が改正前の Approved Person Regime の規制をかけ個人の責任を追及，罰金（10 万ポンド，16 万 1000 ドル）を徴収せんとしたが，司法判断により FSA が敗訴した。サブプライム金融危機に絡んで，John Pottage は UBS に多額の損失をもたらし，自己の担当するチームの管理責任の不十分さを追求された案件である。事案の詳細は後述する。以下は，私見を交えて事件の意義などについて考察を図る。当該事案の問題点などに関しては，今後も研究を深めていきたい。

　訴訟後，PSA は審判所判断に従う旨を公表したため，現行ルールで個人を対象とすることは事実上不可能となった。今回の Senior Management Regime への改正はこのような個人を確実に対象とし得るように改正したものといえる。個人の責任追及が甘いと，いくら会社にペナルティーを課そうとも現場の社員たちは大きな苦痛はなく，規制の形骸化が進んで骨抜きになり，結果として事件の再発に繋がりかねない。この訴訟は Approved Person Regime において，FSA が初めて個人に責任追及をした訴訟であり，これまで機関・企業

第4章　UBS 事件（John Pottage v. FSA）と Senior Management Regime

に対する規制をもってある程度成功していた Approved Person Regime において，FSA からみれば挑戦的なもので new stage であったと考えられる。結果として司法判断が出され，Approved Person Regime 下での個人に対する適用は認めず，いきなり頓挫することになった。

しかし，個人への責任追及は必要不可欠のものであり，FCA は個人への適用を可能とするため，適用対象を絞り込んで適用要件も整え，新制度に移行しようとしている。司法判断を介さない明確な個人追及制度の創設を試みたものともいうことができようか。これにより，個人は監督や判断のミスが事実上重過失とみられる場合，その責任追及を免れないため規制に対する姿勢を強烈に意識せざるを得ない。対象となる人材は厳選され，より能力が高い人間が少数のポストを占めることとなろう。規制当局の恣意性も一定程度は確保されることになる。

審判所判断（the Tribunal's decision）では，FSA のルールは個人にも適用可能だが，明確な証拠がないと認めることができないという見解を示した[9]。当該個人責任に関して，John Pottage に適切な役割の遂行を期待することが合理的な証拠を求めている。しかし，FSA が個人相手にまで，その責任追及を図るために明確な証拠（evidence）を取ることは多大な時間，コストがかかり，現実的でないため，そのような手間を必要としないプリンシプルベース的なものが司法判断においても十分認められる形の改正をする必要があったといえる。即ち，FSA がプリンシプルベース的に適用して制裁金を徴したが，司法判断では個人適用の時はルールベース的にという見解を示し，当局はそのような対応を取ることが不可能なため今次改正せざるを得なかったものであろう。

特に，制裁金額が 100,000 ポンド（日本円で 1,800 万程度）と額が小さすぎることも審判所判断に影響を与えた可能性があるのではないか。規制当局がこの程度の金額をもって規制をかけて反応することが裁判所判断としても好まれなかったのでないかと思料する。しかし規制当局としては，企業のリスクの根源にある個人の責任問題を看過できないため，摘発の意思を示すためにも Senior Management Regime の導入は必要であったと考える。

John Pottage は，FSA の規制下にある UBS 企業の chief executive（業務

執行役員）であると共に compliance officer（コンプライアンス担当役員）でもあり，FSA の規制に従う義務があるにもかかわらず，遵守できなかったとして制裁金をかけている。しかしながら，審判所判断基準においては John Pottage の影響力がどの程度かということが重要であった。FSA は規制対象として訴えたものの，審判所（the Tribunal）はたかが個人，一社員でありそのようなものではないとして当局の訴えを退けている。当局は個人責任を規制の明確な適用対象としていかないと司法の場では通用しないと理解したことが Senior Management Regime の導入理由として考えられる。逆に適用対象さえ明確にしてしまえば，構成要件はプリンシプルベースで規定し，当局の自由・裁量が利くことにもなる。コストベネフィットの問題と共に，やはり個人責任に対する対処・適応がポイントのように考えられる。Senior Management Regime には一部，刑事罰規定も含む内容であるため，コードでなくルールに基づくとはいえ，プリンシプルベースをもって規定することには構成要件などの面で議論もあろうか。

2．John Pottage v. FSA 事件にかかるマネジメントリスクの考察
　　—Senior Management の役割の拡大と FSA の対応—

(1)　FSA と The Tribunal の判断の相違点

　(イ)　大要

　審判所（The Tribunal）の判断は，(i) John Pottage は前任者からの業務を引き継いだ後に，前任者の起こした業務に関するリスクマネジメント委員会において積極的役割を果たしている。(ii) 担当するチームを鼓舞して一層深く調査させる（"dig deeper" in challenging his team）ことに関しても落ち度はなかったとする[10]。(iii) また内部統制の観点からも，従前から出されていた警告（warning signals）に対処せずに，John Pottage が合理的な注意（reasonable care）を持って全社的な内部統制の見直し（review）を行うべきタイミングが不適切であったということの証明もされていないことを述べる。FSA としては，金融機関経営において前任者の業務を引き継いだ後，レビューをいかなるタイミングで行うことが注意義務の点から合理的であったか，判断することは容易でなく，反証を許す推定（rebuttable presumption）の論理を持ち込まざ

第4章 UBS事件（John Pottage v. FSA）と Senior Management Regime　71

るを得なかったものと考えられる。

　案件としてはコンプライアンスというよりも，業務の引継ぎ者として，損害の拡大を防止すべき義務があったという消極的妥当性あるいはコンプライアンスが問題となった事案にも読めるが，challenging（異議申立）の用語など，随所に採った戦略等が妥当なものであったか，もっと適切な方針を打ち出す必要性があったのではないか，という積極的妥当性の視点，あるいは企業価値最大化を図るべき 2006 年英国会社法における取締役の一般的義務の存在を念頭に置いた感も窺える。warning signals に対する対処として，米国判例法における Red Flag（危険の徴候）遵守義務とも接点がある。

　The Tribunal によれば，John Pottage は影響力を持つ地位にはいたことは認めるが，UBS のガバナンスとリスクマネジメントのフレームワークに対して変更を加えるだけの権限を持っておらず，UBS 内の誰も，これ以上の内部統制を John Pottage が行うことが当時必要であったと提示することもできないことを示している。

　(ロ)　FSA の事実認定と The Tribunal の決定破棄

　The Tribunal によれば，John Pottage は 2006 年 9 月就任後に関連業務のリスクとガバナンスの基準の有効性について速やかなレビュー（見直し）を行うことが期待されたが，これをしなかったということについて，明白な証拠（clear evidence）を要求している。John Pottage は状況の評価について，合理的に全ての手立てを尽くしており，任命後 7 ヶ月を経て 2007 年 7 月にレビューを命じている。業務やリスクマネジメント領域に携わる上級管理職の個人は，適切なタイミングでレビューを図り，事態に対処するという強い要請を受ける職務であるが，その欠如があった場合に，自ら責任の不在を証明すべく反証を準備することが可能な状況には置かれていないことを The Tribunal は明らかにした。これに対して FSA 側は，将来同種の事例が Senior Management に生じた場合，今回の敗訴によっても責任追及の手が緩むものではないことを述べている。

　先ず，FSA は John Pottage がガバナンスとリスクマネジメントのフレームワークと運営上の効率性に関して認識し，これを修正することに合理的な段階を経ることができなかった旨を主張する。Approved Persons に関する FSA

原則のうち第7原則の違反 (a breach of Statement of Principle 7 of the FSA's Statements of Principle for Approved Persons) であり，同原則においては SIF (a significant influence function) の重要な影響を与える機能を担う Approved Persons に対して，自らが責任を負っている事業領域が規制当局のシステムの要求と標準に従っている (complies with) ことを確かなものとするための合理的な段階を踏んでいる (take reasonable steps) ことを求めている。

FSA は，2006年9月 John Pottage が業務執行責任者となるに当たり，ガバナンスとリスクマネジメントのフレームワークに重大な欠点が存在していたため，内部統制に関する全社的に包括的なボトムアップのレビュー (comprehensive bottom-up review of systems and controls) を行うべきであったとする。実際にレビューがなされたのは2007年7月であったが，新たなコンプライアンスに関する欠点が拡大してきたため，あまりにも遅すぎたものとなった。不正の中には支払いに関する詐欺，顧客資金のルールに関する違反，税金の規制に従わないことならびに権限のない取引を行うことに関わる不遵守も含まれる。

規制当局の求める義務に従うためには，FSA は John Pottage に対して，(i) CEO に就任するとすぐに最初の十分なビジネスの評価を行うべきであった。(ii) ガバナンスとリスクマネジメントの手続きに関するデザインと運営について何も基本的に欠陥がないという確信を受けたことに疑問を呈するべきであった。伝えられるままに情報の内容を受領すべきではなく，情報と確実性の源は何かを確かめるべきであった (should have verified)。(iii) コンプライアンスのリスクフレームに重大な欠陥があるという警告 (warning signals) に直面した場合，速やかに継続的なモニタリング・プロセスを構築・運用すべきであった。(iv) もっと早期に欠陥の存在に気づき，オペレーショナルリスク[11]のレビューを履行すべきであった。このように John Pottage がリスクとコンプライアンスの従業員スタッフ，グループ内部監査 (risk and compliance staff, group internal audit)，COO (Chief Operating Officer：最高業務執行責任者)，リスクとコンプライアンス機能の地域責任者と行った会合や議論は不十分なものであったと FSA は結論づける。決して John Pottage 自身のコンプ

第 4 章　UBS 事件（John Pottage v. FSA）と Senior Management Regime

ライアンス違反といっているのではなく，また UBS の違反の対象もリスクとコンプライスの用語を使い分け，危機管理を含めており，決して単なる企業のコンプライアンス違反の事例ではない。effectiveness（効率性）の用語が頻繁に出てくることからも，John Pottage 個人の行ったマネジメントの是非を問題としている点で，経営の妥当性に関わる事例であると思料される。

　これに対する the Tribunal's decision の内容については掲記したが，the Tribunal は UBS のリスクマネジメント・システムの運営上の効率性（the operational effectiveness of UBS' risk management systems）において重大な欠陥が存在し，また UBS に罰金が徴されたことについて，企業自体の責任は認めているが，FSA は John Pottage 個人に対して規制上の違法行為があったことを証明できていないとする。FSA 規則によれば，Approved Persons は当該個人が非難に値する（personally culpable）場合のみ，即ち当該個人のとった行動が故意のある計画的なものである（deliberate）か，全ての環境に照らして合理的である場合に初めて原則の内容に違反するといっている。しかしながら FSA は，John Pottage のとった行動が故意であること，あるいは CEO に就任後に事態が一層悪化したこと，これこそが合理的な注意義務を欠いたことになるのであるが，その何れも証明を果たしていない。FSA は，the Tribunal に対して，オペレーショナルなレビューを行うべき適切な時期が 2007 年 7 月以前である旨を証明すべきである。John Pottage は影響力自体はある地位にいたが，ガバナンスとリスクマネジメントのフレームワークに変化を加えるだけの権限を有していないこと，更に UBS のリスクあるいはコンプライアンス部門の誰ももっと広範囲なレビューが必要であったと提示することはなかったことを the Tribunal は述べている。

(2)　事案の各論点の更なる検討―CEO における前任者が引き起こした業績悪化の引継ぎ後のリスクマネジメント体制に関する評価・見直しの責任―

　John Pottage は Approved Persons に関するコード原則の要求事項 APER Principle（the Statements of Principle and Code of Practice for Approved Persons）7 の下で SIF を担っている個人（a Significant Influence Function holder（SIF））として規制を遵守するべき個人責任を負っているとする[12]。

規制当局側は，かかる義務の内容に関して，CEOとして当該企業ならびに業務領域に関する以下の6つの面から正確かつ徹底的な理解を得られるような早い段階での評価を行うべきであったとする。(i)ガバナンスとリスクマネジメントのフレームワークの設計，オペレーショナルな効率性ならびに強い点と弱い点の状況把握。(ii)業務，日常の統制システムのオペレーショナル・リスク。(iii)ガバナンスとリスクマネジメントのフレームワークが効率的に運営されているかどうかに関する評価に役立てるため入手可能なマネジメント情報の質。(iv) John Pottage の前任者の在職期間（tenure）に既に引き起こされていた重要なリスクとコンプライアンスに関する事項。(v)グローバルでマトリックスな経営陣の構造（the global matrix management structure）の実際の影響。(vi) John Pottage に報告を上げてきた各個人の強い点と弱い点。

　FSA によれば，(i) John Pottage はガバナンスとリスクマネジメントのフレームワークの設計とオペレーショナルな効率性について，十分詳細を議論しておらず，基本的な欠陥がないという確信を安易に受け入れすぎていた。John Pottage はもっと精力的にこうしたフレームワークが企業の目的に適合し（fit），適切に（properly）実践に移されていたことに疑問を呈するべきであった。結果として FSA は，John Pottage が最初の評価を運営する際に合理的に行動しなかったと主張した。私見であるが，ここは，fit and proper 原則の観点からの FSA の主張内容であろう。(ii)ガバナンスとリスクマネジメントのフレームワークに関して警告シグナルが出ていたが，より広い意味合いを十分に考慮することができなかったとして非難している。私見であるが，米国の Red Flag 遵守義務にかかる議論と軌を一にするものであろう。(iii) John Pottage がこうした措置をとっていれば，ガバナンスとリスクマネジメントのフレームワークに関する設計と運営における重大な欠陥を認識し得たはずであり，もっと早期の段階でシステマティックな点検（a systematic overhaul）に着手していたはずである。私見であるが，特にオペレーショナルリスクに関するリスクマネジメントについて，全社的かつシステマティックにもっと早期に対処し得たはずであるとして個人責任を追求している内容となろう。

　これに対して上級審判所（The Upper Tribunal）[13]は，APER原則7に関するFSAの幅広い解釈は受け入れている。SIFに該当する個人はその任に就

第4章　UBS事件（John Pottage v. FSA）と Senior Management Regime　　75

く際には，継続的なモニタリング義務と共に，詳細な最初の評価を行う必要性がある。コード（Code of Practice）においては APER 原則に関するコンプライアンスの実際的なガイダンスを提供しているが，こうした最初の評価を行うべき義務（duty to conduct an Initial Assessment）について言及はない。しかしながら，John Pottage 自身もかかる義務の存在は受け入れており，司法判断によって確認されたといえる。私見であるが，前任者などの行った業務内容を引き継ぐに際して，単に継続的に監視・監督義務を果たせばよいということでなく，改めてその評価を行うことが求められているといえよう。引継者において最初の評価を行うべき義務の存在を認めた判断である。また実際に John Pottage はこうした Assessment を行っており，その必要性の認識にも欠けるところはない。

　The Tribunal によれば，John Pottage はこうした役割について合理的な段階を踏んでおり，リスクマネジメントに関する実際的なアプローチ（hands-on approach）も採っていること，細部に亘りフレームワークも理解し，組織内においてリスクマネジメントの権限が委譲されている社員と適切な関わりも持っていることは証拠によって明白である。The Tribunal は，Chief Executive における規制上の義務として以下の5つの内容を示している。(i)業務において統制面の失敗が明らかとなった場合，CEO（Chief Executive Officer）は独自の監視・監督の地位にいることから，こうした失敗がもっと広範囲に拡大していく意味合いを持っていないかどうか，評価を行うことは CEO に期待し得る。(ii) Approved Persons としての CEO は，個人的に非難に値する場合，原則の違反（a breach of a Statement of Principle）として懲戒処分の対象（subject of disciplinary action）とはなるが，それ以外ではない（but not otherwise）。(iii) CEO の役割は監視・監督（role of oversight）であるが，統制面の設計，構築ならびに運営を個人として行うことは要求されていない。(iv)適切に任命された代表者としての業務を行う上では CEO には義務はない。(v) Approved Persons は，コンプライアンスを保った内部統制を当該業務が備えていることを確実なものとすることは要求されていない。要求されているのは，確実なものとするために合理的な注意を取る（take reasonable care to ensure）ことである。合理的な段階を踏んで行うために必要なことは

全てのいろいろな状況に依存する。

特にこの(v)の内容が Approved Persons において，重要な影響の機能（SIF）を果たす上で担っている注意義務の水準（standard of care）を決定するに当たり，重要となる。当該金融機関はリスクマネジメント・システムにおけるオペレーショナルな効率性に関して確かに重大な欠陥を有していたが，司法判断では，John Pottage のとった段階は適切なものであり，最初の評価段階において John Pottage が自分のチームに対して更に深く調査を行うべきであったという十分な入手可能な証拠は存在しない。

結果として FSA は John Pottage が規制上の義務に違反したということを証明できず，審判所判断においては，2007 年 7 月の前にオペレーショナルならびにコンプライアンスな事項に関して John Pottage がとった行動は合理的なものであったと結論づける。

ここで FSA が，敢えて新しいベンチマークを求めて当該事件の個人責任を追及したのか，疑問がある。FSA としては，事後的に発見されたリスクマネジメントのフレームワークの問題に焦点を当て過ぎており，John Pottage が当時入手可能な情報に基づいて行動をとったことに十分な焦点を当てていなかったとみられる。規制機関側は，ガイダンスの規定とは別に，John Pottage は金融機関内において後日暴かれた欠陥に対して，前任者に代わって責任を負うとの考え方をとったものである。審判所判断によってこうした規制当局の考え方は徹底的に否定され，SIFs の地位にある者は合理的な段階さえ踏めばよいことが明らかにされた。John Pottage の信用を高めるものとして，UBS は企業として John Pottage を支援し，審判所判断の場において防御ができるように努めている。

他方，FSA は金融業界に対して，Senior Management は業務上直面するリスクについて効率的にマネジメントするべきであるとのメッセージを発している。FSA のトップ（Chief Executive）である Hector Sants は 2009 年 5 月にリーマン金融危機を回顧して，後知恵（hindsight）にはなるが，マネジメントの決定における不適格さ（incompetence）が曝き立てられ，リスクマネジメントに関するかなり軽率なアプローチ（cavalier approach）が多くみられたことを述べている。FSA は Senior Management を対象としたエンフォースメ

ントの確立に注力し，Senior Management が当該職に就いた場合あるいは継続的に，事前対策としてリスクマネジメントの評価・見直しを行うように検討してきた。Approved Persons に関するコードの見直しを検討し，これによって上級（Senior）の Approved Persons は日常的にこうした義務の履行を図ることができるようになるとする。

　FSA は敗訴したものの，John Pottage 判決は Senior Management（上級経営陣）が職を引き受けた場合，就中ガバナンスとリスクマネジメントのフレームワークに関してとるべき行動に関する先例の意義を有する。統制機能を担う部署に関連した SIF の担い手にも適用される内容となる。ロンドンのシティ（City）地区の Senior Management の中には，判決を読んで不愉快な気分になる者もいるであろう。ガバナンスとリスクマネジメントに関する設計，オペレーショナルな効率性に関する評価について John Pottage がとった手続き・段階よりも，彼らの行っている手続きは十分ではないためである。また当該判決について，企業からみれば，リスクマネジメントのアプローチを見直し，Senior Management が規制上の責任を充足するために適切な素養などを身につけていることを確認するための格好の機会（a catalyst）とするべきである。FSA の認可を受けた金融機関としては，審判所判断を受け，実務上 5 つのポイントに留意することが求められる[14]。(i) Senior Management を任命する場合の手順書作り（Senior management appointment protocol），(ii) SIFs の役割の説明と責任（Role descriptions and responsibilities），(iii)ガバナンスとリスクマネジメントに関する文書化（Governance and risk management framework documents），(iv) SIF の機能を担う現在の人員（Current SIF holders）が規制当局の新しいアプローチに関して訓練を受けること，(v)定期的再評価（Periodic reassessments）。

【注】
（1）Regulatory Enforcement in the UK gets tough on firms and senior individuals, alert, brownrudnick www.brownrudnick.com, February 2014. http://www.brownrudnick.com/uploads/1077/doc/Alert-_Regulatory_Enforcement_in_the_UK_gets_tough_on_firms_and_senior_individuals-02.14.pdf.
（2）FCA consultation on the use of dealing commissions CP13/7 25 November 2013, FCA Finalized Guidance 14/1: Supervising retail investment advice: inducements and conflicts of interest 16 January 2014. http://www.brownrudnick.com/uploads/1077/doc/Alert-_Regulatory_

Enforcement_in_the_UK_gets_tough_on_firms_and_senior_individuals-02.14.pdf#search='Regul atory+Enforcement+in+the+UK+gets+tough+on+firms+and+senior+individuals'.
(3) FCA Final Notices Michael Conway, Andrew Powell, Martin Gwynn and Daniel Conway 17 December 2013, Mark Bentley Leek Final Notice 18 October 2013, Stephen Herbert Danner Final Notice dated 4 March 2013.
(4) 前掲・注(1)。Regulatory Enforcement in the UK gets tough on firms and senior individuals, alert, brownrudnick www.brownrudnick.com, February 2014.
(5) FSA v John Pottage" [2012] 8 JIBFL 490.
(6) Upper Tribunal Overturns UK Financial Services Authority Fine and Findings Against a CEO and Compliance Officer, John Pottage v. FSA (FS/2010/0033), May 4, 2012. http://www.skadden.com/sites/default/files/publications/Pottage_Case_UK_FSA_Fine_Overturned.pdf. FSA v UBS: will big fines change banks' attitudes to risk management?, Hannah Laming and Nicholas Queree, Butterworths Journal of International Banking and Financial Law January 2013. http://www.petersandpeters.com/sites/default/files/publications/JIBFLJan2013.pdf.
(7) Trouble at the Top Personal consequences for holders of Significant Influence Functions (SIFs) from FSA investigation and enforcement actions, Sara George, 28 June 2012. http://www.cisi.org/bookmark/WEB9/COMMON/LIBRARY/FILES/TCIG%20SG%20PRES%20280612%20FOR%20WEBSITE.PDF.
(8) UBS AG は，スイス・ユニオン銀行（Union Bank of Swiss：UBS），スイス銀行コーポレーション（Swiss Bank Corp.：SBC）が1998年合併し発足したもので，スイスに本拠を置く世界でも最大規模のユニバーサル・バンクである。ウェルス・マネジメント，インベストメント・バンキング，グローバル・アセット・マネジメントの3事業で構成されているが2007年以降のサブプライム金融危機では多額の損失（2007年40億スイスフラン）計上を余儀なくされ，海外事業縮小など経営再建を進めた。経営機構をみると取締役会（Board of Directors）とグループ執行委員会（Group Executive Board）により運営され，前者はグループ最高経営責任者（グループCEO）の下で経営戦略決定・事業遂行を行う。各グループ執行委員会はグループ最高経営責任者を配して経営管理責任を担う。
(9) UBS banker John Pottage wins appeal against FSA fine, By Jamie Dunkley, Financial Services Correspondent, 23 Apr 2012. http://www.telegraph.co.uk/finance/newsbysector/banksandfinance/9221682/UBS-banker-John-Pottage-wins-appeal-against-FSA-fine.html；UBS banker wins appeal against FSA. http://uk.reuters.com/article/2012/04/23/uk-fsa-tribunal-pottage-idUKBRE83M0MC20120423
(10) 前掲・注(6)。Upper Tribunal Overturns UK Financial Services Authority Fine and Findings Against a CEO and Compliance Officer, John Pottage v. FSA (FS/2010/0033), May 4, 2012.
(11) オペレーショナル・リスクは金融機関の業務の過程，役職員の活動もしくはシステムが不適切であることまたは外生的事象により損失を被るリスク（自己資本比率の算定に含まれる）および金融機関自らがオペレーショナル・リスクと定義したリスク（自己資本比率の算定に含まれない）をいう。オペレーショナル・リスクの総合的な管理は，金融機関全体としてオペレーショナル・リスクを特定，評価，モニタリング，コントロールおよび削減することをいう（金融庁マニュアル「オペレーショナル・リスク管理態勢の確認検査用チェックリスト」http://www.fsa.go.jp/manual/manualj/manual_yokin/18.pdf）。極端な事例として，鳥インフルエンザが蔓延して支店に従業員が出社できず，決済機能等の支障をきたすことがバーゼル銀行監督委員会などで真剣に議論されている。
(12) The expanding role of senior management in managing risk – FSA misses its target but

第 4 章　UBS 事件（John Pottage v. FSA）と Senior Management Regime

    succeeds in establishing wide responsibilities, Posted by Nathan Willmott on 24.04.2012. http://www.blplaw.com/expert-legal-insights/articles/the-expanding-role-of-senior-management-in-managing-risk-fsa-misses-its-target-but-succeeds-in-establishing-wide-responsibilities-2/
(13) 英国裁判所制度は，2009 年 4 月から英国法務省（Ministry of Justice）の管轄の下，簡易審判所（First-tier Tribunal）と上級（上位）審判所（Upper Tribunal）から成り立っており，簡易審判所は比較的簡素な事案，上級審判所は複雑な事案および簡易審判所からの上訴事案を取り扱う。上級裁判所から上訴された事案は高等裁判所（Court of Appeal）さらに最高裁判所（Supreme Court）で争われるが，最高裁判所は事実関係については審議せず，法の解釈のみを行う。英国では従来は上院である貴族院（House of Lords）が最高裁判所の役割を果たしてきたが，司法府の立法府からの完全な分離を目的として 2009 年 10 月に最高裁判所が設立されている。池田美保（国税庁国際業務課）「英国の税務行政と税制の概要」税大ジャーナル 17（2011 年 10 月）187-215 頁。
(14) 前掲・注(12)。The expanding role of senior management in managing risk – FSA misses its target but succeeds in establishing wide responsibilities, Posted by Nathan Willmott on 24.04.2012.

Phase III

上級管理者機能（SMFs）と英国金融規制の動向

第5章

上級管理者機能（SMFs）とFCA・PRA規制の考察
―Approved Personsにおける重要な影響力を保有する機能（SIFs）から上級管理者機能（SMFs）への転換―

I．Approved Persons Regimeと制御された機能

　Senior Management Regimeの内容，問題点などを英国金融規制全体の観点から，その要諦を示したい[1]。従前のApproved Personsにおける承認制度における重要な影響力を保有する機能（Significant Influence Functions：SIFs）から，Senior Management Regimeにおける上級管理者機能（Senior Management Function：SMFs）を実行する個人に対する規制への転換について考察を深める。

1．Approved Persons Regimeと重要な影響力を保有する機能（SIFs）

　Approved Persons Regimeについて機能の面から考察を深めたい。英国では，既述の通り2000年金融サービス市場法（the UK the Financial Services and Markets Act 2000：FSMA）が健全性規制機構（PRA）と金融行為監督機構（FCA）に対して，英国金融サービス業界に携わる企業において特定の役割と責任を担う個人に関する一定の権限と責任を付与している。これらの役割は，制御された機能（controlled functions）として知られ，この機能を実行する個人をApproved Personsと称する。
　制御された機能（controlled functions）は，重要な影響力を保有する機能（significant influence functions：SIFs）と顧客取引機能（customer dealing function）に大別される。前者のSIFsは，企業が行う規制された活動に関連

して，個人がその遂行に重要な影響力を行使できる機能である。SIFs は，取締役（directors），非業務執行取締役（non-executive directors），最高経営責任者（chief executive）など，企業の統治機能を含めたいくつかのカテゴリーに分類される。こうした個人は制御された機能を実行する前に規制当局の承認を得なければならないものとされている。

かかる Approved Persons における SIFs は，Senior Management Regime においては上級管理者機能（SMFs）として規定されることになる。

英国における銀行，住宅金融共済組合（building societies）と金融システム上影響を及ぼすような重要な投資会社（systemically important investment firms）等は，業務上の監督は FCA，また健全性に関する監督は PRA によりなされるという点で二重監督体制下におかれている。制御された機能に関する責任は PRA と FCA の間で分割され，PRA は統治の機能（governing functions）の承認を担当する規制当局である。

PRA により承認されれば，以下の項目に対する遵守，継続的な充足（meet on going-basis）が必要となる。1 つには，Approved Persons に関するコード原則の要求事項（the Statements of Principle and Code of Practice for Approved Persons（APER））であり，PRA と FCA のハンドブック（Handbooks）に掲載されている。もう 1 つは，Approved Persons に対する Fit and Proper テスト（the Fit and Proper Test：FIT）であり，金融サービス市場法（FSMA）第 61 条に規定されている[2]。

2．懲戒処分

PRA，FCA は，Approved Persons がコード原則の要求事項と矛盾する行動をとる場合，懲戒処分をとることが可能であるが，その中には罰金（fine），資格の一時停止（suspension）または不正行為に関連したことの公表措置（issuance of a public statement relating to the misconduct）が含まれる。規制当局は，当該個人がもはや与えられた役割を達成するのに fit and proper でないと判断すれば，承認の撤回，今後の制御された機能の禁止措置をとることができる。

3．新たな認証戦略へ

こうした要件にもかかわらず，英国の規制当局は Senior Management に対してはエンフォースメントを図ることが困難であると FCA 当局のトップは財務省特別委員会で述べており（2013 年 9 月）[3]，主たる理由として，マトリックス型の組織構造（matrix organization structures）の存在ならびに委員会による意思決定のやり方が個人責任追及の障壁となっていることを掲げる。

この点から，FCA はアテステーション（attestations）に対する署名を個人として Senior Management に求める戦略を進めてきており，Senior Management に対するエンフォースメントの実施を容易にすること，個人としての責任の明確化と説明責任の履行がその背景にある。

4．新しい Senior Management Regime への転換

銀行基準に関する議会委員会（PCBS）は，英国の銀行業界の専門的な基準と文化に関する報告を行うべく議会により任命され，2013 年 6 月の報告書（Changing banking for good）において Approved Persons Regime に関して，個人的責任の欠如が業界全体で共通の認識となっていること，説明責任の障壁に個人は隠れていること（shelter behind an accountability firewall）を批評した。これらの批判を踏まえて，PCBS は Approved Persons Regime の改善のために，Senior Persons Regime（現在は Senior Management Regime），新しい認定制度（a new certification regime）の策定を推奨している。

Senior Management Regime，Certification Regime のために 2013 年金融サービス（銀行改革）法に修正が行われている（同法第 IV 部）。

5．PRA と FCA の合同協議文書

2014 年 8 月 PRA と FCA は Senior Management Regime，Certification Regime，更に関連する英国の銀行，信用組合，PRA に指定された投資会社等に対する行動ルール策定に向けた合同協議文書を発出している。

II. Senior Management Regime と上級管理者機能（SMFs）および非業務執行取締役

1．新たな制度の対象領域と上級管理者機能および非業務執行取締役および私見

　新しい Senior Management Regime は，上級管理者機能（senior management function：SMFs）を実行する個人に適用される。SMFs は対象金融機関の規制された活動に関連する業務の1つまたは複数の業務を管理する責任があることを内容とし，この業務は当該金融機関に深刻な結果をもたらす惧れのあるリスクを内包した業務とされる。

　改正された英国金融サービス法（FSMA）では，上級管理機能（SMFs）の定義に関して，managing とは当該金融機関における決定を行うこと，あるいは決定に参画することを掲げている。このため，非業務執行取締役（NED）あるいは同一グループ内の他の金融機関（other group entities）の取締役も，当該決定に参画した場合は上級管理機能（SMF）の範疇に該当して個人として責任を担うことになる。

　私見であるが，我が国の成長戦略の中核となるコーポレート・ガバナンス・コード策定では，独立社外取締役も非業務執行取締役として，今後はコンプライアンス面の監視役というよりも，リスクテイクを経営陣に促していく戦略的な役割が求められている（攻めのガバナンス）。当然，意思決定にも参画することが期待されているとはいえ，こうした Senior Management Regime のスキームは関連する内容を含んでいる。我が国ではリスクテイクを促進することに重点がある段階であり，この点では欧米のコーポレート・ガバナンス体制ではリスクを短期的視点から取り込み，金融機関の破綻に至った事例が多いことが英国・米国の金融改革法関連の策定に繋がっている。発展のステージを異にする感があるため，Senior Management Regime のスキームを直ちには導入することは疑問があるが，将来リスクテイクに向かう体制整備が我が国でも整い，その抑止を図ることに大きなウエイトが置かれる段階になれば Senior Management Regime の理念が生きてこよう。当面は社外取締役にリスクテイ

クの決断を促す役割を期待するとしても，抑止機能の担い手が同一人物となりかねない。新たな利害相反関係，ジレンマが我が国の社外取締役において今後生じることになる。我が国ではリーマン金融危機においても大きな不正問題，あるいは業績悪化の個人責任追及の問題は発覚していない。当面は，抑止機能の点はCertification Regimeのようなスキームを導入し，当該金融機関自身による自発的な内部承認と監視機能の充実に委ねることで足りるのではないか。Senior Management Regimeまでも導入してアクセルとブレーキを同時に踏むことには疑問もあり，先ずは成長戦略に資することが現実的となろう。

　そもそも米国において社外取締役が取締役会の過半を占めるに至った経緯については，司法判断における経営判断原則適用のための防弾チョッキ（bullet proof）として形式的にも多数を揃えざるを得なかったとの指摘もされる。かかる形式的な充足の破綻が2000年エンロン事件において会計不正として顕現化し，2002年米国企業改革法（Public Company Accounting Reform and Investor Protection Act：サーベンス・オクスリー SOX法）により上場規則において社外要件厳格化などが図られた。しかし，今度は2008年リーマン金融危機により，短期的視点から業績向上のために過剰なリスクをとった金融商品開発で結果として住宅バブルの崩壊を契機に大規模金融機関の破綻が生じ，コンプライアンス面もさることながら経営戦略，意思決定にかかる妥当性の問題が噴出したといえる。これに対しては，膨大なボリュームの米国金融改革法（Dodd-Frank Wall Street Reform and Consumer Protection Act：ドッド・フランク法）策定により，またもルールベースの改革を進めんとしているのが米国の現状といえる。他方，近年我が国においてはコンプライアンスの面の不祥事としてオリンパス事件，大王製紙事件，さらにはみずほ銀行事件などが勃発してきたが，経営の効率性，妥当性に関しては業績の全般的な低迷こそあれ，個別に司法判断を仰ぐような事例はこれまで多くない。むしろ，適切なリスクテイクを行っていないことが成長戦略における問題点として指摘されている。この観点からは，必ずしもモニタリング機能重視の米国型機構を至上のモデルとしてストレートに導入することが現在の我が国において妥当なのか，一抹の疑念を感じざるを得ない。社外取締役中心の取締役会に監視機能を求める場合，コンプライアンスのみならず経営陣（執行役など）が行った戦略的な

評価までも求めるのかどうか，その場合の研修体制はどうするか，兼任する地位の多い社外取締役に係る機能を期待しうるのか，疑問が出てくる。さらには，経営戦略面の機能までも，リスクテイクを促す意味で求めるのであれば，なおさら当該業界，企業に対する知悉が求められる。非常勤の社外取締役に重責を担わせることは果たして妥当なのか，が問われる。この場合，戦略面の意思決定では，経営陣の結果責任を批判することは容易であろうが，本来は差止請求など事前予防策が重要である。監査役であれば，特に常勤職であればかかる問題の認識は容易であろうが，現実には監査役会設置会社における監査役には，代表取締役社長に人事権などを握られ，法令上の権限行使を実際に図るだけの地位保全の裏打ちに乏しい。この点に米国型あるいは監査等委員会制度の意味合いがあるが，米国型では戦略立案・評価の面で複雑なグローバル企業の多彩な問題の認識共有に非常勤である社外取締役が追いつかない嫌いがある。結局は，内部者である非業務執行役員（常勤監査役，内部の監査等委員会委員など）と連携を図り[4]，問題意識の共有，協働化を図ることが実効性の面から我が国においては現実味がある。我が国の成長戦略，コーポレート・ガバナンス・コードは多数を占める監査役会設置会社を一義的には念頭に置いて改革を進めんとするようにも見受けられるが，米国型機構をとる企業においても，そもそも米国型機構の精神を十分採り入れているか，採り入れているとしても業績面で十分な成果を上げているとはいえない企業も少なくない。2014年改正会社法により3つの経営機構選択が可能となったが，各々において異なる課題を抱えているといえる。

　日本版コーポレート・ガバナンス・コードにおいては，攻めのガバナンスの概念が中核をなしているが，英国ハンペル委員会報告書[5]において守りと攻めの概念（business prosperity）が使い分けられており，英国においても十分認識されていた問題点である[6]。その後，エンロン事件等を受けて守りのウエイトが高まってきたが，英国では2006年会社法改正により，取締役が担う一般的義務として企業価値向上を図る義務が明記された。また Senior Management Regime の一連の内容，あるいは Senior Management Regime 導入の契機となった John Pottage v. FSA（FS/2010/0033）の判決などをみても，こうした積極的な妥当性ともいえる企業の業績向上のために合理的な

注意（reasonable care）を持って経営に真摯に当たる責務が意識されている。英国の制度改革が決してコンプライアンス，更には消極的妥当性に止まるものではないと思料される。その意味では我が国が進めつつある一連のガバナンス改革と共通性があり，金融業界を対象とするものではあるが，Senior Management Regime の考察が意義深いものとなると考える。

2．アカウンタビリティの強化―反証を許す推定―

　2013年金融サービス（銀行改革）法において，規制当局に SMFs の機能の識別，Senior Management への責任の明確な配分と個々の説明責任を強化するために設計されたいくつかの条項が導入された。その内容は，(a)対象企業の Senior Management としての承認のための適用要件があり，Senior Management の責任に重大な変化があれば，再度当局の承認が求められている。(b)規制当局に対して，最初の承認段階ならびにその後の承認を通じて Senior Management の承認に条件や期限などを課する新たな法的権限が付与されている。(c) Senior Management が責任を負う事業領域内で，対象企業が規制要件の違反を犯す場合には Senior Management がこれに対する潜在的な説明責任を負担する。Senior Management が違反行為を防止すべき合理的な手続き（reasonable steps）を踏んでいたことを監督当局に理解させることができない場合，Senior Management に説明責任が生じかねない（責任の推定 Presumption of Responsibility）。当該規定は，反証を許す推定（rebuttable presumption）を示すものと理解される。(d)当該金融機関の破綻を招く無謀な意思決定の失敗（a reckless decision causing a financial institution to fail）に関しては，更に潜在的な刑事責任を負っている。

3．不注意な管理のミスと刑事罰

　改正金融サービス法によれば，銀行や住宅組合の Senior Management が当該金融機関を破綻に追い込む決定を起こした場合，PRA または FCA により訴追されることがあり得ると規定されている。Senior Management の意思決定において，その行為の履行が当該金融機関に破綻を引き起こすリスクがあることを認識したはずであり（must have been aware of a risk），また意思決

に関連した行為は自分の置かれたポジションに合理的に期待されるものを下回っていることが要件となる。協議文書によれば，金融危機以降，金融規制の構造に変更が加えられた結果，従前に比して銀行および住宅組合の破綻が生じる可能性は低下しているため，かかる訴追の件数は少ないと予想している。

Ⅲ．上級管理者機能（SMFs）と FCA・PRA 規制

1．SMFs に対する PRA のアプローチ
⑴　PRA のアプローチ

協議文書において PRA（Prudential Regulation Authority：健全性規制機構）は SMF の法定定義を充足し，当該金融機関の安全性と健全性（safety and soundness）に影響を与える可能性がある機能について，以下の通り認識している。(a)小規模信用組合（a small credit union）を除く PRA 対象企業の Senior Management 機能に関して，業務執行役員（Executive）では Chief Executive function, Chief Finance function, Chief Risk function, Head of Internal Audit, Head of key business area があり，非業務執行役員（Non-executive）では Chairman, Chair of the Risk Committee, Chair of the Audit Committee, Chair of the Remuneration Committee, Senior Independent Director となり，更に業務執行役員，非業務執行役員共通のマネジメント機能として Group Entity Senior Manager が掲げられる。また PRA の小規模信用組合の Senior Management 機能に関しては，Credit union Senior Manager が業務執行役員，非業務執行役員共通のマネジメント機能として掲示されている。

即ち，PRA の Senior Management Regime の下で小規模信用組合以外の金融機関は，最高経営責任者（Chief Executive），最高財務責任者（Chief Finance）と取締役会議長（Chairman）の機能を実行する1人以上の役員を有することが要求される。SMFs の多くは一般に知られた内容であるが，Head of key business area は今次新しく追加されたもので，担当する業務・部署の領域が大きいために当該金融機関の安全性と健全性を危険に曝しかねない可能

性があること等を PRA は述べている。個人が複数の SMF を実行することは可能であり，金融機関側は一度で任命を行うことができるが，各機能毎に個別の承認申請の必要がある。

PRA は各 SMFs 毎に最上位の経営管理，監視を行う Senior Management の人員を配置すると共に，その Senior Management は SMFs によって付与される全責任についての説明責任を負うことになる。

(2) 親会社とグループ企業

親会社とグループ企業に関する Senior Management の位置付けは Approved Persons Regime におけると同様である。親会社とグループ企業に雇用されているが，子会社・関連会社などに重要な影響力を行使する Senior Management は，当該子会社・関連会社関係でも承認を求められることになる。当該金融機関の外部にあっても代理して直接 SMF の機能を果たしている状況もあり得ることを PRA は指摘しており，この場合は規制当局の承認が必要となる。PRA の示す事例として，グループ持株会社においてグループ報酬委員会が全グループ企業に関わる決定を行う場合があり，かかる状況下ではグループ報酬委員会委員長は当該関連会社の報酬委員会委員長としての承認も必要とする。

(3) 責任に関する規定の考察

PRA は各 Senior Management における責任の割り当てに関して，責任に関する規定（Prescribed Responsibilities）を限定列挙し，以下の通り提案している。これらは PRA の SMF の各定義において従前の責任（responsibilities inherent in the definition of each PRA SMF）に加重されるものとなる。括弧内は日本版コーポレート・ガバナンス・コードや戦略的リスクマネジメント（ERM）などに関わる私見としてのコメントである。

PRA の責任に関する規定として，(i) Senior Management Regime（SMR）における義務について当該金融機関による履行（実施，監視を含む），(ii) Certification Regime（CR）における義務の履行，(iii)マネジメントにかかる責任分担表（the firm's management responsibilities map）の遵守状況，(iv)

Senior Management 機能を担う全ての個人に対する入門研修,専門研修など,(ⅴ)内部監査機能に関して誠実性,独立性の遵守と監視(SYSC 6.2(Internal audit) Senior Management Arrangements, Systems and Controls),(ⅵ)コンプライアンスに関して誠実性,独立性の遵守と監視(SYSC6.1(Compliance)),(ⅶ)リスクコントロールに関して誠実性,独立性の遵守と監視(SYSC7.1.22 R (Risk control)),(ⅷ)内部告発(whistle blowing)に関する当該金融機関の方針と内部手続きについて誠実性,独立性ならびに効率性の遵守と監視,告発者に対する不利益な扱い(detrimental treatment)からの保護(ここでは効率性の項目が増加していることが指摘される),(ⅸ)責任に関する規定の配分,(ⅹ)業務遂行上における当該金融機関の企業文化と標準を発展させること(戦略的リスクマネジメント(ERM)における統制環境(control environment)と符合する),(ⅺ)日常業務における当該金融機関の企業文化と標準を定着させること(オペレーショナルリスクに関わるマネジメントともなろうか),(ⅻ)当該金融機関のビジネスモデルの開発と維持(単なるコンプライアンスや消極的妥当性でなく中長期的観点からの企業価値向上を意識した内容であり,成長戦略を目指す我が国の2つのコード導入にも繋がる内容である),(ⅹⅲ)当該金融機関の財務管理機能,(ⅹⅳ)当該金融機関の財務情報,規制活動にかかる報告の提供と誠実さ,(ⅹⅴ)破綻時の再生計画と破綻処理計画(The firm's recovery plan and resolution pack),これらに関するガバナンスの内部プロセス,(ⅹⅵ)当該金融機関が自己勘定取引(proprietary trading)を行っている場合はその取引内容,(ⅹⅶ)当該金融機関において Chief Risk 機能を担う個人が存在しない場合,当該金融機関が SYSC7.1.2R-SYSC 7.1.5R の規定に従って採用したリスクマネジメントの基本方針と手続きがこれらのルールを充足し,かつ SYSC 4.1.1R の規定に従って効果的であること,(ⅹⅷ)当該金融機関が内部監査機能(internal audit function)を外注している場合,これらの人員が外部監査を担う人員から独立していることを確認する合理的な段階を踏んでいること,これには外注された内部監査人の業務の監視とマネジメントおよび外部監査と内部監査の間の潜在的な利害衝突(management of potential conflicts of interest)のマネジメントが含まれる(もともと CEO の行う内部統制を更に監視する役割として内部監査機能が米国で発展してきたが,内部監査機能がコスト削減等から外

注された場合に生じかねない外部監査との利益相反の防止を企図しており，エンロン事件等で監査法人がコンサルタントとしても雇用されていたことと類似の関係といえる。監査におけるインセンティブのねじれの問題[7]として議論され，我が国のコーポレート・ガバナンス・コードの導入の実務においても論点となる）。(xix)当該金融機関において上級独立取締役の機能（the Senior Independent Director function）を行う者がいない場合，議長の機能を行う者の監督を行うこと，ならびに当該金融期間内でその役割を充足するために利用可能な経営資源の十分さと品質面の監督を行うこと。Senior Independent Director の機能を代わって担う人員が十分な経営資源を利用して機能発揮できるようにすることが目的であろう。ここは米国の筆頭独立社外取締役（Lead Independent Director）の制度を意識したもので，独立取締役の意見のとりまとめ役として経営陣との対話に先頭に立つ者として役割を期待している感がある。我が国の今次策定されたコーポレート・ガバナンス・コードにおいても，原則4-8. 独立社外取締役の補充原則4-8②において筆頭独立社外取締役の導入の記述がされる。

2．FCA の SMFs に対するアプローチ

(1) FCA のアプローチ

一方 FCA は追加的な SMF の策定を提案しており，その理由は次の通りである。(i) PRA により指定されていない業務執行役員および非業務執行役員など全ての取締役会のメンバーを包含すること。(ii)現在 APER（Approved Persons に関するコード原則の要求事項）の下で必要な機能として分類されていたもの，即ちマネーロンダリングの報告（money laundering reporting）とコンプライアンス監視機能（compliance oversight functions）を加えること。(iii)指名委員会の議長について規定する。現状の規制においても指名委員会を構成することが求められている。(iv) FCA または PRA の何れによっても SMF としては指定されていない役割を担う個人についても，FCA の規則の中に重要な全般的な機能として，重要な責任ある SMF（Significant Responsibility SMFs）のリストに載っている内容のものがあればそれも追加規定する。

FCA は業務執行取締役（ED）と非業務執行取締役（NED）の役割，マネー

ロンダリングの報告およびコンプライアンスの監視にかかる SMF の役割について，従前の FCA ハンドブックに定義されている内容と類似していることを述べている。

　FCA によれば，取締役会が個人に特定の機能のための全体的な責任を委譲しており，その機能に関して取締役会の報告につき主に責任があることが，重要な責任ある SMF を当該個人が実行する立場にあるかを判断する際に適用されるテストであると述べている。その一助として，FCA は対象金融機関に適用される可能性があると考えてる鍵となる機能のリストを以下の通り提供している。各リストにおいて，1つの機能に対して1人の個人を任命することは必ずしも求められていないことに注意を要する。

　監視・監督（コントロール）機能を除く Key functions としては，(i)金融犯罪に関連したシステムとコントロール（systems and controls）の確立ならびにオペレーティング，(ii)顧客資産の保管方法ならびに管理，(iii)支払いサービス，(iv)決済，(v)投資管理，(vi)金融・投資アドバイス，(vii)住宅ローンのアドバイス，(viii)企業の設備投資，(ix)ホールセール（機関投資家，企業を対象とする大口金融業務），(x)リテール個人，中小企業向けの小口金融業務），(xi)金融商品販売の品質保証（First line quality assurance of sales）[8]，(xii)顧客のための取引，(xiii)投資調査，(xiv)融資・シンジケートローンおよび引受（underwriting），(xv)リテール融資の決定，(xvi)ホールセール融資の決定，(xvii)ホールセール顧客を対象とした金融商品のデザインと生成，(xviii)リテール顧客を対象とした金融商品のデザインと生成，(xix)マーケティング資料やコミュニケーションの作成と配布，(xx)カスタマーサービス，(xxi)顧客の苦情処理，(xxii)延滞顧客の対応，回収分と未回収分，(xxiii)ミドルオフィス[9]，(xxiv)情報技術，(xxv)ビジネスの継続性（business continuity）[10]，(xxvi)人材，(xxvii)当該金融機関の職員のためのインセンティブ・スキーム。

　PRA の Senior Management Regime と同様に，FCA によれば複数の FCA の SMF を実行せんとする個人は別々に承認を求めることが必要とされるが，FCA によれば，例外として重要な責任ある SMF を担い，鍵となる機能を任される個人は，既に FCA または PRA による SMF として承認されない場合にまとめて承認されることが可能である。

(2) 組み合わせた範囲

PRAとFCAのSenior Management Regimeを合わせた範囲として、対象金融機関の全ての取締役会のメンバーを捕捉することになる。大規模で複雑な金融機関の場合は、業務執行委員会のメンバーなども対象となることをFCAは期待している（附属書に記載）。

(3) 責任マップ

FCAとPRAは、対象金融機関のマネジメントとガバナンスの取り決めを記載したものを責任マップ（Responsibilities Map）として作成、更新するために必要なルール、ガイダンスを発出する。マップにおいては、複数の人に割り当てられているか等を含め、責任の割当方法を設定する必要があり、取締役会としては責任の配分に齟齬がないかを年次毎に確認することが提案される。

(4) 伝達方法の手配

規制当局が提案するもう1つの新しい要件は伝達方法の手配（Handover arrangements）に関するものである。新たに任命されたSenior Managementが効果的に責任を実行するために必要な情報、規制面のリスクなど認識出来るようにする合理的措置が必要となる。

(5) どの規制当局で対処するか

FCAで特定されたSMFを実行する個人はFCAのみによる事前承認が必要となるのに対し、PRAで指定されたSMFを実行する個人はFCAの同意を得てPRAによる事前承認が必要になる。

3．SMFsの結合リスト

Senior Management Functions（SMFs）の結合リストについて、各Senior Management Functions（SMFs）とこれを管理するPRA, FCAの規制当局の関係を整理すると以下の通りとなる。最高経営責任機能（Chief Executive function）（SMF1）PRA, 最高財務責任機能（Chief Finance function）（SMF2）PRA, 業務執行取締役（Executive Director：ED）（SMF3）FCA,

最高リスク管理責任（Chief Risk function）（SMF4）PRA，内部監査部長（Head of Internal Audit）（SMF5）PRA，主要ビジネス領域の担当長（Head of key business area）（SMF6）PRA，グループ全体の上級管理者（Group Entity Senior Manager）（SMF7）PRA，信用組合のSMF（小規模信用金庫のみ）（Credit union SMF（small credit union only））（SMF8）PRA，取締役会会長（Chairman）（SMF9）PRA，リスク委員会委員長（Chair of the Risk Committee）（SMF10）PRA，監査委員会委員長（Chair of the Audit Committee）（SMF11）PRA，報酬委員会委員長（Chair of Remuneration Committee）（SMF12）PRA，指名委員会委員長（Chair of the Nominations Committee）（SMF13）FCA，上級独立取締役（Senior Independent Director）（SMF14）PRA，非業務執行取締役（Non-Executive Director：NED）（SMF15）FCA，コンプライアンス監督（Compliance Oversight）（SMF16）FCA，マネーロンダリング報告（Money Laundering Reporting）（SMF17）FCA，重要な責任機能（Significant Responsibility SMF）（SMF18）FCA。概してPRAは健全性・プルーデンス規制の監督官庁として財務，リスク，監査，報酬などの機能を対象としており，FCAは行動規制の監督を担うものとして指名，業務執行取締役（ED）などの機能を対象とするが，FCAはコンプライアンス，マネーロンダリングを含めて非業務執行取締役（NED），更には重要な責任機能（SMF18）も広く対象としていることが窺える。

Ⅳ．Certification Regime

1．Certification functions

(1) Certification Regime と Certification functions

金融サービス市場法（FSMA）改正においてはCertification Regime（認定制度）が導入された。当該制度によれば対象金融機関は特定の機能を実行するためにfit and proper なものとして特定の個人を認定しなければならないことが規定される。これらの機能は，重要な危害を及ぼす機能（significant harm functions）として知られているものである。当該金融機関あるいは顧客に対

して重大な損害を及ぼすリスクを内包する規制された活動を実行する個人が対象となる。協議文書においては，かかる重要な危害を及ぼす機能は認定機能（certification functions）として記述された。

(2) 規制当局からの直接の承認はない

認定機能を実行する個人は，PRAまたはFCAによる直接承認の対象ではない。対象企業において，当該従業員が，fit and properであることを確認・認定することになり，この認定は毎年更新する必要がある。

(3) 認定制度の適用対象

認証制度の適用対象として，PRAのCertification Regimeに従う金融機関は資本要件規制（Capital Requirements Regulation：CRR）の対象の銀行，住宅信用会社，PRA指定の投資会社等であり，Senior Management Regimeの対象ともなっている。

(4) 重要なリスクテイカー

PRAは，報酬規則ルールの観点から重要なリスクテイカー（Material risk takers）として分類される個人の必ずしも全員がこの認定制度の範疇に入るものではなく，PRAは次の例を示している。Senior Management Regimeの対象となるSenior Management，あるいは当該金融機関のコントロール機能を実行している者は認定制度の対象とはならない。当該金融機関における規制を受ける活動に関連しておらず，認定機能にかかる法定テストの対象とならない個人も認定制度の対象とはならない。信用組合はCRRまたは報酬要件の対象ではないことから，PRAは信用組合に関しては重要なリスクテイカーの要素について異なる定義を提案している。

2．Senior Management RegimeとApproved Personsの対象の整理

ここでSenior Management RegimeとApproved Personsの対象の整理を図ると，狭義のSenior Management RegimeではSenior ManagersがApproved Personsの内数となり，Approved PersonsからSenior Managers

を差し引き，逆に Senior Managers ではない重要なリスクテイクを行う個人（Material Risk Takers who are not Senior Managers）が Certified Persons と規定がされることになる[11]。

3．FCA と PRA の認定制度
(1) FCA の認定制度

FCA について，認定制度は PRA よりもより幅広い個人に適用されるべきと考えている。重要なリスクテイカーについて，FCA は以下の項目が規定される。(i)以前は SIF とされていた機能を実行していたが，新しい Senior Management Regime（上級管理者制度）の範囲には含まなくなった機能を実行する個人（CF29（controlled function））。(ii)顧客からの品質面の要求など顧客対応の役割を担う個人（住宅ローンおよびリテール投資アドバイザーなど）。FCA の Training and Competence Sourcebook に記載される。(iii) Senior Management の機能は有していないが，認定制度の対象の個人（a certified person）を監督あるいはマネジメントしている者。FCA 規則は，信用組合に関しても適用される。

(2) PRA と FCA の認定制度の関係

PRA の認定制度の対象の従業員は FCA の認定制度の対象ともなる。対象金融機関は，何れの制度であれ，従業員の認定のために単一のプロセスを設定することが期待される。

(3) 単一の認定

当該金融機関においては，特別な認定機能に関しては，対象従業員に単一の証明書を発行することができるものと考えられる。個人が複数の認定機能を担っている場合，単一の認定がなされていても，各機能毎に適合性と適切性（fitness and propriety）が評価されることになる。

4．認定制度と EEA の支店

PRA の認定制度は EEA（European Economic Area：欧州経済圏）の英

国支店に対しては適用されない。PRA によれば，これらの支店における適合性と適切性に関しては健全性の事項（prudential matters）であり，母国の監督に服するものとみている。他方 FCA は PRA と異なり英国内における金融機関の行動に関わる事項を担っており，母国の監督に服するものではないとしてより大きい権限を保有するものとする。しかしながら PRA の健全性（prudential）の問題と異なり，行動に関する事項は潜在的に複雑な内容を持つ可能性があり，この問題に関する協議を延期してきている。なお，従前の Approved Persons Regime においては EEA の支店に対する適用が初めて示されたことが注視された[12]。

5．適合性と適切性（fitness and propriety）

(1) FCA のアプローチ

FCA によれば，適合性と適切性の評価においては Senior Management Regime, Certification Regime に共通して Fit and Proper テスト（FIT）が用いられることになるが，FC は適用と関連の面で一層明白さを増すように修正を行う予定である。

(2) PRA のアプローチ

PRA は FIT に関する sourcebook 内の既存のガイダンスではなく新たな内容のものを準備する予定であるが，適合性と適切性に関する評価については重要な部分は修正がないものとみられる。

Ⅴ．行動規則―2 層制度―

1．行動規則の新ルール

PRA と FCA は，その対象となる金融機関の従業員のために新たな行動規則（new conduct rules）を提案している。PRA は新たな行動規則が PRA と FCA による Senior Management, PRA による Certification Regime の双方に適用されることを提案している。PRA はまた，FCA が指定する SMF を行っ

ている人たちに対しても新たな行動規則を適用する予定である。

　他方，FCAは，新しい行動規則を以下の人員に対して適用することになる。(i)Senior Management（上級管理職）としてFCAまたはPRAが承認した全ての個人。(ii)FCAあるいはPRAのCertification Regime（認証制度）の対象となる全ての個人。PRAにより認証されてもFCAには認証されないケースが想定される。安全性と健全性（safety and soundness）の点では当該金融機関に影響を与えうることがあっても，英国の消費者に対しては損害を生じさせない場合があり得るためである。(iii)金融サービス事業に特有ではない役割を担っている補助的なスタッフ以外の他の全従業員。

　FCAは行動規則の対象とならない従業員は，非金融サービス企業で働いていた場合と基本的に同じものとなることを述べる。協議文書の中でFCAは，以下の通りFCA行動規則でカバーされない個人のリストを設定している。(i)受付係（Receptionists），(ii)電話交換（Switchboard operators）のオペレーター，(iii)郵便のルームスタッフ，(iv)写真複写（Reprographics），プリントのルームスタッフ，(v)資産，設備管理，(vi)イベント管理，(vii)Security 警備員，(viii)請求書処理，(ix)オーディオビジュアル技術者，(x)自動販売機のスタッフ，(xi)医療スタッフ，(xii)アーカイブ・レコード・マネジメント，(xiii)運転手，(xiv)企業の社会的責任のスタッフ（Corporate Social Responsibility staff），(xv)データ保護法の下で（under the Data Protection Act）データ・コントローラーとプロセッサー（加工業者），(xvi)清掃スタッフ，(xvii)ケータリング・スタッフ，(xviii)パーソナル・アシスタント，(xix)情報技術サポート（ヘルプデスク），(xx)人事管理・プロセッサー。

2．新しい行動規則の意味するところ―2層制度―

　行動規則はPRAとFCAの双方に共通するもので，PRAは以下に記載する共有ルール以上に規則を導入する旨の提案はしていない。新規則は2層に分割される。第1層（the first tier）のルールでは対象となる個人が従うべき行動規則の全ての役割に関連する内容のものである。第2層（the second tier）のルールはSenior Management（上級管理職）にのみ適用され，対象金融機関全体の効果的な運営（effective running of their firm as a whole）に対する責

任と共に，担当している特定の役割に関するマネジメントの責任を反映したものである。

(1) 第1層―個人の行動ルール―

　第1層 (the first tier) のルールは，ルール1：誠実に行動 (act with integrity) しなければならない。ルール2：十分な技能，注意，勤勉さを持って (with due skill, care and diligence) 行動しなければならない。ルール3：FCA，PRAおよびその他の規制当局とオープンで協力的でなければならない。ルール1は，米国法では忠実義務あるいは誠実義務として認識される内容であろう。ルール2は，企業価値向上義務として2006年英国会社法における一般的義務 (general duties) を観念できるが，diligenceの用語も含めて注意義務 (duty of care) も包含している感がある。ルール3は金融当局との対話 (dialog) を行う能力を求めるもので，Approved Persons Regimeからの内容を引き継ぐ規定である。

(2) 第2層―Senior Managementの行動ルール―

　第2層 (the second tier) は，Senior Management（上級管理職）の行動ルールである。SM1：担当している金融機関の事業が効果的にコントロールされていることを保証するために合理的な措置をとる必要がある。SM2：担当している金融機関の事業が関連規制の要件や基準に準拠したものであることを保証するために合理的な措置をとる必要がある。SM3：責任を委譲する場合，適切な人物に委譲され，また委任された責任が効果的に履行されている状況を監視することを保証するために合理的な措置をとる必要がある。SM4：FCAまたはPRAがその通知を期待することに関わる合理的な情報を開示しなければならない。

(3) FCAの2つの追加ルール

　更にFCAは2つの追加のルールの導入を提案している。即ち，第1層 (the first tier) の個人の行動ルールとして，ルール4：顧客の利益に配慮を行い，公平に扱う必要がある。ルール5：市場行動に関する適切な基準を遵守しなけ

ればならない。

3．行動規則の施行

行動規則は従業員やSenior Managementとしての能力により実行される行為に適用される。FCAによる行動規則のエンフォースとして，全て上級管理職に対する行動規則，ならびにCertification Regimeおよび上記の役割を実行する従業員を除く全ての従業員を対象とする1-5の行動規則がある。PRAによる行動規則のエンフォースとして，Senior Managementに対する4-5の行動規則を除く全ての行動の規則，ならびにCertification Regimeにかかる1-3の行動規則がある。

4．行動規則の3つの義務

改正金融サービス法は新たな行動規則に関して関連する3つの義務（three obligations）を規定する。(i)当該対象金融機関が，ルールに従うべき個人に対して，これはルールの該当事例であることを認識させ，ルールがいかにその個人に適用されるかについて訓練を行うこと。(ii)当該金融機関は，その個人が行動規則に違反したことを認識したとき，あるいは疑いを抱いたときは規制当局に通知すること。(iii)当該金融機関は，規制当局により指定された理由に基づき，その個人に対する正式な懲戒処分をとったときは規制当局に通知する。

監督当局に通知を求める懲戒処分の対象となる個人の行動には，不作為あるいは行動規則違反に準じる状況も含まれる。このため対象金融機関は，規制当局に対して以下の内容を通知することが求められることになろう。(i)その個人が行動規則に違反，もしくは違反する疑いを抱いた場合。(ii)(i)について既に監督当局に通知していた時に，その後に続いて行う決定，あるいは異なる内容の決定に至る場合。(iii)当該従業員に正式文書で警告を発している場合，停職または解雇した場合，行動ルール違反の行為の結果として従業員の報酬を減額あるいは回復した場合。

行動ルールの違反または違反が疑わしい場合，それがSenior Managementによるものであれば，当該金融機関が問題を認識した後7営業日以内に規制当局に通知することが求められる。ために必要とされることが提案されている。

他の個人であれば四半期ごとに (on a quarterly basis) 規制当局に報告すればよいとされる。

5．行動規則と新しい制度の第三国の銀行の英国支店に対する適用
(1) 財務省協議と行動規則

2014年11月17日英国財務省は、第三国の銀行の英国支店内における個人の行動規制に関する諮問文書を発出した。諮問文書に対応する質問の締切りは2015年1月30日となっている。

議会の承認を条件として、財務省は2000年金融サービス市場法（関連する権限ある者）2015年政令 (the Financial Services and Markets Act 2000 (Relevant Authorized Persons) Order 2015) の策定を提案している。政令により、第三国の金融サービス会社に関して、英国に支店を有し、信用機関あるいはPRAの指定された投資会社である場合に、FSMAの第V部の目的に合わせた関連する権限ある者 (relevant authorized persons：RAP) の規定が適用されることになる。しかし、政令によっても、支店のSenior Managementが当該金融機関に破綻を引き起こす意思決定に関連した新たな刑事罰について潜在的責任を負うことはない。

(2) 行動規則とPRAのアプローチ

PRAは、非EEA国 (non-EEA) の新たな支店について、最低1名は海外支店シニアエグゼクティブマネージャー (an Overseas Branch Senior Executive Manager) として承認されることを提案している。典型的には、この承認される個人は支店におけるCEO（最高業務執行者）に類似の活動を行う人員である。

(3) 行動規則とFCAのアプローチ

協議文書の中でFCAは、英国財務省が第三国の支店に関して何らかの協議を行うことを述べていたが、現時点では公開されていない。

(4) 行動規則の今後の展開

　Senior Management Regime，Certification Regime および新たな行動ルールの策定は，特に金融機関が破綻する原因となる意思決定を行ったことを新たな刑事罰の対象とする点で英国の金融規制改革において重要なマイルストーン（a significant milestone）となるものである。PRA と FCA は各々 2014 年末までに最終的ルールを含む政策声明を公開する予定であったが，同様に現時点では公開されていない。

【注】
（1） The new accountability regime, Key things you should know, December 2014, Norton Rose Fulbright. http://www.nortonrosefulbright.com/knowledge/publications/123899/the-new-accountability-regime.
（2） Handbooks においては the Fit and Proper Test for Approved Persons（FIT）と称される。
（3） the FCA's chief executive, Martin Wheatley の証言である（evidence to the Treasury Select Committee in September 2013）。
（4） 拙稿『コーポレート・ガバナンスと商法改正』信山社（2004 年）287 頁，667 頁以下においていくつかの類型化を試みた。コード策定の趣旨の 1 つは，ひな形（boiler plate）の排除にあるとはされるが，戦略型，コンプライアンス重視型など内部統制機能を含めて内部監査部，監査委員会など一定の連携パターンを理念型として示したものである。内部統制機能を CEO ラインに置き，他方で内部監査部と監査委員会の機能は取締役会ラインに置き，両者の間にファイヤーウォール（利害相反関係などの遮断）を設けることで監査機能の実効性を確保するモデルが想定できる。執行と監督の分離がなされていることが前提となる。もっとも内部統制システムの構築・運用を指名委員会設置会社などでは取締役会が担っており，監査委員会には監査役とは異なり取締役会の内部統制システムを活用できるため補助者を設置する必要がないとする法の建前の整合性が問題点として残されようか。内部統制システムの日常的な運用は CEO に任せ，その監視・監督機能の面で取締役会が担うという役割分担を図ることになろうか。内部監査部門は CEO との関係で利益相反となりやすい側面がある。内部監査機能の位置付けは，通常の日常業務監査面のものであるため，社外取締役主体の監査委員会の下に就かせることも想定し難い。取締役会全体と連携させ，CEO の行う内部統制の内容をチェックすることが米国における本来的な内部監査部門のあり方といえるが，我が国では内部監査機能が日常業務を対象の中心とするため便宜 CEO ラインに属していることが多くみられることから生じるジレンマといえる。
（5） 英国における 1992 年キャドベリー報告書以降のコーポレート・ガバナンス改革と非業務執行取締役の機能などについて，拙稿・前掲「英国スチュワードシップコード，コーポレート・ガバナンス・コードの理論と実践―英国における新たなガバナンス規範と非業務執行取締役ならびに我が国の導入に向けて―」法学紀要 35-140 頁。
（6） 神田秀樹「第 48 回比較法政シンポジウム「稼ぐ力を高めるためのコーポレートガバナンス（攻めの経営判断を後押しする仕組み）―コーポレートガバナンス・コードを中心に」」総括コメント於東京大学（2015 年 3 月 30 日）参照。
（7） 「上場会社のガバナンスと監査制度における 2 つの「ねじれ」」太陽 ASG マネジメントリポート（Grant Thornton 2009 年 11 月）。http://www.grantthornton.jp/pdf/newsletter/mr/mr_200911.pdf.

（ 8 ）first line としており，3 lines of defense（3 つの防衛線モデル）を念頭に置いているとみられる。
（ 9 ）金融機関においては，ミドルオフィスは金融取引のリスク管理を担うセクションであり，フロントオフィスのサポート機能の位置付けとなる。金融取引の不正，信用枠が設定されたリスク金額に収まっているかなどを審査する部門で，リスクには信用リスク，市場リスク，オペレーショナルリスクなどがある。フロントオフィスは，為替取引，株・債券取引において市場や取引相手の間で売買条件を決める部門であり，バックオフィスはフロントオフィスが売買した為替・株・債券の決済，契約を履行する部門である。
(10) BCP（business continuity plan）などについて，能勢幸嗣「金融機関の事業継続マネジメント」NRI メディアフォーラム（2011 年 6 月 11 日），「金融機関の事業継続体制についての一考察〜人的被災リスク，ポスト米同時テロ時代に求められる対応〜」財務総合政策研究所主任研究官佐藤昭彦（2006 年 8 月）。
(11) The FCA and PRA Senior Managers and Certification Regime-The new landscape, Allen & Overy LLP 2014. http://www.allenovery.com/publications/en-gb/fca-pra/Documents/the_new_landscape.PDF.
(12) Changes to the FSA's approved persons regime, Nabarro LLP Sam Robinson, July 21 2011. http://www.lexology.com/library/detail.aspx?g=63f27ab0-c061-4a6b-a792-d19fdee04cb8.

第6章

英国金融規制当局（FCA，PRA）の最新の動向と Senior Management Regime

—3層の監督構造と3つの防衛線，成長戦略とコーポレート・ガバナンス改革のアナロジー—

I．最新の FCA 規制—成長と規制のバランス，取引所の国際競争力向上，3層の監督構造ならびに3つの防衛線と Senior Management の役割—

　Senior Management Regime に関わる規制などについて，最新の英国規制当局（FCA，PRA）の考え方などを踏まえて更に検討したい[1]。

1．FCA 規制の最新の動向—3層の監督構造と3つの防衛線—
　先ず，FCA に関する規制の最新動向をみていきたい。PRA とのツインピークス体制のうち，行動規制の領域が中心となる。企業文化・行動と金融証券市場における成長と規制のバランス（balancing regulation with the growth agenda）を念頭に，最近の FCA 規制と Senior Persons Regime の問題が議論されている（2015年3月19日 Association of Foreign Banks）。示唆に富んだ内容であり，我が国の成長戦略の中核にコーポレート・ガバナンス改革が据えられていることと平仄が合っている点，単なるコンプライアンスではない世界的なレベルでの問題意識の共通さを示している。我が国の改革では，社外取締役の役割はコンプライアンスよりもリステイクを経営陣に促すことであると強調され，企業価値向上に向けた成長戦略の柱となる所以であるが，英国においてもサブプライム金融危機に端を発した金融規制改革ではあるが，

現時点では成長と規制のバランスを念頭に，コストベネフィット等も踏まえて，Senior Management Regime の改革が検討されていることを示すといえよう。Approved Persons Regime に関連した John Pottage 事件の敗訴が直接の原因とはいえ，FCA の考え方の深淵にあるのは適用の範囲を狭めて Senior Management Regime の規制当局の承認対象とし，反証を許す推定規定あるいは刑事罰の適用を図ることで厳罰適用をかけやすくする。他方それ以外の経営陣にも全体の適用範囲は拡大し（Certification Regime），企業の自主的な社内承認制度等により，規制当局が人員をかけないで済むようなコストベネフィットの点からも実効性を高めた合理的な規制とするという考え方があろう。企業価値創造の相当部分を実際に担うのは下層の経営層であり，Approved Persons Regime よりも適用範囲を拡大するが，Senior Management を厳格に規制すれば下層経営陣はこれに追従すると考えているものと思料される。コンプライアンス，あるいは消極的妥当性から，成長を目指した積極的妥当性の確保に向けた規制戦略の転換といえようか。

　英国 FCA（Financial Conduct Authority）の銀行監督部門責任者（Head of Department, Investment Banks Supervision）Julia Hoggett によれば，FCA は発足後2年を経過したところであるが，一貫して企業の上級管理職のリーダーシップの向上に意を用いている。また3つの防衛線（3 lines of defense）のうち，第1の防衛線（the first line）である銀行自身の業務管理（operational management）に基礎を置き，企業行動における根底からの改革に注力している。2014年には FCA は金融業界に対して合計15億ポンド（£1.5 billion）の金融制裁を課している。Morgan Stanley の報告では，2009年以降欧米の上位25銀行は合計2300億ドル（US $230 billion）に上る訴訟費用（litigation costs）を支払ってきている。リテール顧客，ホールセール取引先に対して業務の改善が図られるまでにはまだ長い道のりがかかる。ロンドン市場の評判の改善こそが重要な命題である。

　グローバルな証券取引所市場間の国際競争力向上を念頭に置いたもので，コストベネフィットの観点からも，先ずは第1の防衛線である金融機関に内包された業務管理能力の自助努力による向上を促す規制改革を最優先事項として目指しているといえよう。

FCAの最も重要な目指すべき目標（overarching objective）として，金融サービス市場の機能向上が挙げられる。適切な程度による消費者保護の確立（Securing an appropriate degree of protection for consumers），英国金融システムの誠実性の保護と強化（Protecting and enhancing the integrity of the UK financial system），消費者の利害における効果的な競争の促進（Promoting effective competition in the interests of consumers）の3点を係る目標として掲げている。

かかる目的達成に向けた英国の規制監督モデルの展開について，規制目標の変化は規制監督モデルの変化に繋がってくる。将来を展望し，判断を行い，その結果に焦点を当てていかなければならない（Forward looking, judgement based, outcome focused）とする。業務がいかにコントロールされているか，というよりもいかに運営されているか，に焦点が移ってきている。FCAとしては，規制対象の業界の理解を拠り深く行うためにも以下の点についての考察が必要である。(i)顧客が何を経験してきているか。(ii)企業はいかにして資金を集めているか。(iii)ビジネスモデルはいかに運営されているか。(iv)成長はいかに予測されているか。(v)成長に関するリスクテイクについて市場はいかに圧力をかけているか。

FCA側が，業務の統制（control）よりも運営（how the business is run），第一義的なリスク回避もさることながら，中長期的な観点から成長のための展望とリスクテイクに重点を置いていることが窺える。日本版コードの攻めのガバナンスとも親和性があるといえよう。

2．3層の監督構造（the 3 Pillars of Supervision）

FCAの視点として，3層の監督構造（the 3 Pillars of Supervision）を示している。FCAは市場（Markets），業界（Sectors），当該金融機関（Firms）の3つの段階に分け，金融機関の各業務のトップと密接な関係作りが重要であると考える。第1段階の監督は，金融機関の強固なシステマティックなフレームワーク（Firm Systematic Framework）であり，当該企業が取引先に対して公正な取扱いを念頭に置いて適切に運営していることかどうかを見極めつつ，垂直的（vertical），即ち関連会社を含めて，前向き（forward looking）

かつ予防的（preventative）に業務を行っていること，構造的な評価・見直しをしていること，定期的にエンゲージメントを図っていることを取り上げるものである。第2段階の監督は，リスクが具体化（crystallizes）して消費者あるいは市場が衝撃を受け，回復を指向あるいは修正を図らんとする場合（Event driven），潜在的あるいは現実の損害の処理に取り組むことである。第3段階の監督は，特定の課題あるいは市場に焦点を当てた水平的（horizontal），即ち業界全体に，前向きかつテーマ別に業務を行っていることであり，業界全体を通じて一貫性，透明性のあるアプローチを可能とするものである。

3．行動規制の重要性

行動規制がなぜ重要かについて，FCAによれば近時，英国でLIBOR（London InterBank Offered Rate：ロンドン銀行間取引金利），FX（Foreign Exchange：外国為替証拠金取引），PPI（Payment protection insurance：支払保障保険）などに関する重大な不正事件が数多く発生したことを挙げている。FCAは，市場あるいはより広範囲な英国金融システムの誠実性（the integrity）を蝕みかねない（undermine）行動が見つかれば対応を図る用意がある。顧客，市場の誠実性，公正な競争に対するリスクを認識するべき責任は一人FCAのみに帰するものではない。FCAが規制・監督する金融機関側の問題でもある。Senior Managementはこうした役割を果たすべき本質的な立場にある。行動に伴うリスクの認識，効果的な監視ならびにその軽減に失敗することは，ロンドン証券市場の誠実性を蝕むことになる。即ち，顧客や取引先が市場に対して抱いている信頼性に影響を与えるものである。

ここでは行動規制を実践するに当たって，FCAの監督機能のみならず，企業側の自主的な対応としてSenior Managementが担う役割が重要であり，市場の誠実性，顧客の信頼性，ひいてはロンドン証券市場の競争力に影響を与えることを述べている。

4．企業文化の与える行動に対する役割の重要性
　　─行動規則の実効性向上に向けて─

続いて，こうした金融機関における行動面の規制の実効性を高める上で，企

業文化の果たす機能が大きく、その場合 Senior Management の役割が重要であることが述べられる。ERM（戦略的リスクマネジメント）における統制環境（control environment）の領域の重要性を物語っているといえよう。即ち、①企業文化は Senior Management によって推進される、②業界の誠実性を増進するような文化を定着させる（embed）、③顧客に対する公正な取り扱いこそ業務の根幹に当たる、④企業は最終消費者を念頭に置いて行動することが求められる。企業文化については、金融機関の行うオペレーショナル・リスク管理を決定する一連の個人ならびに企業の価値、態度、競争力および行動であると定義される（バーゼル銀行監督委員会）[2]。一般的に、企業のビジネスモデルに不可欠な要素として事前に検討することが重要なステップとされる（The Harvard Business Review, 2014）[3]。

II．FCA の銀行における個人の説明責任に関する新制度と行動リスクの最新の説明

1．金融機関における上級管理職のリーダーシップに期待するもの

上級管理職のリーダー（senior leaders）が金融機関における行動に関わるリスクを管理する（managing conduct risks）場合、要求される内容は以下の通り。(i)リーダー達が行動リスクをいかにして認識するか。(ii)部下が自身の業務に係る行動を管理する場合、部下達にいかにして自身の責任を実感させるか、(iii)金融機関として、部下達が行動面の管理を行う場合、いかにしてサポートしていくか。(iv)取締役会（the board）、業務執行委員会（Executive Committee：EXCO）が業務の行動面の管理について、行動の影響（conduct implications）が企業戦略（strategy）に与える内容をいかに監視していくか。(v)行動の改善を図る努力を蝕むようなことがないように金融機関としていかに体制確保するか。私見であるが、リスクに関しても積極的な企業行動を図る意味合いで述べており、企業戦略を念頭に据えていることから、我が国の成長戦略あるいは ERM と問題意識を共有し、符合する内容であるといえよう。

2．個人の説明責任に関する新制度としての Senior Management Regime

　FCA の最新の説明（2015年3月）によれば，個人の説明責任に関する新制度としての Senior Management Regime に関して，改めて次のように説明がされている。従来の Approved Persons Regime において，Significant Influence Functions（SIFs：重要な影響を有する機能を担う者），Customer Dealing Functions（顧客取扱い機能を担う者），All other staff（それ以外の全てのスタッフ）に3分し，前2者を Approved Persons として規制当局の事前承認の対象としていた。今般，これを Senior Managers（上級管理者），Certified People（認証対象者），Relevant Persons（関連ある者），Ancillary staff（補助スタッフ）に4分し，Senior Managers は規制当局の事前承認が必要な者，Certified People は金融機関自身による自己評価の対象，この2者と Relevant Persons の3つは行動ルール（conduct rules）に従うものとする。新制度の対象として視野に上がっているものは，預金を取扱う全ての機関（banks, building societies and credit unions），PRA 規制下の9つの投資銀行（investment firms）となり，英国における対象金融機関の総数は945に上る。そのうち約500は信用組合（credit union）となる。これに加えて，486の外国銀行の支店も対象領域に入ってくる。

3．新制度の概略—対象領域と特徴—

　FCA の最新の説明によれば，第1に，Senior Managers' Regime（SMR）の対象は，取締役会と業務執行委員会（Board and Executive Committee (except 'Standard' NEDs (new))），重要な責任を担う経営層（Significant Responsibility）となる。ここで，狭義の Senior Management Regime については Senior Managers' Regime と呼称が変わっている。当初は Senior Persons Regime と称していたところである。また最新の FCA の原案では非業務執行取締役（NED）が対象自体から新たに除外されていることが注視される。あくまで経営の執行責任に焦点を絞って実効性ある規制監督を図らんとしているものと思料される。その特徴は，事前承認の必要性（Requires pre-approval），責任の推定（Presumption of Responsibility），責任の表明（Statements of Responsibility），責任の図解（Responsibilities maps），承認の

期限と条件（Approval with time limits or conditions），犯罪履歴のチェックと規制当局の照会（Criminal records checks and regulatory references）である。

第2に，Certification Regimeについては，対象はSenior Managers' Regime（SMR）でカバーされない従前の大部分のApproved Persons（Most former Approved Persons not covered by SMR），資格認定を備えた役割を担う者（Roles with a qualification），他の認証対象者のラインの管理者（Line Managers of other Certified People）とされる。その特徴は，金融機関自身による毎年の認証（Annual Certification by firms），上級管理者による Certification Regimeの監視（Certification Regime overseen by a Senior Manager），規制当局の発行する証明書と当該金融機関はそのスタッフの評価が適合かつ適切であることに対してのみ責任を負うこと（Regulatory references and firms are solely responsible for assessing staff are fit and proper）とされる。

第3に，行動規則（Conduct Rules）について，その適用対象は上記のSenior Managers, Certification Peopleを含む全ての規制された行動（regulated activity）に従事するスタッフである。但し，その役割が非金融サービス事業（セキュリティ，ケータリング）に従事する者と同じ場合は除外される。行動ルールの特徴は，エンフォースメントが可能であること（Enforceable），その違反は規制当局に報告されること（Breaches should be reported to the regulators）である。上記の点は，重要なマネジメントの機能を担う者（SMFs），認証された者（Certified Staff）に適用される。

4．責任マップ（Responsibilities maps 責任の図解）

FCAの最新の説明によれば，責任マップには，次の6つの要素が包含される必要がある。(i)マネジメントとガバナンスの調整（Management and Governance arrangements），(ii)(i)の調整がいかにグループ内で適合しているか。(iii)責任，リスク，役割の割当て（Allocation of Responsibilities, risks and functions），(iv)レポーティングライン，(v)Senior Managementとその責任の表明（Senior Management and their Statements of Responsibilities）， (vi)(i)—(vi)が相互に適合していること。それほど複雑でないビジネスモデルとガバナンスのアレンジメントを持つ小規模金融機関（一定の境界線（threshold）以下のバランスシート）については，より単純化されたマップの提出を行うことで足りる予定で，FCAの考え方は最終ポリシー・ステイトメントにおいて定型書式により示される見通しである。

5．行動規則—2層制（2tier）—

　行動規則における2層制（2tier）に関しては述べてきたところであるが，最新のFCAの解説によれば，予て提示されていた追加部分を踏まえて以下の9つのルールとなる。

　第1層（the first tier）のルールは，補助スタッフ（auxiliary staff）を除く全てのスタッフに適用される。ルール1：誠実に行動（act with integrity）しなければならない。ルール2：十分な技能，注意，勤勉さを持って（with due skill, care and diligence）行動しなければならない。ルール3：FCA，PRAおよびその他の規制当局とオープンで協力的でなければならない。，ルール4：顧客の利益に配慮を行い，公平に扱う必要がある。ルール5：市場行動に関する適切な基準を遵守しなければならない。

　第2層（the second tier）は，Senior Managersのみに適用される行動規則である。ルール6：担当している金融機関の事業が効果的にコントロールされていることを保証するために合理的な措置をとる必要がある。ルール7：担当している金融機関の事業が関連規制の要件や基準に準拠したものであることを保証するために合理的な措置をとる必要がある。ルール8：責任を委譲する場合，適切な人物に委譲され，また委任された責任が効果的な履行されている状況を監視することを保証するために合理的な措置をとる必要がある。ルール9：FCAまたはPRAが通知を期待することが合理的な情報を開示しなければならない。

6．Accountability Regime Timetable

　Accountability Regime（説明責任制度）に関する予定表（timetable）は以下の通りである。(i)英国内銀行は，関連の政策立案・発表の期限につい

第6章　英国金融規制当局（FCA, PRA）の最新の動向と Senior Management Regime　　113

て 2015 年 3 月 16 日（Publish Feedback Statement（フィードバック声明の発刊），2015 年春／夏（Publish Final Policy Statement & Rules（最終の政策声明とルールの発刊，必要があればトレーダー（自己勘定で証券売買を行う業者）に対する拡張された Certification Regime に関する協議も含まれる（consult on extending Certification Regime to 'traders'））（この時期に段階的実施期間（Grandfathering period）が開始する），2015 年夏（Final Guidance on 'Presumption of Responsibility'（責任の推定に関する最終ガイダンス），Final Guidance on NEDs' duties（非業務執行取締役の義務に関する最終ガイダンス））の各段階が予定されている。

　(ii) 海外銀行の支店（Foreign Branches）については，2015 年 3 月 16 日（Publish Consultation Paper（協議文書の発刊）），2015 年夏（Publish Policy Statement & Rules）（この時期に段階的実施期間（Grandfathering period）が開始する）の予定となっているが，2015 年夏の時期については英国財務省（Her Majesty's Treasury（HMT））の指令次第である（timing depending on HMT order）。

　海外銀行の支店（Foreign Branches）については，PRA・FCA の協議文書「銀行の説明責任の強化：銀行の役職員個人に関する規制の枠組み」（2014 年 7 月 30 日），「銀行の説明責任の強化：英国外銀支店に係る規制」（2015 年 3 月 16 日）に続いて，2015 年夏に Publish Policy Statement & Rules（段階的実施期間（Grandfathering period）開始）の予定となっているが，時期は英国財務省（Her Majesty's Treasury（HMT））の指令次第である。

　(i), (ii) は，経過期間（transition）を経て各々 2016 年 3 月 7 日が適用の開始日（commencement）となり，2016 年 2 月 8 日までに経過状況の報告（submit transitional documents）が求められる。英国に現地支店を有する我が国金融機関としても関係するところである。もっとも，現時点では現地法人までは対象とされていないとみられるが，今後規制の実効性強化により現地法人が規制対象となればコードの親子会社間の多重適用などの影響も懸念される[4]。現在の適用予定は支店であり，FCA 規制はあくまで現地支店に限定されるものと思料されよう。もっとも現地法人に関しては各々別途，単独に英国内金融機関として Senior Management Regime 等の適用要件の対象となるかが検討さ

れてこよう。海外金融機関の支店などにかかる規制はPRA規制の関連として述べたい。

III. PRA規制の最新の動向と管轄権の戦略

1. PRAの最新の政策とSenior Management Regime
　　―海外金融機関への対応など―

　PRAの海外金融機関部門（Overseas Banks Division）において，優先すべき事項として以下の4つの事項が掲げられる。①Jurisdictional Strategy（管轄権の戦略）（Implementing the branch approach, SYSC attestation），②Governance（Senior Managers' Regime, Extension to non EEA branches (non EEA支店への拡大)，③Recovery and Resolution（再生と破綻処理）（Operationalisation of recovery plans（再生プランの運用），Implementing BRRD（EU銀行再生・破綻処理指令の実行），Dialogue with home authorities on approaches to resolution（破綻処理に関する母国監督当局との連携））, ④Liquidity（流動性）（LCR transition（流動性カバレッジ比率への変化））。

2. 管轄権の戦略

　Jurisdictional Strategy（管轄権の戦略）について，近時PRAはその監督に関する声明としてSupervisory Statement SS10/14（Supervising international banks: the Prudential Regulation Authority's approach to branch supervision, September 2014）を発出し，国際的な銀行，特に英国内支店の監督に関するPRAのアプローチの仕方を記している[5]。

　この中で，PRAはpass porting regimeに従うのでなく，いかにしてEEA（European Economic Area：欧州経済圏）に該当しないnon-EEA支店の監督を行うか，その手順を示している。EEA支店の場合はその母国の監督が及ぶが，non-EEA支店については及ばないためPRAが監督することになる。PRAは，非EEA国（non-EEA）の新たな支店について，最低1名は

海外支店シニアエグゼクティブマネージャー（an Overseas Branch Senior Executive Manager）として承認されることを提案している。

支店開設を認可する場合，当該金融機関が企業全体として英国内の所要の条件（Threshold Conditions）を充足しているかどうか判断することになる。法的な単体としては扱わない。

SS10/14 はその実施段階に移行しつつあり，母国の監督機関との監督機能の分割を図ること，金融機関の有するリスクアペタイト（リスク選好度 risk appetite）[6]の状況に対応することの2点である。コンプライアンスよりも，企業価値向上の視点からリスクマネジメントに力点があるといえよう。管轄権の優先事項を定める観点からも，政策の実施（rolling out the policy）に向けたアプローチの調整が必要となる。

支店の収益（Branch return）について，そのプロセスを6ヶ月毎に継続して報告するルールを定めることが PRA に期待されている。また non-EEA 支店は毎年 SYSC（Senior Management Arrangements, Systems and Controls）[7]の認証（attestation）を受けることが求められ，第1回目は2015年3月末となっている。

3．Senior Managements Regime の支店に対する適用の拡張

Senior Managements Regime に関するスキームについて Senior Managers' Regime, Certification Regime, Conduct rules などを検討したが，2015年2月23日に非業務執行取締役（NED）に対するアプローチ，Senior Managers に対する責任の推定規定の適用（application of presumption of responsibility for senior managers）が PRA CP7/15 において規定された[8]。最終規則は2015年春に発刊され，2016年第1四半期に発効する予定である。

また Senior Managements Regime の支店に対する適用の拡張に関して2015年3月16日 CP9/15 が発出されている。(i)今後の新たな non-EEA 支店は，PRA によって，海外支店のトップを Senior Managements Function の担い手として個別承認されることが要求される。内部監査部門の長（Head of Internal Audit）も当該支店の Senior Managers として承認されることが求められる。英国の監督アプローチが，第3の防衛線（three line of defense）で

ある金融機関自身が行う内部監査の重視に変容しつつあることの証左となろう。

他のグループ企業に属する個人であっても，英国の金融規制に関するマネジメントあるいは行動について直接の決定を行っている場合は，当該支店にかかるグループ企業の Senior Manager（Group Entity Senior Manager）として承認を求められる（例として欧州，中近東およびアフリカ担当の長など）。

今後英国に開設予定の支店における Senior Managers は，PRA が定めた責任に関する規定に従うことになるが，個々の支店の状況に応じて仕様を変えた（customized）内容になっている。

4．再生と破綻処理（Recovery and Resolution）
(1) 英国における金融機関の再生と破綻処理
　　―金融機関グループにおける相互依存，EU との連携―

英国における金融機関の再生プランについては，議論が成熟しつつあり，(ⅰ)所有と責任の明確化，早期警戒指標（early warning indicators）の効率的な運用，リスクマネジメントのフレームワークの連関（linkages）などについて操作可能とし，組織に埋め込むこと（operationalise and embed），(ⅱ)グループならびに支店・子会社間の相互依存（interdependencies），独立子会社として機能できる選択（stand-alone options）ならびに親会社のサポート（parental support），支店・子会社毎の異なるアプローチ，主としてトレーディング業務に関する低減プラン（solvent wind down plan）などについて，グループとしての相互連結プランの理解を図ることが優先事項として掲げられる。海外銀行の支店について独立子会社化（stand-alone）の問題も挙げられる。

2015 年 1 月 PRA から出された英国における銀行の再生・破綻処理の指令に関する最終声明（PS1/15）[9]においては，Banking Recovery & Resolution Directive（銀行再生破綻処理指令 BRRD）により，支店の破綻処理などに関する権限を当局に付与し，EU 全体と提携して再生プランを進めることを提示している。

(2) 破綻処理

　特に破綻処理に関して Bank of England としては，以下の点でグローバルに銀行の破綻処理能力を高めることに優先事項を置いている。(i) G-SIFIs（グローバルな規模のシステム上重要な金融機関）のシングル・ポイント・エントリー（SPE）による破綻処理に関与すること。(ii) システミックな預金機能を持たない金融機関向けの BIP（銀行の支払不能の手続き Bank Insolvency Procedure）と配当・権利移転（payout/transfer），(iii) CEFs（重大な経済的機能 critical economic functions）に対するサービスの継続性（continuity）[10]。グローバルな破綻処理制度全般の状況と英国の破綻処理制度の位置付けについては後述したい。

　EU では大規模金融機関（SIFIs）に関して，TLAC（total loss absorbing capacity：最低所要自己資本等に上乗せされる追加損失吸収力）と MREL（minimum requirement for own funds and eligible liabilities：ベイルインの実効性確保の観点から自己資本およびベイルイン債務の最低基準となる債務）[11] につき以下の内容が議論されている。(i) G-SIFIs にとっては，TLAC の組織の末端への浸透（down streaming）と支店間の割当てに関する G20 の下部機関である FSB（金融安定理事会）の提案を考慮すること。(ii) MREL は英国における TLAC の実施に対する法的なフレームワークを提供していること。(iii) しかしながら海外銀行の支店を含め，全ての英国における銀行について，人口に応じた適切な水準調整（calibration）を行いつつ，TLAC と MREL が適用されること。

　英国に進出している海外銀行に関して，グローバルな破綻処理制度の展開を考える上で母国の規制当局との国際的な連携作りを図ることが優先事項となる。支店に対するアプローチは現行の慣行を重視することになる。

5．Liquidity（流動性）：LCR transition（流動性カバレッジ比率）への変化

　2014 年 11 月 CP（協議文書）27/14 の CRD Ⅳ（Liquidity）[12] の一部として，Liquidity（流動性）に関して LCR（流動性カバレッジ比率）への移行が 2015 年 10 月 1 日より開始されることが示された。新バーゼル規制（バーゼルⅢ）における新たな銀行の自己資本戦略ならびに金融当局のプロセス検証モ

デルである Pillar2 に対する付加として，2018年1月1日において完全適用となる。CP（協議文書）27/14では，金融機関の流動性リスクに関する移行とPRA のアプローチについて諮問を図っている。

通常ベースの LCR について，全社的な流動性に関する情報を提供するように non-EEA 支店に求め，協議文書（CP）においては，支店について，法的な単体としては扱わない前提で自己充足型の選択肢の考察を図っている。

流動性に係る国際金融規制について，2007年金融危機において多くの銀行は適切なレベルの資本を保有していたにも関わらず，短期インターバンク市場での資金調達が困難となり，流動性の危機と呼ばれる。バーゼル銀行監督委員会は，銀行の流動性リスク管理を重視し，2008年「健全な流動性リスク管理およびその監督のための諸原則」を公表した。かかる原則の補完のため，バーゼルⅢにおいて資金流動性に関する2つの最低基準が導入された。1つは，短期的な流動性ストレス耐性の強化を目的とした流動性カバレッジ比率（LCR：Liquidity Coverage Ratio）であり，銀行は30日間継続する強いストレスシナリオに耐えうるだけの高品質な流動資産の保有を求められる。2つ目は，銀行に中長期的資金調達を促すことを目的とした安定調達比率（NSFR：Net Stable Funding Ratio）であり，基準のクリアのために中長期的貸出に見合うだけの安定的資金調達を行わなければならない。LCR は2015年1月1日より段階的に導入，2019年1月1日に100％導入予定で，NSFR は2018年1月1日に最低基準として導入される予定である。LCR は2010年12月公表された「バーゼルⅢ：流動性リスク計測，基準モニタリングのための国際的枠組み」で示された内容に改定が加えられ，2013年1月「バーゼルⅢ：流動性カバレッジレシオと流動性リスクモニタリング」が公表された[13]。

新 BIS 規制（バーゼルⅢ）において，①信用リスク計測法の精緻化が図られ，条件を満たせば独自モデルによる計測が可能になっている。②オペレーショナル・リスクの対応として，事務事故，不正行為，システムエラーなども一定程度は資本で補うことを求められる。③自己資本戦略導入と情報開示充実について，3本柱として Pillar1：最低所要自己資本の維持に加えて，Pillar2：自己資本戦略，Pillar3：開示の充実が記された。Pillar2 は銀行が主体的に自己資本戦略を決定し，当局が検証するプロセス導入を目的とする。Pillar3 は情

報開示によって市場規律が働くことを目論むものである(14)。

【注】
(1) AFB Senior Management Regulatory Update Registration: 19 March 2015, Association of Foreign Banks. Opening Remarks: Kirsti Niinisalo-Snowden Chair, AFB Legal & Regulatory Committee Head of Legal & Compliance, Nordea Bank (London Branch), Culture, conduct and capital markets in 2015 and beyond – balancing regulation with the growth agenda: Stephen R Sanders Managing Director, EMEA Regulatory Policy Developments, Office of Regulatory Affairs, JP Morgan, FCA Update: Julia Hoggett Head of Department, Investment Banks Supervision Financial Conduct Authority, PRA Update: Anna Lemessany Head of Overseas Banks Division, Prudential Regulation Authority, Bank of England, Panel Q&A:Kirsti Niinisalo-Snowden Chair, AFB Legal & Regulatory Committee Giles Adams Partner, KPMG Stephen R Sanders MD, EMEA Regulatory Policy Developments, JP Morgan Julia Hoggett Head of Department, Investment Banks Supervision, FCA Anna Lemessany Head of Overseas Banks Division, PRA. 2015年4月筆者が従前勤務していた日本政策投資銀行のLondon現地法人（欧州、中近東、アフリカ地区に対する投融資担当）であるDBJ Europe Limited（Level 20, 125 Old Broad Street London EC2N 1AR, UK）のHideyuki Nagahiro COO（Chief Operating Officer, Member of the Board）にヒヤリング調査をさせていただいた（2015年4月23日）。もっとも内容も含め、全て筆者の個人としての見解であり、文責は筆者にある。Bovill, Senior Managers Regime – On the hook and nowhere to hide, 3 March 2015. http://www.bovill.com/event/senior-managers-regime-hook-nowhere-hide/. Deloitte, Dominic Graham, Senior Manager and Certification Regime, 25 March 2015；The FSA's Approved Persons Regime and the Disciplinary and Dismissal Flashpoints by Dan Stilitz QC and Julian Wilson, 11KBW. http://www.11kbw.com/uploads/files/FSADSJW.pdf. Senior Managers on the hook, Banking & Capital Markets, Ernst & Young, 2014 EYGM Limited. http://www.ey.com/Publication/vwLUAssets/EY_-_Senior_Managers_on_the_hook/$FILE/EY-senior-managers-on-the-hook.pdf.
(2) Consultative Document, Sound Practices for the Management and Supervision of Operational Risk, Basel Committee on Banking Supervision, Issued for comment by 25 February 2011, December 2010. http://www.bis.org/publ/bcbs183.pdf.
(3) Company Culture Is Part of Your Business Model by Jim Dougherty, The Harvard Business Review, February 13, 2014. https://hbr.org/2014/02/company-culture-is-part-of-your-business-model.
(4) スチュワードシップ・コードなどの重畳適用（親子会社間）、多重適用（各国間）の潜在的リスクがあることに関して、拙稿・前掲「英国スチュワードシップ・コードとApproved Persons制度─域外適用と金融機関のリスクガバナンスならびに監査等委員会制度との接点─」。
(5) http://www.bankofengland.co.uk/pra/Documents/publications/ss/2014/ss1014.pdf.
(6) リスク許容度（risk tolerance）の術語は銀行が進んで受容するリスク量を意味するものとして用いられる。一方、リスク選好度（risk appetite）は、銀行が前もってとる用意のあるリスクの絶対量（risk appetite）を意味し、risk appetiteの範囲内で銀行が実際にとるリスクの上限（risk tolerance）との違いを明確にする銀行や監督当局もある。リスク選好度は受容可能なリスクに関するより前向きな、もしくはより広範な考え方を意味し得る一方、リスク許容度は、銀行がとる具体的なリスクをより直接的に定義していると思われる。監督当局や銀行の間に一致した見解が見受けられない。このためバーゼル委員会はリスク許容度／リスク選好度（risk tolerance / risk appetite）という表現を用いている。「Basel Committee on Banking Supervision Consultative

document Guidelines Corporate governance principles for banks (バーゼル銀行監督委員会 市中協議文書 コーポレート・ガバナンスを強化するための諸原則)」(2010年3月) 3頁 (注7) 参照。Revised corporate governance principles for banks (consultation paper) issued by the Basel Committee 10 October 2014. http://www.bis.org/press/p141010.htm
(7) 金融商品取引業者に対する行為準則のうち，経営者に対する準則 (SYSC：Senior Management Arrangements, Systems and Controls)。
(8) http://www.bankofengland.co.uk/pra/Pages/publications/cp/2015/cp715.aspx.
(9) Prudential Regulation Authority, Bank of England, Policy Statement PS1/15 Implementing the Bank Recovery and Resolution Directive – response to CP13/14, January 2015. http://www.bankofengland.co.uk/pra/Documents/publications/ps/2015/ps115.pdf.
(10) Prudential Regulation Authority, Bank of England, Consultation Paper CP4/14 Supervising international banks: the Prudential Regulation Authority's approach to branch supervision February 2014. http://www.bankofengland.co.uk/pra/documents/publications/policy/2014/branchsupcp4-14.pdf.
(11) G-SIFIsのみならず，全ての銀行に適用され，個々の銀行の規模，リスク，ビジネスモデルに応じて要求水準が設定される。小立敬「GLAC (あるいはTLAC) を巡る議論の整理─ベイルインとGLACの関係─」野村資本市場クォータリー2014秋号，1-9頁。
(12) Prudential Regulation Authority, Bank of England, Consultation Paper CP27/14 CRD IV: Liquidity November 2014. http://www.bankofengland.co.uk/pra/Documents/publications/cp/2014/cp2714.pdf.
(13) 仲山泰弘「フィナンシャルエンジニアリングレポート Vol. 13―2015年LCR導入に向けて―バーゼルIII流動性規制への対応」みずほ総合研究所 (2013年3月)。
(14) 中川秀敏「金融リスク・マネジメント (第2講：金融リスク概論)」東京工業大学理財工学研究センター。吉川一洋編著『バーゼル規制とその実務』金融財政事情研究会 (2014年2月) 522頁，632頁，708頁以下。小立敬「米国の流動性カバレッジ比率 (LCR) の概要」野村資本市場クォータリー (2014秋号) 1-9頁。http://www.craft.titech.ac.jp/~nakagawa/dir2/past_lecs/doc_lectures/MOT2007_1/Lect2.pdf.

第7章
大規模金融機関の国際的な破綻処理制度
―TBTF 問題への対応と TLAC―

　国際金融規制と銀行の構造改革に関して，英国の PLAC（Primary Loss Absorbing Capacity）を含め，大規模金融機関の破綻処理制度の考察を行いたい。

Ⅰ．大規模金融機関の破綻処理制度と TBTF 問題

1．大規模金融機関の TBTF 問題とベイルインおよびベイルアウト
　2008 年金融危機後に TBTF（大きすぎてつぶせない：too big to fail）問題に対する対応が焦点の 1 つとなり，① TBTF の規模の銀行を作らせない，②大規模の銀行であっても破綻処理を図る，③銀行に事前に破綻処理計画（living will：遺言）を出させておく等の方策が検討された。米国におけるドッド・フランク法のボルカールール，英国のリテールリングフェンス政策などは①に該当し，公的資金投入などの納税者負担（ベイルアウト）回避から株主・債権者に損失負担を求めるベイルインの仕組みの導入などは②にかかる議論であろう。③は，銀行に対して事前に破綻の場合にもシステミックリスクの回避などを念頭に，円滑な自らの処理スキームの提出を求めるものである。ベイルイン（bail-in）の大枠作りが理想的にもみえるが，スキームが複雑で効果が未知数であること，ベイルアウト（bail-out）は破綻処理の効果が確実でシンプルなことなど近時疑問も提示される。

2．ベイルインとTLAC

ベイルインについては，TLAC（最低所要自己資本等に上乗せされる追加損失吸収力）の関係が議論となる。納税者負担の回避を実現する破綻処理手法として，ベイルインの仕組みを制度上導入すること，更にベイルインの実効性確保のためにGSIfs（グローバルな大規模金融機関）に平時から破綻時の損失吸収力の維持を求める考え方である(1)。

TBTF問題に関するグローバル金融当局の取組みをみると，G20の下部機関である金融安定化理事会（FSB）は各国制度が考慮すべき破綻処理戦略の要件として以下の項目を掲げる(2)。(i)十分な損失吸収能力（Sufficient loss absorbing capacity：LAS），(ii)債権者の優先順位における損失吸収能力の位置づけ（Position of LAC in the creditor-hierarchy），(iii)業務および法的構造と業務の継続性（Operational and legal structure and operational continuity），(iv)戦略実行のための破綻処理権限（Resolution powers to deliver the strategy），(v)ベイルインの執行可能性および執行能力（Enforceability and implementation of bail-in），(vi)破綻処理における金融契約の取扱い（Treatment of financial contracts in resolution），(vii)資金調達の準備（Funding arrangements），(viii)クロスボーダーレベルの協力・調整（Cross-border cooperation and coordination），(ix)破綻時の調整（Coordination in the proximity of failure），(x)戦略遂行に必要な認可と権限（Approvals or authorizations needed to implement the strategy），(xi)主要な機能とサービスの維持（Maintaining essential functions and services），(xii)情報システムとデータに関する要件（Information systems and data requirements），(xiii)破綻処理後の戦略（Post-resolution strategy）。

3．シングル・ポイントオブ・エントリーとマルティプル・ポイントオブ・エントリー

破綻処理戦略のアプローチには，①シングル・ポイントオブ・エントリー（SPE）があり，グローバルレベルの単一の破綻処理当局が当該金融グループの最上位にある親会社または持株会社に対して，ベイルイン，移転などの破綻処理権限を行使する。株主や債権者による損失負担により傘下子会社は業務

継続が可能となる。②マルティプル・ポイントオブ・エントリー（MPE）では，2つ以上の破綻処理当局が金融グループの異なる部門に対し破綻処理権限を行使し，当該グループは異なる2つ以上の組織に分離される（地域別・事業別）(3)。

II．欧米主要国の TBTF 問題の対応

欧米主要国の TBTF 問題の対応をみると，以下の通り。

1．米国の TBTF 問題の対応

① 納税者負担の回避について，金融機関清算を回避するための税金投入を禁止し，破綻処理コストは大規模金融機関から徴収する。

② 迅速な破綻処理手続きとして，連邦預金保険公社（FDIC）主導で，FDIC が破産管財人に就任し，迅速な破綻処理手続きを行う。

③ 破綻処理計画の策定として，大規模金融機関に対し将来破綻した際の対応計画の策定，当局への提出，定期的更新を義務づける。

④ システム上重要な金融機関（SIFIs）に対し，資本・レバレッジ・流動性など健全性要件を賦課する。

⑤ ボルカー・ルール。②－⑤の最終規則は制定済である。

2．英国の TBTF 問題の対応

① 2009年3月ターナーレビュー（金融規制改革提言書）において，資本・流動性の増強（資本の質・量の充実，トレーディング勘定の資本要件強化，レバレッジ比率規制等），破綻銀行の清算スキーム導入，預金保険の充実を図る。②，③で立法的な対応を行う。

② 2009年銀行法（2009年2月成立）により，銀行向特別破綻処理制度（SRR）の創設を行う。

③ 2010年金融サービス法（2010年4月成立）により，金融サービス機構（UK-FSA）の権限を強化して金融安定の維持強化を明示し，再生・破綻

処理計画（RRP）の策定，金融サービス補償機構（FSCS）の機能強化を図る。
④　独立銀行委員会（ICB）のリテール・リングフェンス規定。

3．EUのTBTF問題の対応

①　2009年2月ド・ラロジエール報告書（金融規制改革提言書）において，バーゼルⅡの景気循環増幅効果（プロシクリカリティ）の見直し，早期警戒システム等の導入を図る。
②　銀行再生・破綻処理指令（2012年6月指令案提出，2014年4月成立，2016年施行）により，破綻処理の準備・予防（RRPの策定，早期介入，業務売却・ブリッジバンク・ベイルインなどの破綻処理手段，破綻処理基金）を行う。
③　2012年9月リーカネン報告，2014年1月欧州委員会による銀行セクターの構造改革案において，トレーディング部門の別法人化を図る。
④　2012年5月欧州委員会バローゾ委員長が銀行監督・破綻処理・預金保険制度をEUレベルで統一する銀行同盟（Banking Union）案を提唱した。2013年7月単一破綻処理メカニズム（SRM）案が提出され，2014年4月SRM案が採択されている。

4．TBTF問題に対する政策対応

TBTF問題に対する政策対応を整理すると，以下の通りとなる。

(イ)　システミック・サーチャージ（systemic surcharge）導入

2011年11月バーゼル銀行監督委員会（BCBS）は，グローバルに活動するシステム上重要な銀行（G-SIBs）に対するシステム上の重要性に応じて，1.0－2.5％の所要資本の上乗せルールを公表，2011年7月FSBはBCBS追加資本要件のG-SIBs29行に対する適用を発表した。

(ロ)　破綻処理制度（resolution regimes）構築

FSB，BCBS[4]のグローバル金融当局の方針に従い，欧米主要国は独自に破綻処理スキームを公表している。2012年12月米英金融当局は共同でグローバルな大規模金融機関（G-SIFIs）の破綻処理計画戦略を発表した。

(ハ) 再生・破綻処理計画（RRP：recovery and resolution plan）導入

再生計画（recovery plan）は金融機関が厳しいストレス状況に遭遇した場合，財務健全化，存続可能性を確保するための対策オプションを特定する。他方，破綻処理計画（resolution plan）は，将来金融機関が破綻状態となる場合，具体的な体制，手続きを含めて事前に平時から破綻処理方法を策定しておくものである。

(ニ) 銀行構造の改革（banking structural reform）ならびに業務制限

米国ボルカー・ルール，英国独立銀行委員会（ICB）のリテール・リングフェンス，EU のリーカネン報告書および欧州委員会の銀行セクター構造改革案。

(ホ) 規模の制限

急進的な政策オプションであり，金融システム全体または GDP の一定割合に銀行の規模を抑制する。

III．英国と米国規制当局共同の破綻処理スキーム

英国と米国規制当局共同の破綻処理スキームについて，2012 年 12 月米連邦預金保険公社（FDIC）とイングランド銀行（BOE）の共同文書が公表され，内容はシステム上重要なオペレーションを維持し金融システムの安定に対する脅威を抑制しつつ，株主・無担保債権者の損失負担の下で納税者負担を回避するものであった。クロスボーダーレベルで破綻した G-SIFIs の破綻処理を行うスキームである。

米国ではシングル・レシーバーシップ（single receivership），英国ではトップダウン・レゾリューション（top-down resolution）として G-SIFIs の最終親会社（ultimate parent company），持株会社を対象とする破綻処理戦略を推進していくもので，FSB のシングルポイント・オブ・エントリー（SPE）に従ったアプローチといえる。

破綻処理スキームとして，米国 FDIC のシングル・レシーバーシップ（single receivership）をみてみたい[5]。

① FDICが，破綻先の金融グループ持株会社破産管財人（receiver）に就任し，持株会社を管理下に置く。

② FDICは，業務子会社に対する持株会社資産（エクイティ，投資）を破産財団（receivership estate）からブリッジ金融持株会社に承継させる。FDICがG-SIFIs持株会社を管理して国内外の業務子会社のシステム上重要なオペレーションの継続が可能となる。持株会社のエクイティ，無担保債務を破産財団に残し，破産財団から譲渡された資産が負債を上回るため，ブリッジ金融持株会社は資本が充実することになる。ブリッジ金融持株会社は，最終的に民間セクターに譲渡され，非システム上重要な子会社は清算対象にされる。

③ ブリッジ金融持株会社は，民間セクターに譲渡されるまでに，FDIC管理下に置かれた持株会社の損失が計算され，株主（エクイティ保有者），無担保・劣後債務保有者が当該損失を負担する。持株会社のエクイティでは損失吸収ができない場合，債務の元本削減を実施し，一部はエクイティに転換される。

④ FDICは，ブリッジ金融持株会社下で継続するオペレーション，付随する債務に対して保証を与えることができる。ドッド・フランク法が定めるFDIC管理による整然清算基金（orderly liquidation Fund）を活用する。

Ⅳ．欧米の銀行構造改革問題

1．米国ボルカー・ルールにおける構造改革

　米国ボルカー・ルール（2013年12月最終規則）においては，銀行が証券，派生商品，商品先物・オプションの短期的自己勘定取引を行うことを禁止する。商業銀行業務と特定の投資銀行業務の組織内部における分離である（institutional separation）。自己勘定取引のうち，顧客向けの値付け業務のための証券保有，取引目的の証明ができる場合のヘッジ取引などは例外とされ，更に外国国債の適用除外範囲が拡大している。

　銀行が個々のヘッジファンド，プライベート・エクイティ・ファンド（PE

の総資産の3％以上の出資を行うことを禁止する。適用期限は2015年7月21日で当初より1年延期された。

2．英国独立銀行委員会（ICB）のリテール・リングフェンスにおける構造改革

英国独立銀行委員会（ICB）のリテール・リングフェンス（2011年9月最終報告書）については，大手英国銀行のリテール銀行部門は大企業取引・市場取引を専業とするホールセール銀行および投資銀行部門と法人格を分けて別会社（リングフェンス銀行）とする。

リングフェンス銀行の取締役会は過半数を社外取締役で構成し，独自のガバナンス体制を構築して，ホールセール銀行および投資銀行部門のリスクから厳格に遮断された状態とする。リテール・リングフェンスによりリテール業務を高リスク業務から隔離する（ring-fencing）。預金等をホールセール銀行および投資銀行部門の活動に活用することは禁止される。バーゼルⅢを上回るリスク加重資産（RWA）比17－20％の資本引上げを図る。適用期限は2019年とされる。

3．EUリーカネン報告書における構造改革

EUリーカネン報告書（2012年9月）では，自己勘定取引等が業務の重大なシェアを占める場合，銀行グループ内で銀行と別会社で高リスクのトレーディング業務を行わせ，自己勘定取引等も分離（subsidiarisation）を求めている。2014年1月欧州委員会は，大手30行を対象に銀行セクター構造改革案を公表，自己勘定トレーディングの原則禁止（適用期限2017年1月），トレーディング業務の分離と別法人化を規定（2018年7月）する。

V．銀行構造改革の問題点と対応―銀行破綻処理制度の実効性―

上記の銀行構造改革に関する議論の問題として以下の点が挙げられる。

1. 商業銀行と投資銀行の分離における不徹底さ

先ず，銀行構造改革の問題点として，商業銀行と投資銀行のリングフェンスに不徹底さがある。

(イ) 米国ボルカー・ルールにおける分離の不徹底さ

自己勘定取引という特定の投資銀行業務しか分離していない。最終規則は緩和された内容となり，内部監査強化で問題解決を図る意図がある。

私見であるが，この点は英国における銀行のリスクマネジメント等について第3の防衛線として述べてきた部分と主旨が共通する。今般の Senior Management Regime でも銀行側の自主的な内部監査機能を生かして当局がチェックするというフレームワークとなっている。この場合，元来内部監査部門は CEO など業務執行側の行う内部統制を監視する趣旨として米国において展開されてきたものであるが，現在の内部監査部門の位置づけは CEO などに直属するラインとなっていることが多く，自己監査に陥るリスクがある。コーポレート・ガバナンス・コードなどの実践において，組織構築のガバナンスのあり方として検討が必要となろう。

(ロ) 英国リテール・リングフェンスにおける分離の不徹底さ

リングフェンスによる部門分離において，両部門の契約面でいかに分離を図るか，諸契約の譲渡の際に第三者の同意を得ることができるか，グループ他社の破綻においてリングフェンス銀行が第三者の遡及を完全に排除することが可能か，が問題となる[6]。

(ハ) リーカネン報告書における分離の不徹底さ

投資銀行部門の証券引受，デリバティブ取引などは分離対象とならない点が挙げられる。

2. 各国改革スキームの内容面の相違

次に，各国の改革スキームは目的は一致するものの内容の詳細面が異なる。このため，銀行が連結ベース規制を逃れる形で高リスク取引を行う可能性があること，各国毎に規制内容が異なり，銀行のビジネスモデルも相違が生じるためグローバル化の障害が残ること，銀行市場が各国毎に分断され破綻処理方法も変化するため銀行監督は困難となること等が述べられる。

3．銀行破綻処理制度の実効性

　銀行破綻処理制度の実効性に係る課題がしてきされる。即ち，上記の点を踏まえて，ベイルアウト（公的資金による救済）は回避しなければならないものか，との問題提起がされる（漆畑春彦教授）[7]。金融システム救済のために破綻金融機関に対し早期の公的資金投入はむしろ必要なのではないかと述べられる。漆畑春彦教授は第1にTime-consistencyの欠如を指摘され[8]，破綻処理時点での問題処理が，一層の銀行業の集中と新たな大規模なTBTF問題を生じさせかねないこと，第2に米国ドッド・フランク法も公的資金への依存の是正には効果がなかったことを挙げられる。

　以下では，個別項目毎にTBTP問題に対する実効性をみてたい。

⑴　システミックサーチャージ（systemic surcharge）の導入と実効性

　2.5％水準で賦課してもG-SIBsのシステミックな外部性は未解決のまま残る可能性が高く，サーチャージの引上げ，最適資本比率の量的評価が必要となる。

⑵　破綻処理制度（resolution regimes）の構築と実効性

　米国英国金融当局共同の破綻処理計画戦略は破綻処理スキームの方向性を示す意味で意義は大きいが，英米間のみのスキームに留まること，独立性が高く資本調達を独自に行う子会社において資本を持株会社に集中させる方法が実効性があるかは疑問視される。

⑶　再生・破綻処理計画（RRP：recovery and resolution plan）導入と
　　実効性

　RRPは情報開示規制にすぎず，市場全般の危機対応はし難い。RRP策定がリスクは管理されているという誤ったメッセージを与えかねず，リスクテイクを逆に促す可能性もある。

　策定および更新コストの膨大さ，破綻リスクの事前予測の困難さ，機密情報の外部流出リスクが残る。情報のリークなどに対する罰則規定，機密情報を海外当局と共有する際の情報の取扱い，保護規定の検討が必要となる。

RRP に掲載する子会社の範囲の見直しも必要となろう。

(4) 銀行構造の改革（banking structural reform），業務制限と実効性

リングフェンスの欠点を克服するため，商業銀行と投資銀行の完全分離（full separation）の検討が必要となる。組織構造改革，業務制限と各国の考案する規制方法は一致せず，practical なものとはならない。

(5) 規模の制限と実効性

規模の制限に関する規制は，セカンドオプションとして有効性はある。

(6) その他の措置と構造改革への取り組み事例および私見

その他の規制に係る措置として銀行集中の是正，銀行間競争の促進・銀行参入規制の緩和等も必要となる。

銀行構造改革へのドイツ銀行の取組みをみると，2009 年バーゼル銀行監督委員会（BCBS）報告書で[9]，金融機関支店・現法の独立子会社（stand-alone subsidiary）化が提案されるが，ユニバーサルバンク側からはリーカネン報告，各国の高リスク業務制限に向けた法律に対する反発があり，金融規制改革に対する警戒感が示されている。法規制に従いトレーディングなど高リスク業務を抑制する方針は持つものの，長期的な維持については不透明な部分もある。

私見であるが，金融機関支店・現法の独立子会社化の傾向は Senior Management Regime において，むしろ英国在の銀行法人として直接適用をもたらすことになりかねず，規制の強化の方向に向かうものとなろう。

【注】
（1）小立敬・前掲「GLAC（あるいは TLAC）を巡る議論の整理—ベイルインと GLAC の関係—」1-9 頁。
（2）FSB [2013], "Recovery and Resolution Planning for Systemically Important Financial Institutions: Guidance on Developing Resolution Strategies", Jul. 16. FSB [2013], "Recovery and Resolution Planning for Systemically Important Financial Institutions: Guidance on Identification of Critical Functions and Critical Shared Services", Jul. 16.
（3）TBTF 問題への対応と TLAC に関して，漆畑春彦「大規模金融機関の破綻処理制度論議と政策

の評価」証券経済学会関東部部会報告（2015年3月28日）が詳説されており，参照した。
（4）Basel Committee on Banking Supervision [2009], "Report and Recommendations of the Cross-border Bank Resolution Group-Consultative Document", Sep. BCBS [2010], "Report and Recommendations of the Cross-border Bank Resolution Group", Oct. BCBS [2011], "Resolution Policy and Framework – Progress So Far", Jul.
（5）Federal Deposit Insurance Corporation [2012], "Resolution Plans required for Insured Depository Institutions with $50 Billion or More in Total Assets", 12 CFR Part360RIN3064-AD59. FDIC and Federal Reserve Board [2011], "Resolution Plans Required". FDIC and the Bank of England [2012], "Resolving Globally Active, Systemically Important, Financial Institutions, "A joint paper by the Federal Deposit Insurance Corporation and the Bank of England", Dec. 10.
（6）英国議会・銀行規範委員会における批判。リングフェンス銀行自体にも危機の芽は残り，大企業貸付，プロジェクトファイナンスなどリスク業務の従事は可能であること，TBTF対策としてのリングフェンス規定であるが，リングフェンス銀行自体がTBTFとなる可能性もあることが指摘される。
（7）漆畑春彦・前掲「大規模金融機関の破綻処理制度論議と政策の評価」参照。
（8）Haldane, A. [2012], "On being the right size", Speech given at the Institute of Economic Affairs, 22nd Anual Series, The Beesley Lectures, Oct. 25.
（9）Basel Committee on Banking Supervision [2009], "Report and Recommendations of the Cross-border Bank Resolution Group-Consultative Document", Sep.

Phase IV

コーポレート・ガバナンス・コード，非業務執行取締役，域外適用など国際私法の接点，ならびにソフトローのルール化などのコード展開の試論

第8章

Senior Management Regime における非業務執行取締役の機能ならびに英国行動ルールと日本版コーポレート・ガバナンス・コード

I. Senior Management Regime における非業務執行取締役の機能 (PRA)

　英国の Senior Management Regime における非業務執行取締役の機能と行動ルール (Conduct Rules) について，最新の資料を検討しつつ，日本版コーポレート・ガバナンス・コードと比較を行いたい。

　Senior Management Regime における非業務執行取締役の機能について，非業務執行取締役に関する FCA と PRA の最新の協議文書である Consultation Paper FCA CP15/5 PRA CP7/15 "Approach to non-executive directors in banking and Solvency II firms & Application of the presumption of responsibility to Senior Managers in banking firms"（2015年2月）をみていきたい[1]。

　Senior Management Regime (SMR) の視点から，PRA は Senior Management の各機能 (Senior Management Function : SMF) 毎に非業務執行取締役 (NED) の関わる責任について，以下の通り定めている (Appendices 2. Annex 1. PRA Prescribed Responsibilities of NEDs in scope of the SMR)。

　(i) Chairman（取締役会議長 SMF9）：企業のマネジメント体制の役割と履行状況を統括し，監視すること。マネジメント機構における全員に対する入門研修 (induction)，トレーニング，専門性の向上が例として挙げられる。

(ii) Chair of the Risk Committee（リスク委員会委員長 SMF10）：リスク委員会の役割と履行状況を統括し，監視すること。Senior Management に関する PRA のハンドブックである SYSC（Senior Management Arrangements, Systems and Controls（Handbook））7.1.22 R（Risk control）に従ってリスク機能の誠実さと独立性（integrity and independence）を確保かつ監視することが挙げられる。

(iii) Chair of the Audit Committee（監査委員会委員長 SMF11）：監査委員会の役割と履行状況を統括し，監視すること。SYSC6.2（(Internal audit）に従って内部監査機能の誠実さと独立性を確保かつ監視することが挙げられる。私見として，内部監査機能が CEO などの執行側に属して報告する体制となっていることが前提にあり，業務や人事面における CEO からの独立性などを求めているものと思料される。内部監査部の位置付けには，CEO のラインに付ける考え方のほか，監査委員会の連携を強める組織あるいは補助職とすること，CEO や監査委員会からも独立した体制とすることなどいくつか連携体制が想定できるが，誠実性や独立性を求めること自体はどの連携体制においても当てはまることとなろう。

(iv) Chair of the Remuneration Committee（報酬委員会委員長 SMF 12）：報酬委員会の役割と履行状況を統括し，監視すること。報酬規制については，金融危機以降の課題の1つとして議論が継続しているが，直近の動向をみると EU のプルーデンス（健全性）規制である CRD4 指令（Capital Requirements Directive IV）の改訂版（2015年3月）[2]などと UK 規制（FRC による UK コーポレート・ガバナンス・コード 2014）[3]の間で運用面の意見が相違したこともあり，改めて関心が深まっている分野であり，研究を継続したい。

(v) SID（Senior Independent Director：独立上級取締役）SMF 13）：上級独立取締役の役割を担い，議長（Chairman）の機能を果たすべき個人の業績評価を率先すること。Senior Independent Director は米国の Lead Independent Director（筆頭社外独立取締役）に倣ったものとみられ，我が国のコーポレート・ガバナンス・コードにおいても，補充原則 4-8 ②において互選などで決定し，経営陣との連絡・調整や監査役または監査役会

との連携に係る体制整備を図るべきことが記載される。
(vi) Any NED in scope of the SMR（SMR の視点から全ての非業務執行取締役に共通）：SYSC 6.1.（Compliance）に従ってコンプライアンス機能の誠実さと独立性（integrity and independence）を確保かつ監視する。具体的には内部告発（whistle blowing）について，および告発したスタッフを有害な取扱い（detrimental treatment）を受けることから守ること（ensuring staff）について，企業の方針と手続きの独立性および有効性を確保かつ監視することが挙げられる。

II．Senior Management Regime におけるサンクションの科される想定例

Senior Management Regime に関して，潜在的に制裁（sanction）の科される想定例が示される[4]。

1．非業務執行取締役（NED）に第一義的に制裁が科される場合

(i) SYSC7.1.18R（2）の違反例として，リスク委員会が業務執行マネジメントの行うリスク戦略の履行を監視する場合，そのリスク選好（risk appetite）に関して取締役会にアドバイスも支援も行わなかったことが専門家による検証（Skilled Persons Review）で曝かれたとき，PRA はリスク委員会の委員長に対する制裁を科す理由があるかどうか，第一義的に検討を行う。

(ii) SYSC19A.3.12R（4）の違反例として，取締役会の効率性評価を行う場合，取締役会が行った検討や決定について報酬委員会は報酬に関して何ら決定を行わなかったことを PRA が見つけた場合，PRA は報酬委員会の委員長に対する制裁を科す理由があるかどうか，第一義的に検討を行う。ここは取締役会評価（Board Effectiveness Review）という観点から，報酬委員会委員長の責任を問題としている。近年欧米において議論となっている取締役会評価の問題に関しては後述したい。

(iii) 議長（Chairman）と非業務執行取締役（NED）は，Senior Management Regime の観点から，極端に支配力を強めた CEO に対しては重大な関心を有するが，取締役会においても，あるいは PRA，FCA の監督当局からもこの問題は扱われず，議論もされていない。

　私見であるが，一般にコーポレート・ガバナンスの趣旨の1つは，健全性・違法性および効率性の面から経営陣の独走を許さないことにあるが，今般の英国における Senior Management Regime の議論は必ずしも消極面の規制にのみ焦点を当てているものではないことを示していようか。

2．業務執行上級役員（Executive Senior Managers）に第一義的に制裁が科される場合

(i) 当該金融機関が主要業務において，繰り返しリスクの限界を超えたために大きな損失が生じ，資本充実要件を充足できなくなった場合，リスクの限界についてはリスク委員会と取締役会が議論して定めたものであるが，PRA は第一義的に業務執行上級役員に制裁を科すだけの理由があるかどうかを検討することになる。この場合，業務執行上級役員としては主要業務部門の経営トップ，チーフ・リスクオフィサーが含まれる。かかる面の違反がある場合，取締役会とリスク委員会に報告され，PRA は取締役会とリスク委員会がこの問題を従前に議論し，しかるべき助言を行っていたかどうかを調査することになる。私見であるが，ここでは NED と異なり，業務執行取締役（ED）のみならず，業務執行を担うオフィサー（officer）などマネジャー層が広く該当し，業務執行局面での適切なリスクテイク戦略を担う責任者であるチーフ・リスク・オフィサーも業務執行側に属することになる。他方，リスク委員会はこれらのリスク部門の監視・監督を行う委員会であり，取締役（Director）として非業務執行側（NED）に属する。

(ii) 新しい，リスクのより大きい融資案件を上程して取締役会の承認を得ようとする場合，業務執行上級役員が不完全でミスリードさせるような経営管理面の情報を取締役会へ報告し，戦略面のリスクを過小評価（downplay）させてしまうことが想定される。CEO がこの問題に対して

融資に否定的あるいは疑問を挟むような質問を遮り（suppress），結果として融資の戦略は承認されたが，6ヶ月後に早くも当局の多くの規制に違反するようになる場合である。私見であるが，融資局面においてリスクの存在を見抜けず，融資金額が巨額であるため償還不可能あるいは延滞，延滞回避のための融資期限延長などの条件変更により，当該銀行自体の基盤を揺るがしかねない債権管理上の問題を生じる場合が想定される。

(ⅲ) 外部委託（outsource）する合意の下，経営陣が第三者の行うサービスの条項のモニターを怠り，オペレーショナルリスクの具現化（crystallizing）を招いてしまったこと。

　私見となるが，John Pottage の事案（UBS 事件）は(イ)(ⅰ)あるいは(ロ)(ⅱ)の想定例に類似するが，CEO において前任者が引き起こした業績悪化の引継ぎ後のリスクマネジメント体制に関する評価・見直しの責任を問題とする点で特徴的といえる。John Pottage 個人の行ったマネジメントの是非を問題としている点で，CEO における経営面の妥当性に関わる事例であると思料される。John Pottage 事案の敗訴を受けて PRA，FCA が Senior Management Regime を策定したとすると将来の同種事案の再発への対応として(ロ)(ⅱ)の想定例で責任追及を図り対処せんとしているのか等が疑問点となる。

Ⅲ．Code of Conduct（行動面のコード）における非業務執行取締役の役割と責任（FCA）

　FCA からは非業務執行取締役（NED）の役割と責任に関して，2015 年 2 月 Code of Conduct の中でガイダンスの規定がされる[5]。PRA が健全性を主とする規制であるのに比し，FCA は行動面の規制を図る規制機関であるが，従前 FRC がよりコーポレート・ガバナンス・コードなどコード（規範）による規律付けを行っており，今般の Senior Management Regime における行動ルール（規則）との整合性，一体性が議論となるのではないかと思料する。Senior Management Regime はソフトローとしてのコードからルールの色彩を織り込むものへの変化の過程といえ，こうした二重の類似規制が存在することも過渡

的形態としてはあり得ようか。Senior Management Regime における行動ルール（conduct rules）の方は，ルールと称しつつ9項目と少なく，他方 Code of Conduct のガイダンス規定は以下の通り，ガイダンスとしては当然でもあろうが，コードと称しつつも詳細に定められている。英国におけるプリンシプルベースあるいは Comply or Explain のアプローチなどのあり方も変容する可能性を示唆してもいようか。

1．Introduction

2015年2月ガイダンスの Introduction においては，特に指名委員会委員長，取締役会議長の役割を担う非業務執行取締役（NED）などに焦点が当てられる。FCA の非業務執行取締役に関する見解は英国会社法（2006年改正），統合コード（Combined Code）とも整合性を有するものである旨が規定される。主として上場規則あるいは投資家向けの規則の策定を担う FCA において，会社法上の取締役の義務，FRC（英国財務評議会）の担うコーポレート・ガバナンス・コードなどとの一体性が意識されていることを示していよう。

2．非業務執行取締役の一般的役割（FCA）

非業務執行取締役の一般的役割（The general role of a NED）について，実効性のある監視を行い，異議を唱えること（provide effective oversight and challenge[6]）。戦略面の提案を進展させる上で手助けをすること（help develop proposals on strategy）。

非業務執行取締役の責任に含まれる内容として，取締役会や委員会の会合と議論に参加して貢献すること。全体としての取締役会や委員会の意思決定に加わることで，この中には投票や情報提供を行い，異議を挟むことも含まれる。取締役会や委員会の意思決定や議論に加わる上で十分且つ適切な情報を事前に受けていること。

非業務執行取締役の他の役割として，合意をみた目標等の達成に関してマネジメントの業績を吟味すること。業績の報告をモニターすること。財務上の情報の信頼性あるいは誠実性（integrity）について納得すること。リスクマネジメントにかかる財務面の内部統制が強固で（robust）防御的であること。報酬

に関する企業のポリシーの設計と実行を吟味すること。企業行動の基準，任命，資源に関して客観的な見解を提供すること。経営者の承継計画に関与すること（involvement in succession planning）。

　私見であるが，戦略提案等の面での助力となること，取締役会や委員会の意思決定や議論に加わることが述べられており，我が国のコーポレート・ガバナンス・コードの攻めのガバナンス（本コード（原案）の目的7）と軌を一にしている。また後継者の計画（プラニング）についても補充原則 4-1 ③に記述がされる。

3．指名委員会の委員長としての非業務執行取締役の役割

　行動面の規制官庁である FCA において，指名委員会の委員長として以下の責任が加わることが規定されている。十分な回数を持って頻繁に指名委員会の会合を開催すること。適切な場所で業務の促進を促すような（challenge），オープンで包括的な（inclusive）議論を育む（foster）こと。指名委員会が時間と注意をその権限内の事項に集中するように図ること。指名委員会とその委員が必要な情報を持つことが出来るように手助けすること。

　委員会の行動を取締役会に報告すること。業務執行役員を監視する上で指名委員会の独立性を確保すること。

　指名委員会の委員長は，指名委員会は以下の事項の遵守を確保するため，合理的な手順を踏まなければならない。指名委員会に関する SYSC4.3.A（Financial Conduct Authority Handbook）の要件，委員会に関する特別あるいは関連の要件。委員会に関連する人物に向けた SYSC4.3.A.8R，SYSC4.3.A.9R も SYSC4.3.A の一部として同様に充足する必要がある。この中には，リスク戦略，戦略目標などの承認と監視，財務およびオペレーショナルなコントロールを含む会計・財務の報告体制の信頼性確保，Senior Management の効率性の監視，開示と対話，ガバナンスの調整をモニターして定期的に評価すること等が含まれる（SYSC4.3A.1R）[7]。

4．非業務執行取締役の役割に関する全般的なアプローチ（FCA）

　FCA は，非業務執行取締役は業務執行取締役（Executive Directors：ED）

と同じ方法で企業の運営を担うものではなく，より狭い視野で説明責任を担っていることを認識している。

非業務執行取締役は業務執行取締役の担う責任を要求も期待もされない。

SMF（Senior management function）を有する上級管理職者として Senior Management Regime の規律に従う非業務執行取締役，あるいは Solvency II 金融機関として重要な役割を担う Approved Persons は各制度における責任を別途担っている。FCA の見解によれば，これらの制度と適用は会議体としての意思決定の原則と適用のあり方とも整合性を有している。

FCA が非業務執行取締役に期待する注意，技能，勤勉さの基準（standard of care, skill and diligence）は，以下のような能力を備えた合理的な勤勉な個人（a reasonably diligent person）に期待される水準となろう。具体的には，全般的な（general）知識，技能，経験を有し，これらの能力が業務執行取締役においてその機能を果たす上で合理的に期待しうる内容であり，FCA Handbook の基準（特に CO CON（the Code of Conduct sourcebook），DEPP（Decision Procedure and Penalties Manual（Handbook）））を充足していること。更に当該非業務執行取締役が現実に持っている全般的な知識，技能，経験であること。

こうした前提の合理的な個人が能力を発揮する場合に期待される水準が，非業務執行取締役が当然備えておくべき，即ち注意義務を負う分水嶺となるべき注意，技能，勤勉さの基準ということになろうか。実際には FCA Handbook（the Code of Conduct）の基準に準拠するものとみられる。コードであり，FCA 側の恣意性が入り込みやすく，また内容の追加も容易であろう。

【注】
（1）Prudential Regulation Authority, Bank of England, Consultation Paper FCA CP15/5 PRA CP7/15 "Approach to non-executive directors in banking and Solvency II firms & Application of the presumption of responsibility to Senior Managers in banking firms" February 2015. Appendices 2. PRA Supervisory Statement Responsibilities of non-executive directors under the Senior Managers Regime and application of the presumption of responsibility, Appendices 3. FCA Draft Handbook Text: Guidance on the role and responsibilities of NEDs in relevant authorized persons and Solvency II firms, and rules for Solvency II firms.
（2）EU prudential rules for banks, building societies and investment firms – Capital Requirements Directive IV (CRD IV) December 2013. CRD IV: updates for credit risk mitigation, credit risk, governance and market risk – CP12/14 March 2015. http://www.bankofengland.co.uk/

pra/pages/crdiv/default.aspx. http://www.bankofengland.co.uk/pra/Pages/crdiv/updates.aspx. Basel Committee on Banking Supervision Consultative document Guidelines, Corporate governance principles for banks, October 2014.
（3） Financial Reporting Council, The UK Corporate Governance Code (September 2014). https://www.frc.org.uk/Our-Work/Publications/Corporate-Governance/UK-Corporate-Governance-Code-2014.pdf.
（4） Prudential Regulation Authority, Bank of England, Consultation Paper FCA CP15/5 PRA CP7/15 "Approach to non-executive directors in banking and Solvency II firms & Application of the presumption of responsibility to Senior Managers in banking firms" February 2015. Appendices 2. Annex 2. Hypothetical examples where sanctions may apply to NEDs in scope of the Senior Managers Regime.
（5） Prudential Regulation Authority, Bank of England, Consultation Paper FCA CP15/5 PRA CP7/15 "Approach to non-executive directors in banking and Solvency II firms & Application of the presumption of responsibility to Senior Managers in banking firms" February 2015. Appendices 3. FCA Draft Handbook Text: Guidance on the role and responsibilities of NEDs in relevant authorized persons and Solvency II firms, and rules for Solvency II firms. Annex E Amendments to the Code of Conduct sourcebook (CO CON) 1 Annex 1G Guidance on the role and responsibilities of NEDs for Relevant authorized persons and Solvency II firms.
（6） challenge の訳語として，挑戦することの他，異議を唱えること，妥当性を疑うこと，更には説明要求，課題・難問もある。一般に考えられるような「挑戦」の意味合いは寧ろ少ない。リスクテイクを促す側面とともに，oversight の関連では後者の意味合いもあると思料される（私見）。
（7） http://fshandbook.info/FS/html/FCA/SYSC/4/3A.

第9章

Senior Management Regime に係る海外銀行英国支店の取り扱い

――域外適用の可能性など国際私法的規律の接点――

Ⅰ. Senior Management Regime と外国銀行の英国支店に関する説明責任

　PRA は 2015 年 3 月 16 日協議文書「外国銀行の英国支店に関する説明責任の強化」(CP9/15) において，Senior Management Regime が必要な限りにおいて外国銀行の英国支店にも適用されることを提案している。EU 法下の英国 EEA 支店に PRA の権限が及ぶ限度内で，英国 non-EEA 支店に対しても権限が及ぶとする内容である[1]。

　新たな英国 non-EEA 支店に対しては，SMFs を有する海外担当の長に対して事前承認が求められる。更に CFO (最高財務責任者)，CRO (最高リスク責任者) ならびに内部監査部長も SMFs に対応して承認が求められる。また他のグループ企業 (group entity) であっても，当該支店において Group Entity Senior Manager として英国内での規制された活動に関する経営管理や行動面の意思決定を行う場合，PRA の承認が必要となる。例として欧州中近東アフリカ地区担当のグループ・マネジャーとして，英国内業務につき上位者としての決定を行う場合は，英国支店に常住しない場合も承認を求められよう。

　この場合，本社所在地において海外事業部門の指揮・命令系統が存在する場合，本社部長も承認が求められ，ひいては不祥事などにおける責任を追及，あるいは課徴金・刑罰を科されることになるのであろうか。米国の海外汚職行為防止法 (Foreign Corrupt Practices Act：FCPA) (1977 年施行) の域外適用

事例として，近年では現地エージェンシーを経由した現地政府高官への贈賄（ブリヂストン株式会社）事件があり，邦人で初めて FCPA 違反の刑事責任を問われた国際カルテル疑惑事案である（マリンホース事件）(2)。

特に共謀罪につき，FCPA では §78dd-1 発行者に禁止されている通商慣行，§78dd-2 国内関係者に禁止されている通商慣行，§78dd-3 発行者と国内関係者以外の人物に禁止されている通商慣行がある。本邦企業の会社関係者が米国内で直接贈賄行為に関与せず，発行者または国内関係者である米国企業の会社関係者が贈賄行為に及んだ場合，日本企業の会社関係者が米国企業の会社関係者と事前に連絡を取り合う等して共謀したと認められる場合，共謀罪（conspiracy）が成立する可能性がある（18 U.S.C §271）。米国当局は共謀罪を積極的に活用して外国企業の会社関係者に広く刑事責任を追及する傾向がある。英国では英国贈収賄防止法（UK Bribery Act 2010）が 2011 年施行されている。

II．Certification Regime と行動ルール

Certification Regime と行動ルールに関しても Senior Management Regime と同様に non-EEA 支店に適用される。例として，PRA の報酬規則において重大なリスクを負っている個人（Material Risk Takers）として認定されたスタッフなどが該当する。

III．エンフォースメントと海外銀行の英国支店に係る域外適用の懸念

SMR では，エンフォースメントに関して，規則違反が生じた領域に関して責任を有する Senior Managers は，民事責任における証明責任の転換により，違反防止に向けて合理的な措置をとったことについて FCA，PRA に対する説明責任を負担する。銀行改革法では，APR のスキーム以上に幅広い範囲の銀行の従業員に対して処分を科すことができ，国内外のいかなる場所であろうと

FCA，PRA は責任追及が可能となる。更に英国法人の銀行，住宅金融共済組合と PRA 指定投資会社に勤務する Senior Managers は，金融機関を破綻に追い込む原因になった戦略面の決定に関して，新しい処罰規定の下では潜在的な刑事責任追及にも晒される。財務省は海外銀行の英国支店の Senior Managers にはかかる処罰規定を適用しない旨を定めている。該当行為の域外的な適用はなされても，現地法人の Senior Managers には刑事責任の追求はされないものと現状では理解されるが，課徴金などの民事責任追及規定は適用されるものと思料され，規制動向には未確定な要素がある。

1．FCA の対応

2015 年 3 月 16 日協議文書（FCA15/10，PRA9/15）[3]では，行為規制を担う FCA は EEA（European Economic Area：欧州経済圏）域外金融機関の在英支店に係る認定制度を提案する。業務ライン（Overseas Branch Senior Manager：OBSM SMF20），マネーロンダリング（Money Laundering Reporting Officer：MLRO SMF17），コンプライアンス（Compliance Oversight SMF16）の各担当を必須機能とする。SMR の域外適用などに関しては，英国の監督方針では以前から大規模支店を準子会社とみなし，支店内の業務管理に完全な責任を負うことを要求しているため，在英支店内の全管理職を SMFs として登録する必要はないこと，外銀子会社・支店が現地マネジメントにより適切に統治されている場合は法域を超えて親会社個人に対する規制適用（域外適用）は必要最低限に抑えられるべき旨を全銀協が要望している（2015 年 5 月）[4]。

2．PRA の対応

PRA は，SMR の支店に対する適用の拡張として，新たな non-EEA 支店では全体を統括する海外支店の長（Head of Overseas Branch）は CEO に近似した（akin to）SMFs の担い手（SMF19）として個別承認を必須とする[5]。この他，Chief Finance function（SMF2），Chief Risk function（SMF4），内部監査部門長（Head of Internal Audit SMF5），グループ企業の Senior Manager（Group Entity Senior Manager SMF7）も任意の重要な機能として

承認を求められる。内部監査部門長については，監督アプローチが第3の防衛線 (three line of defense) である金融機関自身が行う内部監査の重視に変容しつつあることの証左ともなろう。グループ企業の Senior Manager は，英国の金融規制に関するマネジメントあるいは行動について直接の決定を行っている場合には承認を求められる（欧州，中近東およびアフリカ担当長など）。最終規則は 2015 年発刊，2016 年第 1 四半期発効の予定である。

また，SMR に規定する上級管理者機能（senior management function：SMFs）の扱いに関して，本社も含めたグループ企業全体への影響も実質的な域外適用として懸念される。

Ⅳ. 英国外銀支店ならびに銀行の役職員個人に関する規制の邦銀への影響

英国外銀支店に関する FCA，PRA の直近の 2 つの協議文書[6]における各規制に関して，上級管理者機能（SMFs）に係る規制枠組みと合わせ本邦金融機関に及ぼす影響と問題点等，全銀協のコメントを基に域外適用を念頭に置き，具体的にみていきたい[7]。

1．英国外銀支店に係る規制
(1) PRA 提案の EEA 域外金融機関の在英支店に係る上級管理者の役割

PRA 提案の EEA 域外金融機関の在英支店に係る上級管理者の役割（SMFs）について，在英支店の戦略実施に責任がある役職者は在英支店内の役職者であり，既存の APR で在英支店戦略立案に携わり登録している本国の役職員は SMR の新制度の下では SMF7（Group Entity Senior Manager）（Appendix 1.7 パラグラフ 6.2，本文パラグラフ 2.6，2.13，5.3）としての登録は不要となること，外国銀行支店の上級管理者は刑事罰（禁固・罰金）不適用の記載があるが，銀行破綻時に限定されるかが不明確なことなどについて全銀協から疑問が提示されている。以下の(1)，(2)では各疑問点を掲記したい。

⑵　FCA 提案の EEA 域外金融機関の在英支店に係る上級管理職の役割

　FCA 提案の EEA 域外金融機関の在英支店に係る上級管理職の役割一覧について，海外支店上級管理者（Overseas branch senior manager（SMF20）（OBSM） function）（Appendix 1.7 パラグラフ 6.2, 本文パラグラフ 2.6, 5.3）の定義が不明確であり，支店の活動・営業部門・マネジメントに責任を持つ役職員（協議文書パラグラフ 1.26）につき，在英支店内の全管理職を SMFs として登録する必要はないこと，OBSM の認定に際して，経営委員会（Executive Committee）等の合議体は諮問機関であり，支店長のみが決裁権限を有する場合もあり得るため，支店長のみを捕捉すれば足りる。規制当局との対話を通じ，個別行において異なるガバナンス構造を考慮するべきこと。

⑶　PRA 提案の EEA 域外金融機関の在英支店に係る所定の責任リスト

　PRA 提案の EEA 域外金融機関の在英支店に係る所定の責任リストについて，適切かつ比例原則に基づき，PRA が監督する責任 11（本文パラグラフ 2.24 table6）の範囲は財務報告，規制報告，上級経営者の体制・システムおよび統制（Senior management Arrangements, Systems and Controls, SYSC）宣誓を対象としている。実際には異なる種類の報告は銀行の様々な分野（財務，オペレーション，コンプライアンス，リスク管理）に亘り，関係者も多岐に亘るため，責任を複数の個人に割り当てることは可能としても，責任の範囲が細分化されていないため，監督権限のない責任が割り当てられる可能性があり，各個人の責任範囲の割り当て方法が不明確となる怖れがあり，最高財務責任者（CFO）をみても財務報告に対して直接的責任を有するが，規制当局の報告書に対しては監督または関与する権限がないこと。

⑷　FCA 提案の EEA 域外金融機関の在英支店に係る認定制度

　FCA 提案の EEA 域外金融機関の在英支店に係る認定制度（CR）に関して，英国顧客と取引を行っている英国外の個人の適用は，英国顧客との取引の関与の度合いに応じた規則上の責任配分が図られるように適切に実施すべきであること。ホールセール顧客の大口取引について，顧客の関係構築のために英国外の上級管理者に対して顧客の帯同訪問などを在英支店から要望することが

想定され得るが，この場合に英国外の上級管理者は英国顧客との取引で実務上の重要な役割を果たすことはなく，英国外の上級管理者に認定制度を適用することは不適当な場合もあり得ること。

英国の監督上方針では，以前より大規模な支店を準子会社とみなし，当該支店は支店内の業務の管理について完全な責任を負うことを要求しているため，英国外の個人に対する規制適用は必要最低限に抑えられるべきこと。

犯罪履歴確認はSMRのみならず，認定制度（CR）においても必要か明確にすべきこと。

(5) FCAによる在英支店に対する認定制度の適用範囲の潜在的変更・変化

FCAによる在英支店に対する認定制度の適用範囲の潜在的変更・変化について，ホールセール業務に関わる全ての個人に適用範囲を拡大する場合，FCAは捕捉を意図するリスクの範囲を明確にすべきである。最下級のトレーダーもシステム障害等の不可抗力に起因してリミット制限を超過した結果として規則違反となり，日常業務を通じて重大な損害をもたらし得るため，個人責任を問うことが不合理となることもある。かかる場合に規制を及ぼし，捕捉する意図がない点を明確にする必要があること。

(6) FCAによる在英支店に対する行為規則違反の報告に関する潜在的変更・変化

FCAによる在英支店に対する行為規則違反の報告に関する潜在的変更・変化に関して，上級管理者による不正発覚後，7日以内にPRA・FCA宛に報告するように求めているが，事実関係の確認等に要する期間に鑑み7日以内は短すぎると考える。不正が発覚したものの，不正を行った者を容易に特定できない場合，調査等に時間を要し，7日以内には報告ができない場合が考えられる。併せて，不正発覚からの具体的な手順・基準・報告方法の明示が望まれること。

(7) 在英支店内の上級管理者機能に係る不適用措置

在英支店内の既存の承認者に対するFCAおよびPRA提案の上級管理者

機能に係る不適用措置（grandfathering）について，CF29（Appendix 1.7 パラグラフ 6.2，本文パラグラフ 5.3）の OBSM に対する不適用措置（グランドファザリング措置）を金融機関のガバナンス体制等に応じて十分に実施すべきこと。

⑻　規定抵触時の量刑に関して，より明確化が図られるべきこと。

２．銀行の役職員個人に関する規制

　2014 年 7 月 30 日 PRA・FCA 協議文書「銀行の説明責任の強化：銀行の役職員個人に関する規制の枠組み」が公表され，これに対して 2014 年 10 月 31 日全銀協が以下のコメントを発出している。職業規範や企業文化，コーポレート・ガバナンス等の強化を目的とした役員等個人の責任に係る規制強化の必要性は認識されるが，英国におけるガバナンスという意味では外銀子会社や支店が現地マネジメントによって適切に統治されている場合，その親会社や本社の個人を規制の対象とする必要は必ずしもないと考えられる。外国の親会社の個人を規制の対象にすることは，英国の法域を超えて外国の企業を規制することに繋がり，国際的協調の観点からも適切でない可能性があることが述べられる[8]。

　（ⅰ）　PRA の提案する上級管理者の役割（SMFs）に関して，英国外の親会社の個人，英国内の個人で英国外の法域での業務に責任を負っているものは上級管理者の適用対象外とすべきであり，判定基準をガイダンス等にて明確化すべきであること。理由としては，外国の親会社の個人を上級管理者に含めることは英国の法域を超えて外国の企業を規制するリスクがあり，例えば PRA および FCA によって提案されている報酬規制を英国外の上級管理者にリンクさせることは英国の法域を超える可能性があり得る。英国外の親会社の個人は上級管理者の適用対象外とすべきであり，少なくとも，グループ構造上，本国において英国の CEO より上級のレポートラインにいる者のうち英国エンティティをハイレベルに管理する責を負うに過ぎない者は適用対象外とすべきである。英国の CEO が本社に対する拒否権，あるいはレポートラインを越えて更に上級に上申する権限を持っ

ている場合等が考えられるためである。逆に英国内の個人であっても、英国外の法域の業務に責任を負っているものは除外されるべきである。こうした基準が不明確であり、英国会社法（Companies Act）251 条で規定される Shadow director position（影の取締役）の判定基準を Group Entity Senior Manager Function（SMF7）の判定基準としてガイダンス等に明確化するなど SMF7 の判定基準を明確化すべきである。

(ii) 上級管理者の役割に要求されない委員会や機能について、PRA の上級管理者の登録・承認手続きは不要とするべきであること。上級管理者リストが企業自身のガバナンス、実際の運営状況を反映していることが重要であり、設置されていないポジションについて登録不要とする原則は当局規制と実際の説明責任の整合性を図るために重要である。理由は、責任者が当局登録者であるのか、企業自身のガバナンス構造において実際にその役割を果たしている他の者であるのかが不明確となり、英国当局が責任者に対して行動を起こすことが困難となるためである。

(iii) PRA 提案の中核事業部門長の定量基準について、定量基準は総資産の 100 億ポンド以上、かつ企業の収益の 20％以上とすべきこと。協議文書では、総資産 100 億ポンド以上の業務を管理する場合、または当該業務がその企業の粗利の 20％以上を占める場合、または当該企業がグループ会社の場合、そのグループの粗利の 20％以上を占める業務を管理する場合を中核事業部門長として登録・承認手続きを経なければならない、と記載がある（脚注17）。 一方、総資産 100 億ポンド以上、かつ／または(b)以下のうちの１つを充たす場合との記述もあり（付属文書7.2 の 3.6)、総資産 100 億ポンド以上かつ粗利の 20％以上か、総資産 100 億ポンドまたは粗利の 20％以上かが不明確となっている。定量的基準は、双方の総資産 100 億ポンド以上かつ企業の収益の 20％以上が求められるべきであると考える。一方のみを基準とすれば、PRA が承認を行う者に英国金融システムの安定性に影響を与えるおそれのない者も多く含まれることとなる。

(iv) PRA による責任分野リストには、例えば企業のビジネスモデルの発展と維持など取締役会・傘下委員会の責任として既に規定されているものも

あり，かかる責任を特定の取締役に割り当てることは，企業のガバナンス構造や規制・コード（UK CGC）の取締役会権限規定に照らして不適切である可能性があること。リストの中のいくつかの責任については，外銀支店にそぐわないものもあり，外銀支店を規制の対象とする場合は再考が必要となる。

(v) PRA 提案の責任の割当方法について，定義が抽象化し，結果責任を問うことにならないように明確化が必要であること。協働責任者の職責を評価する要素を明確化すべきである。例として，企業の文化や基準をリードしている（深く根付かせている）という記載があるが，具体的に上級管理者に期待しているもの，上級管理者が責任を全うしていることを検証するための方法と基準などが不明確である。信条，道義と行為の原則の決定も上級管理者の役割として定義されているが，責任を明確化するのに十分な記載とはなっておらず，結果に主眼をおいた責任追及がなされるリスクがある。繰延報酬の減額，報酬の取戻し（クローバック）の実効性を確保し，恣意的運用を避けるためにも懲罰的措置が発動される抵触要件を明示すべきである。

共同責任者の職責を評価する要素を明確化すべきこと。2 人以上の従業員が 1 つの上級管理者の役割を担う（共同責任体制）場合，規制違反の回避および矯正のための対策を講じたことを示さない限り，各人が職務全体の責任を負う旨の規定は公平性を欠いている。2 人以上の従業員が共同でヘッドを務めることは一般的であり，1 人が不適切な行為を主導し，他方が有効な対策を講じることが不可能なケース，部内で共同ヘッドの職責が元来分離しているケース等完全な連帯責任を負わせることが適切でない事例が想定される。

(vi) FCA 提案の上級管理職の役割について，重大な責任を負う上級管理者（Significant Responsibility Senior Manager）」の定義が複雑で不明確であり，ガイドラインの提供が望まれること。

(vii) PRA および FCA 提案の責任に関する声明に関して，承認申請に関する追加書類が過度の負担とならないようにすべきこと。承認申請に必要な書類として，履歴書，職務明細書，組織図，責任体系啓発およびキャリア

開発計画等,相当量の提出が義務付けられ,更に当局の必要に応じて追加書類提出が求められるとしている。

(viii) PRA および FCA 提案の引継ぎの取り決めに関して,具体的なガイドラインの提示が望まれる。新しい Manager が保有することを合理的に期待される情報が不明確であり,実際の引継ぎプロセスの機能の仕方,記録を残すべき内容などを示すべきである。

(ix) 承認に関する条件,期限および変更における PRA の方針に関する声明案(付属文書8)で提示されている提案事項について,企業の戦略・人材開発に影響を及ぼし得るため,期限付き承認は最小限のものとするべきこと。

(x) 監督マニュアルの改正案 (10C),手続および懲罰決定書の改正案 (8)(付属文書E)に含まれている FCA により提案された声明について,FCA の承認変更権限により,追加的な責任を課せられることが懸念されること。個人に追加的責任を課す場合は当該個人の同意を必要とすべきであり,同意があれば責任の追加に FCA の承認変更権限を用いる必要はない。FCA が承認変更権限を用いる抵触要件の内容,更に条件付承認が付与される以前に追加的な詳細情報や証拠書類を提示できる機会があるか,共に不明確である。

(xi) FCA 提案の認定(Certification)機能の定義方法に関して,正式な承認手続きを免除する特例期間(Emergency appointments)につき (3.18),予期せずしてポストを離れた認定者の代行者を当該ポストに充てる場合,正式な承認手続きを免除する特例期間を 2 週間でなく現行同様に 12 週間とすべきであること。当該規定は大幅な厳格化となり,認定者の不在が長期化することの判断も困難である。長期化すると判断された場合も,適切な人材の特定,適切性の判定,認定付与を行うに当たり,実務上十分な期間とはいえない。

(xii) PRA 提案の適格性基準に関する規制と監督ステートメントについて,適格性の確認は年一度実施する人事評価を通じて可能と考えられること。人事評価時に定量評価のみならず定性的に職員のコンピテンシー,スキルを評価する銀行において人事評価の目的はパフォーマンス評価を通じての

ポジションに対する適性評価の機会でもある。人事評価は報酬ともつながり，人事評価プロセスが当該制度の必要要件を満たすと考えられる。

(xiii) PRA および FCA による(a)犯罪経歴確認，(b)資料提供の提案について，外銀の英国子会社・支店における親会社・本社からの派遣行員の適格性について，英国子会社が親会社の雇用プロセスが十分高い基準にもとづいていると判断する場合は親会社による推薦に依拠することを許容する条項を追加するべきこと。

　上級管理者となる親会社の出向者は，様々な国で職務に従事してきた経歴をもつことがあり，全ての国の当局から無犯罪証明書を取得することは事務的，時間的負担が過大となる。かかる従業員は親会社に採用されている時点およびそれ以降に犯罪歴がないことは自明であり，親会社の推薦，過去の犯罪歴等の書面確認が必要性に乏しいことから，犯罪経歴確認を対象外とすべきである。

　親会社・本社からの派遣行員以外に関して，(a)犯罪経歴確認については手続きの効率性を高める工夫が施されるべきである。多くの国で適格性評価の原則の遵守のため，犯罪経歴を入手する要件が課され，親会社からの出向者を除けば本提案は妥当なものと考えられるが，無犯罪証明手続は国ごとに統一されておらず，各国当局間での様式の統一，当局相互のリファレンスによるカバー等，実効性，効率性を高める工夫が施されるべきである。

　(b)資料提供については，適切に対応するために一定期間が必要で，調査が行われている場合の資料提供は不要とし，資料提供は違反が証明された場合のみとし，更なるガイダンスが提示されるべきである。当該対象者に不満を抱いた雇用主が当該制度を濫用することになりかねず，また開示不要の違反行為も懲戒処分同様に資料提供が必要とすれば，当該企業に対する機密保持義務・守秘義務を損なう懸念がある。このため，更なるガイダンスが必要である。

(xiv) 顧客保護ならびに市場行為（規則 4, 5）が FCA の追加的な具体的規則として示されているが，当該企業（銀行）で顧客保護ポリシーとして採用されており，要素に欠缺がない限り重ねて新たに制定する必要はないと考

えること。

規則4，5は顧客と相対している部署をターゲットとしており，顧客保護については顧客に相対しない従業員にとりどのような研修が実施可能かは不明瞭である。市場行為については，企業のPAD（Personal Account Dealing）ポリシーにおいて，誠実行為の違反の例として挙げられ，担保されている。

(xv) FCAの付属文書（6）に添付されているガイダンスは各規則においてFCAが期待している行動の関連で有用であるが，当局が検査を実施する際には個別の状況を考慮すべきである。

(xvi) PRA，FCAの責任に関する声明および責任者一覧など新しい上級管理者制度の規則を実施するに当たり，必要と考えられる期間，活動などについて，上級管理者承認制度の適用は，最終文書が公表されて1年後，または2016年の1月以降とされることを提案する。

企業の人事やガバナンス要件（職務明細書，責任体系，役員の責任割当，報酬やキャリア開発，雇用契約の再交渉，雇用関係法令に対する違反の恐れを検知するシステムや内部統制，承認者（認定者）の適格性の年次評価プロセスの整備，新たなプロセスを反映した社内の人事評価システムの変更が必要となる。人事およびガバナンス関連の要件を考慮し，適用前に人事および取締役会の年次サイクルを完了できれば全項目についてスムーズで確実な遵守が可能となる。SMRの中の認定制度（CR）と上級管理者承認制度（Senior Managers' Regime）の施行は同時である方が制度移行が容易になり，規制上の責任に係る混乱を回避し得る。

支店においては，上記の通り，外銀支店への適用に関する市中協議文書の公表がなされており，その内容が重畳適用される。

(xvii) PRA，FCAの新しい認定制度を実施するに当たり，必要と考えられる期間，活動などについて，分類，スタッフ追跡を含めた新しい手続・プロセス等の導入のため少なくとも12ヶ月を要する。その他，概ね（16）と同様である。

(xviii) PRA，FCAの行為規制を実施するに当たり，必要と考えられる期間，活動等について，全従業員に対するコンピューターベースの研修の策定・

導入を鑑みると 12ヶ月を要する．上級管理者（Senior managers），認定制度（CR）対象者，認定制度の対象でない者の間で適用のタイミングを整合させることは一貫性を維持する意味で望ましいと考える．

V．SMFs 等の内容面の重複と錯綜の危惧ならびに規制強化のジレンマ，他業界への拡大適用の可能性

1．英国会社法・コード・規則・ガイダンスなどの内容面の重複と錯綜の危惧

NED などに関して，直近に PRA，FCA から SMR に係る何重もの詳細な上乗せガイダンス等が相次いで示されている．従前 FRC が CGC などコードによる規律付けを行っており，SMR の行動規則等との整合性，一体性が議論となると思料する．SMR はソフトローからルールの色彩を織り込む変化の過程にあるといえ，多重に類似規制が存在することも制度移行期の過渡的形態として想定はできるが，政権交代後の FSA 解体，ツインピークス移行後の縄張り争いも背景にあり，プリンシプルベースの限界を示してもいようか．

FCA が SMFs（上級管理者機能）として SMR に規定する NED 等の内容は，Code of Conduct（FCA）に記載される NED 等の役割・責任の部分に符合していることが窺えた．コードにおいて詳細に内容が規定されていることになる．SMR は金融機関限定のスキームであるが，鳥瞰すると上場企業全般に影響を及ぼす大きな枠組みの中にある．細部に亘り，重複部分も少なくなく，未整理で追加されつつある感もあり，分かりにくさが残るだけに，規制当局の恣意的適用も懸念される．FSMA に組み込まれる SMR と異なり，Code of Conduct の内容に係る部分はエンフォースメントの弱さもあろう．

PRA 提示の SMFs に関して，上記の通り，英国会社法 251 条で規定される Shadow director position（影の取締役）の判定基準を Group Entity Senior Manager（SMF7）の判定基準として明確化すること，PRA の責任分野リストにはビジネスモデルの発展・維持など取締役会・傘下委員会の責任として既に規定されているものもあり，これを特定の取締役に割り当てることはガバナンス構造，英国 CGC の取締役会権限規定に照らして不適切となる怖れがある

こと，外国銀行支店の上級管理者は刑事罰（禁固・罰金）不適用の記載があるが銀行破綻時に限定されるかなど規定抵触時の量刑に不明確さがあること，PRAの責任の割当方法について，定義が抽象化し結果責任を問うことにならないように明確化が必要であること，特に企業の文化や基準のリードなど上級管理者の役割として期待される内容ならびに検証方法と基準の明確化，繰延報酬の減額，報酬クローバックの実効性確保，恣意的運用の忌避のため懲罰的措置が発動される抵触要件を明示すべきこと等が指摘されている[9]。

　私見であるが，FSMAに授権の根拠を得ていても会社法と規則のような法制度内の一体性ある関係でなく，あくまでSMR自体はコード規律としての内実を有し，ソフトローとハードローの性格の併存形態で，プリンシプルベースの内容といえよう。詳細部分は一般的なソフトローであるCode of Conductに規定されている形となるが，この部分はエンフォースメントの実効性が課題となる。行動面に限ってもSMRの行動規則，FCAのCode of Conduct，ガイダンスが内容面で重なる。全体として不明確で整理を図る必要もあろうが，逆に規定の実施のためにはSMFsの更なる細分化と正確な責任の割り当てを望む実務界の要望が出されつつあり，ルールベースへの転換に向けた局面のジレンマとなろう。日本版コードも会社法の上乗せ規制となるが，改正会社法にはコードの記載はない。日本版コードのエンフォースメントの弱さを示すが，他方，東証上場規則として適用され，事実上の強制力がある点では英国CGCに共通する。FSMAとSMRの関係との相違点と思料する。

2．新たな規制強化のジレンマ―NEDとSMRsの境界の不明確さなど―

　特に全般的にNEDとSMFsの区分境界が明確さを欠いている感があり，銀行の役職員に関する最新の協議文書においてもその旨が示されている[10]。当初はNEDについてはSMRの対象から除外するとアナウンスしていたが，特定の機能については調整を図るとしており，重複する領域があることを肯定している感がある。SMRの制度導入により懸念されることとして，（監視する対象である）経営執行陣の責任として，NEDが以下の内容を有するようになることを甘受（take on）せざるを得なくなることが挙げられる。NEDの独立性を損ねること，集団的意思決定の原則（the principle of collective decision-

第9章 Senior Management Regime に係る海外銀行英国支店の取り扱い　*157*

making）を弱めること(11)，質の高い NED を獲得する企業の能力を制約すること。

　Senior Management Regime のスキーム全体として，柔軟性（flexibility）に重点があり，Approved Persons Regime では個人の担当する職務のタイトル（the job titles that individual may hold）に焦点を当てていたが，Senior Management Regime においては適切な役割（the right roles）に対する明確な理解を企業が確かなものとすることに重きが置かれる。

　私見であるが，PRA が監督する責任内容などが複雑で不明確なため，更なる細分化・明確化の要望を実務・業界から出されるが，プリンシプルベースから外れて，ルールの詳細，ガイドライン等の提示を行わないと新規定が機能しないことを示している。

　プリンシプルベースからルール化に向けた局面でのパラドックスといえよう。規定内容の明確化により規制当局の恣意性は抑制されるとも考えられるが，細かな規則が重層的にかかり，むしろ規制は強まる方向になると思料される。

3．SMF18 の包括的役割の重視

　重要な責任機能（Significant Responsibility SMF）（SMF18）を重視する旨が最新の協議文書の中で述べられている（4，5も同じ）(12)。包括的な機能を盛り込もうとする主旨と解され，プリンシプルベースに則るものとなろうが，上記のような規制当局の恣意性の助長に繋がりかねない面はある。

　Senior Mnagement Regime では，Approved Persons Regime との大きな相違点として，担当する個人の職務のタイトル名ではなく，適切な役割と柔軟性に重点がある。

　非業務執行取締役に関しては，Senior Management Regime あるいは SMFs の対象から除外する旨をアナウンスしていたが，特定の機能に関しては重複する内容が生じることを肯定し，調整を図っている。Senior Management Regime における非業務執行取締役の役割は，非業務執行取締役の独立性を損ね，集団的意思決定の原則を蝕み，当該企業が有能な非業務執行取締役の獲得を図ることの制約となりかねない業務執行取締役の責任を代わって引き受ける

(take on) ことが想定される。

　特にSMF18では，取締役ではないが，当該企業に係る全般的な責任を担うSenior Managerの存在を許容するものである。しかしながら，実際に担う機能，主要な機能との関係について明確さが求められ，説明責任を弱めることに繋がりかねない旨が指摘されている。

4．マネーロンダリング・オフィサーと Senior Management Regime

　次に，マネーロンダリング・オフィサー（Money Laundering Reporting Officers：MLROs）に関して，Senior Management Regime の枠組みには入れるべきでないとのfeedbackもあるが，金融犯罪の対策に携わる人員は確保する必要がある。特に不正発覚時に，より上級の意思決定者が存在するにも関わらず，MLROsがスケープゴート（scapegoat）にされかねない。このため，MLROsをCertification Regimeの対象とすることが提示される。これによってSMFs自体の数は増加させることなく，説明責任を果たすことになる。

5．Senior Management Regimeのスキームの柔軟さと汎用性，拡大適用の可能性

　狭義のSenior Managers' Regimeに加えて，Certification Regime（PRA）による広範な責任をも対象とすることで，Senior Management Regimeの全体スキームの柔軟さが保てることになる。金融業界に限らず，他のビジネスモデルにも適用可能なスキームであることが協議文書で述べられている。つまり，Senior Management Regimeに関し，規制当局による他業界への拡大適用の可能性を示していよう。

【注】
（1）Strengthening accountability in banking: UK branches of foreign banks – CP9/15, 16 March 2015. http://www.bankofengland.co.uk/pra/Pages/publications/cp/2015/cp915.aspx.
（2）2011年9月15日DOJと2800万ドルの支払いで和解。拙稿「新たな国際汚職行為防止法の考察—域外適用とRed Flag対処義務—」政経研究第50巻第3号秋山和宏教授古希記念号（2014年3月）609-654頁。経済産業省知的財産政策室「平成23年度 中小企業の海外展開に係る不正競争等のリスクへの対応状況に関する調査（外国公務員贈賄規制法制に関する海外動向調査）同報告書」日本能率協会総合研究所（2012年3月）3-63頁。

第 9 章　Senior Management Regime に係る海外銀行英国支店の取り扱い

（3）FCA15/10, PRA9/15 をみると，Head of Overseas Branch（CEO）の下に業務ライン長（OBSM），コンプライアンス役員（MLRO, Compliance Officer）が就くイメージとなる。
（4）Consultation Paper FCA15/10, PRA9/15 Strengthening accountability in banking: UK branches of foreign banks, March 2015., PRA CP14/14 and FCA CP14/13 - Strengthening accountability in banking: a new regulatory framework for individuals, July 2014.
（5）「英健全性監督機構（PRA）および英金融行動監視機構（FCA）による市中協議文書「銀行の説明責任の強化：英国外銀支店に係る規制」に対するコメント」，「「同：銀行の役職員個人に対する規制の枠組み」に対するコメント」全国銀行協会（2015 年 5 月 25 日，2014 年 10 月 31 日）。
（6）前掲注(5) 全国銀行協会コメント（2015 年 5 月 25 日，2014 年 10 月 31 日）。
（7）Consultation Paper FCA15/10, PRA9/15 Strengthening accountability in banking: UK branches of foreign banks, March 2015., PRA CP14/14 and FCA CP14/13 - Strengthening accountability in banking: a new regulatory framework for individuals, July 2014.
（8）その後，2015 年 3 月 16 日 PRA・FCA 協議文書「銀行の説明責任の強化：英国外銀支店に係る規制」が公表され，2015 年 5 月 25 日全銀協がコメントを出しているが，内容面で重複する部分が多く，(2) では除外した。
（9）前掲・注(5) 全国銀行協会（2014 年 10 月 31 日）。
（10）Strengthening accountability in banking: a new regulatory framework for individuals - Feedback on FCA CP14/13/ PRA CP14/14 and consultation on additional guidance, March 2015, "Feedback on the Senior Managers' Regime 2.5Application to Non-Executive Directors (NEDs)", pp. 1-12.
（11）Senior Management Regime の制度への転換は，集団的意思決定の壁により個人責任追及が困難となっていることがあるが，寧ろここでは NED の監視が不十分となり，経営陣の独裁が進むことの危惧を示しているとみられる。独立社外取締役の本来的機能発揮の前提条件，利益相反防止などを議論しているものと思料する。
（12）Strengthening accountability in banking: a new regulatory framework for individuals - Feedback on FCA CP14/13 / PRA CP14/14 and consultation on additional guidance, March 2015.

第10章
Senior Management Regime におけるルール化の傾向とソフトローの考察

I. ソフトローの発展と法規範化

1. 問題意識―ソフトローのあり方―

　問題意識として，Senior Management Regime のスキームへの転換においては許容される推定規定ならびに刑罰規定が導入され，また行動ルールの策定においてもルールの文言が用いられており，従来コーポレート・ガバナンス・コードあるいはスチュワードシップ・コードなど，英国において機能してきたコード規範あるいはプリンシプルベースとの整合性あるいは一貫性が疑問点として残る。コード規範を会社法改正と合わせてコーポレート・ガバンナンス改革の柱と据える我が国の改革の方向性にも関連する部分である。ソフトローのそもそものあり方，発展形態も踏まえて考察を深めたい。

2. ソフトローとしてのコードの意義

　ソフトローとしてのコードの意義，特徴をみていきたい[1]。ソフトローの種類として，慣習に由来するソフトロー，人為的なソフトローがあり，コーポレートガバナンス・コードは人為的なソフトローに位置する。規範性，エンフォースメントの強弱は各国のコーポレート・ガバナンス・コードにより相違がある[2]。

　ソフトローとしてのコードとハードローの機能分担，規制領域の区分けでは多様な関係があり，授権型／非授権型，代替型／補完型／独立型，商慣習によるハードローへの組入れ型などが指摘される。米国では，法律事項として規律

し，取引所の自主規制で規律する方式をとっている（SOX 法，SEC 規則，上場マニュアル 303A 条）。

　コーポレート・ガバナンス・コードについて，会社法および金商法の法規範の補充とみるか，代替とみるかも議論されよう。更に我が国では，後述の通り，コーポレート・ガバナンス・コードに実質的に含まれる一部の事項についてのみ，Comply or Explain の義務（社外取締役を選任することが相当でない理由）を法律（会社法）で課している。

　ソフトローの意義と種類に関して，プリンシプルベース・アプローチとルールベース・アプローチがあるが，コーポレート・ガバナンス・コードの場合は基本的にプリンシプルベース・アプローチである（日本版コード「プリンシプルベース・アプローチ」及び「コンプライ・オア・エクスプレイン」第 10）。規範性の強度として，規範の内容の拘束力・規範性の程度をみると，コーポレート・ガバナンス・コードの遵守率は国により大きく異なり，規範の強さ，ベストプラクティスか否かについても認識に差があるとみられる[3]。コードの個々の規範，コード自体の正統性に対する認識の違いが存在する。

　規範の策定・改定主体とそのプロセスについて，取引所，国（政府委員会など），発行企業，機関投資家などがあり，国と取引所が協力し，投資家が関与することで見直し，変化への対応を柔軟・迅速に行える。法律事項として規制が困難または不適切な事項についても事実上の規制を及ぼし得る。日本版コードでも「本コード（原案）の将来の見直し」第 16 において変化，定期的見直し等の旨が述べられる。

　解釈に関して，策定主体が公権的解釈をするわけでは必ずしもなく，適用を受ける側（発行会社）が趣旨を理解し，自ら解釈・適用する点がコーポレート・ガバナンスコードの特徴となる。日本版コードでも「プリンシプルベース・アプローチ」及び「コンプライ・オア・エクスプレイン」第 10 に示される。

　エンフォースメントについて，自主規制，あるいは慣習・慣行に基づくサンクションがあり，コーポレートガバナンス・コードの場合，非遵守により直接的制裁が科されるのでなく，取引所規則として組み込まれる場合，Comply or Explain が義務化され，違反した場合は自主規制によるサンクションが科

される。日本版コードでは，市場第一部および第二部上場会社，マザーズ，JASDAQ上場会社に適用され，コードの一部を実施しない場合はComply or Explainする。マザーズおよびJASDAQ上場会社はエクスプレインの対象は「基本原則」に限定されている。更に一部事項をコーポレートガバナンス・コードに重ねて，取引所が規範化を図っている例として，我が国における独立取締役2名以上の選任に，Comply or Explainについてメリットは，ベストプラクティスは1つであるという（one-size-fits-all）に依拠しない柔軟性の存在，開示や透明性の向上，市場関係者の経営陣との対話の促進と開示を通じて透明性を高め市場によるエンフォースメントが図れること，コード規範の改善に結びつき得ることがある。即ち，こうしたプロセスを経てコードの自主的・自発的な内容面の改善を期待しうることに最大のメリットがある。

　デメリットは，発行会社による形式的なComplyに留まること，有用な情報または意味のある情報が提供されない怖れがあること，内容を離れて遵守していることを単純に投資家が高く評価しかねないこと（社外取締役複数名の導入など），市場参加者が株主との対話に乗じて制度の濫用を図りかねないことがある。ここから，Comply or Explainが本当に有効に機能し得るか，市場参加者の行動に影響を与えベストプラクティスをもたらすか，発行会社の負担コストに比してコーポレート・ガバナンスの質の向上が上回るか等の疑問も提示されている[4]。

3．コードの法規範化

　Comply or Explainの法規範化に関して，EU指令（2006/46/EC）はEUの規制市場の上場会社につき，適用しているコーポレートガバナンス・コードの開示，コンプライ・オア・エクスプレインの法的義務化を図っている。我が国では取引所の自主規制としてComply or Explainの義務を規範化し違反に対しては取引所による制裁などのエンフォースメントを科し，Comply or Explain一般の考え方とは相違する。またComply or Explainの改善努力として，英国・EUにおける意味のある説明（meaningful explanation）に向けた取り取組みが指摘される。即ち，説明は従来の経緯と沿革を踏まえてなされなければならない。説明は当該会社が採択した解決策を説得力をもって説明するもので

なければならず，解決策をとることにより生じ得るリスクの解消のためのリスク緩和措置についても分析し，コード規定の遵守レベル向上のための措置についても分析する。不遵守の期間が限定的であることを説明し，コード規定をいつ遵守しようとしているのかを説明しなければならない。例えば独立社外取締役の導入時期の延期などが該当する。更に，説明に関する監視機関の実践と構想がオーストラリア，オランダで示される。

II．Senior Management Regime におけるルール化傾向とソフトローとしてのコード―社外取締役を置くことの不相当性に係る Comply or Explain のアナロジー―

　英国においては，John Pottage 事件の司法判断がソフトローである Approved Persons Regime の枠組みに影響を及ぼし，Senior Management Regime の策定へと変容する。その中で，行動規則（Conduct Rules）というルール化の内容が示されている。プリンシプルベースを主体とするコードのソフトローとしての性格との整合性が今後の議論となろう。
　ケースローからソフトロー，ソフトローからハードローへの逆の流れを示しているといえる。通常であればハードローを補完する内容として柔軟な対応が可能なソフトローが策定され，司法判断としてのケースローが積み上がっていくところ，英国の動きは逆になっている。ケースローの果たす役割がソフトローのハードロー化，法制化の動きに繋がりつつあるものとみられる。松嶋隆弘教授・弁護士の示されるケースローによるソフトロー形成モデルを実証する事象と思料される[5]。
　今般導入される我が国のコーポレート・ガバナンス・コードならびにスチュワードシップ・コードにおいても，ソフトローとしてプリンシプルベースの1つに Comply or Explain 原則が示される。またハードローである2014年改正会社法における社外取締役を置くことの不相当性に係る Comply or Explain が規定される（会社法327条の2（社外取締役を置いていない場合の株主総会における説明），会社法施行規則124条2項（事業報告における開示），会社法

施行規則744条の2第1項・2項（株主総会参考書類における開示））。他方，コーポレート・ガバナンス・コードにおいては，上場会社は独立社外取締役を2名以上選任すべきであること，自主的に少なくとも3分の1以上の独立社外取締役を選任する事が必要であると考える上場会社はそのための取組み方針を開示すべきであることを内容とするコード原則4-8が提示されている。かかる社外取締役がいない会社の説明義務について，Comply or Explain 原則の不遵守についてはコードであるだけに直接のエンフォースメントの規定はサンクションについては現時点で存在しないが，事実上の強制として東京証券取引所が修正を迫るリスクがあり，将来的には法制度化する可能性があることが東証役員から直近において繰り返し指摘されている[6]。英国同様にソフトローからハードローへの現実の動きといえる。その鍵を握るのは，コードに関するケースローとしての今後の司法判断の動向にも依拠していよう。ソフトローであるため現時点では英国と異なりコードの規定の中にサンクションが織り込まれておらず，直ちに司法判断を求める局面を想定し難いものの，不遵守状態が継続してハードロー化するとなれば，その過程で裁判所判断が求められることも想定できよう。2つのコードと改正会社法における規律の接点について，具体的な項目と対応に関する考察は後述のこととする。

【注】
（1）神作裕之「コーポレートガバナンス・コードの法制的検討―比較法制の観点から―」『第48回比較法政シンポジウム「稼ぐ力を高めるためのコーポレートガバナンス（攻めの経営判断を後押しする仕組み）―コーポレートガバナンス・コードを中心に』於東京大学（2015年3月30日）参照。同シンポジウムではこのほか，油布志行（金融庁総務企画局企業開示課長）「コーポレートガバナンス・コードについて」，井口譲二（ニッセイアセットマネジメント株式会社 株式運用部コーポレート・ガバナンス・オフィサー，担当部長）「機関投資家のコーポレートガバナンス・コードに対する期待～長期的な企業価値創造プロセスを示す統合報告（ESG）の実践～」，武井一浩「コーポレートガバナンス・コードへの実務対応① ガバナンス・コードを踏まえた取締役会の機能性と自己評価―『攻めのガバナンス』実現への『工夫』―」，藤原謙（三菱ケミカルホールディングス理事 総務室長）「コーポレートガバナンス・コードへの実務対応② 持続的成長を実現するコーポレートガバナンス～地球と共存する経営～」，神田秀樹「総括コメント」。ソフトロー研究第18号（2011年8月）東京大学大学院法学政治学研究科グローバルCOEプログラム「国家と市場の相互関係におけるソフトロー―私的秩序形成に関する教育研究拠点形成」1-98頁，ソフトロー研究第23号（2014年3月）1-126頁など。

（2）Seidl, D., Sanderson, P. & Roberts, J. (2009), Applying "comply-or-explain": Performance with codes of corporate governance in the UK and Germany, Centre for Business Research,

University of Cambridge Working Paper 389/2009. http://www.cbr.cam.ac.uk/pdf/WP389.pdf.
（3） e.g. Sanderson, Seidl & Roberts, The Limits of flexible regulation: Managers' perceptions of corporate governance codes and "comply or explain", Centre for Business Research, University of Cambridge Working Paper439/2013（2013）.
（4）神作裕之・前掲「コーポレートガバナンス・コードの法制的検討─比較法制の観点から─」。
（5）松嶋隆弘「原子力災害に関する法制についての一考察─「原子力災害」に関するハード・ロー，ソフト・ロー，ケース・ローの交錯を中心に─」日本法学『山川一陽教授古希記念』第80巻3号（2015年1月）361-401頁。原子力損害賠償法制に関して，原子力損害の概念の具体化と見直しの視点から，中間指針などを基にソフト・ロー，更には裁判例としてのケース・ローを積み上げ，司法判断ならではの解決例がソフト・ローの世界にフィードバックされ，判決の判断を踏まえてソフト・ローの発展・変容に繋がるという問題点に切り込み，独自の提言を図っている。制度が精緻になればなるほど倒産法制などの破綻処理システムに近似的なものとなってくることを述べられる。英国金融法制度においても，Senior Management Regimeなどのルール化ともいえる方向性が出されており，同様の傾向が窺えるところである。かかる指摘の普遍性を示す証左でもあろう。行政法と民事法の領域の交錯局面での類をみない斬新な観点からの研究成果であり，ソフト・ローの将来を考察する上での進取的見解となる。
（6）静正樹発言（東京証券取引所取締役常務執行役員）・前掲「変革の時を迎えたコーポレート・ガバナンスへの対応 第3回コーポレートガバナンス・コードへの対応」森・濱田松本法律事務所会社法セミナー（2015年3月24日）。静正樹発言「変革を迫られる日本企業のコーポレートガバナンス」パネルディスカッション（神田正樹（モデレーター），内田章，小口俊郎）『日本のコーポレートガバナンスの今後を考える』日本経済新聞社シンポジウム（2015年3月11日）。同シンポジウムにおいて玉木林太郎（OECD事務次長）「OECDコーポレートガバナンス原則の日本へのインプリケーション」により，2つの日本版コードにおいて機関投資家と経営陣相互に対話を促しているが，世界初の内容であり，OECDコーポレートガバナンス原則にもないこと，独立社外取締役の情報交換と共有のための会議を内容とする点で米国にもないベスト・プラクティスを織り込んでおり，OECD原則を先取りした内容であることなどが示された。

第11章
英国会社法における取締役の一般的義務，二重の基準と Senior Management Regime の整合性
―非業務執行取締役の機能を中心に―

I. Senior Management Regime と英国会社法における取締役の注意義務および一般的義務

1. Senior Management Regime と英国会社法ならびにコード

　Senior Management Regime の規制は英国会社法，更にはコーポレート・ガバナンス・コードならびにスチュワードシップ・コードに加えて，特に金融機関を対象に重畳的にかかる規制となる。英国会社法における取締役の一般的義務，二重の基準等の論点に関してはコードの関連も含めて既に考察を進めてきた[1]。以下では，英国会社法における取締役の一般的義務，二重の基準と今般の Senior Management Regime の整合性などについて，試論を展開しておきたい。

2. 英国の取締役の一般的義務，注意義務における二重の基準と Senior Management Regime

　英国では取締役の注意義務について，①主観的基準から客観的基準を加えた二重基準へと判例法が変更されていること，②小規模会社において取締役の注意義務基準を客観的基準により引き上げる効果をもたらすこと，③上場会社など大規模公開会社では，統合規範の影響などから，非業務執行取締役を含めて取締役の専門性が高まり，注意義務基準が主観的基準により引き上げられていることが指摘される。私見であるが，③は Approved Persons Regime 導入，

Senior Management Regime への展開と軌を一にする動きであり，規範意識としての主観的要素が重視されつつあることを示している。監督当局による恣意性の入り込む余地の拡大を示唆していようが，我が国では総じて経営陣の主観的な規範意識は英国，米国よりも高いという素地がある。

英国では非業務執行取締役の注意義務基準は通常よりも高度とされ，統合規範は裁判官の判断指針として機能し，我が国の有益な示唆となる（川島いずみ教授）[2]。非業務執行取締役の役割が高まり，義務の高度化，法規定整備，解釈の進展が進められる。

裁判所は当該取締役に対して合理的に期待される技量以上に高い水準を要求しなかった（主観的基準）が，コモンローは倒産法（Insolvency Act 1986）214条を反映し[3]，注意義務に客観的基準を含める方向にある（二重の基準 dual objective）。

英国2006年会社法第2章では信認義務と注意義務を含め，会社の成功を促すべき義務（172条）として一般的義務を規定する[4]。単なる株主企業ではないとの株式会社観が背景にある。影の取締役（shadow director）も負う（170条5項）。1998年法律委員会，スコットランド法律委員会の共同報告書で受託者的義務（fiduciary duties）[5]に関して制定法化が勧告された。

第172条の会社の成功を促進すべき義務（Duty to promote the success of the company）の内容は，取締役は社員全体の利益のために会社の成功を促進する可能性が最も大きいと誠実に考えるところに従い行為しなければならない。考慮すべき事項として，(a)一切の意思決定により長期的に生じる可能性のある結果（長期的意思決定の結果）(the likely consequences of any decision in the long term)，(b)会社従業員の利益，(c)供給業者，顧客その他の者と会社の事業上の関係の発展を促す必要性，(d)会社事業のもたらす地域社会および環境の影響，(e)会社が事業活動の水準の高さに係る評判を維持することの有用性，(f)会社の社員相互間の取扱いにおいて公正に行為する必要性（1項）を掲げる。

英国における取締役の一般的義務規定は，株主価値から企業価値の観点への転換を図るものであり，企業の所有者が株主であるという伝統的なコーポレート・ガバナンス理論から脱却し，顧客，従業員，地域社会などを含むステーク

ホルダーの利益を考慮した新たなガバナンスモデルへの転換を図るものといえる。企業の社会的責任（CSR）の議論にも繋がる。

　プリンシプルベースの規範を法制化した規定として，従来のガバナンス関連規定とは発想が全く異なる。米国ではコード概念は受容されないため，忠実義務などの一般的規定に関して，判例法の面から規範化が進められるが，会社が誰の利益のために経営されるべきかを企業社会の観点から明示すること，利益相反に関するルールの厳格すぎる取扱いの見直しを図ることという視点は英国と同様であろう。今後の問題点は，同じく一般的規定である米国の注意義務が経営判断原則適用により事実上骨抜きにされてきたことを鑑みて，米国の忠実義務あるいは英国の一般的義務が適用において緩和されすぎないか，懸念が残ること，そもそもエンフォースメント面の対応が不明であること，Approved Persons のようにコンプライアンス強化の観点から事実上のエンフォースメントを強めるようになれば詳細な Hand Book によるルール化の揺り戻しにならないか，少なくとも企業側の事前の防衛（lines of defense）としては Hand Book は最低限，企業が処分を受けないための要件を定めたルールとならざるを得ず，コードの主旨を没却させることになりかねないことが掲げられる[6]。

　一般的義務について，ソフトロー主体の英国におけるハードロー内の調整・揺り戻しといえる。非業務執行取締役に専門性と能力を要求する規定は取締役の責任に影響を与える可能性がある。非業務執行取締役の適用として 1996 年 Continental Assurance Co. Ltd of London plc 事件判決[7]は銀行家など（a banker and corporate financier）の経験に基づき高水準の行為基準の充足を求めている。

　英国では 2006 年会社法改正によって専門的知見を備えたものは高レベルの主観的基準が適用される。統合コードの要求もあり，再び主観的基準は引き上げの機能を果たすこととなる。英国ではコモンローにより判例掲載がされ，コードによる規律づけがされたが，金融危機などを経て柔軟な対応よりも厳格適用のための法制度整備がなされてきた。2006 年改正による注意義務の規定導入もその一環であろう。並行して，会社機関に対する規律と共に，機関投資家に対するスチュワードシップ・コード策定により，長期的企業価値に関する投資家・株主の意識の改革が並行して進められている。一般的義務は，個々の

取締役でなく全体としての取締役会の果たすべき会社の成功に向けた責任・義務となるが，前提として個々の経営陣においても事前の就任段階において，従前からの注意義務に関する判例によって形成された行為基準の達成を求めるべく，コードにより対象を拡大して Approved Persons 制度を強化しつつあるものと思料される。英国では，総合的な施策の集合をもって企業価値向上と健全性の維持を目指しているといえよう。

　英国における注意義務に係る二重基準について，近時のガバナンス・コード改正が基準に影響を及ぼすことが考えられる。従前は主観的基準の補完のため客観的基準が有用とされたが，抽象的に把握されてきた取締役の専門性，能力の内容が具体的に示され，取締役の認識を基準に判断することで主観的基準により判断基準の実質的引き上げが図られる可能性がある[8]。私見であるが，英国では主として注意義務の領域において判例・議論が多いが，信認義務を頂点とする米国と異なり，我が国では善管注意義務の概念が最上位にあることとパラレルに理解できよう。米国では注意義務に加えて忠実義務のグッドフェイスの義務の境界あるいは異同に関する議論・判例が多く出されるが，英国ではこうした領域の規範はコード概念において示され，上場企業に対する縛りとなり，更に 20006 年会社法改正による一般的義務の関連として明確にされ，包摂されてきていると理解されよう。

　監督機能の高度化と共に非業務執行取締役の注意義務は変容し，最低基準としての客観的基準，主観的基準は(a)専門家，(b)ガバナンス・コードにより一定の知識や能力を要求される取締役に対する上乗せ基準となる。構成員の質の面から適切な監督機能を求めることになる。

　私見であるが，(c)の部分が，Approved Persons Regime，更に Senior Management Regime に係る領域であるが，適用対象は経営陣に加えて拡大傾向がみられる。即ち取締役を対象とする制度に止まらず，独自の制度・基準としてスチュワードシップ・コード，コーポレート・ガバナンス・コードの多重・重畳適用の可能性と共に適用領域を拡大しつつあるといえよう。海外金融資本の英国現地法人に対する適用など上場企業に限定した適用に止まらない。また Approved Persons Regime，更に Senior Management Regime に対する要求事項は専門性に止まらず，誠実さなどの規範概念も含んでいる。米国で

はコードが存在せず，判例による忠実義務などの概念化で柔軟に取り込んできたとみられる。英国における注意義務の検討過程での二重基準の枠を超えてきた問題といえ，米国では忠実義務あるいはグッドフェイスの義務として理解されてきた部分であり，英国ではコードが担う領域といえる。英国では会社法規定，取締役の注意義務に関する判例形成，コード規範等との整合性をいかに保ちつつガバナンス規律を保っていくか，注視されることとなろう。

　コード改正により取締役会は独立性のほか，専門性や能力を課す規定も整備される。独立性の追求のみでは業務監督は困難であり，独立性と相反する面も指摘される。非業務執行取締役の注意義務に専門性や能力を求められ，その場合主観的基準により責任が厳格化されるため，候補者減少，D&O 保険が問題となる。取締役責任免除制度も検討される[9]。

　我が国判例では経営判断原則適用においていかなる取締役が具体的に想定されているか，明らかではない。主観的基準を含む二重基準の採用が提唱される[10]。我が国においてコード，上場規則などソフトローにより専門性や能力を課す規定を置くことも考慮される。責任制限など事後的段階でなく，監査役を含む非業務執行役員監査役，更に社内非業務執行取締役について，各々注意義務違反の判断レベルに合わせた検討が望まれよう。

II．Approved Persons Regime, Senior Management Regime に求められる資質と行動規範

　Approved Persons Regime, Senior Management Regime に求められる資質について掲示しておきたい。Approved Persons Regime については，FSA Handbook において Threshold Conditions Code (COND) が策定され，Approved Persons の内容を規定し，対象企業を拘束する。第1に Principles として，integrity, 説明可能な機能としての skill, care and diligence, 市場規範の遵守，FCA・PRA など規制機関との open, co-operative な deal, 情報の適切な開示，説明可能で重要な影響を及ぼす機能（accountable significant influence function）を実践する Approved Persons が効率的統制に向けた合理

的段階を踏んでいることなどが求められる。当局主導かつ通常監督が重視される。

　Senior Management Regime に関しても資質の面では内容面に大きな変化はなく，既述の通り，行動ルール（Conduct Rules）において integrity と skill, care and diligence, FCA・PRA との open, co-operative な関係などが第一層（first tier）として全スタッフに求められ，第2層（second tier）として特に Senior Managers には責任業務に関する合理的な段階を踏むこと，規制当局の基準などの遵守，業務委託の場合の責任，適切な開示などが規定される。

Ⅲ．Approved Persons Regime, Senior Management Regime と 2006年会社法172条の符合

　第172条の内容について，7つの一般的義務の中で独立した判断を下す義務により，休眠取締役（sleeping directors），影の取締役に影響があろう。取締役に期待される注意，技能および努力（care, skill and diligence）の程度は，合理的に期待してよい一般的な知識，と当該取締役が有する一般的な知識，能力および経験を合わせる。合理的な注意，能力，努力を行使する義務は Approved Persons に対する Principles and Code, Senior Persons Regime に関する Conduct Rules の内容と符合する。Approved Persons Regime, Senior Management Regime の要求水準もまた主観的・客観的の両面から構築されていこうか。

　英国の Approved Persons Regime に関する Principles and Code, ならびに Senior Management Regime に関する Conduct Rules は，本邦の英国進出現地法人も規制対象となり，金融機関等におけるローテーション，論功行賞人事の見直しも余儀なくされる。グローバル企業は全社的コーポレート・ガバナンスあるいは内部統制・コンプライアンス，リスクマネジメント体制を敷いており，子会社を巡る動向を通じて本社の人事制度・規範の改革に向けた影響を及ぼすこととなろう。Approved Persons Regime 導入，Senior Management

Regime への展開制度導入は監査委員会等設置会社における非業務執行取締役による改革にも通じる。改正では社外取締役の社外要件も厳しくなるが，法文に書き込まれる形式面主体の厳格化と合わせて，非業務執行取締役中心のガバナンス改革を進める上で実質面からの必要条件にもなり得る。

Ⅳ. Senior Management Regime と非業務執行取締役の異質性

 Approved Persons Regime, Senior Management Regime は，英国のコードの展開において形成された非業務執行取締役の概念形成の系譜にあるといえ，親和性・共通性があるが，非業務執行取締役に止まらず，特に FCA, PRA の監督下にある金融機関について，適用対象を経営層，更に従業員層にまで拡大せんとしている点で，従来の非業務執行取締役に関わる議論とは異なる面もある。上場企業に対する金融機関向けの上乗せ基準といえよう。内容面でも不定形さを増すなど裁量の余地が増えて変質化しつつあり，規制当局における適用面の恣意性は増大することとなろう。

 Senior Management Regime は従前の Approved Persons Regime にみられる特質を基本的には引き継ぎ，対象を拡大するものであるが，許容される推定，刑事罰導入などのルール化が進んだエンフォースメントを強化した形態ともいえる。Approved Persons Regime に比し，ソフトローの発展段階におけるルール化の進展した段階のものといえよう。その実，コードの柔軟性を残し，規制機関の恣意的適用余地の拡大の可能性なども包含している。米国会社法の注意義務の二重の基準ルールとの関係では，ルール化が進むと再度，客観的基準の機能が強まる方向性も考えられる。

 改正金融サービス法において Senior Manager の不注意な経営の誤り (reckless misconduct) に対する刑事罰則規定の創設（36条）がされることを述べた。以下の内容により，Senior Manager が金融機関を破綻させるような決定に関与したことが要件となる。(a)かかる決定を行い，あるいは同意したこと。(ⅰ)グループの事業の遂行がこれによって決まるような意思決定であること。(ⅱ)かかる決定を防ぐことができたのに防がなかったこと。(b)その意思

決定時において，決定が遂行されればグループ企業の破綻が生じるリスクがあることに気付いていたこと。(c)全ての状況を考慮して，Senior Manager の行動が，その決定に関して当然 Senior Manager に合理的に期待される水準を下回ったこと。(d)その意思決定がグループ企業の破綻を引き起こしたこと。(c)については，主観的基準というよりも合理的に（reasonably）Senior Manager に期待される客観的基準といえよう。また(d)結果的に損害が生じたことを重視しており，結果責任を問われかねないことにもなる。両罰規定が存在する場合も，実際には集団的意思決定の壁，経営判断原則による免責，あるいは軽いサンクションに留まるなど，これまでの個人責任追及の弱さを克服せんとするものといえるが，客観的基準と称しても reasonably の内実を誰がいかに判断するか，正しく今後のケースローの積み重ねによりソフトローである Senior Management Regime の自発的な（といっても当局による修正であるが），発展・変容に繋がるものとなろう。ソフトローのハードロー化の段階に入った場合におけるケースローの有用性を示すものといえる。

【注】
（1）拙稿・前掲「英国スチュワードシップ・コードと Approved Persons 制度─域外適用と金融機関のリスクガバナンスならびに監査等委員会制度などの接点─」415-467頁，同「忠実義務と非業務執行取締役の考察─米国の忠実義務の規範化概念と英国会社法の一般的義務，英国スチュワードシップ・コードと Approved Persons 制度等の接点─」439-492頁，同「英国スチュワードシップコード，コーポレート・ガバナンス・コードの理論と実践─英国における新たなガバナンス規範と非業務執行取締役ならびに我が国の導入に向けて─」第56巻35-140頁。
（2）川島いずみ「イギリス会社法における取締役の注意義務」比較法学41巻1号（2007年）33-35頁参照。
（3）松嶋隆弘「イギリス法におけるデット・エクイティ・スワップ～日本法との比較を中心に～」日本大学民事法・商事法合同研究会（2014年5月）12-18頁。松嶋隆弘教授・弁護士は，英国では2002年企業法における Administrative Receivership 廃止，Administration への一本化後も依然として債権者指向の倒産法制といってよいと述べられる。
（4）川島いづみ・中村信男「イギリス2006年会社法（1）─(15完)」比較法学第41巻第2号─第46巻第2号。川島いずみ・前掲注（76）14頁。須磨美月「イギリス会社法における取締役の一般的義務 2006年会社法」法と経済のジャーナル（2013年3月），2012年 Mckillen v Misland (Cyprus) Investments Ltd and others ([2012] EWHC 2343 (Ch))。
（5）長谷川貞之教授・弁護士「信認関係と忠実義務─信認型契約の創設を構想する立場からの提言─」円谷峻編『社会の変容と民法典』成文堂（2010年）310-328頁参照。
（6）2006年改正後に2008年リーマン金融危機が勃発しているだけに2006年英国会社法改正は十分な内容たり得たか，検証の必要があろう。
（7）In Re Continental Assurance Co of London Plc [1997] 1 BCLC 48.
（8）川島いづみ・前掲「イギリス会社法における取締役の注意義務」34頁（注34）。Andrew

Hicks, directors' liability for management errors, (1994) 110 Law Quarterly Review, at p. 392.
(9) 吉本健一「イギリス会社法における取締役の義務違反行為の承認と責任免除」酒巻俊雄先生古希記念論集『21世紀の企業法制』商事法務（2003年）869頁以下。
(10) 石山卓磨『現代会社法講義　第2版』成文堂（2008年）219頁，林孝宗「イギリスにおけるコーポレート・ガバナンスの展開―非業務執行取締役の役割と注意義務を中心に―」社学研論集 Vol. 17（2011年3月）247-263頁。

第12章

Senior Management Regime と日本版コーポレート・ガバナンス・コードの突合
―ソフトローのルール化も踏まえて―

I．日本版コーポレート・ガバナンス・コードの主旨

　Senior Management Regime と我が国の 2015 年 6 月導入のコーポレート・ガバナンス・コードについて，内容面の突合を図りたい。Senior Management Regime では主として行動規則，更に 2015 年 2 月 PRA 協議文書（FCA CP15/5 PRA CP7/15, Appendices 2.Appendices 3.）を参考に試論として提示する[1]。

　検討の前提として，今般導入された日本版コーポレート・ガバナンス・コードの主旨を示しておきたい[2]。日本版コードの解説，独立社外取締役などコードと会社法，金商法の論点等については本節の趣旨ではなく，関連する限りにおいて触れるに留める[3]。日本版コードの理論と実践，問題点などは後掲する。なお，2014 年 9 月改訂版英国コーポレート・ガバナンス・コードに関しては，日本版コーポレート・ガバナンス・コード策定の過程で参考としたものであり，両者の比較検討は簡明に留める。

　以下の通り，5 つの基本原則，その下に原則，補充原則が規定され，合計で 73 原則の遵守が求められる。東京証券取引所の上場規則に落とし込まれ，従前の東証コーポレート・ガバナンス原則に代替するものとなる。2015 年 6 月 1 日より発効し，6 月株主総会は適用対象となるが，6 ヶ月間の経過措置が設けられ，社外取締役導入などを検討している旨の説明（Explain）をコーポレート・ガバナンス報告書に書くことにより，当面の措置とすることができる。上

場企業においては、日本版コードは上乗せ規律として、2014年会社法におけるガバナンス規律との一体的理解が求められることになる。金融機関、例えば銀行業界では会社法、金商法、更に銀行法の上に経営陣に対する日本版コーポレート・ガバナンス・コード、機関投資家としてのスチュワードシップ・コードが重層的に適用される。実務上、会社法と2つの日本版コードの接点、上場規則の対応なども重要となる。

コーポレート・ガバナンス・コードについて、最初に定義がされる。「本コード（原案）において、「コーポレートガバナンス」とは、会社が、株主をはじめ顧客・従業員・地域社会等の立場を踏まえた上で、透明・公正かつ迅速・果断な意思決定を行うための仕組みを意味する。本コード（原案）は、実効的なコーポレートガバナンスの実現に資する主要な原則を取りまとめたものであり、これらが適切に実践されることは、それぞれの会社において持続的な成長と中長期的な企業価値の向上のための自律的な対応が図られることを通じて、会社、投資家、ひいては経済全体の発展にも寄与することとなるものと考えられる。」経緯及び背景、本コード（原案）の目的、「プリンシプルベース・アプローチ」及び「コンプライ・オア・エクスプレイン」、本コード（原案）の適用、本コード（原案）の将来の見直しが記された後、基本原則として5つの原則が示される。第一章株主の権利・平等性の確保は「基本原則1」となり、「1.上場会社は、株主の権利が実質的に確保されるよう適切な対応を行うとともに、株主がその権利を適切に行使することができる環境の整備を行うべきである。また、上場会社は、株主の実質的な平等性を確保すべきである。少数株主や外国人株主については、株主の権利の実質的な確保、権利行使に係る環境や実質的な平等性の確保に課題や懸念が生じやすい面があることから、十分に配慮を行うべきである。」第二章株主以外のステークホルダーとの適切な協働は「基本原則2」となり、「2.上場会社は、会社の持続的な成長と中長期的な企業価値の創出は、従業員、顧客、取引先、債権者、地域社会をはじめとする様々なステークホルダーによるリソースの提供や貢献の結果であることを十分に認識し、これらのステークホルダーとの適切な協働に努めるべきである。取締役会・経営陣は、これらのステークホルダーの権利・立場や健全な事業活動倫理を尊重する企業文化・風土の醸成に向けてリーダーシップを発揮す

べきである。」第三章適切な情報開示と透明性の確保は「基本原則3」となり，「3.上場会社は，会社の財政状態・経営成績等の財務情報や，経営戦略・経営課題，リスクやガバナンスに係る情報等の非財務情報について，法令に基づく開示を適切に行うとともに，法令に基づく開示以外の情報提供にも主体的に取り組むべきである。その際，取締役会は，開示・提供される情報が株主との間で建設的な対話を行う上での基盤となることも踏まえ，そうした情報（とりわけ非財務情報）が，正確で利用者にとって分かりやすく，情報として有用性の高いものとなるようにすべきである。」第四章取締役会等の責務は「基本原則4」となり，「4.上場会社の取締役会は，株主に対する受託者責任・説明責任を踏まえ，会社の持続的成長と中長期的な企業価値の向上を促し，収益力・資本効率等の改善を図るべく，(1)企業戦略等の大きな方向性を示すこと，(2)経営陣幹部による適切なリスクテイクを支える環境整備を行うこと，(3)独立した客観的な立場から，経営陣（執行役及びいわゆる執行役員を含む）・取締役に対する実効性の高い監督を行うことをはじめとする役割・責務を適切に果たすべきである。こうした役割・責務は，監査役会設置会社（その役割・責務の一部は監査役及び監査役会が担うこととなる），指名委員会等設置会社，監査等委員会設置会社など，いずれの機関設計を採用する場合にも，等しく適切に果たされるべきである。第五章株主との対話は「基本原則5」となり，「5.上場会社は，その持続的な成長と中長期的な企業価値の向上に資するため，株主総会の場以外においても，株主との間で建設的な対話を行うべきである。経営陣幹部・取締役（社外取締役を含む）は，こうした対話を通じて株主の声に耳を傾け，その関心・懸念に正当な関心を払うとともに，自らの経営方針を株主に分かりやすい形で明確に説明しその理解を得る努力を行い，株主を含むステークホルダーの立場に関するバランスのとれた理解と，そうした理解を踏まえた適切な対応に努めるべきである。上記の基本原則の下で，原則，更には補充原則が規定されるが，全て原則としての扱いがされるため，補充原則と銘打っていても上場企業としては遵守事項となることに注意が必要である。

Ⅱ. Senior Management Regime の行動ルールと
　　コーポレート・ガバナンス・コード

　Senior Management Regime の行動ルールでは，First Tier の 4. において顧客の利害（interest of customers）の重視が規定される。コードにおいては基本原則 2 と共通する。Second Tier の 6. では，Senior Managers に対して，効率的なコントロール（controlled effectively）が規定され，コードにおいては基本原則 3 と共通する。Second Tier の 9. では，FCA，PRA に対する開示が述べられ，コードの基本原則 3 と共通する。他方，First Tier の 3. において FCA，PRA に対する協力が規定されているが，コードには見当たらない。コードではこれに代わって基本原則 5 があり，対株主の対話促進が規定されている。英国では 2008 年金融危機後における不正が問題となった経緯もあり，強調されているものと思料される。

　行動ルールにおける 1. 誠実性（integrity），2. スキル（skill），注意（care），勤勉さ（diligence），5. 市場行動（market conduct），7. コンプライ（complies）の用語も直接には見当たらないが，2. スキル（skill）はコード原則 4-14（取締役・監査役のトレーニング）に窺える。8. 委託（delegation）については，コード原則 4-12 に該当しようか。ソフトローながらルール化を強める中で作られた不正防止の色彩も残す英国行動ルールと成長戦略においてリスクテイクを経営陣に促すための日本版コードの相違といえる。

Ⅲ. 金融機関の行動規範（FCA）とコーポレート・ガバナンス・コード

　FCA からは非業務執行取締役（NED）の役割と責任に関して，2015 年 2 月行動規範（Code of Conduct）の中でガイダンスの規定がされる。銀行ならびに保険会社などにおける非業務執行取締役（NED）の役割と機能（the role and responsibilities of NEDs in relevant authorized persons and Solvency II firms）に関するもので，上場企業一般に関するものではないが，概ねは妥当しよう。その中で Senior Managers についても記載がされている。結論からみれば，Senior Management Regime と非業務執行取締役の関連では，日本版コードと同じく，業務執行の効率性に係る内容が少なくなく，行動規範たるコードに留まる領域の内容として，軌を一にする部分もあると考える。日本版コードの策定において英国のコードを参考としており，コードレベルでの比較となれば共通項目が増加するのは当然ともいえよう。特に，非業務執行取締役の一般的役割として，効率的な監視・監督と異議を述べる役割（effective oversight and challenge），戦略面の提案を進めさせる役割（develop proposals on strategy）が規定されている。取締役会，委員会の意思決定に参画する義務も規定される（ここでも challenge の語句が用いられる）。日本版コードの攻めのガバナンスを彷彿させ，英国会社法における一般的義務（企業価値最大化義務）の現れであろう。

　経営陣の業績評価について，合意された目標と比較して行うものとされ，日本版コード原則 4-3 に該当する。また報酬政策の面の役割も記載され，日本版コード原則 4-2 で共通する。

　非業務執行取締役が適切な報告を受けることが記載され，いかに独立社外取締役を中心とする監査委員会などに情報を集中するか，企業内のレポーティング・ラインが意識されるところで，レポーティング・ライン自体の適切な監視についても記載されている。日本版コード原則 4-3 と共通する部分である。誠実性（integrity）が改めて財務情報の誠実性として規定されている。後継者育成計画（succession planning）は日本版コード 4-1 ③と共通する。

　他方，Senior Management Regime において，金融機関の対象者は SIF（significant influence function）の個人責任を担う旨が記されるが，この部分の既述は日本版コードにはない。

Ⅳ. ベスト・プラクティスとしてのコーポレート・ガバナンス・コードと Senior Management Regime―ソフトローのルール化,OECD コーポレート・ガバナンス原則も踏まえて―

　日本版コーポレート・ガバナンス・コードのベスト・プラクティスの視点から,Senior Management Regime との異同点をみてみたい。

　日本版コードの「経緯及び背景」4 では,OECD コーポレート・ガバナンス原則を踏まえたものとする旨が記される。主要先進国の中でコーポレート・ガバナンス・コードを持たない国は米国と我が国だけであったが,米国の場合は 2000 年以降のエンロン,ワールドコム,更には 2008 年リーマン金融危機など米国経済を根底から揺るがすような不祥事が勃発したため,米国企業改革法(SOX 法),米国金融改革法(ドッド・フランク法),米国証券監視委員会(SEC)規則などを受けた NY 証券取引所上場規則の中で監査委員会のメンバー全員を独立社外取締役とするなどハードロー主体で改革せざるを得なかったとされる[(4)]。日本版コーポレート・ガバナンス・コードのモデルの１つとされる OECD コーポレート・ガバナンスに関しても,世界的に主流なアプローチはハードローとソフトローの組み合わせとする議論がされ,業種あるいは規模などに応じて上場企業側の実情に即した柔軟な対応が図りうる。

　日本版コーポレート・ガバナンス・コードにおいて,OECD コーポレート・ガバナンス原則(改訂案)との突合を図ると,我が国の独自原則として株主との対話が第 5 章に設けられ,英国コードも同様であるが,この点では OECD 原則よりも進歩的との見解が金融庁側から出されている。また株主以外のステークホルダーの役割に関して,OECD 原則同様に第 2 章「株主以外のステークホルダーとの適切な協働」を設けている。この点では,米国型の株主万能主義とは一線を画している。ステークホルダーに関する OECD 原則との相違点として,ステークホルダーを重視する視点から,「第 2 章株主以外のステークホルダーとの適切な協働」「基本原則 2 上場会社は,会社の持続的な成長と中長期的な企業価値の創出は,従業員,顧客,取引先,債権者,地域社

会をはじめとする様々なステークホルダーによるリソースの提供や貢献の結果であることを十分に認識し，これらのステークホルダーとの適切な協働に努めるべきである。取締役会・経営陣は，これらのステークホルダーの権利・立場や健全な事業活動倫理を尊重する企業文化・風土の醸成に向けてリーダーシップを発揮すべきである。」が定められる。「基本原則2［考え方］」におけるESG（環境，社会，統治）問題への積極的・能動的な対応，「原則2-1. 中長期的な企業価値向上の基礎となる経営理念の策定」，「原則2-4. 女性の活躍促進を含む社内の多様性の確保」，「原則2-5. 内部通報」が日本版コードにおいては明記された形で付加されている。更に「原則2-3. 社会・環境問題をはじめとするサステナビリティーを巡る問題」「補充原則2-3①」において，リスク管理の一部と認識し，更に取締役会自体がサステナビリティー（持続可能性）に積極的に対応すべきことが記される。

　日本版コードの冒頭にコーポレート・ガバナンスの「定義」を置き，迅速・果断な意思決定を強調して，企業の中長期的成長に軸足を置いている。「経緯及び背景」7で攻めのガバナンスが記されるが，米国では過剰なリスクテイクの抑止を図ることがコーポレート・ガバナンスとの認識があることとの整合性が議論になるが，日本版コードの場合は説明責任を確保して過剰なリスク回避（risk averse）の状態を適切なレベルに引き上げるもので，最終的なリスクテイクの着地点は同一と説明されている。

　「本コード（原案）の目的」8では，中長期的投資の促進が語られるが，この点では英国Senior Management Regimeが証券取引所の国際競争力強化を念頭に置いた改革であることと符合する。

　「「プリンシプルベース・アプローチ」及び「コンプライ・オア・エクスプレイン」」9-12ではプリンシプルベース・アプローチとComply or Explainが記載される。第1に，Comply or Explainについて，(i)対株主には企業側がComplyでなくExplainを選択した場合もきちんと評価すること，さもなければ形式的な遵守に企業側が堕してしまう懸念があること，(ii)企業の経営陣に対しては，ComplyでなくExplainを選択した場合の形式的なひな型（boiler-plate）的説明に終始せず，精一杯努力した上でのExplainの選択であることを真剣に表示すること，さもなければ今後は実体的にComplyを強要されるよう

になることが述べられる。私見であるが，この(ii)の段階がソフトローのルール化に移行する可能性のある部分であると考える。

　第2に，プリンシプルベース・アプローチについて，ルールベースでは，罪刑法定主義やサンクション（制裁）規定が想定されるが，潜脱的行為の防止，形式的遵守の弊害などがマイナス面となる。日本版コードでは，ソフトローとしてのメッセージ性が重要であり，罪刑法定主義などには関わらないものとなっている。サンクションとしては株主，市場の評価に依拠する。この点では，英国 Senior Management Regime は刑罰規定導入にまで進んでおり（金融市場サービス法改正），ハードローを受けてソフトローとして策定されたもので，新しい形のハードローとソフトローの組み合わせといえる。刑罰規定導入などエンフォースメント強化の視点からルール化を強めている。一方，日本版コードも会社法規律の溢れ出し部分の役割を担っており，ハードローとソフトローの組み合わせである点では共通するが，エンフォースメントの点では純然たるソフトローに留まる。かかる相違は，我が国では不正の程度が米国，英国ほど深刻ではないことが背景にあろう。

　プリンシプルベース・アプローチについては，企業側が採用して解釈・判断を自主的に行うことが特徴であるが，経営陣が恣意的に解釈して良い訳ではなく，株主もまた意義・主旨を十分理解して，考え方に相違点があれば対話により共通理解を深めることが双方に求められる。例として「経営陣」の定義・範囲に関しては公的な定義もなく，各項目の目的・効果から逆算して定めていくことが望まれる。即ち，取締役会が経営陣個人別の報酬面の評価を行う場合など，各企業の実状を踏まえて自主的に範囲を定めることになる。この点では，英国 Senior Management Regime の Certification Regime の概念に近似していよう。

　「本コード（原案）の適用」13，15 においては，証券取引所上場企業が対象であり，基本原則，原則，補充原則の 76 項目の全てを遵守することが求められるが，マザーズ，ジャスダック市場に関しては別の対応があることが示され，基本原則のみが適用される予定である。日本版コードは 2015 年 6 月 1 日適用開始となるが，この時点では間に合わないものの真摯な準備を行っている旨を 12 月末までにガバナンス報告書などで開示すればよいことが経過措置と

して記されている。

「第1章株主の権利・平等性の確保」では「基本原則1」の中に，株主の権利が実質的に確保されることを求めており，プリンシプルベース・アプローチの一環である。「原則1-4. いわゆる政策保有株式」の規定が注目を浴びているが，持合株式の解消あるいは売却までは記されず，市場との対話において合理的な措置をとることが求められるに留まる。即ち，コーポレート・ガバナンスと経営判断の峻別を意識しており，経営陣が不採算事業を売却するかどうか等の是非に関しては立ち入らない方針を採る。この点ではドイツのコーポレート・ガバナンス・コード（2013年5月13日改訂）も同様の内容となっている[5]。英国 Senior Management Regime では John Pottage 事件を通して経営判断の是非にも踏み込む内容となっており，正しく経営判断の是非に関わる事例にも規制およびエンフォースメントを及ぼすことが制度改革の背景にあることは述べてきた。我が国コードとの大きな相違点でもあろう。

「第3章適切な情報開示と透明性の確保」の「原則3-1. 情報開示の充実」では，「上場会社は，法令に基づく開示を適切に行うことに加え，会社の意思決定の透明性・公正性を確保し，実効的なコーポレートガバナンスを実現するとの観点から，（本コード（原案）の各原則において開示を求めている事項のほか，）以下の事項について開示し，主体的な情報発信を行うべきである。(i)会社の目指すところ（経営理念等）や経営戦略，経営計画(ii)本コード（原案）のそれぞれの原則を踏まえた，コーポレートガバナンスに関する基本的な考え方と基本方針(iii)取締役会が経営陣幹部・取締役の報酬を決定するに当たっての方針と手続(iv)取締役会が経営陣幹部の選任と取締役・監査役候補の指名を行うに当たっての方針と手続(v)取締役会が上記(iv)を踏まえて経営陣幹部の選任と取締役・監査役候補の指名を行う際の，個々の選任・指名についての説明」が規定される。「原則3-1. 情報開示の充実」(ii)においては基本方針の開示が求められている。日本版コードの独自性がみられる部分であり，企業の基本的なガバナンスのスタンスが盛り込まれる。業界他社と異なる工夫の必要性があり，市場，機関投資家が評価すべきポイントの1つとなる。法的開示事項ではないため，法務部などによる書く場合のリーガル・リスク抽出ではなく，IR（インベスター・リレーション）あるいは経営企画部などの主導により，

書かざる場合のマーケット・リスクを検討すべき点であろう。他方，Senior Management Regimeでは刑罰規定が存在するため，場合によっては基本方針の記載が破綻を招くリスクテイクや事後的な評価（アセスメント）の関連で一種の構成要件的な色彩を帯びることがないか，基本方針を記載する場合の配慮が必要となる点も日本版コードとの相違ともなろうか。

「原則3-1. 情報開示の充実」(v)において，社内取締役の場合は昇格させる理由を書きにくいとされるため，「説明」の字句を用いている。その場合にも，取締役は従業員とは異なることから，CEO・代表取締役に対し，場合により解任に賛成することも可能な広い視野を求められることには留意が必要とされる。

「第4章 取締役会等の責務」の「原則4-8. 独立社外取締役の有効な活用」では上場企業が最低2名以上，または3分の1以上の独立取締役の選任が求められる。選択的であるが，前者の2名という数値基準は形式基準ではなく，複数名の選任の必要性に意味があり，実質基準である。これもまたプリンシプルベース・アプローチとなろう。「原則4-8. [背景説明]」において，独立社外取締役と企業成長との因果関係について議論があることが記される。企業の業績向上と独立社外取締役との相関に関する実証分析は様々のものがあるが定説がない[6]。それにも関わらず各国がコードの採用を進めている。今後は，ベストプラクティスとして，更なる環境整備を図ることで独立社外取締役を成長に役立てる努力が付加される。その一環として，「補充原則4-8①」では独立社外取締役のみによる会合と情報交換・認識共有，「補充原則4-8②」では互選による筆頭独立社外取締役の決定が述べられる。「原則4-13. 情報入手と支援体制」では能動的な情報入手が取締役・監査役に求められる。このような一連のパッケージを持って，ベストプラクティスの実現を目指すことになる。

実際のベストプラクティスに関しては，原則部分と共に重要性があり，両者のバランスが重要となる。日本版コードでは基本原則，原則，補充原則も含めて全てを遵守が必要な原則として規定している。具体的なベストプラクティスにかかる部分も日本版コードは補充原則などとし，Comply or Explainの対象としている。指針・ガイダンスとして示した場合は企業側が受け取る圧力が低下することが背景にある[7]。この点ではドイツのコードは抽象的と称される

が，英国ではガイダンスに負う部分も少なくない。

　また定期的モニターに関しては，日本版スチュワードシップ・コードが原則6において，資産保有者としての機関投資家は，受益者に対して，スチュワードシップ責任を果たすための方針と，当該方針の実施状況について，原則として，少なくとも年に1度，報告を行うべきで2年を目途に改訂することを定めるが，日本版コーポレート・ガバナンス・コードでは対象企業が本則市場2,368社，マザーズ，ジャスダックが1,048社（2014年7月時点）と相当数に上るため，手間とコスト負担を勘案して対象企業の自主的なガバナンス機能に任せる形をとっている。英国 Senior Management Regime の規制コスト低減の考え方とも共通するところである。

Ⅴ．日本版コーポレート・ガバナンス・コードと Senior Management Regime の接点と実務

　この他，Senior Management Regime の接点について日本版コードの要諦をみたい。立案担当者の説明によれば，(イ)日本版コード原則 3-1 (ⅲ)−(ⅳ)において取締役と区分して経営陣，経営陣幹部の用語が使い分けられる。前者は業務執行取締役・執行役，執行役員あるいは部長クラス，後者は経営陣の上位として CEO・COO（Chief Operating Officer）・CFO（Chief Financial Officer）・副社長と狭い範囲を想定し，企業側の解釈に委ねられる。Senior Management Regime 同様に取締役以外の上級役員に規制対象を拡大している感もある。任意の諮問委員会に関する補充原則 4-10 ①も同様に使い分けがされるが，独立社外取締役に対する個別説明・了承で足り，委員会自体の開催がなくとも Comply したことになる。(ロ)補充原則 4-2 ①では持続的成長・インセンティブと報酬の連動が述べられ，取締役会の議論は不要であるが，複数名による議論があれば Comply として扱われる。(ハ)補充原則 4-8 ②の筆頭独立社外取締役について経営陣との連絡・調整を担当するが，序列を定めるものではない。(ニ)原則 4-11，補充原則 4-11 ③では取締役会評価について規定がされ，取締役会全体が適切に機能していることの定期的な検証，株主との対話を求めるが，実際

には戦略，リスクテイクなどの観点から取締役会の構成，規模および運営の適切さについて各取締役に意見を聞き，取締役会で議論してコーポレート・ガバナンス報告書に記載すれば足り，決議は不要とされる(8)。

【注】
（1） Prudential Regulation Authority, Bank of England, Consultation Paper FCA CP15/5 PRA CP7/15, February 2015, Appendices 2. Annex 1. PRA Prescribed Responsibilities of NEDs in scope of the SMR, Appendices 3. FCA Draft Handbook Text: Guidance on the role and responsibilities of NEDs in relevant authorized persons and Solvency II firms, and rules for Solvency II firms. Annex E Amendments to the Code of Conduct sourcebook (CO CON) 1 Annex 1G Guidance on the role and responsibilities of NEDs for Relevant authorized persons and Solvency II firms.
（2）「コーポレートガバナンス・コードの基本的な考え方《コーポレートガバナンス・コード原案》～会社の持続的な成長と中長期的な企業価値の向上のために～」金融庁「コーポレートガバナンス・コードの策定に関する有識者会議（第9回）」（2015年3月5日）。「コーポレートガバナンス・コードの策定に伴う上場制度の整備について」東京証券取引所（2015年3月5日）。
（3）中原裕彦経済産業省経済産業政策局産業組織課長「コーポレート・ガバナンスの最近の動向」（2015年3月12日）経済産業調査会，シンポジウム「日本のコーポレートガバナンスのこれからを考える」主催：日本経済新聞社，後援:OECD（経済協力開発機構）・金融庁・法務省・経済産業省・東京証券取引所・日本経済団体連合会（2015年3月11日），「第48回比較法政シンポジウム「稼ぐ力を高めるためのコーポレートガバナンス（攻めの経営判断を後押しする仕組み）─コーポレートガバナンス・コードを中心に」東京大学（2015年3月30日），葉玉匡美「改正会社法及び会社法施行規則への実務対応～コーポレートガバナンスコードにも触れつつ」TMI総合法律事務所セミナー（2015年3月18日），鈴木貴子「平成27年度定時株主総会への対応」TMI総合法律事務所セミナー（2015年5月15日），MHM会社法セミナー石綿学・石井裕介・内田修平・神作裕之・静正樹・寺下史郎「コーポレートガバナンス・コードへの対応」森・濱田松本法律事務所（2015年3月24日）。
（4）金融庁総務企画局企業開示課長油布志行「コーポレートガバナンス・コードについて」日本コーポレート・ガバナンス・ネットワーク（2015年4月8日）参照，以下同。成長戦略の議論の中でOECD原則を踏まえて行うという条件が付された。
（5）「ドイツ・コーポレートガバナンス・コード（仮訳）（政府委員会総会の提案に基づき，2013年5月13日改訂）」ドイツ・コーポレート・ガバナンス政府委員会（2014年9月4日時点 仮訳）」金融庁「コーポレートガバナンス・コードの策定に関する有識者会議（第3回）」資料1-19頁参照。
（6）他の要因の除去，成長の測定に用いる数値の選定などの面で問題点が多い。
（7）油布志行・前掲「コーポ―レートガバナンス・コードについて」発言。なお，2014年2月日本版スチュワードシップ・コードが受け入れを表明する機関投資家の署名などを必要としたことと異なり，コーポレート・ガバナンス・コードは自動的に上場規則化されるため，企業の受け入れのため署名はなく，コーポレート・ガバナンス報告書あるいは関連するWeb公表先のリンク貼り付けをもって足りることとしている。
（8）葉玉匡美・谷口達哉（金融庁出向経験）「立案担当者が語るコーポレートガバナンス・コードへの実務対応」TMI特別セミナー（2015年5月22日）を参照した。

第13章

英国議会委員会の第7報告書にみる Senior Management Regime の要諦と問題点

I．2014年10月英国議会委員会の第7報告書における Senior Management Regime にかかる提言内容の要諦
　　――英国銀行業界の問題点とリングフェンスの独立性――

　英国の銀行基準に関する議会委員会（the Parliamentary Commission on Banking Standards：PCBS）の提言内容は，同一銀行組織内においてリテール部門を分離するリングフェンス政策を含め，英国金融業界全体を網羅するものであるが，特に2014年10月議会委員会の第7報告書（Treasury-Seventh Report）において，Senior Management Regime と非業務執行取締役などの機能・責任などについて，改めて詳細に述べられている[1]。同報告書は，1. Introduction, 2. Why the PCBS was necessary, 3. The response of the Government and the regulators, 4. 'Ring-fencing' and proprietary trading（リングフェンスと自己勘定取引），5. Strengthening individual accountability（個人責任の強化），6. Non-legislative implementation of PCBS recommendations（議会委員会の提言の非規制的内容），を内容とする。以下，その要諦をみていきたい。

1．第7報告書にみる英国銀行業界の問題点と提言

　議会第7報告書では，銀行が経済において果たす重要な（crucial）役割を認めつつも，以下の複数の原因の集合によって，Libor スキャンダルなど英国銀行業界に問題が生じていることを述べる。最終報告書と重複する部分もある

が，銀行の文化，情報格差などを指摘するものとなっている。①銀行，規制当局等は自信過剰（hubristic）な拡大と持続不可能な資産価格バブルの教訓を学ぶことができなかった。②納税者の保証があることで，過大なリスクをとり，破綻させるにはあまりにも複雑で重要な機能を有することとなった。③効率的に管理するにも大きく複雑すぎ，銀行に対する基準の設定が低くなる原因となった。不祥事発生においても銀行経営者は無知であることの便利な口実を与えた。このため，業務の複雑さは経営幹部に係る個人責任追求を弱体化させることとなった。④上級の銀行経営の幹部は報酬を受けることが正当化され，長期的リスクを考慮せずに短期レバレッジ拡大による成長へと突き進んでいった。⑤銀行業界の文化（Banking culture）は，顧客に対する集団的な連帯責任の意識を欠如するものとなった。⑥銀行の内部コンプライアンス体制も効果を失っていた。⑦銀行業界に対する規制は，十分な目標もないまま，判断をベースとしたものではなく，ルールベースとしてあまりにも狭いまま適用される状態にあった。⑧英国のリテールバンキングは，高い市場集中と参入障壁のために競争圧力を欠如しており，銀行と消費者間の情報格差（disparity）と合わせ，銀行は顧客サービスのためのインセンティブを失っていた。⑨機関投資家もまた短期的リターンを追求する高リスク戦略へのインセンティブを持っていた。⑩こうした歪んだインセンティブはバランスシート上のインセンティブ・リスクを伴いつつ，短期的利益追求に対する大きな報酬を付与することとなった。

　PCBSの結論として，5つの大きな提言を行うこととする。①元来，John Vickers卿による2011年9月銀行に関する独立委員会（ICB）の最終報告書の中で述べられたリングフェンスの銀行への導入を強化すること，②特に上級役員レベルでの個人責任追求を実際に行うこと。③競争力の改善。④より強固で効率的なコーポレート・ガバナンス（robust and effective corporate governance）の構造を作り出すこと。⑤規制当局に使命を達成するための必要な力を与えること。

　こうした指摘は，米国でも同様であり，ドッド・フランク法のボルカールール導入に繋がるが，英国ではリテールリングフェンス・バンキングとSenior Management Regime等の組合わせにより，ガバナンス改革を図らんとするも

のと思料される。

2．リングフェンスの独立性と海外業務

英国政府は，2014年6月リングフェンスに関する第2次立法草案（proposals for secondary legislation）を公表し，リングフェンスに関する詳細な定義などを行った。海外業務の関連では，2014年第2次立法草案ではリングフェンス体がEEA（the European Economic Area 欧州経済地域）外にその支店を確立することは禁じられる。

更にPRAは2014年10月リングフェンスの実施に関する提案（proposals on the implementation of ring-fencing）を公表し，その中ではリングフェンス銀行を含む銀行グループにおいては，リングフェンス銀行と非リングフェンス銀行（non-ring fenced banks）は英国持株会社の子会社とすると兄弟構造（sibling structure）をとることを確認している。リングフェンス体（ring-fenced body）は，金利・通貨・流動性リスクなどに対処するべく，主体となって投資活動に対処することができるが，これはICB（Independent Commission on Banking 独立銀行委員会）勧告に準拠する。またリングフェンス体は中央銀行と取引することも許され，一定の独立性を有している[2]。

以上から，PRAはリングフェンス銀行と非リングフェンス銀行の間で所有・被所有関係を生じないように明確な分割を企図することにより，より効率的な銀行グループの監視を行わんとする[3]。中央銀行であるイングランド銀行によれば，持株会社に損失吸収負債（loss-absorbing debt）の発行を行わせ，兄弟構造の採用により，銀行グループにおける限界費用（marginal cost）[4]を下げることが可能となる。

リングフェンスは2019年導入の予定であるが，第2次立法においては規制当局がガバナンス，リスク管理，財務管理，人員のリソース配分，資本および流動性の点でリングフェンス銀行に運用面の独立性を確保させる義務を負うことが示されたが，これはPCBSの最初の報告書の勧告に従ったものである。PRAの2014年10月協議文書では，①利益相反（conflicts of interest）管理を含む他のグループ内企業からの独立性，②リスク管理とリングフェンス体の内部監査機能（internal audit functions），③リングフェンス体の報酬政策（the remuneration policies），④リングフェンス体の人事方針（the HR policies），⑤リングフェンス体の取締役会の構成に係る規則が提示されている。

　私見であるが，こうした英国リングフェンス銀行のスキームは，歪んだインセンティブの修正，破綻における銀行内の責任の所在の明確化などに繋がるもので，Senior Management Regime 導入と並行して進められるものとなろう。

II．個人の説明責任の強化と Senior Management Regime に関する議論の展開
　　―Senior Management Regime の政策的意図と課題―

　個人の説明責任の強化と Senior Management Regime の関係は述べてきたところであるが，私見を述べると，会社の企業価値創造の大部分は会社法規律の直接には及ばない経営層においてなされる。具体的戦略の策定自体，取締役会で決定するにせよ，下部経営層から上申されてきた経営戦略案件をたたき台に検討がされ，また経営企画室などが策定する中長期経営計画と整合した内容のものともなるが，事前に各セクション間で十分な調整を図った上で下部経営層において定め，取締役会に上程する。金融庁の解説会などにおいて，日本版コードの攻めのガバナンスが企業法務部ではなく，経営計画室などを中心に検討して欲しい旨述べられるが，ここにその本質がある。従って，独立社外取締役は具体的な企業戦略に関する議案の内容面の理解と評価に必要なトレーニング・研修を求められることが日本版コードにも記されるが，計画における理解と事前・事後評価は，上程された取締役会議案におけるものに限定して多様性（diversity），他業界の経験・蓄積などの観点から行わざるを得ない。長期に亘って社外取締役の任にあれば一定程度の深い理解も可能となろうが，実質的な常勤化による馴れ合いのリスクも増える。一種のジレンマである。独立社外取締役として本来の監視機能を保つ上からは，著しい長期化は好ましいものとはいえず，一定程度の期間での社外取締役のローテーションも必要となろう。モニタリングモデルでは，取締役会の機能は監視・監督主体にならざるを得ず，戦略面の決定・評価の機能は一定の限度はある。こうした点から，取

第13章　英国議会委員会の第7報告書にみるSenior Management Regimeの要諦と問題点　　191

締役会メンバーに限らず，上級マネジメント層はもとより，中下部経営層に拡大して企業カルチャーの浸透，個人責任の把握，説明責任の徹底化などを厳格に行う必要性が特に上場企業において金融危機後に発生してきたといえる。中下部経営層にまで厳格に集団的意思決定という隠れ蓑に防御されてきた個人責任の追及を図ることを可能とし，ひいては事前差止請求権を監査委員会などが実効的に行使することが可能となり，未然に不祥事を防ぐことも可能となる。実際に不祥事が発生すれば，レピュテーション・リスクも含め，企業における損失は計り知れない。コストベネフィットの点からもメリットは大きく，規制官庁側においても実効性ある日常的監督には膨大な人員が必要となるところ，Senior Management Regimeの中にCertification Regimeという企業側の自主的対応を織り込むことで，規制コストの低減も図ることが可能となる。ひいては英国金融業界，ロンドン証券市場の国際競争力向上も期待できるものとなる。産業競争力向上の観点からの政府施策であり，その点では日本版コードが安部晋三内閣の成長戦略の中核に位置付けられることとパラレルに考えられよう。Approved Persons RegimeからSenior Management Regimeへの変革が図られようとしている最大のポイントである。こうした問題意識の下で，議会委員会の第7報告書（Treasury-Seventh Report）の5. Strengthening individual accountability（個人責任の強化）の項の要諦を考察していきたい。

1．Approved Persons Regimeの2つの制御される機能

　FSMA2000（2000年英国金融サービス法）において，Approved Persons Regime（APR）について当該個人がApproved Personsとなるために保有する2つの制御される機能（controlled functions）が示される。①重要な影響を与える機能（significant-influence function），②顧客取扱い機能（customer-dealing function）であり，①は当該権限を与えられた企業内の事務に関して，特定個人が重要な影響力を発揮できる機能であり，②は銀行の顧客あるいは顧客資産について，継続的に規制された活動を特定個人が遂行する上で包含される機能である。Approved Persons Regimeの登録事項についてはFSMA2000第347条，禁止された行動に関してはFSMA2000第56条に規定されている。

2．Senior Management Regime の 3 つの柱と 2 層制

　しかしながら，2014 年 PCBS によれば APR は規制当局が銀行経営を担う経営層の個人責任追及を図ることが可能なはずの制度であったが，実際には複雑かつ困惑させる秩序に欠けたものであり（complex and confused mess），必要な機能を発揮するべき基準としては，個人の行う経営面の執行が実効を挙げなかった（poor behavior）場合に制裁を課する（sanctioned）メカニズムとしては適用範囲があまりに狭く，規制当局の強制措置をとる能力も制限され，個人の責任も定義付けが十分になされていなかった。

　PCBS は APR に代わって① The Senior Management Regime，② The Licensing Regime（Certification Regime）の 2 層制（a two-tier system）と③ Reforming the Register（登録制度の変更）の 3 つの柱からなる Senior Management Regime を提言していることは既述の通りである。① The Senior Persons Regime は，APR の内で重要な影響を与える機能（the Significant Influence Function）の要素に代替する。② The Licensing Regime においては，より広範なスタッフが銀行基準のルール（Banking Standard Rules）に対して契約上の義務を負う（contractually obliged）ことになる。もっとも，② The Licensing Regime に関しては，カバーされる対象は誰か，その義務は何かが不明確すぎる（too vague）ことが PCBS のメンバーから指摘されている[5]。

　エンフォースメントの面では，強力な制裁による銀行におけるアンバランスなインセンティブの修正を図るもので，①新しい刑事罰規定（a new criminal offence），②民事制裁における証明責任の転換（Reversal of the burden of proof in respect of civil sanctions）を内容とする。①は銀行経営における無謀な判断ミス（reckless misconduct in the management）に対して適用される。議会委員会によれば，例として銀行経営の破綻によって納税者の膨大なコストを投入することとなった場合，金融システムに継続的な影響を及ぼす場合，顧客に重大な害を与える場合を挙げている。②は広範な個人責任の追及が FCA，PRA のプロセスに組み込まれることとなる。

Ⅲ．行動規則の整理

　行動規則（Conduct Rules）は，Senior Managers と Certified staff の双方に適用される 9 つのルールから構成されている。第 7 議会報告書においては，以下の通り，規制機関と対象に分けて再整理が図られる。
　① ルール 1：誠実に行動（act with integrity）しなければならない。PRA は Senior Managers と Certified staff，FCA は ancillary staff（補助スタッフ）以外の全員。
　② ルール 2：十分な技能，注意，勤勉さを持って（with due skill, care and diligence）行動しなければならない。PRA は Senior Managers と Certified staff，FCA は ancillary staff（補助スタッフ）以外の全員。
　③ ルール 3：FCA，PRA およびその他の規制当局とオープンで協力的でなければならない。PRA は Senior Managers と Certified staff，FCA は ancillary staff（補助スタッフ）以外の全員。
　④ ルール 4：顧客の利益に配慮を行い，公平に扱う必要がある。FCA による ancillary staff（補助スタッフ）以外の全員。
　⑤ ルール 5：市場行動に関する適切な基準を遵守しなければならない。FCA による ancillary staff（補助スタッフ）以外の全員。
　⑥ ルール 6：担当している金融機関の事業が効果的にコントロールされていることを保証するために合理的な措置をとる必要がある。PRA，FCA による Senior Managers。
　⑦ ルール 7：担当している金融機関の事業が関連規制の要件や基準に準拠したものであることを保証するために合理的な措置をとる必要がある。PRA，FCA による Senior Managers。
　⑧ ルール 8：責任を委譲する場合，適切な人物に委譲され，また委任された責任が効果的な履行されている状況を監視することを保証するために合理的な措置をとる必要がある。PRA，FCA による Senior Managers。
　⑨ ルール 9：FCA または PRA が通知を期待することが合理的な情報を開

示しなければならない。PRA, FCA による Senior Managers。

【注】
（1）Treasury-Seventh Report, Implementing the recommendations of the Parliamentary Commission on Banking Standards, 28 October 2014. http://www.publications.parliament.uk/pa/cm201415/cmselect/cmtreasy/768/76802.htm. 特に，5. Strengthening individual accountability は，Background: the Approved Persons Regime, The existing system of registration, The PCBS's Recommendations, The Senior Persons Regime, The Licensing Regime, Reforming the register, Stronger sanctions on senior individuals, Implementation of the PCBS's recommendations, Amendments introduced by the Government in the House of Lords, Conclusion: action on the three pillars, Criminal sanction, Reversal of the burden of proof in cases of civil misconduct, Definition of 'bank', Regulators' consultations, Senior Managers Regime, Certification Regime, Conduct Rules, 6. Non-legislative implementation of PCBS recommendations は，Leverage ratio, Remuneration, Enforcement decision-making, Special measures, Embedding a pro-competition culture at the FCA: authorizing new entrants and alternative providers, Mis-selling at the point of sale, Whistle-blowing, PRA to require firms to operate consistent with safety and soundness principles, A role for former senior bankers?, Separate set of regulatory accounts for banks, Basic bank accounts, RBS good/bad bank split, から構成されている。
（2）英国独立銀行委員会に関して，2011年当時の内容であるが，小立敬「リテール・リングフェンス，PLAC による英国銀行改革—独立銀行委員会の最終報告書—」野村資本市場クォータリー（2011年 Autumn 号）1-24頁；同「リテール銀行のリングフェンスを提案する英国独立銀行委員会の中間報告書」野村資本市場クオータリー（2011年春号）55-69頁。
（3）G20 の金融規制当局で構成する金融安定理事会（FSB）は 2014 年 11 月 10 日リーマン・ショックで課題となった巨大銀行の大き過ぎてつぶせないという問題に対処するため，破綻時に損失を吸収するための新たな資金的対応（債務）の枠組みを発案し，最低でも自己資本規制と同規模で保有するよう盛り込んだ市中協議文書「グローバルなシステム上重要な銀行の破綻時の損失吸収力の充実」を公表した。巨大銀行向けの新たな規制強化策となる。文書では，新しい規制概念として銀行が保有するべき総損失吸収能力（TLAC）という項目を盛り込んだ。各巨大銀行は国際的な自己資本比率規制バーゼルⅢで定められている普通株など自己資本比率8％と合わせて，リスク資産の16％から20％の規模で TLAC を持つように求めた。各金融機関は自己資本の他に，破綻時に株式に転換したり，ヘアカット（元本削減）ができる負債などで構成するその他適格負債等で水準を満たすことが求められる。適格負債には，持株会社が発行した普通社債（いずれも残存期間が1年以上であることが必要）なども計上することが可能となった。FSB は今回規制案を G20 サミットで提案し，2015年中に具体的な TLAC の比率を最終決定する。適用は早くとも 2019 年1月とする。Financial Stability Board, Adequacy of loss-absorbing capacity of global systemically important banks in resolution, consultive document, 10 November 2014.
（4）資本の限界費用は投資を1単位増やした時にかかる費用（支払金利）であり，投資の限界費用ともいう。
（5）前 PCBS のメンバーである Lord Turnbull 卿によれば，PCBS は①，②を2層制として導入する予定である。

第14章
Senior Management Regime の展開と課題
―コード展開の試論を交えて―

Ⅰ．Senior Management Regime と英国コーポレート・ガバナンス・コードの展開ならびに我が国の敷衍

　英国金融業界に対する Approved Persons Regime の創設，更には今般の Senior Management Regime への変革は，英国のコーポレート・ガバナンス・コードの発展の歴史の中でも，エポック・メイキングな制度改革といえる。Senior Management Regime の課題と展望に関して，コーポレート・ガバナンス改革のジレンマの危惧，規制当局の恣意性と調査力，などの課題が検討される。

　銀行基準に関する議会委員会の最終報告書（2013年7月）[1]では，銀行業界の急進的な改革を企図しており，①個人責任の強化（Increasing individual responsibility），②社内のガバナンス手続きの改革（Reforming internal governance procedures），③銀行市場の機能の改善（Improving the functioning of banking markets），④規制当局の責任体制の強化（Reinforcing the responsibilities of regulators），⑤政府と議会の間の責任の再調整（Recalibrating the responsibilities of Government and Parliament）がその主旨となる[2]。

　サブプライム金融危機後にも新たな金融不正などの勃発が加わる中，従前のコードとしての柔軟性のメリットを残しつつ，金融検査などに膨大な人件費コストがかかり，コスト・ベネフィットの面からも金融機関側の自主的なコントロールに依拠せざるを得なくなったこと，個人責任追及を強化しないと実効

性が上がりにくい中で規制当局側の敗訴の判断が出され，早急な対応が必要となったこと，一方で経済停滞の打破を図るべく，単なる不正防止に留まらず，企業価値最大化ならびに証券取引所の国際競争力向上も含めた政策を打ち出すことが急務となっていることなどが背景にあると思料される。集団的意思決定の壁を越えるべく，許容される推定，更には個人に対する刑事罰創設を図り，コードでありながら，画期的な内容を有するものとなっている。ソフトローの展開からみれば，コードの法制化・ルール化という，相矛盾する内実を含んだ，これまでに類のない全く新たな局面に進む改革であろう。戦略面のコントロール，企業文化，統制環境を重視する点では英国で発展してきた戦略的リスクマネジメント（ERM）の発展の延長線上にあるものともいえる。当該分野の研究は意義深く，今後も研究を継続していきたい。

　我が国のコーポレート・ガバナンス改革は，これまでは米国モデル重視の一辺倒ともいえる状況であったが，成長戦略を不可避とする英国との共通性もあり，今般2つのコード策定・導入が英国を範としつつ行われつつある。もっとも英国とはタイムラグあるいはコンプライアンスの必要性の軽重もあり，我が国の場合はリスクテイクをいかに促すか，に独立社外取締役導入の意義があるものとされる。そのため，監視役と促進役を同一人が兼任できるのか，従来の法律・会計の専門家がそのまま社外役員と残ることで趣旨の達成は可能か，業界に精通した人材の確保とモラルハザード（競合他社の業務執行取締役を採用する場合）など，また独自の問題点も浮かんでくるところである。

　公開会社法を持たない我が国において，上乗せ規律として上場会社に対するガバナンス規律がコードの形で溢れてくる。ソフトローとしてのコードと会社法制の一体化が進めば，ソフトローのハードロー化に繋がる。形式的遵守に企業側が留まれば，ルール化の進展が予想されるが，その場合にプリンシプルベースの良さを失いかねないが，本来は公開会社法の規律すべき局面だとすると，英国コードとは異なる発展形態を示す可能性もある。

　ルール化については，英国において Senior Persons Regime にその傾向が顕著にみられ，背景としての個人責任追及の困難さなどについて，我が国では直ちに解決すべき急務となっているわけでもない。我が国のガバナンスの現状の問題点は，経営陣にリスクテイクを促す複数の独立社外取締役導入，更には

持合株式解消を念頭に置いた政策投資の扱いに大きな焦点があり，Comply or Explain の説明責任についても企業側の焦眉の急の課題となっている部分でもある。英国では金融機関のリスクテイクが進んでサブプライム金融危機による破綻の問題が生じ，ウォーカー報告書，更には Senior Persons Regime にまで改革の波が進んでいる。かかる金融危機自体の問題が大きくなかった我が国金融業界において，これからリスクテイクを一層進めるべきなのかどうかの検討を含め，英国のソフトローのハードロー化の展開は参考になろうが，局面が異なることも認識しておく必要がある。リスクテイク後の先取りした発展モデルといえるのかどうか，あるいは我が国は全く独自の展開を遂げるのか，更なる注視が求められる。

II. Senior Management Regime の課題と展望に関する試論

Senior Management Regime の意義等について，ソフトロー領域も絡めて考察してきたところである。当該分野では，まだ我が国における先行研究は見当たらず，英国 FCA の行政処分などに関する Final Notice，最新の論稿[3]なども踏まえて，我が国への影響などを含め，今後の課題・展望を私見を交えて示したい。

1．Senior Management Regime の趣旨とコーポレート・ガバナンス改革のジレンマの危惧

Senior Management Regime について，今般 Approved Persons Regime から改正が図られた論点は以下の3つである。(i) Senior Manager Functions (SMFs) では，そもそも対象人数が拡大した。他方，狭義の Senior Management Regime 自体の対象は絞り込んでいる。(ii) Certification Regime では，おそらく説明責任として事前に自社が行った Certification を当局に提出する事が求められるようになろう。(iii) Conduct Rules では，以前より厳格なルール化が図られ，特に広い適用が特徴である。

上記の3つの論点を含めた広義の Senior Management Regime 全体でみれ

ば，従来の Approved Persons Regime よりも Junior な経営陣にも方向を拡大している。よりコードを柔軟に適用しやすくなり，規制当局による恣意性も増すことになるが，一方で規制する側の監視対象が広がることで，全体の把握に時間がかかるなどのデメリットも発生するのではないか。

また狭義の Senior Managers' Regime の責任を刑罰適用など特に厳しく問うことになり，Senior Managers の能力に本来は値する人間であっても Senior Managers としないという企業側の対応も予想されるが，企業にとっては有能な人材が出世できないというデメリットと人件費抑制のメリットが並存する。

Senior Managers の人材が多いほど権力が分散し，特定の CEO などの権限集中化を防止できる機能もあり，バランスの良いガバナンスが実現する。このため，コーポレート・ガバナンス面からみても必ずしもプラスとはいい難い方向性も生じ得よう。一種のジレンマとなる。経営上層部の人材が詰まるため，コスト面では健全な経営，バランスシート化が期待できる。一方で，社員の士気が下がり，よって内部が腐敗する可能性を潜める。

Senior Managers に当局が規制をかけることにより，悪事・不正は起こりにくいが，反面で大胆な経営はしにくくなるため，急速な企業の発展は望めず，成長は持続的ではあろうが，発展スピードは極めて遅くなる懸念もある。これまたコーポレート・ガバナンス改革のジレンマあるいはパラドックスとなりかねない。我が国の成長戦略におけるコーポレート・ガバナンス改革の方向性とは異質な面も存在し，今後我が国企業の経営陣がリスクテイクを進め，成長が軌道に乗った以後の課題ともいえる。もっともこの点は，ソフトローの発展モデルが英国と我が国で異なることも予想される。

2．規制当局の恣意性と調査力

Senior Management Regime は，以前の比較的対象が広い組織的な責任から，個人にピンポイントで説明責任を追及することで金融業界に対する規制を強めんとしている。

銀行基準に関する英国議会委員会 (the Parliamentary Commission on Banking Standards) がより規制を強めようとしていることから，逆にいえば，これまでに行ってきた規制改革が効果的であり，より一層の改善，規制を

しようとしているのではないかとも考えられる。
　その上で，これまでの制度では個人への責任追及の手法が不十分であり，結局は当局の追及から逃げられることがあったため，それが出来ないように規制を強めようとしている印象が窺える。
　新しい Senior Management Regime によって責任転嫁や責任逃れがしにくくなるように考えられる。つまり当局の調査力をアップさせるものであろう。これまでの比較的緩やかなソフトローから強硬法規に近いものになっていく側面があることは述べた。個人に対する刑罰規定の導入など，ほぼ刑法的色彩を強めているといってよい感もある。

3．主要な3つの論点—Comply or Explain も含めて考察—

　3つの主要な論点のうち，Senior Manager Functions（SMFs）については，今般対象が Senior Management である最上級の役員たる個人となったが，従前の Approved Persons Regime の場合は当該役員を選出した会社における責任について当局の追及のウエイトがあったのではないか。
　下層の経営陣を広範囲に対象とする Certification Regime については，金融機関における規制対象の行動に関するあらゆる役割について，適合性と適切性（fitness and proprietary）が求められる。概念的に明確といえず，役職，業務に関する細かい事項が今後文字で把握されるのではないかと思料される。Comply or Explain よりはるかに説明責任が厳しい内容といえる。
　行動規則（conduct rules）は，Approved Persons Regime におけるコード原則（principle and code of practice for approved persons（APER））に比べると，原則ステートメントやコードの実行に関して適用範囲が広範で，しかもコードでなくルールと銘打っており厳しい内容となる。以下で，各項目毎に問題点などを整理して考察を深めたい。

(1) Senior Management Regime
　新しい Senior Management Regime では，個人責任を対象とし，金融機関が広範な責任を個人に割当て，定期的に適合性と適切性について審査する（vet）ことが求められる。第一義的には，企業において個人の責任追及を行う

ように要求しているとみられる。

　従前の銀行，PRA 指定の投資会社などに関する重要な影響を与える機能 (Significant Influence Function：SIF)，Approved Persons Regime は，今後は上級経営者の機能 (Senior Manager Functions：SMFs) に代わることとなる。かかる SMF の機能を引き受ける者は，規制当局による事前承認が必要となる(4)。この承認は条件付きであり，有効な期限が定められ，変更も加えられる (conditional, time-limited or varied)。取締役会のメンバーに限らず，他の多くの個人も Senior Managers として承認を要求されることになる。Senior Management Regime では，広義にはこれまでの Approved Persons を含むことはもちろん，更に対象となる重要な機能自体は拡張する。SMF の機能を引き受ける者として，銀行における 17 の SMFs（重要なマネジメント機能）が事前承認を受ける必要がある。主要ビジネス領域の長に加えて，グループ企業の上級管理者，重要な責任を担う上級管理者の SMFs については，Approved Persons に対する拡張と位置付けられる(5)。取締役会メンバー以外の業務執行役員も広く対象としていることが窺える(6)。

　SMFs については既述してきたが，改めて業務執行機能 (Executive function)，非業務執行機能 (Non-executive function) に区分し，更に FCA, PRA 毎に整理を図りたい。(i) FCA の管轄について，業務執行機能は Executive Director, Significant Responsibility Senior Manager, Money Laundering Reporting, Compliance Oversight となる。非業務執行機能は Non-Executive Director, Chair of Nominations Committee である。(ii) PRA の管轄では，業務執行機能が Chief Executive function, Chief Finance function, Chief Risk function, Head of Internal Audit, Head of key business area である。非業務執行機能は Chairman, Chair of the Risk Committee, Chair of the Audit Committee, Chair of the Remuneration Committee, Senior Independent Director となる。Group Entity Senior Manager は執行・非執行に拘わらず PRA の管轄である。業務執行取締役 (Executive Director)，非業務執行取締役 (Non-Executive Director) などは全体として FCA が広範に規定し，他方で最高業務執行者機能，最高財務責任者機能，最高リスク責任者，最高内部監査責任者などの執行側役員のトップ，

リスク・報酬・監査委員会の各委員長などの監督側の取締役のトップについては PRA が規定するという役割分担が構築されている感がある。指名委員会のみはトップの委員長は FCA がコントロールするものとされるが，行動ルールを担う規制機関として FCA がコンプライアンス，マネーロンダリングなどと共にその監督下においているものと思料されよう。

　FCA が SMFs（重要なマネジメント機能）として Senior Management Regime に規定する Non-Executive Director の内容が，Code of Conduct（行動面のコード）における非業務執行取締役の役割と責任（FCA）として述べてきた部分であり，コードとして更に詳細に規定がされていることになる。金融機関に限定したスキームではあるが，全体を鳥瞰すると非常に大きく，また細部に亘っている。従前からのコードの流れの中で重複部分も少なくなく，分かりにくさも残るが，今後上場企業一般にも影響を及ぼす大きな枠組みとなっていることが感得できる。もっとも，Code of Conduct の一部としてコードに留まる点，コードでありながら金融サービス市場法（FSMA）に組み込まれることが提案されている Senior Management Regime と異なり，同じく内容はコードであってもエンフォースメントの点では弱さもあろうか。

　私見であるが，FSMA の中に組み込まれ，授権の根拠を得ていても，会社法と会社法規則のような法制度内の一体性ある関係ではなく，あくまでも Senior Management Regime 自体はコードとしての内実のものと思料する。その意味ではプリンシプルベースの内容といえようか。一部は FCA Code of Conduct において詳細が規定されている所以でもあり，ソフトローとハードローの性格の併存形態と思料する。この点が，Approved Persons Regime との最大の相違点であり，エンフォースメントの実効性を確保せざるを得なくなったことが背景にあることは述べてきた。もっとも日本版コードも改正会社法に上乗せ規制となるが，会社法にはコードのことは記載されていない。英国のコード規律との相違点となる。ソフトローとしての Senior Management Regime に関しては，引き続き研究を行っていきたい。

　拡大した対象には，主要な業務や特定分野の長であり，経営の意思決定に重要な影響を及ぼすグループや親会社の経営陣である個人が含まれる。企業は，こうした責任ある各個人にかかるガバナンスについて相互に関連付け，その全

体構造を責任マップ (Responsibilities Map) に落とし込むことについて報告を要求されるようになる。企業は1年ごとに責任の割当てに欠落がないかを確認しなければならない。英国銀行以外の支店に対する適用についてはまだ確定しておらず，英国財務省の協議にかかっている。

(2) Certification Regime
　議会委員会による提案では，金融サービス市場法 (the UK the Financial Services and Markets Act FSMA) に Certification Regime を盛り込むことになっている。Certification Regime の適用は，SMF ではないが，当該金融機関や顧客に重要な害を及ぼしかねないリスクがあり，重要なリスクテイカー (material risk-takers) となる規制活動に関わる役割を担う全社員が対象である。かかる重要な害を及ぼしかねない機能を担う個人に対する適合性と適切性については，企業側は最低年に一度再評価を行い，実績をみて，その認証を更新することが求められる。規制当局は Senior Manager のように事前承認は行わず，Senior Manager に対して社内において内部評価と認証手続き (internal assessment and certification process) を行うことを求めている。従前の Approved Persons Regime との大きな相違点であり，私見であるが，一種の間接統治形態といえよう。
　適合性と適切性に関する FCA の評価の要求は PRA のものより広い。適合性などの内容については FIT ハンドブックに準拠する。PRA も，現在よりも広い範囲の内容に切り替えることを計画している。刑事罰記録，規制当局による照会など現在課している要求については引き続き継続する。

(3) 行動規則
　行動規則 (conduct rules) に関しては，個人に対して自身の行動につきより広い個人責任を担わせるため，これまでの Approved Persons Regime におけるコード原則の要求事項 APER Principle (the Statements of Principle and Code of Practice for Approved Persons) はより広い行動原則の適用に置き換えられる。
　これに加えて FCA は，純粋な副次的な (ancillary) 機能に従事する者以外

第14章 Senior Management Regime の展開と課題　203

の全従業員にかかる行動規則を適用せんとしている。FCA の目的は企業の一定以上の重要な役割をなす全ての社員に規制を課しコントロールすることにあるとみられる。

　企業としてはルールを社員が自然に守れるようになるように研修等で訓練させる必要があり、違反の怖れがある場合（事前）、懲戒処分を受けた場合（事後）の何れも規制当局に報告する義務がある。次に述べる重要な機能（SMs）の違反は7日以内に報告が求められ、それ以外については四半期毎に集計資料の提出を行うことになる。

　単純化された業務や非金融業界に従事する者は副次的機能の範疇に入り、行動ルールの対象外となる。従って金融業界に向けた上乗せルールであると考える。銀行取締役の善管注意義務違反に関しては、我が国でも判例の蓄積が多く、米国などでも責任を加重するものかどうか議論がされているところであるが[7]、行動ルールをみる限りは加重要件となるのであろうか。

　行動規則の内容はみてきたところであるが、5つのルールが個人に課される。要約すれば以下の通りである。第1層（first tier conduct rules）は、(i)誠実に行動する。(ii)適切な skill, care, diligence を持つ。(iii)FCA や PRA、その他の規制当局に情報をオープンにし、協力的にする。(iv)顧客の利益に注意を払い、フェアに扱う。(v)市場行動（market conduct）の適切な基準を見極める。加えて4つのルールが Senior Managers に限定である。第2層（second tier conduct rules）は、(SM1) 企業の中で責任を有している業務に関して、効率的にコントロールされていることを確保すべく、合理的な処置を図らなければならない。(SM2) 企業の中で自身が責任を有している業務に関して、遵守すべき規制システムの基準や要求に応える。(SM3) 自身が責任を負う業務の委託する場合は適格な人材に対して行い、効率的に委託された責任を果たしていることを監視する。(SM4) 合理的に考えて FCA や PRA が期待していると考えられる情報を適切に公開しなければならない。Senior Managers には特に効率性に向けた手続きの履践ならびに監視・監督、規制の遵守、適切な情報開示が求められることになる。

　細かな点となるが、第1層（first tier conduct rules）は基本的に Senior Managers（上級マネジャー）、Certified Persons（認証を受ける者）のみを

対象とし，Other employees other than ancillary staff（単純作業以外の従業員），Ancillary staff（単純作業者）は対象とならない。第2層（second tier conduct rules）は Senior Managers のみを対象とする。もっとも，FCA の監督下にある企業の場合，スタッフの大部分である Other employees other than ancillary staff にまで第1層のルールが拡大適用される[8]ことには留意されよう。

【注】
(1) The Parliamentary Commission on Banking Standards today publishes its Final Report - 'Changing banking for good'. It outlines the radical reform required to improve standards across the banking industry. 19 June 2013. http://www.parliament.uk/business/committees/committees-a-z/joint-select/professional-standards-in-the-banking-industry/news/changing-banking-for-good-report/.
(2) Financial Regulation, Parliamentary Commission on Banking Standards Report, Putting bankers in the firing line or will this report make a real "change for good"?. http://www.pinsentmasons.com/PDF/Banking-Standards-Report-Jun13.pdf.
(3) 海外大手監査法人（PWC）の報告書参照（2014年11月）。Senior Manager Regime - Strengthening accountability in banking and what this will mean for you 30 November 2014. http://pwc.blogs.com/north/2014/11/senior-manager-regime-strengthening-accountability-in-banking.html.
(4) The FCA and PRA Senior Managers and Certification Regime-The new landscape, Allen &Overy LLP 2014. http://www.allenovery.com/publications/en-gb/fca-pra/Documents/the_new_landscape.PDF. Senior Persons Regime implications for Senior Decision-Makers, Grant Thornton March 2014. http://www.grant-thornton.co.uk/Documents/financial-services/Senior％20Persons％20Regime％202014.pdf. New regulatory framework for financial services individuals, Ashurst London August 2014. http://www.ashurst.com/doc.aspx?id_Content=10864.
(5) A practical guide to the Senior Managers and Certification Regime-October 2014, Clifford Chance. http://www.cliffordchance.com/briefings/2014/10/a_practical_guidetotheseniormanagersan.html.
(6) Senior Management Regime の対象とする SMFs の機能自体は拡大しているといえる。対象人数も広義の Senior Management Regime では Certification Regime を含め，Approved Persons Regime よりも拡大するが，狭義の Senior Management Regime の対象は Approved Persons Regime よりも絞り込まれて厳格に責任追及されることになる。
(7) 拙稿「銀行取締役の追加融資責任に関する考察—東和銀行損害賠償請求等訴訟事件と関連事案の検討ならびに米国の比較法的研究を通じて—」法学紀要第54号（2013年3月）55-162頁，拙稿「銀行取締役の善管注意義務違反と経営判断原則などに関わる考察—四国銀行株主代表訴訟上告審判決（最二判平成二一・一一・二七金判一三三五号二〇頁）の検討，米国の比較法的観点などを通じて—」法学紀要第52巻（2011年3月）43-133頁。
(8) A practical guide to the Senior Managers and Certification Regime-October 2014, Clifford Chance.

Phase V

取締役会評価，攻めのガバナンス，米国における忠実義務の考察，ならびに統合的リスク管理（ERM），リスクカルチャーとプルーデンス規制

第15章
取締役会評価の考察
―機関投資家の逆選別化,ROEと資本コスト―

I. 欧米の取締役会評価とコーポレート・ガバナンス

1. 欧米の取締役会評価

　コーポレート・ガバナンス・コードの導入・実践においては,取締役会評価(Board Evaluation)が成否の鍵を握る。取締役会全体の実効性の分析・評価に関して,日本版コードの補充原則4-11③に定めが置かれている。また定性的のみならず,定量的にみた評価の実際の手法・基準なども考察が必要となる。英国 Senior Management Regime の実践においては,ソフトローとハードローの双方を踏まえた取締役会の評価について企業における実際の検討が重要となる。
　主要国のコーポレート・ガバナンス・コードでは共通して取締役会の実効性に関する指針,実効性を高めるための手段としての取締役会評価が示されている(1)。
　取締役会評価は,取締役会の適切な機能と成果,企業の成功と成長における取締役会の貢献について行われる。評価対象は取締役会全体および各取締役個人であり,取締役会内部委員会が設置されていればこれも対象となる。
　評価手法は自己評価,外部評価があり,自己評価は主に取締役会議長,CEOが評価を実施する。外部評価は取締役会から委託された第三者が評価を行う。各国では自己評価から実施され,次に外部評価を行うという経緯を辿っている。
　機関投資家は取締役会の実効性の確認に有効な手段として取締役会評価を企

業が行うことを求めており[2],各国の規制当局も同様のスタンスをとっている。

評価項目に関して,英国FRC発出のガイダンスでは2010年コーポレート・ガバナンス・コードにおいて,統合規範に引き続き取締役会評価に関する規定が存在する。FRCは2011年取締役会の実効性に関するガイダンス[3]を公表し,詳細な指針を提供する。

上記ガイダンスの評価項目の中から主要な部分を掲記すると以下の通り。(a)取締役会におけるスキル,経験,知識,多様性の状況,(b)企業の目的,方向性および価値における明確さとリーダーシップ,(c)後継者と育成に関する計画,(d)取締役会の1つのユニットとしてのまとまり,(e)取締役会議長とCEOにより設定される企業の姿勢,(f)取締役会における関係,特に取締役会議長とCEO[4],取締役会議長と秘書役,社内取締役と社外取締役の関係,(g)社内取締役・社外取締役個人における実効性,(h)取締役会における委員会の実効性,委員会と取締役会の関係,(i)企業とパフォーマンスに関して提供される一般的な情報の質,(j)取締役会に提示される書類とプレゼンテーションの質,(k)個別の提案に関する議論の質,(l)取締役会議長が主要な決定,論争が必要な事項について十分な議論を確保するためのプロセス,(m)秘書役[5]の実効性,(n)意思決定プロセスと権限に関する明確さ,(o)リスクの特定と検証のプロセス,(p)取締役会と株主および他のステークホルダーのコミュニケーション。

企業における取締役会評価のメリットとして,①取締役会が置かれる現状を理解し,強味を強化して,取締役会の課題の把握・解決および運営に資する。②投資家などステークホルダーの信頼を獲得し,その評価を高めることが可能となる。

私見として,日本版コーポレート・ガバナンス・コードの関連であるが,日本版コードでは資本コストと収益性を重視し,攻めのガバナンスを前面に打ち出していることから,取締役会評価においても定性的評価もさることながら定量的評価の実際がより一層求められることとなろう。日本版コードがOECD原則の策定当局からも先んじた内容といわしめる所以である。日本版コードに関する定量的評価の手法,仕組み等も検討がなされる。

2. 欧米の取締役会評価の実際

OECD 諸国における取締役会評価の普及を反映し，OECD コーポレート・ガバナンス原則（2004 年）においても言及されている。

英国ではヒッグス報告書を受けた 2003 年改定統合規範において，取締役会評価の実施が上場企業に求められることになった。

米国では 2003 年ニューヨーク証券取引所（NYSE）上場規則により取締役会，委員会，取締役個人に関する毎年の自己評価が義務付けられる[6]。米国大手企業では GE，プロクター・アンド・ギャンブルなどが評価過程で外部評価者を使っていることを開示している[7]。

3. 英国コーポレート・ガバナンス・コードに係る取締役会評価の展開

主要国における取締役会評価の必要性に関する議論は 1992 年英国キャドベリー報告書[8]において取締役会のパフォーマンスの精査が提唱されたことを嚆矢とする。1994 年全米取締役協会（NACD）の報告書においても取締役会評価が奨励された[9]。

2000 年代には経済危機が起こり，2003 年ニューヨーク証券取引所は取締役会の実効性を高めるため，取締役会の自己評価を上場規則に義務付けている。2008 年リーマン金融危機において，金融機関取締役が複雑なリスクを十分に把握できない実態が示され，OECD は実効性，効率性の監視手段として外部専門家支援による定期的な取締役会評価の実施を提言している[10]。

英国における取締役会評価の展開をみると，キャドベリー報告書から 2010 年コーポレート・ガバナンス・コード制定に至るまで取締役会評価は重要項目として継続的に取り上げられている[11]。

1992 年キャドベリー報告書では，取締役会の実効性に記載の中で取締役会のパフォーマンス評価について，社外取締役の貢献の 1 つは取締役会と経営陣のパフォーマンスについて精査することと言及されている。

1998 年ハンペル報告書では，取締役会評価が英米の企業に導入されている実態に触れているが，上場企業に評価の実施を要求するには至っていない[12]。同年制定の統合規範も同様である。

2003 年ヒッグス報告書はエンロン事件など不祥事を受け，実効性を持つガ

バランス体制構築を目指して作成された。同報告書では，上場企業の多くが取締役会評価を実施しており，取締役会が毎年取締役会評価を実施することを統合規範で求める提案がされた(13)。第三者による外部評価について，評価プロセスに客観性をもたらすこと，取締役会議長は外部評価の価値を認識しなければならないことが述べられる。

　このヒッグス報告書を受け，2003年統合規範が改定され，取締役会は取締役会，委員会，取締役個人のパフォーマンスに関して正式で厳密な評価を毎年行わなければならないことが原則の中に掲げられた(14)。これにより，ロンドン証券取引所上場の英国企業の多くは自己評価を導入することとなった(15)。

　サブプライム金融危機の反省として金融機関における不適切なガバナンスが指摘され，2009年ウォーカー・レビュー（英国の銀行とその他の金融機関におけるコーポレート・ガバナンスの検証）(16)が発出され，取締役会評価について再検討がされている。英国企業において取締役会評価（主に自己評価）が受け入れられ，次にいかなる方法と頻度で評価するか，どのような情報を株主に開示するかという問題に関心が移行してきた(17)。ウォーカー・レビューは金融機関に対し，新たに外部評価について，取締役会は取締役会と委員会のパフォーマンスについて正式で厳密な評価を2年ごとか3年ごとに外部評価のプロセスによって実施しなければならないものとし，定期的な外部評価を勧告した。

　2010年FRCはウォーカー・レビューを踏まえて統合規範を改定し，コーポレートガバナンス・コードを策定した。ウォーカー・レビューの内容は金融機関のみでなく，全上場企業に当てはまるものと認識され，FRCはウォーカー・レビューが推奨する外部評価を支持する立場を明確にしている。即ち，社内リソースの点から外部評価に懸念を示す企業もあったが，FRCは外部評価者が評価プロセスに客観性を持ち込むことを理由として，外部評価の項を加えた。コードにおける取締役会評価の項では，外部評価について，FTSE350企業は少なくとも3年毎に外部評価を受けなくてはならないこと，外部評価者が企業とそれ以外の関係を有しているか否かについて説明しなくてはならないことが定められた。コーポレート・ガバナンス・コードは定期的に見直され，2012年コーポレート・ガバナンス・コード（改定版）では，取締役会評価につい

て，外部評価者が誰であるか開示すること等が加えられた[18]。

4．英国における取締役会評価の外部評価

英国の外部評価に関して，自己評価と比較したメリットは，英国の取締役協会（IOD）によれば，取締役は外部評価者である第三者に対しては進んで懸念を表明し，独立した外部評価者は取締役会議長と経営陣に対して報告する点において制約が少ない。外部評価者は取締役会評価プロセスに専門的ノウハウを持ち込み，取締役会評価が厳格かつ客観的に行われる安心感をステークホルダーに与える。

自己評価は時間，費用，社内リソースの観点から取締役会に受け入れられやすいが，客観性の欠如，議論の不足が指摘されていた[19]。

コーポレート・ガバナンス・コードは外部評価を3年に一度実施することを要求している。外部評価を提供する機関について，数と質の面で進展がみられるが，質の高いサービスを提供する外部評価者の獲得について懸念も生じている。

次に，取締役会評価に関する情報開示について，コーポレート・ガバナンス・コードは取締役会評価がいかに行われたかについて開示を要求しているが，結果の開示は求めていない。背景には情報の開示に対する企業側の抵抗感が存在する。全体的に開示状況は進んでいるものの，開示内容にはばらつきがある（Grant Thornton社調査）[20]。

外部評価者について，2010年改定コーポレート・ガバナンス・コードでは，外部評価者の開示が要求される[21]。評価者の質にばらつきがあり，外部評価における規範作成の動きが出てきつつある[22]。

外部評価者の利益相反問題について，社外取締役を紹介した責任者が，その後に同じ社外取締役を評価する立場になる可能性もあることが指摘されている[23]。2010年コーポレート・ガバナンス・コードにおいては，外部評価者と企業の評価以外の分野における関係について開示が要請されている。

Ⅱ．英国 2014 年 9 月改訂版コーポレート・ガバナンス・コードにおける取締役会評価と筆頭独立取締役の役割

　英国の最新版のコードである 2014 年 9 月改訂版コーポレート・ガバナンス・コードにおける取締役会評価を考察しておきたい。取締役会評価における筆頭独立取締役の役割の重要性が示されている[24]。

　英国コード B.6. 評価においては、主要原則（Main Principle）として、取締役会は、取締役会、その委員会、および個々の取締役について、正式かつ厳格な年次評価を実施すべきである。

　補助原則（Supporting Principles）として、取締役会の評価に当たっては、取締役会のスキル、経験、独立性と会社に関する知識のバランス、性別を含む多様性、取締役会がどのように一体的に機能したかや、有効性に関連するその他の要素を考慮すべきである。取締役会議長は、評価の結果を踏まえ、取締役会の強みを認識し弱点には対処すべきであり、必要があれば、新たな取締役の任命を提案し、または取締役の退任を求めるべきである。個々の取締役の評価に当たっては、各取締役が、有効に貢献を重ねているか、職務に対するコミットメントを明らかにしているか（取締役会・委員会の会合への出席その他の責務に対する時間的なコミットメントを含む）、を示すことを目的とすべきである。

　各則（Code Provisions）として、B.6.1. 取締役会は、年次報告書において、取締役会、同委員会、個別の取締役に対する業績評価がどのように実施されたのかについて記述すべきである。B.6.2. FTSE 350 企業における取締役会の評価は、少なくとも 3 年ごとに外部者によって実施されるべきである。当該外部評価者は、会社と他に関係を有するか否かという点を含め、年次報告書において明らかにされるべきである。B.6.3. 非業務執行取締役は、筆頭独立取締役（senior independent director）の指揮のもと、業務執行取締役の見解を考慮しつつ、取締役会議長のパフォーマンスを評価する責務を負うべきである。

　上記の通り、取締役会の評価に関して取締役会の専門性・多様性および有効

性，取締役会議長の選・解任の関与，外部評価と年次報告書の開示，さらに監督責任の中心たる取締役会議長の評価を筆頭独立取締役が行うことなど，2014年9月改訂版英国コーポレート・ガバナンス・コードのエッセンスともいえる内容が取締役会評価にかかる主要原則に集約されているといえよう。

Ⅲ．取締役会評価のベストプラクティスと Senior Management Regime

1．英国コードと日本版コードにおける取締役会評価規定

　取締役会評価におけるベスト・プラクティスを考察するに，日本版コーポレート・ガバナンス・コードでは，コード原則4.11.（取締役会・監査役会の実効性確保のための前提条件）の中で，「取締役会は，その役割・責務を実効的に果たすための知識・経験・能力を全体としてバランス良く備え，多様性と適正規模を両立させる形で構成されるべきである。また，監査役には，財務・会計に関する適切な知見を有している者が1名以上選任されるべきである。取締役会は，取締役会全体としての実効性に関する分析・評価を行うことなどにより，その機能の向上を図るべきである」（日本版コード原則4.11.）と定められる。補充原則では，取締役会は，取締役会の全体としての知識・経験・能力のバランス，多様性及び規模に関する考え方を定め，取締役の選任に関する方針・手続と併せて開示すべきである（4-11①）。社外取締役・社外監査役をはじめ，取締役・監査役は，その役割・責務を適切に果たすために必要となる時間・労力を取締役・監査役の業務に振り向けるべきである。こうした観点から，例えば，取締役・監査役が他の上場会社の役員を兼任する場合には，その数は合理的な範囲にとどめるべきであり，上場会社は，その兼任状況を毎年開示すべきである（4-11②）。取締役会は，毎年，各取締役の自己評価なども参考にしつつ，取締役会全体の実効性について分析・評価を行い，その結果の概要を開示すべきである（4-11③）。

　他方，直近の2014年9月改訂版英国コーポレートガバナンス・コードでは，主要原則（Main Principle）において，「取締役会は，取締役会，その委

員会,および個々の取締役について,正式かつ厳格な年次評価を実施すべきである」(英国コード原則 B.6.)。続けて,補助原則(Supporting Principles)において,取締役会の評価に当たっては,取締役会のスキル,経験,独立性と会社に関する知識のバランス,性別を含む多様性,取締役会がどのように一体的に機能したか,更に有効性に関連するその他の要素を考慮すべきである。取締役会議長は,評価の結果を踏まえ,取締役会の強みを認識し弱点には対処すべきであり,必要があれば,新たな取締役の任命を提案し,または取締役の退任を求めるべきである。個々の取締役の評価に当たっては,各取締役が,有効に貢献を重ねているか,職務に対するコミットメントを明らかにしているか(取締役会・委員会の会合への出席その他の責務に対する時間的なコミットメントを含む),を示すことを目的とすべきである。各則(Code Provisions)では,取締役会は,年次報告書において,取締役会,同委員会,個別の取締役に対する業績評価がどのように実施されたのかについて記述すべきである(B.6.1.)。FTSE 350 企業における取締役会の評価は,少なくとも 3 年ごとに外部者によって実施されるべきである。当該外部評価者は,会社と他に関係を有するか否かという点を含め,年次報告書において明らかにされるべきである(B.6.2.)。非業務執行取締役は,筆頭独立取締役(senior independent director)の指揮のもと,業務執行取締役の見解を考慮しつつ,取締役会議長のパフォーマンスを評価する責務を負うべきである(B.6.3.)。

　日本版コードと英国コードの取締役会評価に関する主要原則,補助原則,各則をみると,英国コードにおいてはより具体的な規定が示されていることが窺える。スキル,経験,独立性と知識のバランス,性別など多様性,取締役会の一体的機能と有効性から始まり,業績評価の手法・内容,外部評価,非業務執行取締役と筆頭独立取締役の役割などに及んでいることが特徴である。特に英国におけるコーポレート・ガバナンス改革の議論は報酬制度改革に力点が移行しつつある。Senior Management Regime の議論においても,取締役会評価と報酬制度改革は一体として考察が必要となろう。

2. 取締役会評価のベストプラクティスのポイント

　英国コーポレート・ガバナンス・コード,日本版コードを踏まえて,取締役

会評価のベストプラクティスを検討していきたい(25)。

取締役会評価におけるベストプラクティスは取締役会評価の内容，実施のあり方，取り扱われるべき課題，アウトプットの活用の仕方，開示すべき情報の内容などである。

英国ではコーポレート・ガバナンス・コードで求められる要件に該当しない場合も取締役会評価を継続するかに関しては肯定的な企業が多いとされている。

取締役会評価の手法について，Comply or Explain ルールをベースに個々の企業の組織文化と取締役会の実際に適したアプローチを採ることになる。

取締役会評価で扱うべき問題として，①取締役会の構成，専門知識，ダイナミックス，②タイム・マネジメントと取締役会サポート，③経営戦略の監督とリスク管理，④取締役会継承の計画と人材が挙げられる。最近の傾向としてケーススタディ，特定テーマに重点が置かれる。

取締役会評価のアウトプットの活用に関して，多様性と継続性の葛藤がある。前年比で動向と進展を確認すること，教訓に学び前回の評価で指摘された問題のフォローアップをすることは重要である一方，新鮮さを保つこと，技法を変えること，マンネリ化と機械的作業に陥ることを避けることも必要であろう。

取締役会のどの部分を開示する必要があるかに関して，日本版コーポレート・ガバナンス・コード補充原則 4-11 ③においては，「取締役会は，毎年，各取締役の自己評価なども参考にしつつ，取締役会全体の実効性について分析・評価を行い，その結果の概要を開示すべきである」と規定される。評価においては進捗と内容，有用性と機密性のバランス，グッド・プラクティスの例示などが重要なポイントとなる。

【注】
（1）高山与志子「取締役会評価とコーポレート・ガバナンス—形式から実効性の時代へ—」商事法務 No.2043（2014 年 9 月 13 日）15-26 頁に詳説されている。以下，Ⅰ．の項において参照させて頂いた。
（2）International Corporate Governance Network, ICGN Global Governance Principles, p. 8. http://www.icgn.org/best-practice.
（3）Financial Reporting Council, Guidance on Board Effectiveness, March 2011, pp. 11-12. https://

www.frc.org.uk/getattachment/c9ce2814-2806-4bca-a179-e390ecbed841/Guidance-on-Board-Effectiveness.aspx.
（4）英国コーポレート・ガバナンス・コードにおいて取締役会議長と CEO の分離が要求されている。
（5）秘書役（Company Secretary）は総務，コンプライアンス，取締役会関連，株主総会関連の業務に携わる。
（6）New York Stock Exchange Rule 303A.091.
（7）Mark Kessel and Stephen T. Giove, "Board Self-Evaluations:Practical and Legal Implications", NACD Directorship, May/June 2014, p. 62.
（8）The Committee on the Financial Aspects of Corporate Governance chaired by Adrian Cadbury, the Financial Aspects of Corporate Governance, 1992.
（9）National Association of Corporate Directors, The Blue Ribbon Commission Report on Performance Evaluation of CEOs, Boards, and Directors, Washington, 1994, p. 24.
（10）OECD, Corporate Governance and financial Crisis: Key Findings and Main Messages, June 2009, p. 10. http://www.oecd.org/corporate/ca/CorporategovernancePrinciples/43056196.pdf.
（11）英国におけるコーポレート・ガバナンス・コードの発展に関して，拙稿・前掲「英国スチュワードシップコード，コーポレート・ガバナンス・コードの理論と実践─英国における新たなガバナンス規範と非業務執行取締役ならびに我が国の導入に向けて─」法学紀要（2015 年 3 月）第 56 巻 35-140 頁。
（12）The Committee on Corporate Governance chaired by Sir Ronald Hampel, Final Report, January 1998, p. 27.
（13）Drek Higgs, Review of the Role and Effectiveness of Non-executive Directors, January 2003, p. 7, 49, 50.
（14）Financial Reporting Council, The Combined Code of Corporate Governance, Jury 2003, p. 10-11.
（15）Institute of Directors, The Challenge of Board Evaluation, 2 September 2010, p. 2. http://www.iod.com/imfluencing/policy-papers/corporate-governance/the-challenge-of-board-evaluation.
（16）David Walker, A Review of Corporate Governance in UK Banks and Other Financial Industry Entities-Financial recommendations, 26 November 2009.
（17）Financial Reporting Council, 2009 Review of the Combined Code: Final Report, December 2009, p. 22. https://www.frc.org.uk/Our-Work/Publications/Corporate-Governance/2009-Review-of-the-Combined-Code-Final-Report.pdf.
（18）Financial Reporting Council, The UK Corporate Governance Code, September 2012, pp. 15-16.
（19）Institute of Directors, The Challenge of Board Evaluation, 2 September 2010, pp. 3-5.
（20）Grant Thornton, Corporate Governance Review 2013. Governance Steps up a Gear, 2013, pp. 20-21, 49. http://www.grant-thornton.co.uk/Documents/FTSE-T350-Corporate-Governance-Review-2013.pdf.
（21）Association of British Insurers, Report on Board Effectiveness, Updating Progress, Promoting Best Practice, December 2012, p. 39.
（22）Advanced Board room Excellence, Independent External Board Evaluation-Code of Practice, January 2014.
（23）Dina Medland, "Better Boards:Evaluation code proposed", Financial Times, January 29, 2014.
（24）The UK Corporate Governance Code（September 2014）. http://www.fsa.go.jp/singi/corporategovernance/siryou/20140930/05.pdf.

(25) Oliver Ziehn (Partner, Lintstock Ltd「取締役会評価のベストプラクティス/Best Practice in Board Reviews」日本コーポレート・ガバナンス・ネットワーク (2015年4月24日)。'10 Years of Reviewing the Performance of UK Boards', 2013, Lintstock Ltd. & The All Party Parliamentary Corporate Governance Group.

第16章
攻めのガバナンスと評価手法の実際
――企業価値向上と監督機能，報酬制度設計と独立社外取締役――

Ⅰ．企業価値向上と監督機能

1．日本版コーポレート・ガバナンス・コードの攻めのガバナンス

　我が国上場企業において，日本版コードを踏まえて攻めのガバナンスを実践に移す手法などが課題となる。株主の利益を守り，企業価値の最大化を目的とするコーポレート・ガバナンスの規範導入は欧米で一般的になっており，コーポレートガバナンス・コードの遵守は，取締役選任案などに対する機関投資家の賛否にも影響を及ぼすものとなる。上場企業が役員の選任・評価に当たり，検討すべき具体的な事項として下記の点が挙げられる[1]。①独立取締役2名以上の選定，②役員候補者のみならず，CEOの候補者選任プロセスに独立取締役を関与させ，オープンな議論を行うこと，③企業価値向上のため健全なリスクテイクをしているかを役員評価・報酬決定・再任・解任に反映させること，④取締役（会）の役割，取締役選定基準を明確化すること。

　日本版コーポレート・ガバナンス・コードの攻めのガバナンスの実践につき，取締役会評価と併せて，役員評価・選任の手法などが問題となる。日本版コードのうち，企業価値向上と監督機能のテーマに関連する日本版コードの各原則を抽出してみたい。指名・報酬委員会の役割が従来にも増して重要なものとなってくる。

　独立取締役2名以上選任（原則4-8），取締役会によるCEO等の後継者計画の監督（補充原則4-1③），独立取締役中心の諮問委員会による指名報酬等への助言（原則4-10）により，CEOおよび役員の候補者のアセスメントが可視

化される。

　役員報酬決定に対する業績と健全なリスクテイクの反映（原則4-2），経営陣の選任解任に対する業績評価の反映（原則4-3），計画未達の要因分析開示（補充原則4-1②）により，企業価値創出と健全なリスクテイクに基づく役員業績評価制度の確立が図られる。

　業務執行に携わらない取締役（非業務執行取締役）の活用（原則4-6），経営陣への委任の範囲の決定・開示（補充原則4-1①），取締役会全体としての知識・経験・能力のバランス・多様性，規模に関する考え方の開示（原則4-11①），取締役会としての実効性の評価・開示（原則4-11③）により，取締役会の役割定義・取締役選定基準の明確化は図られる。原則4-11③は取締役会の評価に繋がる部分である。

　各原則をみてみると，取締役会は，最高経営責任者等の後継者の計画（プランニング）について監督を行うべきである（補充原則4-1③）。取締役会の経営陣からの独立性・客観性が必要となる。

　取締役会は，経営陣幹部による適切なリスクテイクを支える環境整備を行う（原則4-2）。欧米とは異なり我が国の経営陣は元来，中長期的観点で取り組んできているため，取締役会はこれを支えるべきという日本版コード独自の部分である。

　経営陣の報酬は，中長期的な会社の業績や潜在的リスクを反映させ，健全なインセンティブ付けを行うべきである（原則4-2）。攻めのガバナンスが背景にあり，取締役会は経営陣の適切なリスクテイクを支える考え方である。

2．日本版コードと中長期的な企業価値向上ならびに監督機能強化

　攻めのガバナンスにおいては，中長期的な企業価値向上と監督機能強化が鍵となる。第1に，中長期的な企業価値向上では，戦略的方向付け（経営戦略・経営計画，中期経営計画の実現・達成度の評価），経営陣の人事（業績評価と選・退任の反映，後継者計画の監督），経営陣のリスクテイクをサポートすること（経営陣にインセンティブ報酬を付与），リスクマネジメント（リスク管理体制の構築・運用の監督）が重要となる。

　第2に，監督機能強化では，取締役会の役割・責務（取締役会の役割・責務

明確化，経営陣に対する委任の範囲明確化，監査役および監査役会の能動的・積極的権限行使，取締役等における受託者責任を認識した行動，独立社外取締役の役割・責務明確化），独立社外取締役（取締役会の人材構成適正化，独立社外取締役の複数選任・組織化，独立社外取締役の独立性判断，独立社外取締役等の取締役会業務専念），諮問委員会（指名・報酬の諮問委員会設置，取締役会の運営システム，審議活性化を図る取締役会運営，取締役による能動的情報入手，会社情報を提供するスタッフの選任，取締役のトレーニング）が重要となる。

　具体的には第1に，中長期的な企業価値の向上について，①戦略的な方向付けでは，経営陣への委任の範囲を拡大し，取締役会に付議する重要事項の基準を策定する。CEOとの協働で戦略的方向を確立し，開示する。②中期経営計画の実現では，資本コストを超えるROE達成[2]など中期経営計画における業績目標を設定する。中期業績目標の達成度評価を行い，評価の分析結果を次期の計画に反映する。③後継者計画の継続的監督では，毎年CEOが用意する以下の後継者計画を指名委員会を通じて検討・了承する。この中には，緊急対応CEO後継者計画，通常のCEO後継者計画，CEO以外の経営陣幹部の後継者計画がある。取締役会メンバーによる候補者の診断評価（個別面接）を行う。④中長期の業績持続に繋がるインセンティブ付与では，短期・長期インセンティブのバランス適正化，後年度実績，リスクを反映したインセンティブの中長期延払い（リスクアジャストメント）が入る。⑤リスクテイクの支援では，リスク委員会の設置，直面するリスクの評価，企業のリスク戦略監視，リスク選好度・リスク許容度について助言することが入る。

　第2に，監督機能の強化，即ち取締役会による経営陣に対する監督について，①人事面では経営幹部の選・退任の関与があり，Lead Directorの主導の下で指名諮問委員会を通じて毎年CEOの評価を行う。指名諮問委員会の答申に基づいてCEOの退任・選任の決定を行う。更に，指名諮問委員会を通じてその他の経営陣幹部の評価を行う。指名諮問委員会の答申に基づいてその他の経営陣幹部の退任・選任の決定を行う。②経営陣の業績マネジメントについて，CEOおよび経営陣幹部の年度業績目標を設定する。各経営陣幹部の業績目標達成度評価，貢献度評価を行う。評価に基づき，CEOおよび経営陣幹部

の報酬を決定する。③独立社外取締役の体制強化について，取締役会・諮問委員会における独立社外取締役の比率を決定する。独立社外取締役の拘束時間を最低年間30日などと定める。他社取締役への就任制限を規定する。独立社外取締役のみによる会合（Executive Session）を開催する。Lead Director（筆頭独立社外取締役）の選出を行う。独立社外取締役へのオリエンテーションと継続的教育を実施する。④監査役設置会社を前提に諮問委員会（指名，報酬）の活用について，取締役会の業務の大部分を委員会が実施する。委員長は独立社外取締役自身が就くか，推薦を行う。取締役会の実効性評価を図る。

　コードの内容の実現には，諮問委員会の役割が重要となる。企業内の指名委員会のガイドラインの例示としては以下の通り。第1に，指名委員会の運営に関して，①委員会の役割・責務では，取締役会全体の組織構成，人材構成，運営方法について取締役会に勧告する（Composition）。取締役会・経営会議メンバーの選・退任について取締役会に勧告する。指名・報酬等各委員会メンバーの選・退任について取締役会に勧告する（Nomination）。取締役会・経営会議メンバーの後継者計画について取締役会に勧告する（Succession）。②委員会の説明責任では，答申内容の公正性，決定プロセスの透明性，決定理由の開示，取締役会・経営会議メンバーの実績評価と開示が求められる。③取締役会の組織構成・人材構成の検討では，取締役会人数規模，独立社外取締役の比率設定，取締役会人材構成，人材要件，拘束時間の設定が必要となる。④委員会メンバーの行動基準では，後継者計画を継続的に監督すること，CEOおよび取締役会会長のリーダーシップを客観的に評価し結果を開示すること，CEOおよび取締役会会長の提案について十分検討し必要な異議を唱えることが求められる。⑤答申策定のプロセスでは，各取締役の実績評価・行動評価実施，取締役会・経営会議メンバーの後継候補者のリストアップと評価・選抜，個別面接による情報入手が求められる。

　第3に，報酬諮問委員会の運営に関して，①委員会の役割・責務では，経営陣幹部の報酬について基本方針を策定し答申する。取締役会・経営陣幹部の報酬を設定し取締役会に答申する。経営陣幹部への株式報酬付与を監督する。非業務執行取締役および独立社外取締役の報酬を検討し取締役会に答申する。②委員会の説明責任では，答申内容の公正性，決定プロセスの透明性，決定理

由の開示，経営陣幹部の業績目標と達成度評価と開示，報酬コンサルタント選定の公正性・妥当性が求められる。③委員会メンバーの行動基準では，取締役会における報酬に関する議論を促しガイドすること，各経営陣幹部の業績，貢献を客観的に評価すること，報酬の市場水準，動向に留意することが求められる。④答申策定のプロセスでは，行動基準に合致した報酬コンサルタントの選定，報酬の市場水準・動向の把握，業績目標の設定と目標達成度にリンクした報酬レベル設定，業績賞与への中長期リスクアジャストメントの導入，業績評価実施を行うことになる。

II．モニタリングモデルと攻めのガバナンスの考察

　私見であるが，独立社外取締役を主とする米国型モニタリングモデルに依拠する場合，取締役会の機能は監督・監視機能に重点が置かれることになり，米国型機構においても取締役会の重要な決定事項である経営戦略面の立案機能は自ずと限度があろう。執行役あるいは取締役を兼務する場合のCOO，CEOなどを実質的な長とする経営企画部などの実務舞台を含めて業務執行陣を中心に策定し，これを独立社外取締役を含めた取締役会において最終的に承認することになる。監査役設置会社が社内取締役を多く配置しており，製造業種であれば技術的な課題などを含め，実質的な議論が可能であることとは相違する。この点で，米国型モニタリングモデルには一定の限界があるといわざるを得ない。独立社外取締役をトレーニングする場合も，年10回程度の取締役会出席を前提としており，あくまで指名委員会，報酬委員会を通じた機能発揮が主となろう。従って，攻めのガバナンスに向け，経営陣にリスクテイクを促すことが独立社外取締役に今後は期待されるとしても，取締役会全体の議論として，製造業などの場合にテクニカルな面の理解を踏まえた詳細な論議に実際に加わり，重要な意思決定に参画させるには実際上は難しい面があるといえる。

　無理に存在感発揮のために，独立社外取締役が自身の専門領域の知識をひらけかすことも企業にとっては議論をミスリードし，背理となりかねない。そうした理解力の向上を果たすには独立社外取締役就任後，時日を要する。他方で

独立社外取締役には適度の任期・ローテーションが求められている通り，過度に任期が長くなれば経営陣との馴れ合いが生じるリスクがある。新たなジレンマとなろう。従って，モニタリングモデルにおける独立社外取締役に期待される攻めのガバナンス推進の機能は，先ずは主として指名委員会，報酬委員会において，これまで述べてきたような役割強化を通じて，経営陣にリスクテイクを促していくことが求められる。即ち，企業価値創出と健全なリスクテイクの観点に基づき，経営陣の実績を評価し，報酬あるいは昇格などの指名を行う機能が独立社外取締役において重要となる。その範囲で，その機能発揮・理解のために業種，製品知識などを含め，必要な研修・トレーニングを行うことが必要となろう。

　社内非業務執行取締役との協働化を図ることで，こうした一定の限界のある独立社外取締役の果たす機能は拡大することができる。従前の委員会設置会社と監査役会設置会社の中間的組織として妥協案とされてきた監査等委員会設置会社の活用・積極的意味合いがこの点に見いだすことができよう[3]。その場合の内部統制あるいは内部監査部からのレポーティングラインなどに関しては，CEO の下の内部統制ラインに内部監査部を就ける CEO 主導・戦略的経営型，内部監査部を第3のラインとして独立した扱いとする独立型，補助者として内部監査部を就ける監査委員会あるいは監査役会主導型等が想定される。監査役等は基本的に独任性であるが，監査委員会の場合は取締役会のメンバーとして内部統制機能を活用できるため，監査役と異なり補助者を置く義務はないが，事実上は情報収集など補助者を置く意味合いは小さくないであろう。

III．企業価値創出と健全なリスクテイクの評価と取締役会ならびに社外取締役の役割

　我が国の日本版コードにおける攻めのガバナンスにおいては，Senior Management Regime とも関連する部分であるが，企業価値創出と健全なリスクテイクに関する評価のための仕組み作りが必要となる。当該事業に従事した経験のない独立社外取締役のみにかかる評価の任務を担わせることには課題も

あろう。

　役員の業績評価について，評価要素は期間業績，企業価値最大化の貢献であり，①期間業績においては，評価指標は計画達成度（ROE，利益目標など），取締役会がチェックするポイントは，目標や計画は株主の期待に沿ったものか，目標達成度，経営陣の努力の及ばない外的環境の変化の有無，目標・計画からの乖離の要因分析および発見・知見の蓄積などである。②企業価値最大化の貢献では，評価指標は企業価値を生む機会の発掘（量と質の両面），取締役会がチェックするポイントは，経営環境の変化を先取りして企業価値を生む機会の発掘が行われたか，将来の市場・事業構造（価値連鎖）・収益構造に関する仮説の具体化，目標の市場セグメントと成功要因（差別化要素）の仮説の具体化，仮説を裏付けるエビデンスなどである。

　取締役会の役割を検討すると，監査役会設置会社では取締役会の形骸化，執行と監督の分離の不徹底の嫌いがあり，取締役会の監督責任が強調されると業績不振の対処としてCEO解任，リストラ実施など必要以上の施策に走る傾向が懸念される。

　社外取締役の役割について，メリットは経営ビジョンの可能性を広げる新しいアイデアが出ること，執行陣に欠けている社外ネットワークを提供できることなどが挙げられる。反面，リスクとして，全社ビジョンを共有できない場合にCEOと社外取締役のコミュニケーションが円滑に進まないこと，業績悪化時に社外取締役が株主の圧力でCEOを交代させる以外の選択肢がなくなること，社外取締役が外部の意見に過剰反応して必要性を議論しないままリストラを経営陣に求めること，取締役会の役割，執行陣の役割分担が明確にならない場合は社外取締役が個人的関心から執行陣の担当事項に深入りする怖れがあること，社外取締役が自分の貢献度を示すべく議題と関係のない個人的経験を持ち出し，時間を浪費させることなどがある（ヘイコンサルティンググループ（注（1）参照））。個人的見解として近時，社外主導の異例の経営刷新[4]がみられることに繋がる議論であろうか。

　このため，社外取締役の積極活用策においては，日本版コードを踏まえて，①全社ビジョンの取締役会との共有，議題のコンテクストを明確化して共通認識すること，②取締役会の役割を明らかにすること，③筆頭独立社外取締役に

おいてはCEOと協調を図り，他の取締役に対する礎となる人物を選任すること，④取締役会評価を毎年1回行うシステムを導入することが重要となる。

Ⅳ．攻めのガバナンスならびに経営者報酬規制と日本版コード―欧米の報酬制度との問題意識の相違，報酬制度と独立社外取締役―

我が国の企業の経営者報酬に対する株主と経営陣の認識ギャップについて，株主側は中長期の企業価値創造にコミットしている経営陣の姿勢を報酬制度に反映して欲しいと考え，支給額の多寡はさほど問題視していない（pay for performance）。他方，経営陣側は金融危機時のインセンティブ報酬減額の経験からストックオプションに対するインセンティブ効果には懐疑的であること，従業員と同様の制度的な管理として，報酬水準増加には抑制的であることが窺われる[5]。

我が国では，グローバルな報酬体系とは認識が相違しており，欧州・米国各国で推奨されている抑制的な規律（開示，say on pay（株主からの報酬に関する非拘束の意見表明），高率課税，pay cap（最高限度）[6]）の導入ではなく，我が国独自のプラクティスを助長する規律の策定が求められているといえる。先進各国のグローバルな報酬体系は，経営のプロの人材獲得競争から，人材の価値評価が行われ，サブプライム金融危機にみるような報酬水準上昇の弊害をもたらしている。結果として，各国のコーポレート・ガバナンス改革において，過度のリスクテイクの抑制，pay for performance（say on payなど）の徹底化が図られることになる。この点では，日本版コードが範とする英国のガバナンス改革においても同様といえる。他方，我が国では社内の出世の具現化の1つとして高額報酬があり，永続勤務が前提で人材流出も乏しいこと，報酬の総額にしても株主の承認枠としての性格があり，今後経営陣の報酬が上昇していく傾向は顕著ではないことが多い。このため，攻めのガバナンスに向けた規制体系が求められ，適切なリスクテイクを支える環境整備として，企業価値向上に向けたインセンティブ付けの仕組みが求められることになる。

攻めのガバナンスに向けた日本版コードに期待される役割は，株主対策では

なく，経営判断の領域における意識改革といえる。①方針に関しては，質問された場合に説明できるという受動的な（reactive）対応から，経営戦略達成と持続的な企業価値創造に向けた能動的な（proactive）姿勢への変化，②制度設計について，コスト管理指向の平均的水準および業績連動型賞与の重視から，中長期的インセンティブおよびリスクを考慮した戦略的水準の重視に転換，③手続き面では，形式的重視の結果的な報告主体の報酬委員会（あるいは報酬委員会自体が存在しない機構）から，実質面重視の株主・経営陣を意識した審議主体の報酬委員会に転換を図る。

攻めのガバナンスに向けた施策として，持続的企業価値創造に向けた経営戦略，インセンティブ指向の報酬・昇格などの人事制度，コーポレート・ガバナンスの実効性確保を前提にして，独立社外取締役を関与させた報酬委員会（指名委員会設置会社あるいは任意の諮問委員会）における審議の充実を図ることで，中長期インセンティブ報酬の強化と経営戦略の反映，健全な起業家精神の発揮に資するインセンティブ水準の設定を目指すことになる。

第1に，独立社外取締役を関与させた報酬委員会（指名委員会設置会社あるいは任意の諮問委員会）における審議の充実について，その意義は，利益相反の懸念が小さく，善管注意義務を担う独立社外取締役が報酬決定手続の客観性，合理性を担保し，企業価値創造に資する施策に向け，攻めの報酬改革を推進する役割を果たすことにある。

しかるに現状では，日本版コードの実施により一定の進展は見込まれるが，外部者に報酬について開示・関与させることには抵抗も多く，設置のインセンティブ，規律付けとなる施策を検討する余地が指摘される[7]。

V. 報酬制度設計の施策

そこで想定される施策として，①税優遇があり，米国内国歳入法典（Internal Revenue Code §162 (m), 26 U.S.C. §162 (m)）による業績連動報酬の損金算入は報酬委員会による業績目標の承認が要件とされている。即ち，1993年に米国内国歳入法典が改正され（Internal Revenue Code §162 (m), 26 U.S.C.

§162 (m)),報酬のうち業績連動型報酬ではないが金額 100 万ドルを超える部分について損金算入が認められなくなった。他方，業績連動型報酬については，一定の要件を満たせば金額にかかわりなく損金算入が認められることになった[8]。

②一定要件を満たした報酬諮問委員会に対する報酬決定権限の一部移譲があり，指名委員会等設置会社の報酬委員会が該当する。③決定手続自体の開示の充実化があり，開示内容の対象は役割責任，委員構成，審議内容，委員会における判断プロセス等となる。例として，米国 NYSE，NASDAQ の Compensation Committee Charter の開示要求がある[9]。

第 2 に，中長期インセンティブ報酬の強化と経営戦略の反映について，従来のストックオプションなどは株主利害の共有に留まり，これに業績，株価条件等の複合的な評価を織り込み，報酬を通じた経営戦略達成のコミットメントを表明することで，企業価値創造への具体的な理念を対外的に発することが考えられる。グローバル企業では本社役員が中長期業績のコミットメントを示し，海外子会社の経営陣と平仄を合わせ，グループの一体感を醸成することに繋がる。

現状では，譲渡制限付株式に擬似するスキームであり，報酬として把握がしにくいこと，インサイダー規制の懸念から現金化しにくく，インセンティブとしての実感が乏しいことから企業が導入に積極的とはいえない状況である。擬似スキームは海外子会社の経営陣において理解，説明が容易でなく，また税制上の取扱いも不透明さが残る。

今般，企業価値創造を後押しする役目を担う独立社外取締役に株式報酬を付与するこには否定的な見方も存在する。社外取締役人材確保，役割拡大による報酬改定の必要性はあるが，精神的に独立性を保つ意味合いから現金報酬増額限界がある。米国，スイスは株式報酬が一般的であるが，欧州諸国は否定的で，手取報酬から株式購入を求めることがある程度に留まる。

今後の施策として，シンプルで理解しやすく，グローバル化し，海外拠点の展開においても比較的制約が少ない譲渡制限付株式（現物株式の無償付与）導入に向けた制度整備，自社株売買の萎縮の解消[10]，中期キャッシュプラン（株価非連動，現金支給の中長期インセンティブ）の損金算入に係る制度整備

などがが想定される。

Ⅵ. 英米における報酬規制の開示などの変遷と国際機関の提言

　英米における報酬規制の変遷をみると英米の大規模公開会社において経営者（英国の業務執行取締役（ED），米国のCEO等の執行役員）の報酬の決定権限は，原則として取締役会が有するが，独立取締役から構成される報酬委員会に委譲されていることが多い[11]。

　英米の報酬制度をみると，金融危機発生の以前より，業績向上のインセンティブ付与の観点から，業績連動型報酬，ストック・オプション等のエクイティ報酬が利用され，報酬の高額化が顕著となったため，報酬制度のあり方が議論されるようになった。かかる報酬規制の手段として開示制度が重視されてきた。

　第1に英国では，2002年取締役の報酬に関する情報開示の拡充を目的とした取締役報酬報告書（Directors' Remuneration Report：DRR）の作成，開示が求められた[12]。

　英国では2002年エクイティ報酬以外の報酬について株主投票の実施を義務付ける制度（advisory vote of shareholders）が導入され（say on pay）[13]，取締役報酬報告書が年次株主総会の決議に付されることとなった。当該決議は勧告的効力を有するに過ぎないが，株主が経営者報酬に対し意見を述べる機会を設け，業務執行，経営者報酬の決定権限を有する取締役会による経営監視について株主利益の観点から妥当性を確保することを目的とする。

　エクイティ報酬については，株主持分を希釈化する可能性があり，勧告的決議にとどまらず，株主による承認決議を求める規律を設けることが有用とされた（英国ハンペル報告書）。将来に亘る会社業績により生じる株主利益を取締役報酬に投入し，株主の持分を希釈化する効果を持つストック・オプションなど取締役に対するエクイティ報酬の付与については，英国では株主の承認に付すこととされ[14]，米国も同様であった[15]。

　米国も1990年代より，CEO等の執行役員に対する報酬開示規則が厳格化さ

れ，要約報酬表（Summary Compensation Table）等による役員の報酬額開示，報酬委員会報告書による株主に対する説明，会社業績と市場全体の動向を比較する資料の開示等，詳細な開示が求められた[16]。

1992年米国 SEC は証券取引法上の開示項目について統一的定めを置くレギュレーション S-K のアイテム 402（SEC Regulation S-K Item 402, 17 C.F.R. §229.402）を改正して報酬開示規制を拡充した。1993年内国歳入法典が改正され（Internal Revenue Code §162 (m), 26 U.S.C. §162 (m)），報酬のうち業績連動型報酬ではないが金額が 100 万ドルを超える部分について損金算入が認められなくなった。業績連動型報酬については一定要件を満たせば，金額にかかわりなく損金算入が認められる。2001 年末から 2002 年にかけ，エンロン等の企業不祥事・破綻があり，2002 年サーベンス・オクスリー法（Sarbanes-Oxley Act of 2002）により 1933 年証券法（Securities Act of 1933, 15 U.S.C. §77a et seq.），1934 年証券取引所法（Securities Exchange Act of 1934, 15 U.S.C. §78a et seq.）が改正された。これを受け SEC 規則改正，ニューヨーク証券取引所等上場規則の改正が行われ，同規則は上場要件として取締役の独立性，独立取締役により構成される監査委員会，指名・コーポレート・ガバナンス委員会（nominating/corporate governance committee），報酬委員会の設置が求められ，報酬委員会の権限と義務が規定された[17]。

第 3 に，近年の国際機関の報告書等をみると，報酬制度は仕組み次第では短期的利益追求を目的とした経営者による過剰なリスク・テイキングを引き起こしうることを指摘している[18]。

金融機関の経営者等については長期的利益の創出を重視することを動機付ける報酬スキームを確立することを提案し[19]，米国では経営者の短期的利益の追求を促進する可能性のあるストック・オプション等のエクイティ報酬に対する規制が提案されている。エクイティ報酬を受ける経営者はオプションの行使等で得られた株式の売却価格が高いほど利得を得ること，経営者は売却時の株価を一時的に高騰させるインセンティブを有しうることから，売却時点の選択について制約を課すこと（制限付株式賞与 restricted stock），具体的には退職後数年間は処分できない株式[20]，一定期間経過後に段階的にしか処分できない株式の付与[21]が提案される。

また経営者はエクイティ報酬を受け取る時点の株価が低いほど利得獲得の可能性が増加し，内部情報を利用して株価が相対的に低い時点をエクイティ報酬の受取りのタイミングとして選択するインセンティブが生じ得るため，エクイティ報酬授与のタイミングの選択について制約を課すことが提案されている。このほか，報酬に対する取締役会による監視の強化，報酬方針を企業および株主の長期的な利益に即したものとするべく，株主に対する報酬方針の開示[22]，意見表明の機会の付与[23]を通じて株主による報酬制度のコントロール強化を図ることも提案される。

以上を受けて，米国では say on pay がドッド・フランク法による 1934 年証券取引所法改正によって導入され[24]，会社は少なくとも 3 年に一度定時株主総会等において，SEC の求める報酬開示の対象となる CEO 等の執行役員の報酬について株主総会決議に付すこととされる[25]。英国同様，当該決議の効力は勧告的なもので，会社あるいは取締役会に何らかの義務を発生させるものではない[26]。さらに米国では，ドッド・フランク法による 1934 年証券取引所法の改正により，会社と役員との間の報酬契約にリスク調整規定（clawback 条項）を設けることが義務付けられた。

VII. 業績評価，独立社外取締役会議，自己評価に関するベスト・プラクティス・モデル

上記を踏まえて，我が国の上場企業におけるベスト・プラクティスについて，業績評価，独立社外取締役会議，自己評価に絞ってみていきたい[27]。最も影響の大きいとみられる監査役会設置会社について，社内のコーポレート・ガバナンス・コードにかかるガイドラインの例示を掲げることとする。

業績評価の指標について，取締役会は，指名諮問委員会及び報酬諮問委員会とも適宜協議の上，中期経営計画において，取締役会，指名諮問委員会または報酬諮問委員会が社長（最高経営責任者）および各取締役の業績評価をする際に用いるべき ROE，その他の経営指標およびその目標値を随時設定し，適時適切に開示する。

独立社外取締役会議について，①当社は，少なくとも年 2 回，独立社外取締

役のみをメンバーとする独立社外取締役会議を開催し，当社の事業およびコーポレートガバナンスに関する事項等について自由に議論する。当該会議には独立社外監査役も出席する。②独立社外取締役は，前項の会議に加えて，取締役会議長を入れずに，少なくとも年に１回，取締役会議長の評価を行うための会合を開催する。③独立社外取締役は，その中から筆頭独立社外取締役を選定する。筆頭独立社外取締役は，独立社外取締役会議（会合）を主導し，その中で提起された事項について，取締役会議長および社長（最高経営責任者）と定期的に協議する。④独立社外取締役会議は，第１項の会議において，定期的に，内部監査部門長から当社の内部監査の結果およびリスクに関する留意点について報告を受ける。⑤独立社外取締役会議は，経営陣及び当社のアドバイザーから独立した法務，会計，財務その他のアドバイザーを独自に当社の費用により利用することができる。

　自己評価について，取締役は取締役会の有効性，自らの取締役としての業績等について毎年自己評価を行い，その結果を取締役会に提出する。取締役会は，各取締役の自己評価に基づき，毎年，第三者評価機関も入れて取締役会全体の実効性について分析・評価を行い，その結果の概要を適時適切に開示する。

Ⅷ．攻めのガバナンスとSenior Management Regime（SMR）ならびにSenior Management Functions（SMFs）—監査等委員会設置会社活用のアナロジー—

　私見であるが，我が国の攻めのガバナンスに関して中長期的な企業価値向上を目指すための監督機能強化において，英国Senior Management Regime（SMR），就中Senior Management Functions（SMFs）の考察が実践段階における大きな示唆を与えるものとなる。

　消極的妥当性から更に積極的妥当性の向上を図る上で，上級管理者の具体的な機能・責任などの割当・エンフォースメントなど，自主的に社内整備を図っていくことが重要である。とかく従来の集団的意思決定スキームにより保護さ

れていた領域の個人責任の明確化，追及できるガバナンス・フレームワークを整えることで，もっと企業価値向上を図るべき責務を果たすべきではなかったのか（主として業務執行取締役ならびに業務担当上級管理者等），あるいは誤った戦略のダメ出しの指摘や修正要求を事前に発することができなかったのか（一義的には非業務執行取締役が想定されようか），といったこれまでは責任を問うことが見過ごされやすかった領域に係る各個人に対する規律付けが有効に機能を果たしうることとなろう。

　業務執行を担う業務執行取締役（ED），執行役（指名委員会等設置会社），執行役員（監査役（会）設置会社など）等から監視機能主体の非業務執行取締役（NED），更には監査役に至るまで広範な上級管理者機能（SMFs）に係る概念体系を各個別企業のガバナンス実態に即して柔軟且つ自主的に整備する。その場合，ガバナンス・フレームワーク全体をERM（統合的リスク管理）と有機的にリンクさせることが肝要である。また攻めのガバナンスのブレーキ役あるいは評価・見直し機能の主体となる非業務執行取締役等とアクセル役あるいはインセンティブ付与機能を担う業務執行取締役等との重複，異同性が実践段階の大きな課題になってくる。非業務執行取締役選定において積極的な戦略面の助言機能あるいは企業経営の経験などを重視する場合，また適切なリスクテイクのインセンティブ付与に関して報酬委員会（指名委員会等設置会社の場合あるいは監査役会設置会社などにおいて任意による報酬委員会設置を図る場合のいずれも）が非業務執行取締役主体に組織・運営されるのであれば，非業務執行取締役には監視機能と共に前向きの経営妥当性に関する役割も担うこととなる。実際には消極的妥当性と積極的妥当性の判断・役割の線引きは困難でもあり，ブレーキ役とアクセル役に係る境界の不明確さ，重複の可能性について，非業務執行取締役の中でもGeneric NED, Overall Responsibilityあるいは重要な責任機能（Significant Responsibility）を付与されるSMF18と区分分けが重要となる（後述）。経営の妥当性領域における集団的意思決定スキームによる責任の不明確さの克服には不可欠な検討となろう。特に取締役会のみの1層制である指名委員会等設置会社では，取締役会機能を完全な監視機能に特化すればともかく，重要な戦略立案・修正機能をNEDに担わせ，またその前提に立って選任を行えば，取締役会内の機能・責任の区分分けの不明瞭化，

戦略面の自己監視に陥りかねない。即ち，米国型指名委員会等設置会社の場合には，特に NED にブレーク役のみならず，アクセル役の一部も担わせるとすれば，1層制なるが故の監視機能の脆弱性を将来しかねないリスクがある。取締役会をモニタリング機能に集中させ，戦略面についても，そのダメ出し，あるいはせいぜい修正要求を業界事情や経営経験に優れた NED が行うことに止めることが望ましい。NED に企業経営の経験を期待するとしても，その能力発揮の局面は限定して止めることになる。

　こうした点からは，指名委員会等設置会社における最低限の社外取締役の配置数について，2名存在すれば理論上は可能となるが，少なくとも取締役会の過半数を社外取締役とすることがモニタリング機能の徹底のためにも望まれる。2015年6月日本版コーポレート・ガバナンス・コードにおいては，原則4-8．独立社外取締役の有効な活用の項において，独立社外取締役は会社の持続的な成長と中長期的な企業価値の向上に寄与するように役割・責務を果たすべきであり，上場会社はそのような資質を十分に備えた独立社外取締役を少なくとも2名以上選任すべきである。また，業種・規模・事業特性・機関設計・会社をとりまく環境等を総合的に勘案して，自主的な判断により，少なくとも3分の1以上の独立社外取締役を選任することが必要と考える上場会社は，上記にかかわらず，そのための取組み方針を開示すべきである，旨を述べる。

　改正会社法における監査等委員会設置会社では，1層制の下で監査等委員会を設置することにより業務執行取締役（ED）と非業務執行取締役（NED）の明確な区分を図っており，更にオプションとして取締役会の過半数を社外取締役会とする場合には指名委員会等設置会社の（代表）執行役同様の権限委譲を（代表）取締役に行うことが可能である（会社法399条の13第5項・6項）。また指名委員会等設置会社と異なって当初から監査等委員会委員として株主総会で選任されており，指名委員会等設置会社のように指名委員会，報酬委員会がなく，人事・報酬権限を依然として掌握する代表取締役が監査等委員会設置会社では存在することによる恣意性も排除されているといえる。このため，具体的な機関設計・運用面により，ブレーキ役とアクセル役を区分した効率性の発揮できるモデルとなろう。監査等委員は，株主総会において監査等委員である取締役以外の取締役の選解任および報酬等について監査等委員会の意見を述

べることができる（会社法342条の2第4項・361条6項・399条の2第3項3号）。また責任に関して，監査等委員会設置会社の取締役の責任の規定は監査役会設置会社・指名委員会等設置会社と概ね変わらないが，監査等委員会には取締役の任務懈怠の推定規定を適用しない（会社法423条3項・4項）。即ち，監査等委員である取締役以外の取締役と会社との利益相反取引につき監査等委員会が事前承認した場合に取締役の任務懈怠の推定規定を適用しない。監査役会，指名委員会設置会社の監査委員会にはかかる権限は認められないが，監査委員会は監査等委員会のように報酬委員会，指名委員会に準じる機能を持たず，監督機能は有しないためである。勧奨策の1つであるが，これらは監査等委員会設置会社の積極的活用策に繋がるものである。制度上は，2名のみの社外取締役で足り（全員が3つの委員会を兼務する），執行役と取締役の兼任も禁止されない指名委員会等設置会社に比して比較優位性もなしとしない。

もっとも監査等委員会設置会社の場合には，大会社の監査役会設置会社における現行の社外監査役（2名以上）をそのまま社外取締役（監査等委員）としてスライドさせることで移行も可能とされ，指名・報酬面の意見陳述権付与はあるにせよ，代表取締役の専横性抑止に対する脆弱性も内包している。あくまでも制度設計面の誠実性（integrity），企業カルチャーあるいは統制環境（Control Environment）の熟成が前提となるところである。

【注】
（1）田中滋・高野研一「上場企業へのコーポレートガバナンス・コード導入「役員の選任・評価における課題と対策」」ヘイコンサルティンググループセミナー（2015年3月12日）を参照した，以下同。報酬制度と監督機能を前提に詳説され，大変参考となる。
（2）ROEは本来経営指標の観点で用いられる指標であり，実際の市場で投資を行うための投資尺度としてはROEを直接使うよりもROEを拡張させて投資指標として用いる必要がある。ROEマイナス資本コストで算出されるエクイティスプレッドが有用となる。
　　ここで資本コストは，無リスク金利＋市場ベータ（β）×リスクプレミアム（8％－直近の10年物国債の年換算利回り）で示される。βリスク＝個別証券のリターン÷市場全体のリターン。大和証券投資戦略部クオンツチーム部長吉野貴晶「ROEからエクイティスプレッドへの発展―ROEを使った，投資家と企業との対話の時代―」日本証券アナリスト協会（2015年5月15日）参照。
（3）拙稿・前掲「英国スチュワードシップコード，コーポレート・ガバナンス・コードの理論と実践―英国における新たなガバナンス規範と非業務執行取締役ならびに我が国の導入に向けて―」法学紀要（2015年3月）第56巻35-140頁。
（4）2015年6月19日日本経済新聞（東洋ゴムの代表取締役3名の辞任）。社内の自浄能力がないことが根底にあるが，本件のような性能データ改竄といった不正防止の問題とは異なり，業績悪化

に関する妥当性監視の場合であれば経営改善の代替案を速やかに提示することが肝要となり，社外取締役主導一辺倒では機能しにくい．社内業務執行取締役との協働化が機能発揮の鍵となろう．
(5) タワーズトムソン「経営者報酬部門」経済産業省コーポレート・ガバナンス・システムの在り方に関する研究会（第13回）資料（2015年3月13日）参照．
(6) サブプライム金融危機後に say on pay の導入，pay cap の設定など経営陣の報酬に対する抑制案が出されたが，ドッド・フランク法において say on pay にしても役員会決定に対しては非拘束の意見表明に留まり，pay cap 設定も見送られることとなった経緯がある．
(7) 前掲・タワーズトムソン「経営者報酬部門」経済産業省コーポレート・ガバナンス・システムの在り方に関する研究会資料参照．
(8) 日本銀行金融研究所コーポレート・ガバナンスに関する法律問題研究会（前田庸座長）「株主利益の観点からの法規整の枠組みの今日的意義」金融研究（2012年11月）1-66頁．林幸一「米国における役員給与の合理性判断基準～独立投資家テストを中心として～」大阪経大論集第64巻第1号（2013年5月）127-142頁．
(9) July 1 Deadline for Implementing Compensation Committee and Adviser Independence Rules is Fast Approaching, Latham & Watkins LLP, April 2013. http://www.lw.com/thoughtLeadership/DeadlineNearsforImplementingCompensationCommitteeandAdviserIndependenceRules.
(10) 金融庁「インサイダー取引規制に関するQ&A」2014年6月27日．
(11) 前掲・日本銀行金融研究所コーポレート・ガバナンスに関する法律問題研究会「株主利益の観点からの法規整の枠組みの今日的意義」金融研究12頁以下．
(12) UK Companies Act 2006 s. 420. LR 9.8.8. Davies [2008] p. 385.
(13) UK Companies Act 2006 s. 439.
(14) Study Group on Director's Remuneration [1995] paras. 5.28-33 (Greenbury Report), Hampel Committee [1998] paras. 4.20-21 (Hampel Report).
(15) 2003年改正されたNYSE上場規則では，株主の承認を要するエクイティ報酬の範囲が拡大された．
(16) SEC Regulation S-K Item 402, 17 C.F.R. §229.402. 開示対象となる執行役員は，CEO，CFO，その他報酬の高い3人の執行役員（最新事業年度の給与および賞与の合計額が10万ドルを超えている場合）等となっている．17 C.F.R. §229.402 (a)(3). 2010年ドッド・フランク法により，実際に支払われた報酬と会社の業績との関係を開示事項に追加することとされている．Dodd-Frank Act §953 (a), adding Securities Exchange Act of 1934 §14 (i), 15 U.S.C. §78n (i). SEC Regulation S-K Item 402, 17 C.F.R. §229.402.
(17) 伊藤靖史「米国における役員報酬をめぐる近年の動向―1990年代の役員報酬額の増加と2000年代初頭の不祥事の後で―」同志社法学第58巻第3号（2006年）1019-1080頁．
(18) European Commission, "Corporate Governance in Financial Institutions: Lessons to Be Drawn from the Current Financial Crisis, Best Practices, Accompanying Document to the Green Paper", SEC (2010), 669, 2010, pp. 19-20, "Green Paper the EU Corporate Governance Framework", COM (2011), p. 9, 164final, 2011., OECD, "The Corporate Governance Lessons from the Financial Crisis", 2009 (Grant Kirkpatrick), p. 12., "Corporate Governance and the Financial Crisis: Conclusions and Emerging Good Practices to Enhance Implementation of the Principles", 2010.
(19) 報酬によって株主利益と一致するようインセンティブ付けられた経営者の業績は悪くなるとする実証研究がある．Fahlenbrach, Rüdiger, and René M. Stulz, "Bank CEO Incentives and the Credit Crisis", Journal of Financial Economics, 99, 2011, pp. 11-26.

第 16 章　攻めのガバナンスと評価手法の実際　　*235*

(20) これにより経営者の短期的利益追求は抑制され，長期的利益の向上が見込まれなければ同株式の処分時には株価が下落することになるため，過払いのボーナスの返還（クローバック）を求める必要がなくなるとする。Bhagat, Sanjai, and Roberta Romano, "Reforming Executive Compensation: Focusing and Committing to the Long-Term", Yale Journal on Regulation, 26, 2009, pp. 359-372.；尾崎悠一「金融危機と役員報酬規制」財団法人資本市場研究会編『金融危機後の資本市場法制』財経詳報社（2010 年）129-208 頁。
(21) エクイティ報酬の処分可能時期を退職に関係せしめると経営者は退職時期をコントロールしうるため，短期的利益の追求を防ぐことができないと指摘される。Bebchuk, Lucian A., and Jesse M. Fried, "Paying for Long-Term Performance", University of Pennsylvania Law Review, 158, 2010, pp. 1915-1959.
(22) OECD コーポレート・ガバナンス原則では，取締役の報酬決定といった利益相反の可能性がある事項について，非業務執行取締役を任命し，これに決定させることを検討すべきとされていたが（OECD コーポレート・ガバナンス原則 VI.E.1），多くの場合，かかる決定は行われていなかったことが指摘されている。OECD, "The Corporate Governance Lessons from the Financial Crisis", 2009 (Grant Kirkpatrick).、"Corporate Governance and the Financial Crisis: Conclusions and Emerging Good Practices to Enhance Implementation of the Principles", 2010, pp. 10-12.
(23) 報酬方針に対する株主の関与について，OECD コーポレート・ガバナンス原則に定めがあったが（OECD コーポレート・ガバナンス原則 II.C.3），当該原則は必ずしも広く実施されていたわけではなかったこと，say on pay 制度の導入のみでは報酬水準の急速な上昇の抑止に積極的な役割を果たしえなかったことが指摘されている。
(24) Dodd-Frank Act §951, adding Securities Exchange Act of 1934 §14A, 15 U.S.C. §78n-1.
(25) Securities Exchange Act of 1934 §14A (a), 15 U.S.C. §78n-1 (a).
(26) Securities Exchange Act of 1934 §14A (c), 15 U.S.C. §78n-1 (c).
(27) 日本取締役協会「コーポレートガバナンスに関する基本方針ベスト・プラクティス・モデル（2015）」（2015 年 4 月 20 日）参照。ひな型でないベスト・プラクティス・モデルを 3 つの組織形態毎に示している。

第17章
Senior Management Regime の位置付けと攻めのガバナンスとの異同
――英国 SMR と日本版コードの交錯，我が国ガバナンス改革の影響――

　Senior Management Regime と日本版コードの比較検討を進めてきたが，Senior Management Regime と攻めのガバナンスに焦点を絞って考察を更に行いたい。

　英国 Senior Management Regime の位置付けについて，企業価値最大化に向けたヒッグス報告書，スチュワードシップ・コード策定，2006年英国会社法改正による取締役の一般的義務導入などの流れはあるものの，他方で依然として過剰なリスクテイクに対する警戒感，抑制の必要性は我が国以上に抱えているといえる。我が国では，企業不正が問題となったことはあったが，大きくリスクをとったことによる損失発生について，経営判断を超えて企業を破綻に招いた責任そのものに対して刑事罰適用にまで踏み込む事態は想定されていなかったといってよい。

　Senior Management Regime 自体には，企業価値向上のためのスキーム策定の意図と共に，不正あるいは過剰なリスクテイクの反省に対する対処の要素も併存させているといえよう。我が国が今後リスクテイクが進展した上で，過剰なリスクテイクが問題となる局面に至った場合，初めて全面的に検討する価値が生じ，現時点では参考にもならないというものではない。既に Senior Management Regime の考察の項でみてきたとおり，Certification Regime など多くの点で現在の我が国のガバナンス改革に有用な内容も多い。特に従来の我が国大企業の意思決定は集団的決定の様相を示すものが多かったといえる

が，今後攻めのガバナンスに向けた制度・企業風土作りが行われ，独立社外取締役の一層の導入から，監査役設置会社においても監督機能と執行機能の分離徹底化，モニタリング機能強化が進めば，執行機能担当の経営陣への大きな権限委譲により，担当役員の迅速な意思決定が行われることになる。その結果，独立社外取締役によりリスクテイクを後押しされ，社内の報酬・人事制度の面でも企業価値向上を促進する改革が進んだ結果，担当役員の主導による企業を破綻させかねない過剰なリスクテイクがとられ，実際に破綻あるいは破綻に近い事態を招くに至った場合，Senior Management Regime が機能しうる状況が形成されてくることともなろう。事前防止の観点からコンプライアンスでなく，過剰なリスクテイクをコントロールできる機構が内在されてもいようが，結果としての事業の失敗の要因分析により，環境変化などに主因があれば経営陣におけるリスクテイクの齟齬については，従前の経営判断原則の範囲内として手続きなどの履践があれば，少なくとも経営陣の個人的な判断ミスについては責任追及がしにくい。

　これに対して，集団的意思決定，経営判断の壁に守られた個人責任追及について，欧米では壁を超えて厳罰化を図る方向性が示される。米国FCPAによるエンフォースメント強化と個人に対する刑罰規定導入・適用が進められ，グローバル企業においては対応が急務となっている。また我が国においても改正会社法下で多重代表訴訟制度導入など企業結合における上場持株会社下の非上場の金融機関の経営責任追求などのスキーム策定が進展しつつある。軌を一にするガバナンス改革における全般的な傾向といえる。攻めのガバナンスのスキーム策定も無答責なものではなく，かかる経営陣の個人責任の明確化は並行して検討が求められるものとなろう。結果責任ではなく，環境変化などによるやむを得ない要因を除去した上で，過剰なリスクテイクの判断について吟味の基準をもって検討することとなろうか。他方で，Senior Management Regime の制度導入が萎縮効果をもたらすものであっては，攻めのガバナンスの意義自体にも響きかねないことは当然である。

　また金融機関においては日常的な業務面の監査には，金融庁ではマンパワーとしても，また金融機能の日常的な把握を必ずしも担っているものではなく，中央銀行が適任ともなろうが，エンフォースメントの権限は限られる。規制

コストの制約も考えると，Senior Management と Certification に対象を分けて，前者を絞って厳しいエンフォースメントをかけ，後者には企業の自主的規制をかけさせることを主とする英国の Senior Management Regime のスキームは現状の我が国を前提としても一定の合理性もある。この場合，統制環境（Control Environment）を含む ERM（Enterprise Risk Management）が十全に機能していることが企業の自主規制の機能発揮には必要な前提となることが留意される。我が国にはコーポレート・ガバナンス改革は ERM の醸成も含め，多くの課題を残しており，今後攻めのガバナンスによる企業価値向上をいかに図るか，具体的方策を巡り課題は多い。我が国のガバナンス改革の進展段階に応じてきめ細かく対応することが求められ，この面からもコーポレート・ガバナンス・コード導入・適用は時宜を得たものと評される。今後も適宜内容を整えつつ，迅速かつ柔軟にコードの内容を整えていくことが期待される。

　Senior Management Regime の導入の実効性の確保の観点からも，取締役会評価が大きなポイントの1つとなる。特に報酬制度面の設計などは鍵を握ることとなろう。

第18章
英国コーポレート・ガバナンス・コードの系譜と非業務執行取締役などの考察

I．英国コーポレート・ガバナンス・コードと非業務執行取締役

1．非業務執行役員の役割の考察
⑴　非業務執行役員の役割と分担

　日本版コーポレート・ガバナンス・コードの考察を図る前提として，英国コーポレート・ガバナンス・コードの系譜などについて，従前からの転換点となるものを非業務執行取締役を中心に検討し，最新版である2014年9月改訂コードを考察していきたい。

　我が国の2014年6月改正会社法における監査等委員会制度導入について，英国型の非業務執行取締役（NED）を念頭に置き，今後のコーポレート・ガバナンス改革を進める場合，社外役員を含む非業務執行役員の役割の考察が重要となる[1]。社外性でなく，非業務執行性をメルクマールとすることになる。以下で，問題点の指摘を行う。英国では，非業務執行取締役とする場合，専ら社外取締役を念頭に置くが，ここでは非業務執行役員については社外取締役のみならず，非業務執行の社内取締役，社外取締役および我が国の監査役を含む広い概念として検討を深める。

　社外取締役を含む非業務執行役員が職務を執行すること，特に社外取締役を活用し実効的なコーポレート・ガバナンス・システムの構築を検討する上で，非業務執行役員は業務執行に対する監督を担う機関に属する者であり，健全で持続的な成長のためには業務執行を担うマネジメント機関が責務を適正に果たすことが重要である。非業務執行役員を含む監督機関のあり方はマネジメント

機関との役割分担に留意した上で整理が必要である。

　検討課題としては、①社外役員を含む非業務執行役員に期待される役割とそれを支えるシステムについて、監査役会設置会社の場合、(i)社外役員を含む非業務執行役員に期待される役割があり、会社役員は、業務執行を行う業務執行役員と業務執行役員に対して監督の役割を担う非業務執行役員（社内取締役、社外取締役および監査役）とに峻別できることの整理が求められる。社内取締役は、所管事項以外については取締役会の構成員として他の業務執行取締役を監督しなければならず、この場合は非業務執行役員としての性格を有していることを前提とする。社外役員と非業務執行役員の役割の関係が検討課題となる。また非業務執行役員が監督において果たす役割として期待されるものは何か執行の利益相反行為のチェック、平時の経営判断のアドバイザー機能などが期待される役割であるという指摘もされる。(ii)非業務執行役員の中で監査役と取締役との役割分担が問題となる。②監査役と非業務執行取締役の役割分担が問題となる。非業務執行役員の中で、社外取締役と社外監査役の役割分担の考察も必要である。③企業の態様に応じた非業務執行取締役の役割が論点となり、非業務執行取締役の役割について企業の置かれた状況によってどのような相違が生ずると考えられるか、が検討される。④非業務執行役員の人選も問題となる。⑤非業務執行役員の役割を支えるシステムについて、非業務執行役員が役割を全うするために有効な企業システム・企業の取り組みとして、具体的にいかなるものが考えられるか、が検討される。⑥コーポレート・ガバナンスは自主性と多様性が尊重されるべきところ、コーポレート・ガバナンス・システムの実現のための方向性、必要な方策について考察が必要となる。

(2)　英国における非業務執行取締役の役割および有効性—ヒッグス報告書—
　上記の検討を行う上で、米国型のガバナンス・モデルとも異なり、我が国ガバナンス改革に親和性を有するともいわれる英国のガバナンス改革における非業務執行取締役の役割および有効性の議論を改めてみていきたい。具体的にはヒッグス報告書における非業務執行取締役の役割および有効性に関する検討が参考となる[2]。

　英国のガバナンス改革においては、Comply or Explain 規定がコーポレー

ト・ガバナンス規制全般に及ぶ通則として機能しており，同規定の適用対象となる最善慣行の内容について概観していきたい。コーポレート・ガバナンスのあり方に関する報告書の系譜をみると(3)，① 1992 年キャドベリー報告書（発案者はロンドン証券取引所（LSE），財務報告評議会（FRC））は，財務の透明性の確保（監査委員会の設置，会計監査），最善の行為規範の順守（取締役会の役割，社外取締役の選任，機関株主）についてまとめている。② 1995 年グリーンブリー報告書（英国産業連盟（CBI）を通じた英国政府からの要請）は，取締役の報酬決定（報酬委員会の設置，報酬方針，雇用契約），情報開示と承認手続き，民営化公益事業会社と報酬制度についてまとめている。③ 1998 年ハンベル報告書（発案者は FRC，CBI，LSE，会計士団体）は，コーポレート・ガバナンス原則，取締役会議長と最高業務執行取締役（CEO），取締役報酬，株主の役割，説明責任および監査などについてまとめている。④ 1999 年ターンブル報告書（発案者はイングランド＆ウェールズ の勅許会計士協会）は，内部統制に関する取締役のための指針（内部統制の範囲の拡大，責任体制の強化など）についてまとめている。

　ハンペル委員会（95 年 11 月 - 97 年 12 月）は，財務報告，報酬問題に関する見直しを含むコーポレート・ガバナンスに関する議論を行い，1998 年 6 月集大成した最終報告書を公表した。これにより LSE の統合規範（the Combined Code）が策定されている(4)。

　2 つの報告書で勧告されたが，ハンペル委員会が盛り込まない論点のうち，独立した内部監査組織の設置強制，内部統制に関する開示の充実について，1999 年イングランド＆ウェールズ勅許会計士協会を中心に策定されたターンブル委員会勧告として統合規範に盛り込まれている。二元取締役会制度採用，機関投資家の議決権行使義務づけ，取締役会会長と CEO の兼任禁止，会社の規模別規制，株主代表としての取締役会の選任，取締役報酬プランの考え方および具体的内容を株主承認決議の対象とすることも内容とする(5)。

　米国のエンロンの経営破綻を契機に英国貿易産業省（The Department of Trade and Industry）は，主管する会社法改正作業を 1997 年から進め，併せて英国企業のガバナンスの実体と対策を示すべく，2002 年 4 月ヒッグス委員会を設置し，2003 年 1 月「非業務執行取締役の役割と効果に関する検討」

(Review of the role and effectiveness of non-executive directors) を公表した。このヒッグス報告書で示された勧告は LSE（ロンドン証券取引所）の統合規範に新たに盛り込まれることになる。英国におけるコーポレート・ガバナンスの現状を踏まえ，非業務執行取締役の役割を中心に統合規範等の修正を勧告している。また監査委員会については，R.スミス報告書がヒッグス報告書と同日に公表され，委員会は3名以上の独立社外取締役から構成され，少なくとも1名は財務に関する相当程度の経験があることなどが勧告される[6]。

ヒッグス報告書は社外取締役の役割を明確にし，実効性あるコーポレート・ガバナンス推進のために必要な勧告を行うことを目的とする。社外取締役と非業務執行取締役の明確な区別，社内取締役である非業務執行取締役の存在についての詳細な論及は十分とはいえない感もあるが，我が国における監査等委員会制度の将来像の検討に向けて参考となろう。

非業務執行取締役の役割として，日常の業務執行に当たる経営陣の監視，戦略策定の貢献の2つの基本的要素があると説明する。キャドベリー報告書，ハンペル報告書では経営陣の監視，戦略策定の貢献には緊張関係があると認識され，その後の統合規範にも非業務執行取締役の役割についての指針は示されない。この点，ヒッグス報告書では，社外取締役に対するインタビュー調査を踏まえ，2つの要素間に緊張関係はあるものの本質的な矛盾はなく両立しうることを認め，非業務執行取締役が果たすべき役割について2つの要素を踏まえ明確に統合規範に盛り込むべきことを勧告している。

同報告書によれば，非業務執行取締役の役割の中核的内容は以下のとおりである。戦略（戦略策定に建設的に取り組み貢献すること），業績（経営陣が合意された会社の目標をどの程度達成しているかを評価し達成度に関する業績報告を監視すること），リスク（財務情報が正確であること，財務管理やリスク管理体制が健全かつ防衛可能であることを確認すること），人物（執行取締役の報酬水準を適切に決定すること。上級経営陣やCEOを指名し，必要があれば解任をすること。その場合にはCEOの後継計画について主要な役割を果たすこと）である。報告書では，非業務執行取締役は少なくとも1年に1回取締役会議長，執行取締役の同席なしに他の経営幹部らと経営に関する会合の場をもつこと，年次報告書に会合の開催について記載することが勧告されている。

非業務執行取締役がこの役割を効果的に果たすためには，当面の問題について取締役会で検討ができるように十分な情報を正確かつ明瞭，タイムリーに提供されること，非業務執行取締役も情報を求めるべきことが示される。非業務執行取締役候補者が，取締役会に積極的に貢献できるだけの知識，技能，経験，時間を有しているかの観点から，非業務執行取締役職を受諾することが適切かを自ら事前に確認し，会社の財務状況，重要な関係，取締役会の構成，メンバーの実績などに関するデュー・デリジェンス（適正評価）を実施すべきであるとする。

　私見であるが，こうした英国におけるヒッグス報告書の人物評価，事前確認，適正評価に関する項目は，既述の Approved Persons の制度とも関連があろう。監督官庁による approval を必要とするにせよ，先ずは自発的に適合した人物を選任することが非業務執行取締役において求められる。我が国の監査等委員会制度において，監査等委員が指名・報酬委員会の機能を一部担うことも同一の理解となろう。

⑶　ソフトロー，ヒッグス報告書の非業務執行取締役の役割および有効性と統合規範の改正
　㈠　コーポレート・ガバナンス規制における補完性と柔軟性ならびにソフトロー——米国と英国のソフトローの異同，強制力の存在—

　コーポレート・ガバナンス規制における補完性と柔軟性ならびにソフトローに関して，アイゼンバーグ教授はソフト・ローが伝統的形式の法を基礎とし，法を補完する機能を有していることを指摘する[7]。

　かかる補完性の機能について，デラウェア州会社法は，独立した取締役会および取締役会委員会の構成に関する条項が存在せず，米国で重要なソフトロー法源である証券取引所上場規則により補完される。英国においても取締役会の構成および取締役会，取締役の役割について制定法はほとんど規定をしていない[8]。こうした事項は統合規範（combined code）[9]に代表される私的な実務団体が作成したソフトローである最善慣行（best practice）によって補完される[10]。

　補完性の面で米国と英国はソフトローの機能に類似性がみられることになる

が，両国のソフトローには異なる側面が存在し，米国ではソフトローの上場規則は 会社が証券取引所に上場する限り適用を強制される。英国もソフトローである最善慣行は上場規則を通じて適用を強制されるが，最善慣行自体は，上場規則ではなく，任意の実務慣行として遵守を推奨するのみである。また最善慣行は，適用について一律に遵守が強制されるものではなく，上場会社は最善慣行を遵守するか，そうでなければその理由を開示する Comply or Explain 規定が上場規則で採用されている(11)。

同規定は，会社が最善慣行の特定条項を遵守できない場合，その理由を開示させることにより各会社の事情に即した最善慣行の柔軟な適用を可能にし（柔軟性の機能），これにより遵守するかしないかの自由な勧告より，一定の強制力が働く仕組みとなっている(12)。最善慣行，Comply or Explain 規定の組み合わせは，英国のコーポレート・ガバナンス規制に補完性と柔軟性を与えている。この方式は英国コーポレート・ガバナンス改革の嚆矢となったキャドバリー報告書（Cadbury Report）(13)で採用され，一貫して維持されている。

我が国でも，最善慣行と Comply or Explain 規定の組み合わせの導入が検討されるべきとの主張も存在する(14)。我が国において，英国型改革と親和性のある監査等委員会制度導入を柱とする会社法改正ならびに機関投資家に対するスチュワードシップ・コードの2つの柱により，ソフトローとの組み合わせによって今後のコーポレート・ガバナンスの改善を図る場合，補完性と柔軟性，一定に強制力確保の観点からの検討が必要となろう。最善慣行については，英国では統合規範から，2010年にコーポレート・ガバナンス・コードとスチュワードシップ・コードに分離している。我が国においては先行的にスチュワードシップ・コードのソフトロー化を図るのであれば，日本版最善慣行の確立に向けて，既に存在する東京証券取引所が発出した上場会社コーポレート・ガバナンス原則（2004年3月），コーポレート・ガバナンスに関する報告書（2013年7月）等により，内容面，エンフォースメントなどが我が国企業の現状のコーポレート・ガバナンス改革に適合し，あるいは十分なものであるか，一層の検討が進められよう。

英国のコーポレート・ガバナンス規制の方式はEUでも採り入れられ(15)，EUにおける会社法の調和を目的とする会社法指令（company law directive）

に組み込まれている。2006年EU会社法指令2006/46/EC[16]においては，上場会社は年次報告書にコーポレート・ガバナンス・コードに関する情報を記載した年次コーポレート・ガバナンス・ステートメントを含めなければならないことを規定する。

　㈹　非業務執行取締役の役割および有効性と統合規範の改正
　　　―エンロン事件の影響と対応―

　2003年1月公表のヒッグス報告書は[17]，非業務執行取締役の役割および有効性を評価し，その結果を統合規範の改正に反映させることを目的としていた[18]。背景には，米国における2001年から2002年にかけてのエンロン，ワールド・コム等の破綻がある。コーポレート・ガバナンスの重大な欠点が破綻の主な原因の1つとされ，非業務執行取締役の有効性と監査機能について，検討がなされた。エンロン事件では，非倫理的で詐欺的な行為を発見することが困難でなかったにもかかわらず，非業務執行取締役および外部会計監査人は注意を払っていなかった。米国では，2002年7月30日会社の情報開示および財務報告書類の作成手続の正確性および信頼性を確保することを目的としたサーベンス・オクスレー法（Sarbanes-Oxley Act : Public Company Accounting Reform and Investor Protection Act of 2002）が成立した[19]。

　また2002年9月に監査および会計問題に関する調整グループ（Coordinating Group on Audit and Accounting issues : CGAA）の要請から，FRCに付託され，ロバート・スミス卿により2003年1月監査委員会に関する報告書が公表されている（スミス報告書）[20]。ヒッグス報告書およびスミス報告書の勧告を受けて，統合規範の改正が行われた。

　ヒッグス報告書において勧告された統合規範の改正の内容は，以下の通りである。

　①　取締役会会長を除き，取締役会の半数を独立非業務執行取締役で構成する（A3.5）。
　②　非業務執行取締役の独立性について新しい定義が提案され，非業務執行取締役は特質・判断が独立しているものと取締役会で判断され，取締役の判断に影響しうると思われる関係や事情がない場合，独立性を有していると定義する（A3.4）。

③ 上級非業務執行取締役は年次報告書で特定するが，株主が懸念を抱く場合，取締役会会長またはCEOを通じての通常の方法による接触が不適切，あるいはそれでは問題が解決しない場合，株主は上級非業務執行取締役を利用する（A3.6）。
④ 上級非業務執行取締役は株主の問題や懸念を理解し，他の非業務執行取締役に株主の見解を伝えるため，主要な株主と共に定期的に経営陣会議に出席する。非業務執行取締役は，主要株主との定期的会合に出席する（C1.2）。
⑤ 非業務執行取締役は，定期的に業務執行取締役が出席しない会合を開き，1年に1回は取締役会会長が出席しない会合を開催する。会合は上級非業務執行取締役主導で行われる（A1.5）。
⑥ 指名委員会は，取締役会会長でなく独立・非業務執行取締役が委員長となる（A4.1）。
⑦ 業務執行取締役は，主要企業（FTSE100社等）の非業務執行取締役職，取締役会会長職のいずれも2社以上は就くことができない。いかなる個人も主要企業の取締役会会長職に2社以上就くことができない（A4.8）。
⑧ 最高経営責任者は，現在の会社の取締役会会長に続けて就任できない（A2.3）。
⑨ 1人の非業務執行取締役は3つの取締役会委員会を兼ねられない（A3.7）。

もっともヒッグス報告書による統合規範の改正提案については，企業側等から反発が出され，取締役会内の分裂を引き起こす可能性が示唆された[21]。

(4) 会社法規制，最善慣行規範の関係，真実かつ公正な概観規定

　(イ) 真実かつ公正な概観規定

次に，Comply or Explain規定が英国会社法の会計規定である真実かつ公正な概観（true and fair view）規定に類似性を有することが指摘される。真実かつ公正な概観規定が英国に導入されたのは1948年会社法である。計算書類監査において適用される規定であり，計算書類作成に直接適用されるものではなかったが，計算書類作成において最優先される規定であり，法の不整備等がある場合はそれを補い，作成者に一定の範囲で裁量の余地を認める意図があっ

た。会計規制における補完性と柔軟性の機能を果していると解することができる。

1978年EC会社法第4指令が採択され，指令を国内法化した結果，会計および監査に関する規定について制定法を中心とした規制アプローチを採るドイツ，フランス等の大陸法の影響を受けた内容となっている。真実かつ公正な概観規定は維持はなされたが，同指令により修正が加えられ，離脱規定[22]を明文化することで，真実かつ公正な概観規定の優先性が明確になり，柔軟な法の運用にも資することとなった。その後，法の裏付けがない会計基準における不遵守が多発し，1989年会社法は会社法規定にのみ求められていた離脱による説明を会計基準にも要求するようになっている。

(ロ) 英国会社法における取締役会に対する法規制

英国会社法の特色は，コーポレート・ガバナンスの議論の中心である取締役会に対する規制が小さいことであり，Comply or Explain規定の適用対象である最善慣行の進展を導いたと考えられる。取締役会の構造について，英国会社法は，会社が有しなければならない取締役の最低人数を明記するのみで，取締役が誰に任命されるべきかを規定しい。任期についても規定はなく，5年を超える期間の取締役の任用契約（contract of service）は株主総会承認が要求されると規定がされる[23]。

英国会社法は一層制か二層制か，取締役会に内部委員会を置くか，業務執行取締役（executive director）と非業務執行取締役（non-executive director：NED）の混合・バランス，同一人物がCEOと取締役会会長（chairman）の地位を兼ねるか，取締役が有すべき特定の属性（専門的資格，独立性）についても明記しておらず，こうした事項は最善慣行である統合規範が定めている。取締役会の役割についても会社法は主として沈黙しているとされ，取締役会全体の役割として，取締役会の経営権限はデフォルト条項においてのみ存在する（A表第70条）[24]。

英国では取締役会に対する法規制は非常に緩やかなもので，取締役会は広範な業務執行の権限を有し[25]，かかる法規制の状況の下，コーポレート・ガバナンス規制における最善慣行，これに適用されるComply or Explain規定が形成され，適用範囲がコーポレート・ガバナンス規制の領域に展開されていくこ

とになる。

　我が国においては，英国では最善慣行規範などのソフトローに委ねられる部分について，相応の会社法規制があり，強制法規である。この点では，ソフトローであるコーポレート・ガバナンス・コードに依拠すべき領域が相対的には多くないことになろうが，補完性・柔軟性の乏しさに繋がるといえようか。Comply or Explain ルールによる強制性の発揮する余地が少ないことにもなろう。ここは，近年は会社法制が原則自由で規律の緩い方向性にあることはつとに指摘されており，トータルでみれば，その分を強制力を一定程度備えたソフトロー部分の充実により，実効性を確保して来つつあるともいえる。国際競争力強化の観点もあり，各社の自由な機関設計を認めつつ，長期的視点からのコーポレート・ガバナンス向上を目指すことになる。

II．英国におけるコーポレート・ガバナンスの系譜と新たなリスクマネジメント—コーポレート・ガバナンスとリスクマネジメントの結合—

1．英国におけるコーポレート・ガバナンスと ERM

(1) 英国におけるコーポレート・ガバナンスと ERM

　英国では，上記の通り，1980年－90年代初めの大企業の不祥事，倒産などを背景にコーポレート・ガバナンス改革の必要性が議論された。かかる前提の下に，英国におけるコーポレート・ガバナンスと新たなリスクマネジメントの結合に議論を進展させたい。

　すなわち，英国ではコーポレート・ガバナンスと全社的・戦略的リスクマネジメントである ERM（Enterprise Risk Management）の基礎が築かれた。1998年にキャドバリー報告書，グリーンブリー報告，ハンペル報告書の3つが統合され，統合規範として纏められた。その後，ロンドン証券取引所の上場企業が統合規範の要求を充たし，内部統制構築を図ることを助けるため，1999年ターンブル報告書が発表され，同報告書は上場企業の取締役会が統合規範の内部統制に関する原則，条項を遵守するためのガイダンスを示しており，株

主保護と企業資産保全に役立つ健全な内部統制システムの確立，有効性のレビューに際してリスク指向のアプローチを採用することを念頭に置き，適切な判断を下すことを取締役会に求めたものである。

統合規範では企業経営が正しく行われることを確保するためのコーポレート・ガバナンス原則が述べられ，取締役が株主に対して持つ説明責任の一部として内部統制が定義され，これを受けターンブル報告書は健全な内部統制システムの要素としてリスクマネジメントの重要性が述べられる。ターンブル報告書では取締役会の主要な責任は企業グループ全体の内部統制が有効に機能していることをチェックすることで，健全な内部統制システムはリスクベースのアプローチによるベストプラクティスを試みることとする。具体的には取締役会に対して，企業の重大なリスクを洗い出し，評価・管理するプロセスの実施と見直しの活動が取締役会の期待に応えたものかについて開示することが奨励される。

(2) 我が国における ERM

我が国では，市場の要求としてのガバナンスの発達は十分とはいえない。説明責任のための ERM 導入のインセンティブは市場主導のシステムに比べ弱く，今後の普及には ERM 導入を求める監督機関の法規制を必要とする面もあろうか。

欧米の市場主導システムと我が国の相違は，組織に密着した共同体の重要性を強調する内部主義の気質の存在があり，コーポレート・ガバナンス改革において外部との関わり合いの支持が拡がらないことも一因であろう。市場のグローバル化を背景に，我が国も市場主導のコーポレート・ガバナンス・システムに向かって進みつつあり，透明性と説明責任を是認する段階に入っている[26]。新しいコーポレート・ガバナンス・モデル構築のためには企業経営の透明性，特にガバナンス・リスクの評価が重要であり，この観点からも説明責任を担保するリスクマネジメントの重要性が増大しよう。

英国は市場主導のアプローチによりコーポレート・ガバナンス改革を推進し，ターンブル報告書の準拠を嚆矢として，実用的 ERM の実現を達成している。英国の ERM 導入の経験を我が国の内部統制関連の法規制[27]と ERM の

実践の間の齟齬(28)を埋める解決策として活用できることが期待される。

2. ターンブル報告書におけるコーポレート・ガバナンスとリスクマネジメントの結合

　ERMに関して，特にターンブル報告書ではコーポレート・ガバナンスとリスクマネジメントの結合が述べられている点が注目される。ターンブル・ガイダンスの構成は，イントロダクション，健全な内部統制システムの維持，内部統制の有効性の審査，内部統制についての取締役会の説明，内部監査，付録となっている(29)。イントロダクション「内部統制とリスク管理の重要性10」において，内部統制システムは会社の事業目的の実現に重要なリスクのマネジメントを行う際，重要な役割を担う。健全な内部統制システムは株主の投資と会社の資産の保護に貢献する。「内部統制とリスク管理の重要性13」では，会社の目的や会社の内部組織と事業展開する外部環境は絶えず進展しているため，会社が直面するリスクは絶えず変化している。従って健全な内部統制システムは，会社が直面するリスクの性質と規模を詳細かつ恒常的に評価することと深い関わりを持つ。利益は，部分的には事業リスクを適切に取り込むことにより得られる報酬である。このため内部統制の目的は，リスクを無くすより，むしろ適切にマネジメントを行い，統制し易くすることである。「健全な内部統制システムの維持・責任17」では，内部統制の政策（その政策によって会社固有の状況下で健全な内部統制システムを評価する）を決定する際，取締役会は次の要素を審議すべきである。会社が直面しているリスクの性質と大きさ，会社が許容可能としたリスク，憂慮されるリスクの実現可能性・発生頻度，事故削減の会社の能力およびリスクが顕現した場合の業務に与えるインパクトを減らす能力，関連リスクのマネジメントにより得られる利益に関係する特定の統制を行う費用。「健全な内部統制システムの維持・責任18」では，リスクと統制に関する取締役会の政策を実行することは経営者の役割である。経営者はその責任を果す場合，会社が直面するリスクで取締役会の検討対象となるリスクを認識，評価し，取締役会が採用した政策を実行する内部統制の適当なシステムを設計，操作し，モニターすべきである。

　コーポレート・ガバナンスとリスクマネジメントの結合について，ロンドン

証券取引所上場企業の経営者は内部統制システムによって支えられたリスクマネジメントを行わなければならない。注目すべきは，①コーポレート・ガバナンス論の中にリスクマネジメントがビルトインされたこと，②リスクマネジメントは，損失も利益も生ずるリスクも対象となっていること，③内部統制システムはリスクマネジメントを実行するについて重大な役割を担うものとされたことである。①は，コーポレート・ガバナンスの関係が希薄であった従来のリスクマネジメントの画期的な変容といえる。③は，米国において提唱された管理手法としての内部統制をコーポレート・ガバナンスの基礎であるリスクマネジメントを支える手法として採用したことになる。かかる経過を経て英国においてはコーポレート・ガバナンスとリスクマネジメントが結合したといえよう。「ターンブルの実践：取締役会への説明」というレポートで詳しい実行方法が解説されていることは述べた。

我が国におけるリスクマネジメントについては，オペレーショナル・リスク中心の負のリスク（only downside risk）のリスクマネジメントの解説書が多く，内部統制と結びついた組織全体を業績の向上に向けて方向付けするERMは言葉では唱えられているが，具体的な実行方法については各企業の自主性に任せられているのが実情といえる。「ターンブルの実践：取締役会への説明」で，いかにリスクマネジメントと内部統制を事業目標に結びつけるかについて留意事項が具体的に分かり易く記述されている。

なお，リスクマネジメントに関しては，「新リスクマネジメントスタンダード」として，2002年9月英国の3大リスクマネジメント機関であるIRM（The Institute of Risk Management），AIRMIC（The Association of Insurance and Risk Managers），ALARM（The National Forum for Risk Management in the Public Sector）がA Risk Management Standardを発表した[30]。

このスタンダードには下記の特徴がある。①対象リスクの範囲をupsideとdownsideの両リスクとし，対象とするリスクの範囲を損失も利益も発生するリスクにまで拡大している。米国のCOSO2のリスクの定義は，組織の戦略や目的達成に影響するような内的・外的事象をイベントという。正の影響を与えるイベントを機会（opportunity），負の影響を与えるイベントをリスク（risk）という，とされ，機会のマネジメントはリスクマネジメントの対象外と思料さ

れる。②内部統制を意識した規定を詳しく入れている。(i)リスク対策はこれを行う組織に少なくとも次のような事態をもたらす必要がある。効果的，効率的な業務，効果的な内部統制，コンプライアンス。(ii)取締役会の役割は，組織の戦略的な方向性を決定し，リスクマネジメントが効果あるものとなるような環境，枠組みをつくること。また内部統制システムの評価に際しては次のことを考慮すべきである。どのようなリスクをどの程度まで企業の事業活動の中で保有できるか，そのようなリスクが顕在化する確率はどのぐらいか，保有できないリスクはどのように管理されるべきか，企業がどの程度リスク顕在化の可能性や事業への影響を抑えることができるか，リスクとその管理活動についての利害得失（費用，効果），リスクマネジメント・プロセスの有効性，取締役会の決定に際してのリスクの考慮。③財務の重視として，リスク対応では，(i)コントロール・軽減，(ii)回避，(iii)移転，(iv)リスクファイナンシングとされ，財務が重視されている。リスク対応の最後にリスクファイナンシングに関し，損失あるいは損失の要素の中には保険でカバーできないものがあると書かれている[31]。

経営者の関与として，リスクマネジメント・プロセスが効果的に機能するためには，組織の最高経営者および経営幹部によるコミットメントが要求される。取締役会は組織の戦略的な方向性を決定し，リスクマネジメントが効果的に機能するように環境・制度を整備する責任を有する。

【注】
（1）経済産業省産業組織課「中間取りまとめ～非業務執行役員に期待される役割～」コーポレート・ガバナンス・システムの在り方に関する研究会資料（2012年8月）。
（2）谷口友一「コーポレート・ガバナンス規制における補完性と柔軟性：イギリスにおける『遵守又は説明』規定の生成と展開」法と政治60巻3号（2009年10月）51-110頁参照。中川照行「「2010年規範」と「監督規範」による英国の新しいガバナンス構造」経営戦略研究 vol.5, 25-41頁。
（3）橋本基美「英国における社外取締役の役割―コーポレート・ガバナンスに関する「ヒッグス報告書」について―」資本市場クォータリー2003年春号，1-9頁参照，以下同。
（4）1998年12月31日以降に到来する会計年度の年次報告書から適用される。
（5）落合大輔「英国におけるコーポレート・ガバナンスの議論―ハンペル委員会の仮報告書」資本市場クォータリー1997年秋号。
（6）村橋健司「英国における取締役認証制度」取締役の法務74号（2000年）82頁。
（7）M. A. Eisenberg, 'The Architecture of American Corporate Law: Facilitation and Regulation' (2005) 2 Berkeley Bus. L. J 182.

第18章　英国コーポレート・ガバナンス・コードの系譜と非業務執行取締役などの考察　　*253*

（ 8 ） C. Riley, 'The Juridification of Corporate Governance' in J de Lacy（eds.）, The Reform of United Kingdom Company Law（Cavendish, London 2002）, 181.
（ 9 ） FRC, The Combined Code on Corporate Governance（2006）. http://www.ecgi.org/codes/documents/frc_combined_code_june2006.pdf.
（10） P. L. Davies, Gower and Davies: Principles of Modern Company Law（7th edn Sweet & Maxwell, London 2003）, 322.
（11） FSA, Listing Rules 第 9.8.6R 条. http://fsahandbook.info/FSA/html/handbook/LR/9/8
（12） 谷口友一・前掲「コーポレート・ガバナンス規制における補完性と柔軟性：イギリスにおける『遵守又は説明』規定の生成と展開」52-58，79-81，98-101，105-109頁。英国の最善慣行に類似するソフト・ローとして，東京証券取引所が発行する上場会社コーポレート・ガバナンス原則（2004年），日本取締役協会が発行する取締役会・監査役会併設会社のガバナンス・ベストプラクティス・コード（2005年）を挙げ，ソフト・ローの採用について任意であること，遵守または説明規定が適用されていないためソフト・ローの実効性を確保する仕組みが充分ではないように思われること，最善慣行と「遵守または説明」規定の組み合わせの導入が検討されるべきとの主張も存在しコポレート・ガバナンス規制における補完性と柔軟性の観点から充分に検討されるべきこと，を述べる。
（13） Cadbury Committee, Report of the Committee on the Financial Aspects of Corporate Governance（Gee, London 1992）. http://www.ecgi.org/codes/documents/cadbury.pdf.
（14） 稲葉威雄『会社法の基本を問う』中央経済社（2006年）190-191頁。
（15） Weil, Gotshal and Manges L. L. P., Comparative Study of Corporate Governance Codes relevant to the European Union and its Member States Final Report & Annexes I-V（2002）. 高橋英治・山口幸代「欧州におけるコーポレート・ガバナンスの将来像―欧州委員会行動計画書の分析―」商事法務1697号（2004年）101頁以下。
（16） Directive 2006/46/EC of the European Parliament and of the Council of 14 June 2006 amending Council Directives 78/660/EEC on the annual accounts of certain types of companies, 83/349/EEC on consolidated accounts, 86/635/EEC on the annual accounts and consolidated accounts of banks and other financial institutions and 91/674/EEC on the annual accounts and consolidated accounts of insurance undertakings［2006］OJ L224/49. http://eur-lex.europa.eu/LexUriServ/site/en/oj/2006/l_224/l_22420060816en00010007.pdf.
（17） Review of the Role and Effectiveness of Non-Executive Directors（2003）. http://www.ecgi.org/codes/documents/higgsreport.pdf. 関孝哉「英国コーポレート・ガバナンスの環境変化と改定統合規範の公表」商事法務1670号（2003年）56頁以下；久持英司「『上場規則』より第12章パラグラフ12.43Aおよび英国ヒッグス報告書『非執行取締役の職務と有効性に関する検討』より付録A『統合規程』改訂草案」駿河台経済論集13巻1号（2003）96頁以下。
（18） A. Solomon and J. F. Solomon, 'Assessing the Potential Impact of the Revised Combined Code on Corporate Governance'（2004）4 I. C.C.L.R 100.
（19） 太田洋「米企業改革法を巡る最新動向及びその影響について」月刊監査役471号（2003）7頁以下，松尾直彦「米国企業会計改革法への対応と現状」商事法務1667号（2003）4頁以下，メルビン・A. アイゼンバーグ／川口恭弘（訳）「アメリカにおける会社法制の改革」民商130巻3号（2004年）389頁以下，黒沼悦郎「サーベンス・オックスリー法制定後の資本市場法制ディスクロージャー規制の強化とその影響に関する日米比較」アメリカ法2004(1)（2004年）24頁以下。
（20） Audit Committees Combined Code Guidance（2003）. http://www.ecgi.org/codes/documents/ac_report.pdf. 川島いづみ「英国における内部統制システム最近の動向と法的課題」監査474号（2003）46頁以下。

(21) ヒッグス報告書による統合規範の改正提案について，上級非業務執行取締役が取締役会レベルで株主利益を代表すべきであるとの同報告書の勧告に対しては企業側からの反発が出され，取締役会内の分裂を引き起こす可能性が示唆された。A. Bolger, A. Parker and T. Tassell, 'Fear of Board Splits Over Higgs Code—Critics Argue Proposal Could Lead to Division and Confusion' Financial Times (London 20 January 2003)；T. Tassell, 'FTSE 100 Chiefs Question Boardroom Reform Plans Higgs Review' Financial Times (London 31 January 2003)；T Tassell, 'Warning on Revisions to Corporate Governance Code' Financial Times (14 March 2003).
(22) T. A. Lee, Company Financial Reporting (2nd edn Van Nostrand Reinhold, UK 1982), 103；E. G. Bartholomew and A. D. Welchman (eds.), The Fourth Directive—Its Effect on the Annual Accounts of Companies in the European Economic Community (Kluwer, London 1979), 319；田中弘『イギリスの会計制度わが国会計制度との比較検討』中央経済社（1993年）82-83頁。
(23) 1985年会社法第282条。K. Walmsley, Butterworths Company Law Handbook (18th edn LexisNexis UK, London 2004), 197.
(24) 本法，基本定款（memorandum），通常定款（articles）の条項および特別決議（special resolution）によって与えられた指示に基づき，会社の事業は会社の全ての権限を行使しうる取締役によって運営されるものとする（A表第70条）。
(25) 英国会社法は事実上二層制の創設を禁じていない。P. L. Davies, Introduction to Company Law (OUP, Oxford 2002), 203.
(26) 大塚章男「コーポレート・ガバナンスにおける今日的課題―権限集中と利益調整原理―」筑波ロー・ジャーナル10号（2011年10月）51-80頁。
(27) 拙稿「米国ドッド・フランク法を中心とする国際金融法制の展開と影響に関わる考察―規制強化のジレンマならびにパラドックス，コーポレート・ガバナンス，域外適用など―」日本大学法学紀要第55巻（2014年3月）9-108頁；同「新たな国際汚職行為防止法の考察―域外適用とRed Flag対処義務―」政経研究第50巻第3号（2014年3月）609-654頁参照。
(28) 阪田麻紀「英国の先進的ERM事例と日本への適用」セキュラック・ジャパン（2008年1月）1-19頁。
(29) 眞崎達二郎「リスクマネジメントとBCPについて―イギリスの「コーポレート・ガバナンスとリスクマネジメントの結合」と我が国の「品質管理人導入」に学ぶ」稲葉陽二・藤川信夫・岡西賢治編『企業コンプライアンス』尚学社（2013年12月）73-98頁。
(30) http://www.theirm.org/publications/documents/Japanese_Risk_Management_Standard_031125.pdf.
(31) 例えばわが国では中小企業の地震保険のカバーは困難である。

第19章
日本版コーポレート・ガバナンス・コードの理論と実践
―英国 Senior Management Regime を踏まえて―

Ⅰ．日本版コーポレート・ガバナンス・コードの特徴と対応

1．コーポレート・ガバナンス・コード（原案）の策定の経緯と特徴

　我が国におけるコーポレート・ガバナンス・コード（原案）のこれまでの策定状況をみると，機関投資家向けに2014年2月26日日本版スチュワードシップ・コード公表，2014年6月24日閣議決定により，『日本再興戦略』改訂2014においてコーポレート・ガバナンス向上により企業の稼ぐ力の向上を進め，経済全体の発展，国民への果実の還元に寄与することが示された。2015年5月23日自民党・日本経済再生本部の日本再生ビジョンの中で，有識者会議が東京証券取引所と金融庁の共同事務局としてベストプラクティスの内容，OECD原則を踏まえたコーポレート・ガバナンス・コードの基本的な考え方をまとめることとなった。2015年3月5日コーポレートガバナンス・コードの策定に関する有識者会議により，コーポレート・ガバナンス・コード（原案）が公表されている[1]。

　比較法制的に日本版コードの特徴をみると，コーポレート・ガバナンス・コード（原案）（日本版コード）の定義では，本コード（原案）は，実効的なコーポレート・ガバナンスの実現に資する主要な原則を取りまとめたものと記されている。他方，英国コーポレート・ガバナンス・コード（2014年版）における定義では，コードとは，実効的な取締役会の実務における重要な多数の

要素に対する指針を提供するものである。コードは，アカウンタビリティー，透明性および誠実性および企業の長期的・持続可能な成功に焦点を当てることなど，およそ良いガバナンスとされる全てに備わる原則に基づくものと規定されている(2)。

ガバナンス関連の予定は2015年5月1日改正会社法・関連法務省令施行，2015年6月1日コーポレート・ガバナンス・コード適用開始および改正取引所規則施行，2015年12月コードの内容を反映したコーポレート・ガバナンス報告書提出期限（3月決算会社），更に2016年ISSの議決権行使助言方針改定（取締役会構成基準の厳格化）となっている。

2．日本版コードの概要とプリンシプル・アプローチ

日本版コードの概要を改めてみると，コードの構成は50の基本原則，30の原則，38の補充原則で構成される。具体的な企業の対応としては取引所規則に基づくものとなる(3)。

適用対象は本則市場（市場第1部・第2部）上場会社，マザーズ，JASDAQの上場会社に適用され，コードの一部を実施しない場合は理由を説明する義務（Comply or Explain）が生じる。マザーズ，JASDAQ上場会社はExplainの対象を基本原則に限定される。

適用時期は，2015年6月1日からコードおよびコードの内容を反映した改正取引所規則が適用される。内容はコードの趣旨・精神を尊重する努力義務であり，コードの一部を実施しない場合，コーポレートガバナンス報告書において理由を説明する。定時株主総会後，遅滞なくコーポレートガバナンス報告書を提出する。2015年6月以降最初に開催される定時株主総会については準備ができ次第速やかに提出し，遅くとも定時株主総会の日の6ヶ月後までに提出する。記載内容に変更が生じた場合，変更が生じた後最初に到来する定時株主総会の日以後に遅滞なく一括して修正することが可能である(4)。

コーポレート・ガバナンス・コードの2つの基本的アプローチとして，①プリンシプルベース・アプローチでは，プリンシプルの趣旨・精神に照らした適切な判断が各社に求められる。日本版コードで用いられる文言・用語について明確な定義は存在しない。②Comply or Explainについて，Complyでは

それ以上特段の対応（Comply 状況の開示など）は不要であるが，Comply するため特定事項の開示が求められる項目も存在する。この場合，開示自体が Comply or Explain の対象である。Comply しない項目は理由の説明（Explain）が求められ，コーポレート・ガバナンス報告書において行う。Explain は各社の個別事情に照らし十分な説明が必要となる。

3．コーポレート・ガバナンス・コードへの対応

(1) 特定の事項の開示が求められる事項と日本版コード

上記の特定事項の開示が求められる事項としては，以下の通りである。政策保有株式として保有する上場株式の政策保有に関する方針・政策保有株式に係る議決権の行使について適切な対応を確保するための基準（原則1-4）。役員や主要株主等との取引（関連当事者間の取引）に係る適切な手続の枠組み（原則1-7）。会社の目指すところ（経営理念等）や経営戦略，経営計画（原則3-1(i)）。コード（原案のそれぞれの原則を踏まえた，コーポレートガバナンスに関する基本的な考え方と基本方針（原則3-1(ii)）。経営陣幹部・取締役の報酬決定方針と手続（原則3-1(iii)）。経営陣幹部の選任と取締役・監査役候補の指名に係る方針と手続（原則3-1(iv)）。経営陣幹部と取締役・監査役候補の個々の選任・指名についての説明（原則3-1(v)）。取締役会から経営陣に対する委任の範囲の概要（補充原則4-1①）。独立社外取締役を3分の1以上とする自主的取組みの方針（原則4-8）。独立社外取締役の独立性判断基準（原則4-9）。取締役会の全体としての知識・経験・能力のバランス，多様性および規模に関する考え方（補充原則4-11①）。取締役・監査役の他の上場会社の役員との兼任状況（補充原則4-11②）。取締役会全体の実効性についての分析・評価結果の概要（補充原則4-11③）。取締役・監査役に対するトレーニングの方針（補充原則4-14②）。株主との建設的な対話を促進するための体制整備・取組みに関する方針（原則5-1）。

(2) Comply の対応と日本版コード

日本版コードには特定事項を開示すべきとする原則が含まれ，原則に基づく開示を行う記載欄をコーポレート・ガバナンスに関する報告書の様式に新設し

ている⁽⁵⁾。コードの各原則に基づき開示を行う場合，開示を行う原則を項番等により具体的に特定し，どの原則に基づく開示であるかを明示する。

(3) Explain の対応と日本版コード

Explain についてもコーポレートガバナンス報告書へ記載する。記載欄をコーポレート・ガバナンスに関する報告書の様式中に新設した⁽⁶⁾。実施しない理由の説明は，コードの各原則のうち実施しない原則を項番等により具体的に特定し，どの原則に関する説明かを明示して記載する。他の開示書類等においてコードの各原則を実施しない理由を記載している場合でも，実施しない理由を報告書の本欄に記載する必要がある。実施しない理由の説明が必要となる各原則につき，全てを実施している場合はその旨を記載する。

4．政策保有株式に関する事項と日本版コード

日本版コードの原則 1-4 において，上場会社がいわゆる政策保有株式として上場株式を保有する場合には，政策保有に関する方針を開示すべきである。また，毎年，取締役会で主要な政策保有についてそのリターンとリスクなどを踏まえた中長期的な経済合理性や将来の見通しを検証し，これを反映した保有のねらい・合理性について具体的な説明を行うべきである。上場会社は，政策保有株式に係る議決権の行使について，適切な対応を確保するための基準を策定・開示すべきである。

現在の有価証券報告書の記載事項は，保有区分（特定投資株式およびみなし保有株式），銘柄，株式数，貸借対照表計上額，保有目的となっている。コードの対応として，開示の規律の強化により市場との対話を通じて合理的な解決策を見いだすことに主眼がある。その上で，政策保有をどうするかは各上場企業の経営判断であり，更に市場との対話が継続されるべき問題である。検証の内容自体の公開を求めているものではない⁽⁷⁾。上場持ち株会社の保有分のみならず，非上場の子銀行の保有分も含めて対応されるなど，グループ全体のガバナンス構造を含めて考えることになる⁽⁸⁾⁽⁹⁾。

5．関連当事者間の取引に係る適切な手続の枠組みと日本版コード

　コードの原則1-7において，上場会社がその役員や主要株主等との取引（関連当事者間の取引）を行う場合には，そうした取引が会社や株主共同の利益を害することのないよう，また，そうした懸念を惹起することのないよう，取締役会はあらかじめ，取引の重要性やその性質に応じた適切な手続を定めてその枠組みを開示するとともに，その手続きを踏まえた監視（取引の承認を含む）を行うべきである。

　関連の規律として，改正会社法施行規則118条5号では親会社等との取引に関する開示が定められている。子会社の事業報告における記載事項として，親会社等との間の取引をするに当たり，当該株式会社の利益を害さないように留意した事項等の開示を求めている。

　関連当事者間の取引の範囲に，子会社との取引を含めないことの当否が問題となるところである(10)。

6．情報開示の充実と日本版コード

　コードの原則3-1において，上場会社は，法令に基づく開示を適切に行うことに加え，会社の意思決定の透明性・公正性を確保し，実効的なコーポレートガバナンスを実現するとの観点から，（本コード（原案）の各原則において開示を求めている事項のほか，）以下の事項について開示し，主体的な情報発信を行うべきである。(a)会社の目指すところ（経営理念等）や経営戦略，経営計画，(b)本コード（原案）のそれぞれの原則を踏まえた，コーポレートガバナンスに関する基本的な考え方と基本方針，(c)取締役会が経営陣幹部・取締役の報酬を決定するに当たっての方針と手続，(d)取締役会が経営陣幹部の選任と取締役・監査役候補の指名を行うに当たっての方針と手続，(e)取締役会が上記(d)を踏まえて経営陣幹部の選任と取締役・監査役候補の指名を行う際の，個々の選任・指名についての説明。

　補充原則4-11①では，取締役会は，取締役会の全体としての知識・経験・能力のバランス，多様性および規模に対する考え方を定め，取締役の選任に関する方針や手続と併せて開示すべきである。また経営陣幹部は具体的にはCEO（最高業務執行責任者）・CFO（最高財務責任者）等の経営陣幹部を指し

ている（補充原則 3-2 ②）。

7．独立社外取締役の選任と日本版コード

　コードの原則 4-8 において，独立社外取締役は会社の持続的な成長と中長期的な企業価値の向上に寄与するように役割・責務を果たすべきであり，上場会社はそのような資質を十分に備えた独立社外取締役を少なくとも2名以上選任すべきである。また，業種・規模・事業特性・機関設計・会社をとりまく環境等を総合的に勘案して，自主的な判断により，少なくとも3分の1以上の独立社外取締役を選任することが必要と考える上場会社は，上記にかかわらず，そのための取組み方針を開示すべきである。

　原則 4-9 において，取締役会は，金融商品取引所が定める独立性基準を踏まえ，独立社外取締役となる者の独立性をその実質面において担保することに主眼を置いた独立性判断基準を策定・開示すべきである。また，取締役会は，取締役会における率直・活発で建設的な検討への貢献が期待できる人物を独立社外取締役の候補者として選定するよう努めるべきである。

8．株主との建設的な対話に関する方針と日本版コード

　コードの原則 5-1 において，上場会社は，株主からの対話（面談）の申込みに対しては，会社の持続的な成長と中長期的な企業価値の向上に資するよう，合理的な範囲で前向きに対応すべきである。取締役会は，株主との建設的な対話を促進するための体制整備・取組みに関する方針を検討・承認し，開示すべきである。

　補充原則 5-1 ①は，株主との実際の対話（面談）の対応者については，株主の希望と面談の主な関心事項も踏まえた上で，合理的な範囲で，経営陣幹部または取締役（社外取締役を含む）が面談に臨むことを基本とすべきである。

　補充原則 5-1 ②は，株主との建設的な対話を促進するための方針には，少なくとも以下の点を記載すべきである。(a)株主との対話全般について，下記(b)―(e)に記載する事項を含めその統括を行い，建設的な対話が実現するように目配りを行う経営陣または取締役の指定。(b)対話を補助する社内の IR 担当，経営企画，総務，財務，経理，法務部門等の有機的な連携のための方策。(c)個

別面談以外の対話の手段(例えば,投資家説明会やIR活動)の充実に関する取組み。(d)対話において把握された株主の意見・懸念の経営陣幹部や取締役会に対する適切かつ効果的なフィードバックのための方策。(e)対話に際してのインサイダー情報の管理に関する方策。

補充原則5-1③は,上場会社は,必要に応じ,自らの株主構造の把握に努めるべきであり,株主もこうした把握作業にはできる限り協力することが望ましい。

9.その他対応を求められる主な事項と日本版コード

日本版コードに関して,その他対応を求められる主な事項として以下のものがある。招集通知の早期発送,発送前の電子的公表(補充原則1-2②),議決権の電子行使を可能とするための環境作りや招集通知の英訳(補充原則1-2④),信託銀行等の名義で株式を保有する機関投資家等が株主総会における議決権行使を希望した場合に対応するための検討(補充原則1-2⑤),資本政策の基本的な方針についての説明(原則1-3),外部会計監査人の選定・評価基準の策定等(補充原則3-2①),外部会計監査人監査の実効性確保のための取組み(補充原則3-2②),最高経営責任者等の後継者の計画(プランニング)の適切な監督(補充原則4-1③),業績連動型報酬,自社株報酬の割合を適切に設定(補充原則4-2①),独立社外者のみを構成員とする会合の開催等(補充原則4-8①),筆頭独立社外取締役の決定等(補充原則4-8②)。

(1) 資本政策の基本的な方針と日本版コード

取締役会評価の項とも関連するが,企業において資本コストを上回る収益を上げるべき最適資本構成の構築が主題となる。かかる資本政策の基本的な方針に関して,日本版コード原則1-3では,上場会社は,資本政策の動向が株主の利益に重要な影響を与え得ることを踏まえ,資本政策の基本的な方針について説明を行うべきである。原則5-2では,経営戦略や経営計画の策定・公表に当たっては,収益計画や資本政策の基本的な方針を示すとともに,収益力・資本効率等に関する目標を提示し,その実現のために,経営資源の配分等に関し具体的に何を実行するのかについて,株主にわかりやすい言葉・論理で明確に説

明を行うべきである。

資本政策において，資本構成（自己資本比率等），資本効率（自己資本利益率（ROE）等），株主還元（配当，自己株式取得等）を勘案することになる[11]。

(2) 後継者の計画（サクセッション・プラン）と日本版コード

日本版コードの補充原則4-1③では，取締役会は，会社の目指すところ（経営理念等）や具体的な経営戦略を踏まえ，最高経営責任者等の後継者の計画（プランニング）について適切に監督を行うべきである。

取締役会において，①通常時の社長・CEO等の後継者計画，②緊急時（死亡等の事故時）の後継者計画を監督する。企業の対応として，①では，社長・CEOや人事部・報酬委員会の協力，複数名の内部候補者の特定と育成，外部の候補者の特定が鍵となる。②では，緊急時の後継者計画（Contingency Plan），緊急時に登板する者と責任について規定することになる。

評価主体は，取締役会・委員会（外部コンサルタントを含む）となる。評価基準は，戦略的ビジョン，リーダーシップおよび業務執行力等になる。

(3) 独立社外取締役の独立性判断基準と日本版コードならびに東証における上場制度の整備

日本版コードの原則4-9では，取締役会は，金融商品取引所が定める独立性基準を踏まえ，独立社外取締役となる者の独立性をその実質面において担保することに主眼を置いた独立性判断基準を策定・開示すべきである。また，取締役会は，取締役会における率直・活発で建設的な検討への貢献が期待できる人物を独立社外取締役の候補者として選定するよう努めるべきである。

2015年2月24日東証における上場制度の整備（独立役員制度）が図られ[12]，独立性基準（上場管理等に関するガイドラインⅢ5.(3)の2）の改正が行われ，開示加重要件が廃止された[13]。

東証における上場会社の整備では，①企業行動規範の遵守すべき事項として，コーポレート・ガバナンス・コードを実施しない場合の理由説明を規定する。②コードを実施しない場合の理由説明は，コーポレートガバナンス報告

書において行う。③従前の上場会社コーポレート・ガバナンス原則尊重規定をコードの趣旨・精神の尊重規定に置き換える。④主要な取引先の元業務執行者などを独立役員に指定する場合の開示加重を廃止して、属性情報開示に統一する。

　④については、現行の取扱いを改め、要説明類型（開示加重要件）を廃止し、要開示（属性情報）に開示方法を統一し、上場会社が独立役員を指定する場合、当該独立役員と上場会社との間の特定の関係の有無およびその概要を開示する。全ての独立役員について等しく情報の開示を求め、上場会社が独立性を判断する際における過度に保守的な運用を是正せんとする。

　この結果、東証における上場会社の整備では、①上場会社・子会社の業務執行者については、現在・最近、過去（10年以内）の者は独立性がない。過去（10年以前）の者は要開示となる。②親会社・兄弟会社、主要な取引先、多額の金銭その他の財産を得ているコンサルタント等の業務執行者、近親者については、現在・最近の者は独立性がない。過去（10年以内）、過去（10年以前）の者は要開示となる。③主要株主の業務執行者については、全て要開示となる。④主要でない取引先、相互就任先、寄付先の業務執行者については、現在・最近、過去（10年以内）の者は要開示となる。⑤左記に該当しない者については、開示の必要もない。なお、①の上場会社・子会社の業務執行者については、過去（10年以前）の者は、会社法改正に伴う上場制度の改正により、要開示類型となる（2015年1月30日公表「平成26年会社法改正に伴う上場制度の整備について」参照）。

(4)　取締役会全体の実効性の分析・評価と日本版コード

　日本版コードの補充原則4-11③では、取締役会は、毎年、各取締役の自己評価なども参考にしつつ、取締役会全体の実効性について分析・評価を行い、その結果の概要を開示すべきである。

　取締役会評価（Board Evaluation）については、評価の対象は取締役会全体であり、評価者は取締役会自体となる。評価の手法は、各取締役の自己評価なども参考にしつつ、質問票、インタビュー等を用いて行い、外部評価の利用も選択肢となる。評価結果の取扱いは、分析・評価の結果の概要を開示し、分

析・評価の結果から課題を抽出し，課題解決，具体的アクションに繋げる。取締役会評価を通して，経営陣と株主との建設的な対話の進展が図られることになる。

II. 日本版コーポレート・ガバナンス・コードおよびスチュワードシップ・コードと会社法改正の接点―上場企業におけるガバナンス対応の理論と実務―

2015年6月より適用となる日本版コーポレート・ガバナンス・コードと同じく5月施行の改正会社法規律に関して，スチュワードシップ・コードも踏まえて企業側の対応について考察しておきたい。改正会社法および会社法施行規則の全般の内容の解説については本節の主旨でなく，また紙幅の制約から省略する。ここでは日本版コーポレート・ガバナンス・コードの特徴と対応について上記で述べてきたことを踏まえ，日本版コーポレート・ガバナンス・コードおよびスチュワードシップ・コードの関連で改正会社法との接点となる部分に焦点を絞り，上場企業側が検討を求められる項目について検討していきたい[14]。ソフトローとハードローの接点の領域においては，英国 Senior Management Regime の考察が意義を持つものと思料する。

1．コーポレート・ガバナンス・コードと会社法等の施行

日本版コーポレート・ガバナンス・コードを受けた改訂上場規則は2015年6月1日に施行され，2015年総会後12月末までにコーポレート・ガバナンス報告書を提出することで対応が図れ，2016年以降は総会後速やかに提出することになる。もっとも実体としては役員選任，内部統制システム構築等に影響すること，2015年5月までに総会を終了する企業は2016年総会後速やかに提出すればすむが，内部統制システムの構築等は2016年4月あるいは5月取締役会で決議する必要があることから，早期の対応が求められる。

2．取締役関連—独立社外取締役など—

(1) 日本版コーポレート・ガバナンス・コードと取締役・執行役員の選任

　日本版コーポレート・ガバナンス・コードに関して，取締役・執行役員の選任等に関する原則をみていきたい。原則3-1，補充原則4-2などにおいて以下の記載がされる。

(イ) 取締役会で以下の事項を決定して開示する。

① 経営陣幹部・取締役の報酬を決定するに当たっての方針と手続（原則3-1.情報開示の充実）(15)

　経営陣の報酬は，中長期的な業績と連動する報酬の割合や，現金報酬と自社株報酬との割合を適切に設定すべきである（補充原則4-2①）。

② 経営陣幹部の選任・解任と取締役・監査役候補の指名を行うに当たっての方針と公正かつ透明性の高い手続（原則3-1，補充原則4-3①）

③ 取締役会が経営陣幹部の選任と取締役・監査役候補の指名を行う場合，個々の選任・指名についての説明（原則3-1）。多様性（女性活用も含む）と適正規模維持に配慮する（原則4-11前段.取締役会・監査役会の実効性確保のための前提条件，原則2-4.女性の活躍促進を含む社内の多様性の確保）。

(ロ) 取締役会は，取締役会の全体としての知識・経験・能力のバランス，多様性（女性の活用を含む）および規模に関する考え方を定め，開示する（原則4-11前段，補充原則4-11①，原則2-4）。

(ハ) 上場会社は，法令に基づく開示を適切に行うことに加え，会社の意思決定の透明性社外取締役・社外監査役をはじめ，取締役・監査役は，その役割・責務を適切に果たすために必要となる時間・労力を取締役・監査役の業務に振り向けるべきである。こうした観点から，例えば，取締役・監査役が他の上場会社の役員を兼任する場合には，その数は合理的な範囲に留めるべきであり，上場会社は，その兼任状況を毎年開示すべきである（補充原則4-11②）。

　以上の通り，報酬基準，選任基準が明確でない会社は，抽象的なものでも取締役会で決定しておくことが望まれる。取締役候補者・監査役候補者の選任についての説明や兼任状況は，株主参考書類等の個々の候補者欄に多様性に

配慮して記載する。取締役会の規模・人数に関する考え方は，取締役選任議案の(16)等において記載することが考えらえる。多様性（ダイバーシティ）等は，事業報告の中で，対処すべき課題として記載する。

(2) 日本版コーポレート・ガバナンス・コードと独立社外取締役

　(イ) 全上場会社

　独立性判断基準の策定・公表が求められる（原則4-9.独立社外取締役の独立性判断基準及び資質)(17)。取締役会は，金融商品取引所が定める独立性基準を踏まえ，独立社外取締役となる者の独立性をその実質面において担保することに主眼を置いた独立性判断基準を策定・開示すべきである。また，取締役会は，取締役会における率直・活発で建設的な検討への貢献が期待できる人物を独立社外取締役の候補者として選定するよう努めるべきである。

　(ロ) 独立社外取締役が複数名存在するが，取締役会の過半数に達しない場合

　① 独立社外者のみの定期的会合等による情報交換・認識共有（補充原則4-8①）

　② 互選による筆頭独立社外取締役の決定，経営陣との連絡・調整，監査役会との連携に係る体制整備（補充原則4-8②）

　③ 指名・報酬等について独立社外取締役が関与する任意の諮問委員会を取締役会の下に設置（補充原則4-10①）

　　上場会社が監査役会設置会社または監査等委員会設置会社であって，独立社外取締役が取締役会の過半数に達していない場合には，経営陣幹部・取締役の指名・報酬などに係る取締役会の機能の独立性・客観性と説明責任を強化するため，例えば，取締役会の下に独立社外取締役を主要な構成員とする任意の諮問委員会を設置することなどにより，指名・報酬などの特に重要な事項に関する検討に当たり独立社外取締役の適切な関与・助言を得るべきである（補充原則4-10①）。

　④ 自主的な判断により，独立社外取締役を3分の1以上とすることについて取り組みの方針（原則4-8.独立社外取締役の有効な活用）

　(ハ) 独立社外取締役が1人の場合

　① 独立社外取締役が2名以上存在しないことを説明・開示（原則4-8）

②　指名・報酬等について独立社外取締役が関与する任意の諮問委員会を取締役会の下に設置（補充原則4-10①）

(ニ)　独立社外取締役が1人も存在しない場合

社外取締役を置くことが相当でない理由の説明・開示を行う(18)。独立社外取締役が2名以上存在しないことを説明・開示に準拠する（原則4-8）。

(3)　日本版コーポレート・ガバナンス・コードと社外取締役がいない企業における説明義務ならびに社外取締役を置くことが相当でない理由

(イ)　社外取締役がいない場合の説明義務

会社法と日本版コードの接点として実務上，最も関心が高い部分の1つである。改正会社法規律としては，有価証券報告書提出会社・監査役会設置会社・公開会社・大会社であって，期末に社外取締役がいない場合は，定時株主総会で社外取締役を置くことが相当でない理由を説明しなければならない（会社法327条の2）。この説明義務違反は，株主総会における取締役選任決議の取消事由となり得る。また，改正会社法施行規則でみれば，株主総会参考書類（施行規則74条の2），事業報告（施行規則124条2項）の記載事項となる。

①　期末時点で社外取締役がいない場合，毎年定時株主総会で説明する。但し，社外取締役選任議案を提出する場合は株主総会参考書類および事業報告の記載は不要となり，株主総会で行う説明も簡便なもので足りることになる。

②　コーポレートガバナンスコード原則4-8について，上場会社は独立社外取締役を2名以上選任すべきであること，自主的に少なくとも3分の1以上の独立社外取締役を選任することが必要であると考える上場会社はそのための取組み方針を開示すべきであることが規定されている。ここから，会社法規律と異なり，日本版コードの要請部分については，文言上は，相当でない理由ではなく，コードに従わない理由を説明すれば足りると思われる(19)。もっとも，東証側がコード違反に関する説明が不十分である等として修正を迫るリスクはある。プリンシプルベースとしての運用の局面となろう。私見であるが，説明不十分の形式的な問題に留まらず，内実として複数名の選任がなされない状態が継続すれば，コードのルール化・会

社法への織り込みが検討されることとなるのであろうか。

(ロ) 社外取締役を置くことが相当でない理由の説明・開示

社外取締役を置くことが相当でない理由について改正会社法、会社法施行規則に規定されることを述べた（会社法327条の2、会社法施行規則74条の2第1項、会社法施行規則124条2項）。社外取締役を置くことがマイナスになる事情[20]を書き込むことになるが、各企業の当該時点における事情に応じて記載しなければならないこと、社外監査役が2人以上であることのみをもって当該理由とすることはできないこと、適任者がいないというだけでは、理由として十分ではないとする意見もあること、社外取締役は、取締役や利害関係人との利益相反を監督する機能が規定されていることに留意がされる。

即ち第1に、社外取締役の選任について、法制審議会会社法制部会においては、その選任の義務付けが議論されたが、義務付けは見送られた[21]。しかし、改正会社法・改正法務省令により、後述する一定の会社が社外取締役を置いていない場合、社外取締役を置くことが相当でない理由の開示・説明をすべきこととされた[22]。

社外取締役を置くことが相当でない理由の説明・開示に関して、社外取締役を置いていない有価証券報告書提出義務[23]がある公開かつ大会社の監査役会設置会社は、下記の場合に社外取締役を置くことが相当でない理由を説明・開示しなければならない。

(a)株主総会での説明義務（会社法327条の2）として、事業年度末日に社外取締役を置いていない場合、取締役は、当該事業年度に関する定時株主総会において、社外取締役を置くことが相当でない理由を説明しなければならない。(b)株主総会参考書類への記載義務（会社法施行規則74条の2第1項）として、社外取締役を置いておらず（株主総会の終結の時に社外取締役を置いていないこととなる見込みである場合を含む）、かつ社外取締役となる見込みである者を候補者とする取締役の選任に関する議案を株主総会に提出しないときは、株主総会参考書類に社外取締役を置くことが相当でない理由を記載しなければならない。(c)事業報告への記載義務（会社法施行規則124条第2項）として、事業年度末日に社外取締役を置いていない場合は、社外取締役を置くことが相当でない理由を事業報告の内容に含めなければならない。(b)の株主総会参

考書類，(c)の事業報告への記載に当たっては，株主総会参考書類作成時点または各事業年度における各社の個別の事情に応じて記載しなければならず，社外監査役が2人以上いることのみをもって理由とすることはできない（会社法施行規則74条の2第3項，第124条第3項）。事業年度末に社外取締役を置いておらず，当該事業年度に関する定時株主総会で社外取締役の選任議案を上程する場合は，(b)の株主総会参考書類への記載は必要ないが，(c)の事業報告への記載のほか，(a)の株主総会での説明は行わなければならない[24]。(b)の株主総会参考書類への記載は，株主総会に取締役選任議案が上程される場合の参考として必要とされるため，取締役選任議案が上程されない場合は，当該記載は不要となる[25]。

　第2に，適用時期について，社外取締役を置くことが相当でない理由の説明・開示に関する規定の適用開始時期は次の通りとなる。(a)株主総会での説明義務は，経過措置は設けられておらず，改正会社法施行後（2015年5月1日以降）に開催される定時株主総会から適用される。(b)株主総会参考書類の記載は，経過措置として施行日前に招集手続が開始された株主総会に係る参考書類の記載については従前の例による（改正法務省令附則2条第5項）。施行日前に招集の手続が開始された場合とは，施行日前に株主総会参考書類の記載事項が取締役会決議により決定された時点を指している（会社法298条第1項第5号，同条4項，会社法施行規則63条3号イ参照）[26]。3月決算会社は，通常5月上旬以降に開催される取締役会において定時株主総会の招集および株主総会参考書類記載事項が決定され，実質的には2015年定時株主総会に係る参考書類から適用されることとなる。

　(c)事業報告の記載は，経過措置として，施行日以後に監査役の監査を受ける事業報告について，会社法施行規則124条2項3項の規定が適用され，相当でない理由を記載しなければならないものとされる（改正法務省令附則2条6項但書）。

　監査役の監査を受ける事業報告について，監査役会設置会社では特定取締役が監査役会の監査報告の内容の通知を受けた日に監査役の監査を受けたものとするとされ（会社法施行規則132条2項），施行日以後に特定取締役が監査役会の監査報告の内容の通知を受ける事業報告は会社法施行規則124条2項およ

び3項の規定が適用されることとなる[27]。

3月決算会社は、4月下旬から5月上旬以降に監査役に対し事業報告が提供され、5月上旬以降に監査報告の内容を特定取締役（通常、代表取締役）に対し通知するとの実務スケジュールが想定され、実質的には2015年3月終了の事業年度に係る事業報告から適用されることとなる。

第3に、監査役としての留意点をみると、監査役は、取締役が株主総会に提出しようとする議案、書類等を調査しなければならず、法令もしくは定款に違反し、または著しく不当な事項があると認めるときは、その調査の結果を株主総会に報告しなければならない（会社法384条）[28]。監査役は、事業報告が法令または定款に従い当該株式会社の状況を正しく示しているかについての意見を監査報告の内容としなければならない（会社法施行規則129条1項2号）。株主総会の説明に関して、取締役が社外取締役を置くことが相当でない理由の説明をしなかった場合、株主総会参考書類に当該理由を記載する必要があるのに記載をしなかった場合は、取締役選任議案の取消事由になり得ると考えられ[29]、株主総会の運営準備の段階から留意が必要となる[30]。

監査役の対応として、社外取締役を置くことが相当でない理由が参考書類、事業報告に記載されているか、記載されている内容が施行規則の趣旨を踏まえて十分か（社外取締役を置くことが当該株式会社の企業価値にマイナスの影響を及ぼすような事情が記載されているか[31]、各社の事情に応じた説明がなされているか[32]）について検討する必要がある。改正の背景と議論を踏まえて取締役会において十分な検討が行われたか、検討された内容と結果は株主への説明として合理的で十分か、について検証して必要に応じ取締役会で意見を述べるべきである。上記対応にもかかわらず、理由が記載されていない場合、結論に影響するおそれのある虚偽の事実が理由中に存在する場合、事業報告が法令定款に従い当該株式会社の状況を正しく示していない、または参考書類、事業報告の記載に法令定款違反や著しく不当な事項があるため、監査報告の意見の記載が必要となる。

3．日本版コーポレート・ガバナンス・コードと株主総会

日本版コーポレート・ガバナンス・コードと株主総会の関連で事業報告書、

株主総会参考書類についてみていきたい。

(イ) 第1に，株主総会に関連する日本版コードは，(a)株主総会の招集通知の発送時期およびWEBによる情報提供（補充原則1-2②）があり，招集通知を早期に行い，内容等をWEBで開示する。(b)株主総会の日程を適切に行うこと（補充原則1-2③）があり，集中日に開催する場合は理由を考えておくことが必要となる。(c)3議決権電子行使，招集通知の英訳（補充原則1-2④）があり，株主として海外投資家等が少ない場合はコスト面からも必須でなく，多いときは実施することが推奨される。(d)4信託銀行等名義の実質株主の議決権行使（補充原則1-2⑤）があり，信託銀行等から実質株主に委任状を出した場合は総会の出席を認める。当該取扱いは定款，株式取扱規程に違反せず，投資信託の場合は法律上拒否できない。(e)総会決議事項の取締役会に対する委任の適正化・機動化（補充原則1-1②）があり，総会決議事項を取締役会に委任することは原則としてできない（会社法295条3項）。募集事項の決定の委任（会社法200条），役員ストックオプションの内容，退職慰労金の具体的内容等，総会決議事項の一部を委任することは許される。

(ロ) 第2に，株主に関連する日本版コードは，(a)株主の少数株主権行使の妨害禁止（補充原則1-1③）があり，株主の権利行使を事実上妨げることのないよう配慮する旨を宣言することも考えられる。(b)株主との面談に関する対応・取組み方針の開示（原則5-1，補充原則5-1①，5-1②）があり[33][34]，建設的な対話の実現に目配りを行う経営陣または取締役の指定，対話を補助する社内IR担当および経営企画等の有機的連携の方策，個別面談以外の対話の手段として投資家説明会等の充実への取組み，株主の意見・懸念を経営陣幹部等に適切かつ効果的にフィードバックする方策，対話に際してのインサイダー情報の管理の方策が必要となろう。IRの方針の開示に関して，インサイダー情報の管理ではIRにおけるインサイダー情報の有無を確認する仕組みを策定すれば足りる。(c)反対票が多かった議案の原因分析および株主の対話（補充原則1-1①）があり，株主の対話はIR活動を通じて機関投資家等の意見を聞くことになる。

(ハ) 第3に，事業報告関連の会社法施行規則の改正・新設事項をまとめて掲げておきたい。(a)内部統制システムの運用状況について（改正点），事業報告

には，内部統制システムについて決議した場合，決議の内容に加えて，当該システムの運用状況の概要を記載しなければならない（会社法施行規則118条2項）。

(b)特定完全子会社について（新設），事業報告には，当該事業年度の末日において完全親会社等がない株式会社に特定完全子会社（子会社の株式の簿価が親会社の総資産の20％超である子会社等）がある場合，次の事項を記載しなければならない。①特定完全子会社の名称及び住所，②当該株式会社およびその完全子会社等における特定完全子会社株式の当該事業年度の末日における帳簿価額の合計額等，③当該株式会社の当該事業年度に係る貸借対照表の資産の部に計上した額の合計額（会社法施行規則118条4号）。

(c)親会社等との関連当事者取引について（新設），事業報告またはその附属明細書には，当該株式会社とその親会社等との間の取引（第三者との間の取引で当該株式会社とその親会社等との間の利益が相反するものを含む。）で関連当事者取引の注記の対象となるものについて，次の事項を記載しなければならない。①当該取引をするに当たり当該株式会社の利益を害さないように留意した事項（当該事項がない場合にあっては，その旨），②当該株式会社の利益を害さないかどうかについての取締役（取締役会設置会社においては，取締役会）の判断およびその理由，③社外取締役を置く株式会社において，②の判断が社外取締役の意見と異なる場合のその意見。なお，事業報告書には，関連当事者取引の注記の対象となる事項のうち，会社計算規則112条1項但書の規定により，同項4号から6号までおよび8号に掲げる事項を省略するものを除いて記載しなければならず，附属明細書には省略するものに限って記載しなければならない（会社法施行規則118条5号，128条3項）。

(d)責任限定契約の概要について（新設），事業報告には，会社役員（取締役および監査役に限る。）と当該株式会社との間で責任限定契約を締結している場合，責任限定契約の内容の概要（当該契約によって当該会社役員の職務の適正性が損なわれないようにするための措置を講じている場合にあっては，その内容を含む。）を記載しなければならない（会社法施行規則121条3号）。

(e)常勤監査委員の有無について（新設），事業報告には，株式会社が当該事業年度の末日において指名委員会等設置会社である場合，常勤の監査委員の

選定の有無およびその理由を記載しなければならない（会社法施行規則121条10号）。

　(f)社外役員親族関係について（改正），事業報告には，社外役員が次に掲げる者の配偶者，3親等以内の親族その他これに準ずる者であることを当該株式会社が知っているときはその事実（重要でないものを除く）を記載しなければならない。イ．当該株式会社の親会社等（自然人である者に限る。），ロ．当該株式会社または当該株式会社の特定関係事業者の業務執行者または役員（業務執行者であるものを除く）（会社法施行規則124条1項3号）。

　(g)社外役員の報酬について（改正），事業報告には，社外役員が次のイまたはロに掲げる場合の区分に応じ，当該イまたはロに定めるものから当該事業年度において役員としての報酬等を受けているときは，当該報酬等の総額（社外役員であった期間に受けたものに限る。）イ．当該株式会社に親会社等がある場合，当該親会社等または当該親会社等の子会社等（当該株式会社を除く。）ロ．当該株式会社に親会社等がない場合，当該株式会社の子会社（会社法施行規則124条1項7号）。

　(h)会計監査人の報酬について（改正），株式会社が当該事業年度の末日において会計監査人設置会社である場合には，次に掲げる事項を事業報告の内容としなければならない。

　当該事業年度に係る各会計監査人の報酬等の額および当該報酬等について監査役（監査役会設置会社にあっては監査役会，監査等委員会設置会社にあっては監査等委員会，指名委員会等設置会社にあっては監査委員会）が，報酬等の決定に同意をした理由（会社法施行規則126条1項2号）。

4．内部統制と日本版コード

(1) 改正会社法におけるグループ内部統制と日本版コード

　(イ) 改正会社法下の内部統制と日本版コードの関連をみていきたい。第1に，改正会社法における内部統制においては，グループ内部統制の強化が明記される。第2に，監査役関係で内部統制として決定すべき事項として以下の事項が追加される。①監査を支える体制（監査役室の設置，人員，子会社監査役の連携など）。②監査役による使用人からの情報収集に関する体制（監査役か

ら内部監査室,各部署に対する質問方法等)。第3に,事業報告において内部統制の運用状況の概要を事業報告の内容に追加する。従前の内部統制報告書において運用状況は報告されるが,会社法の内部統制は金商法の内部統制より範囲が広く,内部統制システムについての運用状況を具体的に記載することになる。

　(ロ)　グループ内部統制について,グループ統制(会社法施行規則100条1項)が明記される。内部統制システムに関する取締役会決議(会社法362条4項6号)において,グループ内部統制について子会社の体制を従前の規則よりも具体的に規定する。

　会社法施行規則100条1項5号では,次に掲げる体制その他の当該株式会社ならびにその親会社及び子会社からなる企業集団における業務の適正を確保するための体制と規定される。イ当該株式会社の子会社の取締役,執行役,業務を執行する社員,法第598条第1項の職務を行うべき者その他これらの者に相当する者(ハおよびニにおいて取締役等という。)の職務の執行に係る事項の当該株式会社への報告に関する体制,ロ当該株式会社の子会社の損失の危険の管理に関する規程その他の体制,ハ当該株式会社の子会社の取締役等の職務の執行が効率的に行われることを確保するための体制,ニ当該株式会社の子会社の取締役等および使用人の職務の執行が法令および定款に適合することを確保するための体制。

　子会社の取締役が職務執行に係る事項を親会社に報告する体制とされ,この場合の子会社は全子会社が対象であるが,子会社の重要性,海外子会社等の特殊性などに応じ各子会社の内部統制システムのレベルは相違があっても構わない[35]。

　(ハ)　内部統制システムの運用状況(会社法施行規則118条2号)では,事業報告には,取締役会で決議した内部統制システムの概要に加えて,内部統制システムの運用状況の概要を記載しなければならない。実際に取締役会で決議した内部統制システムが実際に機能していることを具体的に示すことになる[36]。

　(ニ)　内部統制等と日本版コードの関係

　(a)　日本版コードでは,経営陣に対する委任の範囲の明確化とその概要の開示(補充原則4-1①)が求められる。取締役会規程,決裁規程等において

取締役会決議事項および委任の範囲は明確に示されているため，概要の開示は抽象的となる[37]。
(b) 日本版コードでは，中期経営計画が目標未達に終わった場合の原因および対応などの十分な分析，株主へ説明，次期以降の計画への反映が規定される（補充原則 4-1 ②）。コードへの対応としては，事業報告等で従前より説明していると考えられる。
(c) 日本版コードでは，取締役会全体の実効性について，各取締役の自己評価を参考に取締役会による分析・評価を行い，結果の概要を開示することが示される（補充原則 4-11 ③）[38]。取締役会による評価が求められており，今後のコーポレート・ガバナンスの論点の 1 つであると考えられる。内容などの検討について後掲する。

(2) 改正会社法における監査役監査と日本版コード
(イ) 監査役の監査体制について内部統制をみていきたい。監査役設置会社では，監査役の権限行使について以下の事項が追加される（会社法施行規則100条3項）。①監査役補助者に対する指示の実効性の確保に関する事項（3号）。日本版コード原則 4-3（取締役会の役割・責務③）を前提とすれば，監査役における補助者（監査役室）は事実上必須であると考えられる。監査役が補助者を置くことを求めない場合には，1号・2号と同様に記載は不要となる。②子会社の取締役，監査役，執行役，使用人等またはこれらの者から報告を受けた者が親会社の監査役に報告をするための体制（4号ロ）。③監査役へ報告をした者が当該報告をしたことを理由として不利な取扱いを受けないことを確保するための体制（5号）。④監査役の職務の執行について生ずる費用の前払または償還の手続その他の当該職務の執行について生ずる費用または債務の処理に係る方針に関する事項（6号）。
日本監査役協会から既に会社法および法務省令改正に対する監査役の実務対応が公表されている[39]。
(ロ) 監査役補助者と日本版コード
日本版コード原則 4-13（情報入手と支援体制）では，上場会社は人員面を含む取締役・監査役の支援体制を整えるべきである。取締役会・監査役会は，

各取締役・監査役が求める情報の円滑な提供が確保されているかどうかを確認すべきである，と記される。

監査役補助者として監査役室を設置し，監査役の指示を受け監査業務の一環として各部署に情報提供等を指示する。監査役室の役割と権限を監査役会規程等で明確にすることが望まれる。

内部統制，監査役監査と内部監査の関係をみると，監査役の下に就く監査役室と代表取締役・CEO等に直結する内部監査室は別ものであり，監査役が内部監査室に報告を求めることは可能であるが，内部監査室を補助者とみなすことは問題なしとしない。

監査役室の人事・報酬などの待遇は監査役会等の承諾を要すると監査役会規程等に記載し独立性を明記することが望まれる。

日本版コード補充原則4-13③では，上場会社は，例えば，社外取締役・社外監査役の指示を受けて会社の情報を適確に提供できるよう社内との連絡・調整にあたる者の選任など，社外取締役や社外監査役に必要な情報を適確に提供するための工夫を行うべきである，と記される。連絡調整の機能は監査役室等が担うことになろう。

(ハ) 監査役に対する報告体制と日本版コード

会社法施行規則では，子会社の取締役，監査役，執行役，使用人等またはこれらの者から報告を受けた者が親会社の監査役に報告をするための体制（会社法施行規則100条3項4号ロ）が規定される。

監査役が子会社の取締役等から報告を受ける場合，以下のルートが想定できる。(a)子会社取締役等が，親会社取締役・執行役員を通じて取締役会等で子会社の運営状況を定期的に報告する。(b)子会社取締役等が，監査役の求めにより定期的に運営状況等を報告する。(c)子会社取締役等が，監査役の求めにより，随時不正行為等について報告する。(d)子会社取締役等が，任意に不正行為等を報告する（内部通報）。(e)グループ監査役連絡会を組成し，子会社監査役が親会社監査役に定期的に報告する。(f)子会社監査役が，監査役の求めにより，随時不正行為等について報告する。

日本版コードでは，社外監査役を含む監査役は，法令に基づく調査権限を行使することを含め，適切に情報入手を行うべきである（補充原則4-13①）。

監査役は，外部会計監査人，内部監査部門，更に社外取締役と十分な連携を図ることも求められている（補充原則3-2②（iii），4-4①）。このため，会計監査人の監査役会の出席，監査役と内部監査部門の情報共有，監査役と社外取締役との会合等が検討される。

　㈡　内部通報者保護と日本版コード

日本版コードでは，内部通報に係る体制整備の一環として，経営陣から独立した窓口の設置（例えば，社外取締役と監査役による合議体を窓口とする等）を行うべきであり，また，情報提供者の秘匿と不利益取扱の禁止に関する規律を整備すべきである（補助原則2-5①）ことが定められる。

この点，会社法施行規則では，取締役会は，内部統制の決定として，監査役へ報告をした者が当該報告をしたことを理由として不利な取扱いを受けないことを確保するための体制を決定しなければならない（会社法施行規則100条3項5号）。

実際の体制整備として，社内窓口と社外窓口（弁護士等）に入る情報の内，取締役の職務執行に関するものを社外取締役・社外監査役に伝達する制度が現実的となろう。一般の内部通報者保護制度は，内部通報窓口に報告した者の保護を規定しているが，内部通報と無関係に監査役へ報告した者の保護は規定していないため，監査役へ報告をした者が当該報告をしたことを理由として当社または子会社において不利な取扱いを受けないことを確保するための制度の整備が必要となる[40]。

　㈣　監査費用と日本版コード

監査役の職務執行について生ずる費用の前払又は償還の手続その他の当該職務の執行について生ずる費用又は債務の処理に係る方針に関する事項が規定される（会社法施行規則100条3項6号）。第1に，取締役会において内部統制システムの内容として，監査費用の前払い等に関する方針を決議しなければならない。第2に，監査費用の前払い等については，監査役会規程等に明記すべきであるが，監査役が弁護士や会計士等の専門家に依頼するときの手続き等を加えておくことが望まれる。日本版コードにおける補充原則4-13②をみると，取締役・監査役は，必要と考える場合には，会社の費用において外部の専門家の助言を得ることも考慮すべきである旨が記されている。

(ヘ) 監査役に関連する日本版コード

　監査役には，財務・会計に関する適切な知見を有している者が1名以上選任されるべきである（原則4-11後段）。会計士，税理士，弁護士，元財務経理担当者等が該当する。株式会社の会社役員に関する事項として事業報告に記載する（会社法施行規則121条8号）。

　取締役・監査役に対して，就任時等に，研修を実施し，その後も，必要に応じて研修を行うことが求められる（補充原則4-14①）。上場会社は，取締役・監査役に対するトレーニングの方針について開示を行わなければならない（補充原則4-14②）。

(3) 会計監査人の選任等と日本版コード

　(イ) 会計監査人の選任

　会計監査人の選任等に関して，監査役・監査役会・監査等委員会は，株主総会に提出する会計監査人の選任，解任・不再任の議案についての決定権を有する（会社法344条・399条の2第3項2号）。株主総会参考書類において，監査役会が当該候補者を候補者とした理由を記載する[41]。

　監査役会が議案を決定した場合，取締役会は総会の招集決定をしなければならない。会計監査人の報酬は代表取締役等が決定し，監査役会は同意権を有する。事業報告に監査役が同意した理由を記載しなければならない。

　(ロ) 会計監査人の選任基準の策定と日本版コード

　日本版コードの補充原則3-2①において，監査役会は，少なくとも下記の対応を行うべきであると規定される[42]。(a)外部会計監査人候補を適切に選定し外部会計監査人を適切に評価するための基準の策定[43]。(b)外部会計監査人に求められる独立性と専門性を有しているか否かについての確認[44]。

　改正会社法においては，監査役会が会計監査人の選任等議案決定権を付与され，監査役会規程等に，①議案決定の手続き，②取締役会への伝達（総会招集請求を含む）等の規定を追加する必要がある。①の議案決定の手続きにおいて，日本版コードの補助原則3-2①の選定基準，独立性・専門性を確認する規定を置くことにより，コードの趣旨が達成できる[45]。

　(ハ) 会計監査人の選解任等の議案決定権行使に関する監査役の対応

会計監査人の選解任等に関する議案の内容の決定権行使に関する監査役の対応指針（日本監査役協会 2015 年 3 月 5 日）に関しては以下の通り[46]。

(a) 会計監査人の選解任等の議案決定権に関する監査役の法的責任

　監査役の法的責任は，議案決定権が付与されることにより大きく変化するものではない。会社法改正前も，監査役は会計監査人の選解任等の議案同意権および株主総会議題提案権，選任議案提出請求権が与えられ，権限の適切な行使のためには会計監査人の監査活動の適切性，妥当性を評価し，選解任等の議案同意や再任の適否を判断しなければならない。但し，同意権から決定権に移行した結果，監査役が株主総会に提出する議案の内容を決定することになり，監査役は議案決定権行使に当たり，より主体的に取り組み判断しなければならない。判断のプロセス及び理由について，監査役は株主総会で株主からの求めに応じ説明を行う必要がある。

(b) 議案決定権行使における監査役の留意点

　第1に，経営執行部門との連携にあたっての留意点として，監査役は，会計監査人の選解任等の議案決定および再任に関して，より主体的に取り組み判断しなければならない。判断に当たり，監査役は，会計監査人についての情報を有する経営執行部門（経理・財務部門）の検討プロセスおよび結果を踏まえ，取締役会に替わり会計監査人の選解任等の議案決定権を行使する。監査役が議案決定権を適正に行使・判断するため，経営執行部門の連携が一層重要となる[47]。

　実務として，監査役は会計監査人の選解任等の議案決定に際して，経営執行部門から会計監査人の選任候補案を受領する。経営執行部門の推薦の有無にかかわらず，会計監査人の選任候補に関して公認会計士または監査法人の概要，欠格事由の有無，内部管理体制，監査報酬の水準，会計監査人の独立性に関する事項等職務の遂行に関する事項（会社計算規則131条）等につき，経営執行部門から事前に十分な報告を受け，経営執行部門で適切な検討プロセスを経ているかを確認する。

　監査役は職務の適切な遂行のため，取締役・使用人等と意思疎通を図り，情報の収集および監査の環境の整備に努めなければならない。取締役または取締役会は，監査役の職務執行のために必要な体制の整備に努めな

ければならない（会社法施行規則105条2項）。監査役としては，平素から経営執行部門に対し，会計監査人の選解任等の議案決定権の行使に関し，一層連携を図ることの必要性および重要性を認識させることが重要となる[48]。

第2に，会計監査人の監査活動の適切性・妥当性の評価における留意点として，監査役は，会計監査人の選解任等の議案決定権を行使するに際し，現任の会計監査人の監査活動の適切性・妥当性を評価しなければならない。

監査活動の適切性・妥当性の評価に当たり，監査役は経営執行部門から会計監査人の活動実態について報告聴取し，自ら事業年度を通じ，会計監査人から会計監査についての報告聴取，現場立会いを行い，会計監査人が監査品質を維持し適切に監査していることを評価する。公開会社では事業報告に記載する会計監査人の解任または不再任の決定の方針の内容も再任・不再任の判断基準となる[49]。会計監査人の独立性，法令等の遵守状況について検討も必要となる。

第3に，会計監査人を再任する場合の留意点として，会計監査人は，株主総会において，不再任の決議がされなかったときは，再任されたものとみなされる（会社法338条2項）。監査役は会計監査人の不再任に関する議題提出請求権を有しており，再任に相応しい監査活動を行っているかを監視・検証する責務を負うため，監査役は毎期，会計監査人の再任の適否について検討しなければならない。更に改正会社法において，会計監査人の選解任等の議案決定権が監査役に移行したため，監査役に対し同意という受け身から，自ら決定する主体的な判断が求められる。会計監査人が再任に相応しい監査活動を行っているかを事業年度毎に監視・検証し，再任の適否について判断しなければならない。

第4に，監査役における手続に関する留意点として，監査役は会計監査人の選解任等の議案決定および再任についてプロセスを可視化し，記録として残すことが重要である。監査役は，会計監査人の選解任等議案を決定する場合，審議の経過の要領と結果を議事録等に記載し，会計監査人を再任する場合，会計監査人の当該事業年度の監査活動の相当性の審議内容に

ついて議事録等に記載する。取締役に対して議案の報告または会計監査人を不再任とすることを株主総会の目的事項とはしない旨の連絡を行うべきである。

　第5に，株主総会および開示に関する留意点として，(a)株主総会における説明について，決定権付与により監査役は会計監査人の選解任等の議案決定権の行使（再任の場合は不行使）について株主に対して合理的な説明を行うことが求められる。監査役は株主から説明を求められた場合，議案決定権行使（または再任の判断）に至るプロセスおよび理由について合理的な説明を行う。(b)会計監査人の解任または不再任の決定の方針について，公開会社では会計監査人の解任または不再任の決定の方針が事業報告の開示事項となる。事業報告は経営執行部門で準備するものであるが，会計監査人の選解任等の議案決定権が監査役に移行し，会計監査人の解任または不再任の決定の方針の策定は監査役が行うことになろう。事業報告には監査役が策定した方針が経営執行部門を通じて記載されることとなる。(c)選解任等の議案の決定権および報酬等の同意権の行使状況の開示について，会計監査人の選解任等の議案を提出する場合，会計監査人の候補者とした理由，もしくは会計監査人を解任又は不再任とする理由を株主総会参考書類に記載しなければならない（会社法施行規則77条3号，81条2号）。監査役が会計監査人の報酬等に同意した場合，同意した理由を事業報告に記載しなければならない（会社法施行規則126条2号）。経営執行部門を通じ株主総会参考書類もしくは事業報告に記載される。

(ニ)　会計監査人と日本版コード

　日本版コードの補充原則3-2②において，取締役会および監査役会は少なくとも下記の対応を行うべきであると規定される[50]。(a)高品質な監査を可能とする十分な監査時間の確保，(b)外部会計監査人からCEO・CFO等の経営陣幹部へのアクセス（面談等）の確保，(c)外部会計監査人と監査役（監査役会への出席を含む），内部監査部門や社外取締役との十分な連携の確保，(d)外部会計監査人が不正を発見し適切な対応を求めた場合，不掛問題点を指摘した場合の会社側の対応体制の確立。

(ホ)　内部統制等の強化および取締役の責任と日本版コード

改正会社法,コーポレート・ガバナンス・コードにより取締役会の決定事項,説明事項,遵守手続きが増加しており,取締役の善管注意義務違反に繋がり得る問題である。

(a) 経営判断原則では,親子間関連当事者取引の理由開示,キャッシュアウトにおける対価の相当性等に関する判断の開示が該当する。

(b) 手続違反として,報酬決定手続き・選任手続きによらない決定,内部統制システムの基本方針に従った規程に違反し報告・承諾等を怠ることが考えられる。

(c) 内部統制システム構築義務違反として,報酬基準・選任基準等の不設定,子会社を含む内部統制のための規程等の不整備,内部統制の運用状況に関する監督懈怠が該当する。

(d) 開示義務違反として,報酬基準・選任基準等の不開示および虚偽開示,内部統制システムに関する開示漏れおよび虚偽開示,内部統制の運用状況についての虚偽開示,コーポレート・ガバナンス・コードの不順守に対する虚偽説明が考えられる。

(ヘ) 監査体制の強化ならびに監査役の責任と日本版コード

監査役の有する監査義務は取締役の監督義務と類似し,主に具体的な不祥事を知りつつも監査を怠る場合等で善管注意義務違反を問われたが,改正会社法施行,コーポレート・ガバナンス・コード導入により,監査役の職務自体に以下の変化が起きている。

(a) 監査役会における監査体制構築に積極的に関与する責務

監査役会が監査体制構築に積極的に関与する責務が強調され,具体的には監査役室等の整備,会計監査人の選任基準設定・報酬に対する意見が挙げられる。

(b) 監査役室の権限・情報提供方法・費用償還等の監査体制強化

監査役室の権限・情報提供方法・費用償還等監査体制が強化され明確化したため,監査役が具体的問題に対して権限をいかに行使したかが問題とされる可能性が高くなってきた。

(c) 社外取締役および子会社監査役の連携と情報共有

監査役において,社外取締役,子会社監査役の連携等の体制が整備さ

れ，社外取締役，子会社監査役との情報共有の内容・あり方が問題とされる可能性が高くなってきた。

(d) 親子間関連当事者取引および内部通報制度

日本版コードの導入により，親子間関連当事者取引の監査，内部通報制度の関与など従前の監査計画が予定していない問題が重点監査事項として発覚する可能性がある。監査役の職責遂行上，以下の事項に注意を要する。①監査役会で定めるべき事項については漏れなく定めておく。②情報取得・情報交換の制度を整備して活用する。③取得情報について適正な監査を行う。④監査報告の記載事項を漏れなく適切に記載する。

(ト) 親子会社間取引の決議・監査と日本版コード

改正会社法施行規則において，親子会社間取引（自然人オーナー等の取引も含む）が，子会社個別注記表に関連当事者取引として開示される場合，子会社の事業報告またはその附属明細書[51]に以下の事項を記載することとなった（会社法施行規則118条5号，128条3項）[52]。①当該取引をするに当たり当該株式会社の利益を害さないように留意した事項（当該事項がない場合にあっては，その旨）。②当該取引が当該株式会社（子会社）の利益を害さないかどうかについての当該株式会社の取締役会の判断およびその理由。③社外取締役を置く株式会社において，②の取締役の判断が社外取締役の意見と異なる場合には，その意見。

具体的には，親子会社間で取締役兼任がない場合も関連当事者取引に該当する以上，子会社の事業報告に記載しなければならない。上記は監査対象となり，監査役はその意見を監査報告書に記載することになる（会社法施行規則129条1項6号）。

日本版コード原則1-7（関連当事者間取引）において，親会社も取締役会における取引の重要性，その性質に応じた適切な手続きを定めてその枠組みを開示するとともに，その手続きを踏まえた監視（取引の承認を含む）を行うべきである旨が定められている。

5．日本版コードと上場規則の接点―Comply の実際―

Comply or Explain に関して，日本版コードをどこまで Comply するか，企

業の実際が問題となる。コードは法的拘束力を有する規範（法令）ではないが，上場規則においてコードの趣旨・精神を尊重するものと位置付けられ，コードがベストプラクティスとみなされる可能性がある。グローバル市場におけるコーポレート・ガバナンスのチェックリストにより，自社のガバナンスのあり方を検討し，取りまとめる契機となるものと考えられる。　コードの基本原則は，通常は Comply の対象となる。基本原則以外の原則について，Explain していくケースは，各社の特殊事情を踏まえて実効的なガバナンスを実現するための大要を策定して Explain が必要となる場合，安易に Comply することでリスクを伴う場合，時期尚早であり引き続き検討が必要である場合が考えられる。

　企業における設計のポイントとして，独立社外役員を含む任意委員会を活用すること，対投資家について形式面を含めグローバル・スタンダードを理解する必要性が大きいことが挙げられる(53)。私見であるが，後者に関して，海外機関投資家は形式的に複数の独立社外取締役の導入を評価する部分があり，我が国独自の制度である監査役の機能強化などを説明することでは理解が得られにくい面がある。スチュワードシップ・コードの関連で，スチュワード精神を欠く株主に対しては経営陣は逆選別することも許容されることを述べてきたが，コードに馴染みの少ない米国機関投資家などから独立社外取締役などにつき形式的な要求が出された場合など，接点の扱いとして微妙な対応が求められる部分となろうか。

6．中長期的な企業価値向上と日本版コードにおける経営理念，取締役会評価など

　中長期的な企業価値向上の鍵を握るとみられる経営理念，取締役会評価などについて，日本版コードの内容を検討しておきたい。

　第 1 に，企業文化あるいは統制環境の形成の鍵を握るとみられる中長期的な企業価値向上の基礎となる経営理念の策定に関して，原則 2-1 は上場会社に対して，自らが担う社会的な責任についての考え方を踏まえ，様々なステークホルダーへの価値創造に配慮した経営を行いつつ中長期的な企業価値向上を図るべきであるとする。その上で，こうした活動の基礎となる経営理念を策定すべ

きとしている。経営理念は会社の価値観，事業活動の大きな方向性を定め，具体的経営戦略・経営計画や種々の活動の基本となる。他方，株主を含むステークホルダーにとり，非財務情報の1つであり，企業が様々なステークホルダーに配慮し，いかにして中長期的な企業価値向上を図るかを理解する重要情報となる。企業においては，名称にかかわらず，内実を伴った理念・考え方を確立することが重要である。コードでは，経営理念について原則3-1(i)において開示が求められている。原則4-1において，取締役会の役割・責務の1つとして，会社の目指すところ（経営理念等）を確立し，戦略的な方向付けを行うことが掲げられ，補充原則4-2③では，取締役会は，会社の目指すところ（経営理念等）や具体的な経営戦略を踏まえ，最高経営責任者等の後継者の計画（プランニング）について適切に監督を行うべきであると記載されている[54]。上記から，経営理念が中長期的企業価値に関して，取締役会の重要な責務，経営戦略，更には後継者計画にまで繋がる機能を有することを示している。

　第2に，取締役会評価に関して，原則4-11は，取締役会は，取締役会全体としての実効性に関する分析・評価を行うことなどにより，その機能の向上を図るべきとする。補充原則4-11③では，取締役会に対し，毎年，各取締役の自己評価なども参考にしつつ，取締役会全体の実効性について分析・評価を行い，その結果の概要を開示することを求めている。取締役会が役割・責務を実効的に果たすためには，各取締役個人の職務遂行の状況（自己評価も可）のみならず，取締役会全体が適切に機能していることを定期的に検証し，結果を踏まえて問題点改善，強味の強化等の適切な措置を講じていく継続的プロセスが必要になる。取締役会評価の結果の概要を開示し，株主等との建設的な対話の材料となり，結果としてステークホルダーの信認を得られ，持基盤の強化にも繋がる。取締役会全体の実効性についての分析・評価手法，開示する結果の概要の内容は，各上場会社の合理的な判断に委ねられる。取締役会全体の評価を実施するにおいて，各取締役が自分自身および取締役会全体の評価を行うことが出発点になると考えられ，補充原則では少なくとも自己評価の形で各取締役の評価の実施を求めている[55]。上記から，日本版コードにおいては，当面は各上場企業の自己評価を持って足り，実効性評価の分析・評価と開示する結果の概要も自主的な判断に委ねられている。もっとも少なくとも各取締役個人の

評価の実施を要求しており，英国などの取締役会評価，あるいは個人責任の追及を図る Senior Management Regime とも共通項を有しているといえよう。

　第3に，同じく企業価値向上を目的とする機関投資家向けの日本版スチュワードシップ・コードとの関係をみておきたい[56]。両者は，企業の持続的成長，中長期的な企業価値向上を目的とする点で共通し[57]，車の両輪として相互に機能し，結果的に持続的成長と中長期企業価値の向上に資することが想定されている（日本版コード序文8項）。プリンシプルベース・アプローチ，Comply or Explain の手法を採用する点も共通している（日本版コード序文9項以下，スチュワードシップ・コード序文9項以下）。

　しかしながら両コードには相違点も多く，スチュワードシップ・コードが機関投資家を名宛人とし，違反した場合，即ち Comply も Explain も行わない場合の制裁は制度上特に定められていない。他方で日本版コードは上場会社を名宛人としているため，コードについて上場規則において尊重義務が課せられ，各原則を実施しない場合の理由の説明義務に違反した場合，即ち Comply も Explain も行わない場合には，実効性確保のための公表措置等，上場規則に基づく制裁の対象となる余地がある。またスチュワードシップ・コードを受け入れるか否かは機関投資家に委ねられるが，日本版コードは全上場会社に適用される[58]。原則の数も，スチュワードシップ・コードは指針を含め合計28であるが，日本版コードは合計73と多く，内容も多岐に亘っている。

7．日本版コーポレート・ガバナンス・コードの実践—アセット・オーナーの重視—

(1) アセット・オーナーの役割の重視

　コーポレート・ガバナンス・コードはスチュワードシップ・コードと一体的に機能することで経済全体の成長に繋がることが期待される[59]。機関投資家と上場企業の建設的対話により，中長期のリターン向上，中長期的な企業価値向上に係る好循環が実現される。その場合，アセット・マネジャーに対する最終的な資金の出し手であるアセット・オーナー（個人，年金受給者，保険契約者など）がアセット・マネジャーに対して真にスチュワードシップ活動を実践しているか，評価を行うことがコーポレート・ガバナンス・コードが機能する

上で肝要となる。

(2) コードの実施とミニマム・リクワイアメント

　ルールベース・アプローチであれば法的拘束力を伴い，企業側の画一的対応，ミニマム・リクワイアメントの充足に陥りやすい。他方，プリンシプルベース・アプローチあるいはComply or Explainアプローチであれば，スチュワードシップ・コードの場合はリスト公表などのエンフォースメントに止まるが，企業側の差別化，ミニマム・リクワイアメントを上回るコードの柔軟な対応を引き出しやすく，真の企業価値向上を達成することに繋がる。

(3) 日本版コーポレート・ガバナンス・コードの実践例
　　―オムロンにみるコーポレート・ガバナンス・ポリシー―

　日本版コーポレート・ガバナンス・コードの実践例として，オムロン株式会社におけるコーポレート・ガバナンス・ポリシー（2015年6月24日），持続的な企業価値向上の取り組みが参考とされる[60]。中長期目標の達成に向け，①確固とした経営理念に基づく経営，②透明性・実効性の高いコーポレート・ガバナンス，③事業部門制を前提としたマトリクス経営，④ROIC（投下資本利益率）を考慮した事業ポートフォリオ経営，⑤10年の長期ビジョンと中期経営目標の開示（特にROIC，EPS，キャッシュフローの使途），⑥自発的な情報開示に基づくステークホルダーとの建設的な対話（エンゲージメント），⑦取締役に対する報酬面での短期・中期業績連動インセンティブ付与，⑧経営陣・社員一丸となった経営理念・事業戦略の共有を重点事項に掲げている。

　中長期の価値創造に向けた動機付け（株主との利害の一致）として，取締役・執行役員の報酬は，(a)基本（固定）報酬と1年の業績連動賞与，(b)中期業績連動賞与（持株連動報酬），(c)その他インセンティブ（有償ストックオプション（中期業績目標達成が権利行使の条件）より構成されている。

【注】
（1）神作裕之・前掲「コーポレートガバナンス・コードの法制的検討―比較法制の観点から―」。
（2）FRC, The UK Corporate Governance Code, 2014.
（3）前掲・石井裕介・内田修平・石綿学MHM会社法セミナー「コーポレートガバナンス・コードへの対応」参照，以下同。

（4）東京証券取引所「コーポレートガバナンス・コードの策定に伴う上場制度の整備について」（2015年2月24日），『『コーポレートガバナンスに関する報告書』の様式及び記載要領並びに『独立役員の確保に関する実務上の留意事項』の改訂（案）について」（2015年3月11日）。
（5）「(2) コードの各原則に基づく開示」。記載において，開示すべき事項の内容を直接記載する方法があり，その他にも有価証券報告書，アニュアルレポート，自社のウェブサイト等一般に公開される手段により該当内容を開示している場合にその内容を参照すべき旨，閲覧方法（ウェブサイトURLなど）を記載する方法も差し支えない。報告書の他の欄に記載することも可能であり，当該記載欄を参照すべき旨の記載が必要となる。特定の事項を開示すべきとする原則以外の各原則の実施状況（「説明を行うべき」とされている原則の実施状況など）を記載することも可能である。2015年6月1日以後に最初に到来する定時株主総会の日から6ヶ月が経過するまでの報告書においては記載欄を非表示とすることも可能である。東京証券取引所「『コーポレート・ガバナンスに関する報告書』の様式及び記載要領並びに『独立役員の確保に関する実務上の留意事項』の改訂（案）について」（2015年3月11日）参照。
（6）「(1) コードの各原則を実施しない理由」。実施しない理由の記載に当たり，自社の個別事情，今後の取組み予定・実施時期の目途がある場合，それらを記載することが考えられる。2015年6月1日以後に最初に到来する定時株主総会の日から6ヶ月が経過するまでの報告書は記載欄を非表示とすることも可能である。
（7）パブリックコメントへの金融庁の回答。
（8）有識者会議（第8回）における議論。
（9）政策保有することで，対象先企業に対する営業が容易となるといった内容を実際に書き込めるものかなどが議論となろう。
（10）会社法改正の検討過程における子会社少数株主等の保護に関する議論として，独立当事者間基準を適用するのであれば，実際の企業結合を必要としている企業の経済的ニーズあるいはグループ経営に合わないのではないか，総体的にみて利益・不利益の判断をする必要がある。法制審議会会社法制部会（第11回会議）岩原紳作部会長発言。
（11）資本政策の基本的な方針に関して，デット・エクイティ比率などの具体的方針，政策保有株式に関する方針（原則1-4）および株主の利益を害する可能性のある資本政策（原則1-6）の対応など原則の背後にある基本的な考え方が議論された。有識者会議（第7回）における議論。
（12）2015年2月24日東京証券取引所「コーポレートガバナンス・コードの策定に伴う上場制度の整備について」（CGコード上場制度整備）。http://www.jpx.co.jp/rules-participants/public-comment/detail/d1/nlsgeu0000007k0q-att/20150305.pdf. 横山淳「コーポレートガバナンス・コードに伴う東証の上場制度整備案」大和総研（2015年2月25日）1-6頁。
（13）コード原案に対するパブリックコメントへの回答として，金融商品取引所が定める独立性基準によりその独立性が否定される者は独立社外取締役には該当しない。他方，その点さえ確保されていれば，取引所に対して現実に独立役員として届出を行っている者であることは，必ずしも必要ない。そうした者でも独立社外取締役たり得る。前掲・石井裕介・内田修平・石綿学MHM会社法セミナー「コーポレートガバナンス・コードへの対応」参照。
（14）葉玉匡美・前掲「改正会社法及び会社法施行規則への実務対応～コーポレートガバナンスコードにも触れつつ」TMI総合法律事務所セミナー（2015年3月18日）に大変詳しく解説されており，参照させて頂いた。この他，MHM会社法セミナー・前掲「コーポレートガバナンス・コードへの対応」森・濱田・松本法律事務所（2015年3月24日）など。
（15）例として，業務執行取締役及び執行役員の報酬は，取締役会で決定した報酬基準を基礎として社長がこれを決定する。当該報酬基準は，当社の事業規模およびグローバルな人材確保の観点から業界水準を勘案して設定され，役位に基づく報酬に個人の実績および会社業績に連動する業績

連動型報酬を加算して支給される。役員退職慰労金はない。葉玉匡美・前掲「改正会社法及び会社法施行規則への実務対応～コーポレートガバナンスコードにも触れつつ」TMI 総合法律事務所セミナー。
(16) 例として，取締役会において，各取締役から推薦を受け，取締役候補者（監査役・執行役員）を決定する。当該決定にあたっては，取締役会議案審議に必要な広汎な知識，経験及び実績を具備していること，管掌部門の問題を的確に把握し，他の役職員と協力して問題を解決する能力があること，人望があり，法令および企業倫理の順守に徹する見識を有することを基準とする。
(17) 例として，株主総会参考書類の役員選任議案，事業報告の役員に関する事項等に記載する。
(18) この場合も，社外有識者等が関与する指名・報酬等についての任意の諮問委員会を設置することも検討することが望まれる。
(19) 葉玉匡美弁護士の見解。なお，従前は東証の上場規則で1名以上の独立取締役を選任する努力義務が規定されている。また施行後2年以内に社外取締役の義務付けを検討する（附則25条）。議決権助言会社の大手である ISS（Institutional Shareholder Services）は，①独立社外取締役がいない会社は経営トップの選任に反対する。②親会社がいる会社は独立社外取締役が2名以上いない場合，経営トップの選任に反対する。③独立社外取締役が20％以上かつ2名以上いなければ買収防衛策に反対する，という基準がある。
(20) 具体例として，①兼業の困難性，役員定年制，報酬等との関係で就任を承諾する適任者をみつけることができず，独立性に乏しい，あるいは適性を欠く人物を社外取締役として選任することはかえって当社のコーポレート・ガバナンスの構築の障害となりかねないこと，②当社は，取締役会を事業に精通した業務執行取締役のみで構成して事業全般に迅速に専門的意思決定を行うこと（マネージングボード化）が企業価値向上に資すると判断しており，社外取締役の選任は迅速・柔軟な経営判断を困難にするおそれがあり，独立社外監査役2名は取締役の選任・報酬等利益相反事項についても監査して意見を述べていることから，社外取締役を置く必要性は乏しく，取締役増員はコストベネフィットの観点から相当ではないと考えていること等が，社外取締役を置くことは相当でないと判断する理由として考えられる。葉玉匡美・前掲「改正会社法及び会社法施行規則への実務対応～コーポレートガバナンスコードにも触れつつ」TMI 総合法律事務所セミナー。もっとも，こうした記載がひな型化してはプリンシプルベースに反することは勿論であろう。
(21) 法制審議会会社法制部会における附帯決議を受けて，証券取引所上場規則において「取締役である独立役員を少なくとも1名以上確保するよう努めなければならない。」との努力義務が規定されている（東京証券取引所有価証券上場規程第 445 条の 4，2014 年 2 月 10 日施行）。
(22) 公益社団法人日本監査役協会「改正会社法及び改正法務省令に対する監査役等の実務対応―施行に向けた準備対応及び平成 27 年 6 月総会への準備対応を中心として―」（2015 年 3 月 5 日）1-44 頁参照，以下同。
(23) 金融商品取引法第 24 条第 1 項の規定によりその発行する株式について有価証券報告書を内閣総理大臣に提出しなければならないもの（会社法 327 条の 2）。
(24) 選任議案が上程される場合にはその説明は比較的簡潔なものでよいとされる（坂本三郎編著『一問一答 平成 26 年改正会社法』商事法務（2014 年）84 頁。
(25) 坂本三郎編著・前掲『一問一答 平成 26 年改正会社法』商事法務（2014 年）87 頁。
(26) 法務省民事局参事官室「会社法の改正に伴う会社更生法施行令及び会社法施行規則等の改正に関する意見募集の結果について」第 32（7）⑯ 19-20 頁。
(27) 法務省民事局参事官室「会社法の改正に伴う会社更生法施行令及び会社法施行規則等の改正に関する意見募集の結果について」第 32（11）㉑ 43-44 頁。
(28) 法令定款違反や著しく不当な事項がない場合，調査結果の報告および監査役（会）監査報告の

内容を口頭で報告するか否かは任意となるが，株主総会冒頭に両者を合わせて口頭報告をする実務も行われている（日本監査役協会「監査役監査実施要領」月刊監査役 588 号 344-345 頁，参考資料 14（2011 年））。株主総会に提出しようとする議案，書類等に法令または定款違反や著しく不当な事項があり是正されなかった場合の調査結果の報告について，書面，電磁的記録，口頭でもよいとされる。落合誠一編『会社法コンメンタール 8──機関［2］』412 頁〔吉本健一〕商事法務（2009 年）。
(29) 坂本三郎編著・前掲『一問一答 平成 26 年改正会社法』89 頁。
(30) その他，相当でない理由に関して株主総会への虚偽の申述があった場合，事業報告への不記載，虚偽記載があった場合は関係者が過料に処せられる可能性がある（会社法 976 条 6 号，7 号）。
(31) 衆議院法務委員会「第 186 回国会衆議院法務委員会会議録」第 12 号 8 頁〔深山卓也政府参考人発言〕(2014 年 4 月 16 日)。
(32) 適任者がいないということのみの説明も相当でない理由の説明とは認められないこととなり得るものと考えられる。坂本三郎編著・前掲『一問一答 平成 26 年改正会社法』85 頁（注 3）。
(33) 個人株主全員との面会・対話を経営陣に義務付けることは現実的ではなく，個人株主において企業価値向上に向けたスチュワードシップ・コードの原則を遵守しているかどうか，経営陣から対話を図るべき株主を逆選別することも想定されるところである。その意味で，あくまでコード規範であり，プリンシプルベースとなる。
(34) 「…を総合的に考慮して面会に応じる」と開示することが考えられる。葉玉匡美弁護士見解。
(35) 親会社の内部統制との重複も多く，一体的に決定する形式を記載することが考えられるが，子会社から親会社への報告等，一体的に規定し難いものもある。企業集団における業務の適正を確保するためのグループ体制の例として，以下の記載が示される。当社は，グループ管理規程を設け，当社子会社の自律性を尊重しつつ，各社の内部統制システムの構築及び有効な運用を支援，管理し，グループ全体の業務の適正を確保する。子会社の取締役等からの報告に関する体制では，イ子会社は，当社各部門との定期および随時の情報交換を行う。ロ子会社の役職員が利用できる内部通報制度（グループ企業倫理ホットライン）を運用する。ハ子会社の役職員が，内部監査室または監査役からの情報提供依頼に対し迅速かつ円滑に情報提供することができる体制を整えると共に，情報提供をした役職員が子会社において不利益な取り扱いを受けない制度を整備する。葉玉匡美弁護士見解。
(36) 適切な運用，と簡略に書くのでなく，取締役会で決議した内部統制システムの要綱に従い，各種規程等の整備，規程等の従業員への周知，内部統制システムが機能していることのチェック等を記載する。
(37) 記載例として，当社では，執行と監督の分離の観点から，法令上，取締役会が決議しなければならない事項を除き，取締役会は，取締役等に業務執行の決定権を委任している。具体的には，取締役会において取引の性質および金額等を基準として決裁規程を定め，重要な業務執行以外は，取締役または執行役員に決裁権限を付与している。
(38) 実効性の意味は監督の実効性が主たるものとなろうか。取締役会において各議題について議論が尽くされたこと，問題事象について取締役会に適切に報告されたこと，取締役会が問題事象に対し適切な対応策を決定したこと等を分析し，コーポレート・ガバナンス報告書等に記載することになる。
(39) 日本監査役協会・前掲「改正会社法及び改正法務省令に対する監査役等の実務対応──施行に向けた準備対応及び平成 27 年 6 月総会への準備対応を中心として──」(2015 年 3 月 5 日) 1-44 頁。
(40) 内部通報は，従業員同士のパワハラ等社外取締役等に通報するのに適さないものが多い。社外取締役・社外監査役窓口という独立の窓口の設置は現実的ではない。社外監査役は，他社の役員となっている場合も多いため，内部通報の情報管理について注意が必要となる。

(41) 会計監査人は再任が想定され，通常，このような決定権が行使されることはないが，取締役と会計監査人間に意見の相違等があり，監査役が会計監査人を変更する場合，監査役の善管注意義務違反が注意される。意見の相違としては，ゴーイングコンサーン，減損の要否等がある。
(42) 監査役会規程の決定が取締役会で行われる場合，監査役会において2015年4月までにこのような決定をしておくことが望ましい。
(43) 当社における監査実績，他の会社における監査実績，世界的ネットワークの有無，監査報酬の適正性，監査法人（および所属する公認会計士）が監査に関する行政処分や損害賠償等を受けたか否かなど。
(44) 監査法人およびそのグループ法人（アドバイザー等）との利害関係，役員の親族関係の有無，監査法人の規模，会計および財務についての知識の程度等。
(45) 原稿なし。
(46) 日本監査役協会・前掲「改正会社法及び改正法務省令に対する監査役等の実務対応―施行に向けた準備対応及び平成27年6月総会への準備対応を中心として―」(2015年3月5日) 25-29頁。
(47) 監査役は，執行部門と連携し会社として会計監査人選任議案の内容を決定する。必要な情報を全て監査役として独自に調査・収集することは求められていない。
(48) 経営執行部門から決定権の行使に必要な情報を得られない場合，監査役（会）は独自に専門家等を起用して調査・検討を行うことも考えられるが，経営執行部門が任務懈怠により情報を提供しない場合，監査役（会）は状況の是正を取締役会に求めるべきであり，是正されない場合は，監査報告への記載を検討する。代表取締役に対し，経営執行部門が監査役の指示に従わない場合は当該事態を是正する責務を負っていることを認識させることが重要である。監査役（会）は，事前に代表取締役との間で上記事項について文書化もしくは取締役会で認知させ，会計監査人の選解任等の議案決定権の行使に関する監査役（会）の指示の実効性を担保することが望まれる。
(49) 会計監査人の解任・不再任議案を提出する場合，同時に提出する新しい会計監査人の選任議案を決定するために要する期間も留意が必要である。株主総会の提出議案決定時期に判断するのでは定時株主総会で不再任議案の提出は事実上不可能となり，不再任の可能性がある場合は事業年度末までに判断する必要がある。また会計監査人から辞任の申出がある場合，監査に障害が生じている場合も多いため，監査役は辞任の理由を確認し，会社側の対応に問題がないか検証が必要である。
(50) (a)(b)(c)は，現状も適宜対応しているとみられるが，(c)は監査体制に関する内部統制が強化されたため，監査役会規程，内部監査規程等に明文化することが望まれる。(d)は，会計監査人が監査役や社長・財務担当取締役に不備・問題点を指摘した場合，他の取締役，就中社外取締役に周知して全社的対応をしなければならない。
(51) 会計監査人設置会社は事業報告，それ以外の会社は通常は附属明細書となる。
(52) 経営指導料，キャッシュマネジメントシステムにおける低利貸付け等は要注意となる。葉玉匡美弁護士見解。
(53) 前掲・石井裕介・内田修平・石綿学MHM会社法セミナー「コーポレートガバナンス・コードへの対応」参照。
(54) 油布志行・渡邉浩司・谷口達哉・善家啓文「「コーポレート・ガバナンス・コード原案」の解説［Ⅱ］」商事法務No. 2063（2015年3月25日）51-57頁参照。この他，日本版コードに関して，同「「コーポレート・ガバナンス・コード原案」の解説［Ⅰ］」商事法務No. 2062（2015年3月15日），同「「コーポレート・ガバナンス・コード原案」の解説［Ⅲ］」No. 2064（2015年4月5日），同「「コーポレート・ガバナンス・コード原案」の解説［Ⅳ・完］」No. 2065（2015年4月15日）。佐藤寿彦「コーポレートガバナンス・コードの策定に伴う上場制度の整備の概要」No. 2065（2015年4月15日）57-67頁。澤口実・内田修平・角田望・金村公樹「コーポレートガバナンス・コードへの対応に

向けた考え方［Ⅰ］」No. 2066（2015 年 4 月 25 日）4-18 頁。太田洋「改正会社法，コーポレートガバナンス・コードにみる改革のポイント―モニタリングモデルの実践に向けて」日本銀行金融高度化セミナー講演資料（2015 年 4 月 16 日）。金融庁総務企画局企画課長兼政策課本拓資「「金融・資本市場活性化に向けての提言」の概要」金融（2014 年 2 月）4-10 頁，金融庁総務企画局企業開示課課長補佐笠原基和・金融庁総務企画局企業開示課係長染川貴志「「責任ある機関投資家の諸原則」《日本版スチュワードシップ・コード》～投資と対話を通じて企業の持続的成長を促すために～の概要」金融（2014 年 4 月）9-14 頁，金融庁総務企画局企画課信用制度参事官室課長補佐本間晶・金融庁監督局銀行第一課係長長濱章「上場銀行及び上場銀行持株会社に対する独立性の高い社外取締役の導入促進に係る主要行等向けの総合的な監督指針等の改正について」金融（2014 年 7 月）17-19 頁，経済産業省経済産業政策局産業組織課課長補佐梶元孝太郎「「社外役員を含む非業務執行役員の役割・サポート体制等に関する中間取りまとめ」と「社外役員等に関するガイドライン」の概要」金融（2014 年 8 月）18-24 頁，塚本英巨「改正会社法を踏まえた金融機関における実務対応〔上〕」金融（2014 年 9 月）18-24 頁，同「改正会社法を踏まえた金融機関における実務対応〔下〕」金融（2014 年 10 月）15-20 頁，金融庁総務企画局企業開示課長油布志行・金融庁総務企画局企業開示課専門官中野常道「コーポレートガバナンス・コード原案の策定について」金融（2015 年 4 月）9-15 頁，塚本英巨「コーポレート・ガバナンスに関する法制度の近時の動向～改正会社法施行規則を踏まえた金融機関の実務対応を中心に～」同 16-23 頁。

(55) 前掲「「コーポレート・ガバナンス・コード原案」の解説［Ⅳ・完］」商事法務 No. 2065（2015 年 4 月 15 日）46-56 頁。

(56) 前掲・澤口実・内田修平・角田望・金村公樹「コーポレートガバナンス・コードへの対応に向けた考え方［Ⅰ］」No. 2066（2015 年 4 月 25 日）17-18 頁。

(57) 日本版コードのサブタイトルは，「… 持続的な成長と中長期的な企業価値の向上のため …」とされる。スチュワードシップ・コードのサブタイトルも，「… 投資と対話を通じて企業の持続的成長を促すために …」となっている。

(58) マザーズ，NASDAQ 等の上場企業，外国会社に対する適用方法については一定の考慮がされている（東証上場第九号・Ⅱ 1 (1)）。

(59) 金融庁総務企画局企業開示課長油布志行「スチュワードシップ・コードの策定と機関投資家に期待される役割」『我が国経済の活性化と年金運用に期待される役割』年金綜合研究所シンポジウム（2015 年 7 月 6 日）。

(60) オムロン株式会社執行役員常務安藤聡「オムロンの持続的な企業価値向上の取り組みについて」『我が国経済の活性化と年金運用に期待される役割』年金綜合研究所シンポジウム（2015 年 7 月 6 日）を参照した。オムロン株式会社のコーポレート・ガバナンス・ポリシーについて，http://www.omron.co.jp/ir/keiei/pdfs/20150623_governance_policies_j.pdf。

第20章
我が国のコーポレート・ガバナンス法制と Senior Management Regime のアナロジー
―内部統制と統合的リスク管理―

I. 金融規制と統合的リスク管理ならびに経営判断, Senior Management Regime の接点

1. リスクと内部統制, 経営判断原則

　リスクには損失等発生の危険性のみならず, 新規事業進出による利益又は損失の発生可能性等も含むこと, 積極的な事業進出などを行った場合のリスクテイクとその結果に対する評価, リスクと内部統制において重視される統制環境の線引き, 業務の効率性維持との関係などが検討課題となる。

　経営判断原則のうち, 実体的側面の部分が経営上の戦略的意思決定における不確実性に符合する部分として掌握される。英国の Senior Management Regime のスキームはかかる領域に対して証明責任転換, 刑事罰適用の可能性などを織り込まんとするのであろうか。適用対象は Approved Persons Regime よりも絞り込んだ上で, 個人責任の厳罰化を図る。判断基準については規制当局の恣意性も危惧され, 今後のケースローの蓄積に委ねられる部分も大きい。

　業務の有効性・効率性に関するリスクのうち, その他の事業活動の遂行に関するリスクについて, 効率性重視の点から積極的展開を見送った場合の経営陣に対する評価も問題となる。我が国の経営陣が従来は安全策に終始してきたことを踏まえ, ある程度のリスクテイクは奨励し, 結果責任は原則として問

わず，安全策に終始した場合の報酬・昇進体系を変革し，独立社外取締役の機能発揮を活用して見直すことでリスクテイクを奨励しつつ，但し企業の実質的な破綻にまで至った場合に個人責任を追及するとするスキームを日本版コードの今後の改訂の中に織り込んでいくことが想定される。英国の Senior Management Regime は現状を前提とした我が国企業の経営陣に対しても参考となると思料する。

2．戦略的意思決定と吟味の基準ならびに Senior Management Regime の接点

戦略面の意思決定において，結果としてリスクテイクにおける判断ミスから過大あるいは破綻に繋がりかねない損失が発生した場合の経営陣に対する責任追及のメルクマールが求められる。経営判断原則適用による免責との境界設定であり，今後経営陣に対してリスクテイクを促進する場合，コードなどにおいて何らかの定性的な明示が求められることになろうか。

この点に関して米国における経営判断原則に関連した吟味の基準が参考となる[1]。戦略的意思決定にかかる ERM あるいは内部統制の議論について考察を深めておきたい。

戦略面の策定・遂行である取締役の行為に関する吟味の基準に相当する部分に関して，経営陣の責任追及の一定の規範を鼎立することが日本版コードの今後の課題となろうか。統合的 ERM の構築を図り，過剰なリスクテイクの抑制のみならず，適正なリスクテイクを採らなかった責任についても適切なエンフォースメントをかけることが考えられる。英国の Senior Management Regime は過剰なリスクテイクを採る場合を念頭に置くものであろうが，Senior Management Regime の中の Certification Regime という企業の自主的対応を主とするスキームを規制誘導装置としての日本版コードにおいて盛り込むことが想定できる。過剰なリスクテイクを採ることに関しては，現状の我が国会社法でも損失の管理の概念に盛り込まれ，内部統制の対象となると理解することも可能であるが，例えば過剰なリスクテイクを経営陣が採ったことによって，本来は大きな収益を挙げるべきところ，損益分岐点ギリギリのところに終始することを余儀なくされた場合の扱いが問題となる。損失発生には至らないが，企業の巨額の設備投資あるいはコストをかけた海外進出などが事実上

の失敗に終わった場合，法制度上の内部統制では処しきれず，取締役の善管注意義務違反も認定しにくい。これは適切なリスクテイクを怠った場合も経営の実際からみれば表裏一体の事項であり，戦略面のミスとして同一の責任を問われるべき事柄となる。大きな収益機会を逃し，結果として企業の利益自体は黒字を維持しつつも，将来の企業価値向上を向上を図るべき経営陣の責務には事実上反する。かかる米国の吟味の基準と称される従来実務とのズレのあった領域に踏み込み，経営陣の適切なリスクテイクに関する基準鼎立を図る作業が，攻めのガバナンスを標榜する日本版コードの今後の課題となろう。プリンシプルベースによる日本版コードの実効性が上がらなければ，更に規制がルールベースの色彩を強めることが将来予想されることも述べてきた。その場合は，英国 Senior Management Regime の内実に一層近接することとなろう。過剰なリスクテイクの抑制を第一義的に念頭に置く Senior Management Regime であるが，我が国で経営陣に適切なリスクテイクを促す段階が進めば，次に英国同様に過剰なリスクテイクの抑制を図るべき段階に進み，あるいは現状の日本版コードの遵守状況が芳しくなければやはりルールベースの転換が図られることになり，いずれの場合もソフトローの進展の中でルールベースの色彩を強めた Senior Management Regime のスキームが参考となろう。

II．我が国のコーポレート・ガバナンス法制と Senior Management Regime のアナロジー─戦略的マネジメントと吟味の基準─

　戦略面の策定・遂行としての取締役の行為に関する吟味の基準の適用領域は，会社法と実務のズレの部分に相当する。内部統制について，その規律が効果を上げれば上げるほど経営者による独裁が強まる（内部統制の罠）。①会社法は取締役の善管注意義務に関しては，内部統制構築・経営判断原則適用により重過失以外は事実上免責されるといえる。しかるに実務では戦略面のミスも実際には経営責任を問われることになる。こうした戦略に係る部分は，内部統制自体ではコントロールが不可能であり，経済産業省のリスクマネジメントの概念における内部統制を含む広義のコーポレート・ガバナンスにより規律すべ

き領域といえよう。②加えて，会社法における内部統制では，損失の管理として，赤字を計上しない限りは取締役の消極的妥当性の責任をも問い難いといえる。③まして積極的妥当性の領域に関して，即ちもっと収益計上，企業価値向上を図ることができたはず，という取締役の責任追及は会社法下では問い難いといえる。これらの内容は，攻めのガバナンスを標榜する日本版コードの規律に及ぼすべき内容であり，リスクテイクを促すことと平仄をとってガバナンスの規律を及ぼすべき部分となろう。

　かかる領域の規律の実際の設計として，ソフトローあるいはコードの展開からみれば，我が国は経営陣にリスクテイクを促す段階であり，英国のように過剰なリスクテイクを抑制する段階と異なるため，そのままSenior Management Regime（SMR）を導入はできないが，SMRの内で自主規制主体のCertification Regime（CR）の部分を現状では活用することが考えられる。今後は，我が国において規制の積極的誘導策を強化することも考えられ，日本版コードもルールベースの色彩を強めることが視野に入る。米国と異なり，競争ルール確立，クラスアクションなど，会社法改正などの規制緩和措置を外枠から支える制度が存在しないため，コード自体において徐々にエンフォースを強めることが予想される。また英国では欧州市民社会ルールが存在する。一方我が国は，長期雇用慣行，社内昇格制度などの存在によりこれまでは企業モラルを保っており，過剰なリスクを採ることが経営陣においては抑制されてきた。不祥事勃発にしても比較的少なかったといえる。しかしながら我が国において今後雇用慣行が流動的になることが予想されること，リスクテイクの促進・攻めのガバナンスを考え合わせると，何らかの歯止めの役割をソフトローになっていくことが考えられる。コーポレート・ガバナンスの問題はOne size fits allではないため，柔軟なソフトロー（日本版コード）に依拠しつつも，エンフォースメントを徐々に強めるというコンビネーションとなろう。

　Senior Management RegimeはSenior Managersの能力向上と事後的エンフォースメントを前提とする。前者は，事前予防的な要素を有し，非業務執行取締役（NED）による差止請求にも繋がる。我が国においても，社内事情を熟知した内部NEDと外部NED（独立社外取締役）の協働により，事前の戦

略・経営計画立案にまで関与するかはともかく，少なくとも計画を実行に移す段階で修正要求，差止めを行う社内権限を付与することは考えられてよい。リスクテイクを積極的に取締役が行ったことの評価・報酬体系への反映と併せて，内部チェック装置としてバランスを保つ視点からも日本版コードにおける一定の規律付けが検討されることになろう。

Ⅲ．内部統制とリスク管理の統合的運用

1．統合的リスク管理ならびに経営判断

　米国トレッドウェイ委員会（Treadway Commission）は1992年COSO報告書を発表し，1998年バーゼル銀行監督委員会（BIS）「銀行組織における内部管理体制のフレームワーク」，1999年「銀行組織にとってのコーポレート・ガバナンスの強化」など，その後の内部統制議論に大きな影響を及ぼした。さらに2003年7月COSO ERMフレームワークを公表し（COSO Enterprise Risk Management Framework），内部統制の要素として目標の設定，リスクの特定，リスクへの対応を加え，内部統制の目的分類に戦略を付加した[2]。これを基に金融検査マニュアルが作成され，金融庁は従来の護送船団行政方式から金融機関に対し自己責任原則に基づく経営を促しつつ事後チェック型行政手法の確立を進める。金融機関自身の内部管理，会計監査人等の厳正な外部監査を前提とし，市場規律などを補強する[3]。2004年12月金融改革プログラム，2005年3月リレーションシップ・バンキングの機能強化に向けた新アクションプログラムでも内部統制が重要な機能として位置づけられる。内部統制とリスク管理の統合的運用につき，金融機関においては市場リスク，信用リスク，オペレーショナル・リスク等の多くのリスクの適切な管理により利潤を上げることが重要な事業目標となる。規制側としてもかかるリスクを自己責任において適切に管理することを求める。金融機関は内部統制とリスク管理の適切な整備・管理が大きな課題であり，ERM適用によりリスク管理と内部統制を一体的統合・運営が可能となる。経営者はリスクの評価と対応方針に応じ内部統制のあり方の見直しを継続的に行い，リスクマネジメントは事業機会に関連

するリスク，事業活動の遂行に関連するリスクを含み，統合的に行うことが求められる[4]。ERMでは統制の目的として財務報告の内容を適正にすることから他の経営上の戦略とリスクも対象にするよう拡大される。

　会社法，金融商品取引法を踏まえて，企業における内部統制体制の実際につき，ERMと内部統制，経営判断，コーポレート・ガバナンス等の関係についての整理を行う[5]。

　統合的リスク管理，内部統制と経営判断に関して，経済産業省「リスク新時代の内部統制」報告書においては[6]，リスクを①事業機会に関連するリスク（経営上の戦略的意思決定における不確実性），②事業活動の遂行に関連するリスク（適正かつ効率的な業務の遂行に係る不確実性）に二分する。内部統制は本来経営者の自己規律のための手段であるが，②の事業活動の遂行に関連するリスクのリスクマネジメントを有効に実行するための手法であり，①の事業機会に関連するリスクのリスクマネジメントの手法ではない。もっとも経営者の戦略的意思決定に関し，従業員が検討のための資料を準備すること，経営者の下す意思決定を従業員が実行に移すこと，という上下各方向へのプロセスは②の事業活動の遂行に関連するリスクにおける事業活動の遂行といえ，そこにおけるリスクは内部統制の対象となる。戦略的意思決定に関するリスクマネジメントは内部統制によっては達成できない[7]。経営者の暴走などのリスクについては，取締役会の構成などの組織法・組織論的な観点からのコーポレートガバナンスに依拠することになろう。取締役会等がいかなる内部統制システムを整備・構築・運用するかについて会社法は定めず，具体的内容は実務慣行により定まるべきとされる[8][9]。内部統制システムの構築のみならず，具体的内容も取締役の善管注意義務の内容となろう。業種等により相違があり[10]，制定の動きが伝えられる公開会社法では内部統制，コーポレート・ガバナンスが一定水準以上であることが求められよう[11][12]。事業機会に関連するリスクに関する部分までも内部統制の対象とする旨の議論も少なくないが，経営実態からは両者は概念的には別掲することが望ましい。金融商品取引法の内部統制の対象となるリスクは，事業機会に関連するリスクのうち不正な財務報告に関するリスクである。従って不正な財務報告に関するリスクの部分は会社法，金融商品取引法の双方から規律される。

また米国で発展した経営判断原則の考え方については，内部統制全般に広く適用する考え方もあるが[13][14]，経営者が下す経営判断に関するものであり，第一義的には事業機会に関連するリスク（経営上の戦略的意思決定における不確実性）が対象となろう。

2．内部統制とリスクマネジメントならびにコーポレート・ガバナンス

第1に対象概念として，コーポレート・ガバナンス（広義）を内部統制状況の監視・監督を含むコーポレート・ガバナンス（狭義），内部統制状況の監視・監督を含まないコーポレート・ガバナンスに2分類する。前者については，対象者は経営者であり，事業機会に関連するリスクのリスクマネジメントはこのコーポレートガバナンスの枠組みによるほかはない。但し戦略的意思決定の前提となる情報の収集・分析等，および戦略的意思決定に従って事業を遂行する過程は内部統制の対象となる。事業活動の遂行に関連するリスクの適切な管理により，経営者は適切かつ大胆に意思決定を行うことができ，結果として事業機会に関連するリスクをも減少させられる[15]。当該部分には経営判断原則の適用があり，また法令違反，業績低下がなくても経営陣に対する規律として，戦略上の過ち等から経営陣の交代を余儀なくされることがあり得る[16][17][18][19][20]。

米国の取締役の注意義務に関して，アメリカ法律協会（American Law Institute：ALI）発表の「コーポレート・ガバナンスの原理：分析と勧告の研究」（Principles of Corporate Governance）§4・01（a）に規定され，我が国の善管注意義務とも大きく異なるものではない[21]。意思決定機能における手続き的側面と実体的側面に分け，後者の部分が経営上の戦略的意思決定における不確実性に符合する部分として，内部統制の問題ではなく，経営判断原則の適用対象として掌握されることになろうか[22]。

内部統制システム構築義務それ自体に，一律に経営判断原則を及ぼすのは妥当ではないことが指摘される[23]。取締役として経営判断原則の適用があるのは，主として戦略等に関する部分であり，取締役の行為についての吟味の基準に該当するといえよう。また経営判断原則の適用要件としては，原則として全ての法令違反は適用対象外となると考えられる[24]。経営判断原則をコンプラ

イアンスには適用すべきでないこととなる。それ以外の不正な財務情報に関するリスク，検討資料を従業員が準備するプロセスにおけるリスク等についても経営判断原則適用の名の下に過失責任を問われないとすることには謙抑的であることが望ましいということになろうか[25]。つまるところ，会社法の要求するところは，経営者の善管注意義務から始まって考えていくことになり，実務で展開してきた内部統制システムとの整合性等，あるいは取締役の監視義務違反の検討において監督体制を重視することとの間に，射程範囲の微妙なずれが生じているといえよう。

　内部統制状況の監視・監督を含むコーポレート・ガバナンスについて，対象概念は内部統制ないしはリスクマネジメント（狭義）であり，COSO ERM に相当する[26]。対象者は経営者，管理者，担当者であり，経営者は管理者に対し，管理者は担当者に対して内部統制システムにより監視・監督を行う。対象リスクは事業活動の遂行に関連するリスク（適正かつ効率的な業務の遂行に係る不確実性）であり，業務の有効性・効率性に関するリスク，コンプライアンス違反リスク，不正な財務報告に関するリスクに大別される。業務の有効性・効率性に関するリスクは，さらに経営上の戦略的意思決定のための検討資料を従業員が準備するプロセスにおけるリスク，経営上の戦略的意思決定を従業員が実行するプロセスにおけるリスク，その他の事業活動の遂行に関するリスクに分けられる[27]。事業活動の遂行に関連するリスク[28]は会社法の要求する内部統制の対象となるが，金融商品取引法の要求する内部統制としては不正な財務報告に関するリスクのみとなる。

　企業のコンプライアンス体制の実際として，従来経営企画部門が担ってきたものは業務の有効性・効率性に関するリスクの中の経営上の戦略的意思決定のための検討資料を従業員が準備するプロセスにおけるリスク，経営上の戦略的意思決定を従業員が実行するプロセスにおけるリスクである。リスクマネジメント部署が担ってきたものはその他の事業活動の遂行に関するリスク，コンプライアンス違反リスク，不正な財務報告に関するリスクとなるが，企業にとってはその他の事業活動の遂行に関するリスクの比重が大きく，リスクマネジメント部門長が統括責任者となる。一方，コンプライアンス違反リスクは会社法上のリスクであり CCO（Chief Compliance Officer）へ，また金融商品取

引法上のリスクである不正な財務報告に関するリスクについては CFO (Chief Financial Officer) に分担させる選択肢もある[29]。内部統制全体につき代表権のある取締役副社長を CEO あるいは代表取締役社長を牽制する意味合いからも統括責任者として配することが想定される。日本版 SOX 法に関し，監査法人による内部統制監査に対する企業側の人的，コスト面からの負担増加が懸念される中で，監査法人の担うべきは金融商品取引法上の内部統制として不正な財務報告に関するリスクの部分であり，コンプライアンス違反リスクなど他のリスクまで監査対象として広範に担わせることは論理に外れることについて周知徹底が必要となろう。実務界の混乱の背景として，会社法ならびに金融庁「財務報告に係る内部統制の評価及び監査の基準（公開草案）」（2005 年 7 月 13 日）における内部統制基準に関する整理の不十分さ等につき疑問が呈される。リスクマネジメントが十分浸透しない企業も多く，概念についての実質的な調整のないまま制度化・義務化が強行され，内部統制・不正な財務報告防止等の要求が加わることで，体制構築上，混乱を来す懸念がある[30]。

第2に，会社法の内部統制と企業実務について，部門別リスク管理ではなく，会社法においては企業集団の統制体制として親子会社，海外関係部門など含み全社的に統制する（会社法施行規則 98 条 1 項 5 号・100 条 1 項 5 号・112 条 1 項 5 号）。子会社自体の評価を重視したボトムアップアプローチではなく，親会社の信用力をベースとしたトップダウンアプローチを適用した方が適切な事例が増加しよう[31]。子会社の支配・関与の程度，事業の結びつきの強さ，子会社がグループ全体に占める定量的な構成比，子会社の信用力が低下した際に想定される親会社による支援の程度・内容などの要素の評価に基づき，会計基準のみでなく，実質的な関係をベースに行うことになろう。

3．企業不祥事の防止と制度の方向性

企業不祥事の処理としては，認識，責任所在の明確化，責任追及が再発防止のためにも重要となる[32][33][34]。認識の部分は，概念的には統制環境と関連はあろうが，経営者のガバナンスの問題として内部統制のみの枠内の議論で十分といえない。

我が国における会社法，金融商品取引法の内部統制規定と企業の実際の関連

をみてきたが，必ずしも判然としない面がある。会社法では，内部統制状況の監視・監督を含まないコーポレート・ガバナンスについては非対象であり，一方米国企業改革法では不正な財務報告に関するリスクが中心である。全般的な規制緩和の流れの中で，米国企業改革法等が採った強い規制は，緩和されつつあるとはいえ，厳格な趣旨のものである。エンロンやワールドコム事件等の不祥事勃発により，前提となるコーポレート・ガバナンスに関する根幹部分が，従来の自己規律等のシステムでは十分に機能しなくなりつつあり，信頼性を損ねてきたことへの対応といえよう。会社法と金融商品取引法の内部統制は，不正な財務報告に関するリスクの面で共通するが，企業の実際では内容が区々になることもあろう。金融監督等の規制が加わればなおさら重層的となろうが，その場合でも，一体的掌握が大切であり，監査役機能の充実等が求められる。金融監督における新BIS規制など，事前の規制緩和と事後のエンフォースメントによる法制整備が進められてきた。自主規制としてのプリンシプルのないまま，企業や金融機関の自主的なガバナンスを第一義的に頼みとする方策では，我が国の企業や金融機関が今後国際規制ルールに十分対応できるのか，疑問なしとしない。旧BIS規制を甘くみた我が国金融業界は，バブル崩壊と共に競争力を喪失した。同じ途を歩んではならない。自主規制ルールを策定し経営者のモラル向上を醸成すること，各金融機関のコーポレート・ガバナンスあるいはコンプライアンス態勢の有効な構築を図ることはやはり重要であり，その上で事後のエンフォースメントの整備を図ることが望ましい。またエンフォースメントについては，合併無効の訴え等にみるとおり，抑制効果，実効性に関して過度の期待は禁物との指摘もされる[35]。

　我が国においては，これまで米国のような経営者の意識改革，自己規律付けといった事前予防システムが十分であったとはいえない。執行と監督を分離した米国型の委員会設置会社の採用企業数も未だ多いとはいえず[36]，社外取締役の定着も不十分で自発的な企業風土形成に至らない現在では，単なる内部統制分野のみの議論に埋没することで事足れりとせず，コーポレート・ガバナンスに関して，一定の規制誘導措置も考慮されよう。単純な内部統制のみの規制構築では，真に企業不祥事や経営陣の暴走は止まらない。

　内部統制構築により取締役の善管注意義務が免責されることとなるが，この

免責システムによっても経営者の戦略的意思決定部分は免責されず，第一義的にはコーポレート・ガバナンスに係る部分であり，実際上の厳密な区分は困難としても概念上は分けて構築することが検討される。企業内に重層的に形式的な体制構築を図っても経営者のモラルの欠如を補完できるものではない。米国のような規制緩和と行為規制立法の組合わせを我が国に導入しても前提となる企業風土・文化，法制度等が相違し，必ずしも上手く機能するとは限らない。買収防衛策に関しても我が国での最近の各企業の種々の防衛策導入の傾向に対し疑問が呈され，英国式のパネル機関設置への提言もなされる[37]ことと問題意識を共通しよう。経営判断原則の適用は内部統制全般に安易に及ぼすべきではなく，主として経営上の戦略的意思決定に関する事業機会に関連するリスクに係るもので限定して行くことが望ましいが，内部統制のレベルや内容等，具体的な企業の実際については，結局は各企業が置かれた現実の業界環境，経営状況，将来計画等の状況に応じて様々あり得る[38][39]。

ERM（Enterprise Risk Management）ならびに内部統制の実施基準につき，現実の実務との乖離・混同がみられ，解決すべき課題が多い[40]。リスクマネジメントの実務においては，ERMと従来から行われていたリスクマネジメントとの相違点，内部統制の関わりについて十分な議論がなされていない[41][42]。戦略的意思決定，コーポレート・ガバナンスを包含するリスクマネジメントをERMとしていく方向性が指摘される。

日本版コードは，かかる背景の下で，攻めのガバナンスという独自の色彩も強めつつ，策定・導入されるものである。

Ⅳ. 内部統制と改正会社法の3類型

指名委員会設置会社，監査等委員会設置会社では監査委員あるいは監査等委員の行う監査機能は取締役会が構築する内部統制システムに依拠するため，内部統制の内実が厳に問われることになろう。CEOが内部統制を利かせ過ぎた場合には，必要な情報入手を内部統制システムに依存する社外取締役にはCEOに対する監視機能を十全に果たすことは困難となることが懸念されよう。

また監査役，監査委員であれば，監査基準の逸脱がなければ必要な調査義務を尽くしたこととなろうが，従来の社外監査役がそのまま監査等委員に移り，監査役設置会社から監査等委員会設置会社に移行した場合に，監査等委員ではない社外取締役が調査義務を果たしたといえる注意レベルが変更してくるか，疑問となるところであろう。基本的には信頼の原則が合理的に機能する局面においては免責されることとなろう(43)。

【注】
（1）拙稿「金融危機後の国際金融法制の展望と新たな統合的リスク管理ならびにガバナンス体制構築に向けて」奥島孝康先生古希記念論文集第一巻《下篇》『現代企業法学の理論と動態』成文堂（2011年10月）693-760頁。
（2）金融庁「金融検査に関する基本指針」2005年7月1日。
（3）新日本監査法人金融部『金融機関の内部統制 評価と文書化手続きの全て』金融財政事情研究会（2006年）44-45頁参照。結城秀彦「COSOのリスク・マネジメントフレームワーク」『企業リスク』トーマツ企業リスク研究所（2003年10月）1-10頁参照。Committee of Sponsoring Organizations of the Treadway Commission, Internal Control-Integrated Framework (The COSO Report), (New York: AICPA, 1992), Enterprise Risk Management-Integrated Framework (2004.9. http://www.coso.org- 　内部管理に関して，金融検査の目的は，「業務の健全かつ適切な運営を確保するため」に行われる（銀行法25条等）。自己責任原則と市場規律，プロセス・チェック，トップ・ダウン・アプローチおよび内部監査を柱とし，内部管理体制構築が金融検査の前提であり（補強性の原則），有効性が検査結果を左右する。COSO報告書では構成要素の1つである監視活動に内部監査が含まれる。金融検査に関する基本指針（2005年7月）では内部監査の有効性に応じ実地調査，自己査定の抽出範囲の取扱いを変えて検査の効率性を図る。
（4）経済産業省経済産業政策局「リスクマネジメントと一体となって機能する内部統制の指針」（「リスク管理・内部統制に関する研究会」（2003年6月））。
（5）眞崎達二郎「会社法・金融商品取引法とリスクマネジメント・内部統制の関係」日本ナレッジ・マネジメント学会（2007年11月27日）参照。國廣正・小澤徹夫・五味祐子『内部統制とはこういうことだったのか』日本経済新聞社（2007年3月）97-124頁。
（6）リスクには損失等発生の危険性のみならず，新規事業進出による利益又は損失の発生可能性等も含む。①事業機会に関連するリスクは新事業分野進出，商品開発戦略，資金調達，設備投資に係るリスクなど。②事業活動の遂行に関連するリスクはコンプライアンス，財務報告，商品品質，情報システム，事務手続き，環境に関するハザードリスク等。
（7）実施基準において，経営者が内部統制を無視するなど内部統制の限界と指摘される。
（8）江頭憲治郎「会社法制の現代化に関する要綱案の解説〔Ⅱ〕」商事法務第1722号13頁。
（9）根田正樹教授は，内部統制の問題は企業規模，業種の如何を問わずすべての企業に課された重い課題とし，法的リスク管理ならびに会社業務の組織法的遂行等の観点から内部統制の必要性について述べられる。根田正樹「今，内部統制とは」根田正樹・菅原喜与志・松嶋隆宏編著『内部統制の理論と実践』財形詳報社（2007年2月）2-5頁参照。
（10）業種により取締役に要求される注意義務の水準が異なるかの問題につき，岩原紳作「金融機関取締役の注意義務」『落合誠一先生還暦記念・商事法への提言』商事法務（2004年6月）173頁以下。
（11）信託法では受益証券発行信託における組織法的規律が図られ，受託者の注意義務の強行法規化

等が図られる（信託法212条1項，2項，248条）。神作浩之「受益証券発行信託をめぐる法的諸問題」『信託をとりまく法規制』比較法政シンポジウム（2008年2月）。
(12) 会計基準のコンバージェンスも関連する。金融庁企画課長大森泰人「金融行政の今―制度と人間」早稲田大学日本橋ファイナンスフォーラム（2008年2月）発言。
(13) 米国では経営判断の原則（business judgment rule）と完全公正基準（entire fairness test）が判例法上確立する。デラウェア州法において取締役が善管注意義務違反により損害賠償義務を負う判断基準は，重過失の有無である。Smithv. Van Gorkam, 488A.2d858（1985）。経営判断の原則は反証可能な推定であり，推定が覆されると取引の完全公正性の証明責任は取締役会に移転する。完全公正基準では公正手続（fair dealing），公正価格（fair price）の2要素の充足が必要となる。経営判断原則につき最高裁等が類似の評価枠組みを採り入れているが（最判平成18年4月10日金判1240号12頁［グリーンメーラーへの利益提供］），米国では簡易判決（summary judgement）の機能を果たすなど我が国とは若干の相違がある。経営判断原則につき，江頭憲治郎『株式会社法』有斐閣（2006年9月）423頁（注3）。買収防衛策と米国における取締役等の義務に関し，三苫裕ほか長島・大野・常松法律事務所「企業買収局面での行為規制に関する調査研究」財団法人産業研究所（2007年3月）51-53頁参照。「企業価値報告書・買収防衛策に関する指針」別冊商事法務第287号（2005年7月）52頁以下。防衛策には経営者の保身目的がつきまとい，また完全公正基準では経営者側の立証責任が過重過ぎる。1985年デラウェア州最高裁において経営判断の原則と完全公正基準の中間的基準であるUnocal基準（Unocal test）を適用することとした。Unocal基準の進化として，1986年Revlon基準（Revlon standard）が出される。また米国では中立義務の不存在が指摘される。会社及び株主に対する信認義務が行動規範となり，その内容は状況に応じて各基準により判断される。対照的に中立義務を採用したEU加盟国は対象会社の取締役会に中立義務，相互主義を課すことで問題を解決する。EU企業買収指令Article9（2），EU企業買収指令Article9（3）。欧州委員会報告書（Report of the High Level Group of Company Law Experts on Issues Related to Takeover Bids）において，取締役会に防衛手段を講じる権限を認めることを明確に否定する（専門家報告書21頁）。採用の可否はEU加盟国の選択に委ねられる（EU企業買収指令Article12（1））。The High Level Group of Company Law Experts, Report of the High Level Group of Company Law Experts on Issues Related to Takeover Bids（January 10, 2002）。我が国では買収目的を全面に出す場合は防衛策の正当化には厳しい要件を満たす必要が生じるとされ，実際には資金調達目的等を冠することが行われよう。三菱東京フィナンシャル・グループと三井住友フィナンシャルグループによるUFJホールディングス争奪戦等を契機とし，複数の買収者が登場した場合に対象会社の取締役として従う行為規範につき議論される。Revlon基準，fiduciary-out適用の考えもあるが，会社法における根拠付けが十分なされず定説をみない。
(14) 株主代表訴訟における裁判所の司法審査の回避につき，ヘラー・アーマン法律事務所（Heller Ehrman White & McAuliffe, LLP New York），スクィア・サンダース法律事務所（Squire, Sanders, & Dempsey, LLP San Francisco 下田弁護士，Catharina Yoosun 弁護士，Joseph, M. Crabb 弁護士見解）における筆者ヒヤリング（2000年11月）。拙稿『コーポレート・ガバナンスの理論と実務―商法改正とその対応―』信山社（2004年8月）212-213，343-348，830-834頁。Dennis J. Block et. al., The Business Judgement Rule: Fiduciary Duty of Corporate Directors 691-693（3rd ed.1986）。Aronson v. Lewis, 478 A 2d.805（Del. Supr. 1984）。デラウェア州裁判所は，社外取締役の独立性を根拠に利益相反取引の承認は十分な情報に基づき独立的な決定に必要な手続きを踏まえ熟慮された結果であると推定される可能性が高いとする。R. Franklin Balotti & James J. Hanks, Rejudging the Business Judgement Rule, 48 Bus. Law 1347-1348（1993）。情報の完全開示，公正性の要件を課した上で後者の判断を社外取締役の承認に委ねる（ALI原理）。裁判所による公正さに関する審査を免れることはできず，承認の効果は立証責任の転換と審査基準

の緩和にある。ALI Corporate Governance§5.02（b）．前田重行「第Ⅲ編 会社の構造：取締役及び役員の職務と権限：大公開会社における監査委員会」，神田秀樹「第Ⅴ編 公正取引義務」証券取引法研究会国際部会訳編『コーポレート・ガバナンス―アメリカ法律協会「コーポレート・ガバナンスの原理：分析と勧告」の研究』日本証券経済研究所（1994年）16-19頁，170-171頁参照。
(15) 前掲・真崎4頁。監査役協会公表の内部統制実施基準では財務報告内部統制の監査は金商法ではなく会社法上の内部統制体制の整備（法令等遵守体制の整備）との関連で監査する（実施基準13条）。木村忠夫「21世紀中小企業振興ネット（2007年8月14日）」意見交換会。一体的把握が重要であり内部統制監査も監査役が総括的役割を持つとする。
(16) 最近の事例として，2005年7月監査役会決議による独ダイムラー・クライスラーのトップ交代人事がある。
(17) 戦略，効率性の明確な区分けも事実上困難である面は否めない。戦略ミスも業務の適正を確保するために必要なものとして法務省令で定める体制に包含する考えもあろう。
(18) 小澤徹夫弁護士は実務の観点から現実的整理を試みる。事業機会に関するリスクに関し経営者の意思決定のリスクを少なくすることは主としてコーポレートガバナンスの問題であり，法的には経営判断原則に属する。経営者の意思決定について内部統制は少なくともあまり有効ではなく内部統制の限界とされる。コンプライアンスを中心とするリスク管理体制を実現する手段が内部統制システムである。小澤徹夫「J-SOX実施基準を漫然と遵守することの問題点」月刊監査研究第33巻第4号（2007年4月）41-48頁以下参照。同「内部統制システム整備義務の法的位置付け」東京富士法律事務所（2006年9月）。
(19) 神田秀樹教授は「取締役は，…リスク管理体制（最近は内部統制システムという）を整備する義務を負う（コンプライアンスと呼ぶ法令順守体制の整備を含む）。」（「会社法入門」岩波新書976頁）。
(20) 事業機会に関連するリスクにつきガバナンスに関わる領域としても，内部統制において重視される統制環境との線引きが実際には問題となろう。明確に区分しにくく，内部統制の領域とすると内部統制の限界となり，かえって内部統制を図るほど経営陣の専横化に繋がるパラドックスが生じかねない。社外取締役，株主のガバナンスといった監視スキーム，経営陣のモラル醸成を図るべく自主規制強化などが必要となろう。内部統制の補強のための内部監査・モニタリング組織強化では経営陣の統制は不十分であり，監査委員会，銀行の内部監査部門等のみにより制御できるものではない。
(21) Hansen, The Duty of Care, the Business Judgment Rule, and the American Law Institute Corporate Governance Project, 48 Bus Law, 1355, 1375 (1993). American Law Institute, Principles of Corporate Governance: Analysis and Recommendations, vol. 1, at 145 (1994). 経営判断の法則には，大胆な経営を行わせる必要性と裁判所の能力の問題が背景にある。Schaeftler, The Liabilities of office: Indeminification and Insurance of Corporate Officers and Directors 95 (1994). 経営判断の法則は取締役の行為についての吟味の基準とされる。アイゼンバーグ教授は行為者がいかに行動すべきかという行為基準と，裁判所が損害賠償責任や差止命令を認めるべきかどうか判断するときの行為者の吟味基準とは，通常ひとまとめにされるが，会社法の世界では異なるものとして論じている。吟味基準にのみ依拠して行動する取締役は，吟味基準が不適用となり，行為基準の下で責任を課せられるリスクにさらされる。Eisenberg, The Divergence of Standards of Conduct and Standards of Reviews In Corporate Law, 62 Fordham L. Rev. 437, 438, 464 (1993). 近藤光男『経営判断と取締役の責任―「経営判断の法則」適用の検討」』中央経済社（1994年12月）16-22頁参照，同「取締役の責任とその救済（2）」法協第99巻第7号（1982年）1065頁。

第20章　我が国のコーポレート・ガバナンス法制と Senior Management Regime のアナロジー　　*307*

(22) ALI は注意義務の2要素として監視義務，調査義務を掲げ，意思決定につき手続き的側面，実体的側面に分ける。経営判断の原則は5つの部分からなり，4つは適用条件に関する。神崎克郎「注意義務及び経営判断の原則」前掲・『コーポレート・ガバナンスの原理：分析と勧告の研究』158-164頁参照。実体的側面の部分が経営上の戦略的意思決定における不確実性に符合する部分として内部統制の問題ではなく経営判断源原則の適用対象として掌握されることになろうか。善管注意義務違反は重大ミスなどに限定されよう。手続き的側面は経営判断原則の適用対象でなく，業務の有効性・効率性に関するリスクのうち経営上の戦略的意思決定のための検討資料を従業員が準備するプロセスにおけるリスクは除かれ，経営上の戦略的意思決定を従業員が実行するプロセスにおけるリスクも除外されよう。経営判断原則適用のかかる区分けを通じ実務の事案に対応することになろう。
(23) 前掲・小澤徹夫参照。野村修也教授は「内部統制システム構築義務それ自体に経営判断原則を及ぼすのは妥当ではない。むしろ構築すべき最低水準のシステムを前提とした上で，それを超えてどこまで充実させるかという点に経営者の裁量が働くと考えるべきだろう。」とされる。企業会計（2006年）第58巻第5号100頁参照。
(24) 近藤光男「取締役の経営上の過失と会社に対する責任」金融法務事情第1372号（1993年）10頁。同『経営判断と取締役の責任』122-126頁参照。企業の社会的責任等に関しても，経営判断原則の適用は否定され会社法違反でなくとも対会社の取締役責任が発生する可能性があることが示唆されようか。
(25) 問題となるのは業務の有効性・効率性に関するリスクのうち，その他の事業活動の遂行に関するリスクであり，対象リスクの範囲が広く一層の考察を深めることが必要となろう。経営判断原則については，従業員の資料収集に関するリスクについての細分類化など論点も多く，浅学な筆者の及ぶところではないが，研究を進めていきたい。
(26) ERM には戦略に関する部分が包含され，内部統制状況の監視・監督を含まないコーポレート・ガバナンス，経営上の戦略的意思決定リスクとは各々ずれが生じてくる。
(27) その他の事業活動の遂行に関するリスクは自然災害リスク，それ以外のリスクに分かれ，事実上，発生に関して事前に予測不可能なことが多く，主として事後的なプロセスが中心となり，厳密にはリスクマネジメントの対象であるが内部統制の対象とはならない。
(28) 前掲「リスク新時代の内部統制」においては，リスクを広く捉え「事象発生の不確実性」と定義し，新規事業進出による利益又は損失の発生可能性等も含むと考える。会社法，金融商品取引法の内部統制は不正な財務報告に関するリスクの点で重複するが，具体的内容は異なることもあろう。また小澤徹夫弁護士は，内部統制の考え方を ERM の枠組みまで拡大せず，コンプライアンスと財務報告の信頼性を中心としたオペレーショナルリスク管理の手段と解される。前掲・小澤参照。
(29) CCO はコンプライアンス違反リスク，不正な財務報告に関するリスクを共に担当する考え方もあろう。こうした把握に実際に応じた柔軟な体制構築が可能となる。
(30) 「新会社法と内部統制基準」商事法務第1740号（2005年8月）66頁参照。
(31) 水口啓子・涛岡由典「親子関係にある子会社の格付け―トップダウンアプローチの考え方について」JCR 格付け第203号（2008年1月）35-37頁参照。
(32) 会社法上，事業報告書の記載に関し，株主のあり方について，会社の経営理念につき取締役会で議論するのであればともかく，取締役が記載できるはずがなく，総会決議事項たり得ないこと（295条），市民社会のモラルで経営者は自己規律を図る部分が欠如し，精神が退廃し規範意識が薄れていることが指摘される。稲葉威雄「会社法の行方を考える」『日本の企業法制が向かうべき方向とは―企業，金融・資本市場・労働―』早稲田大学 COE 企業法制と法創造総合研究所（2008年1月）。

(33) 内部統制が利けば利くほど経営陣の暴走が進むという指摘がされることとも関連する。会社の経営理念についても類似性があろう。内部監査部，監査委員会等の充実を図っても，屋上屋を重ねるだけで根本解決たり得ない部分といえる。
(34) 河本一郎名誉教授は，関与された事案を通して，法律上のガバナンスでなく，企業経営面からみたガバナンスが，法律上のそれと食い違いを起こしていると述べられる。経営トップの意識付け，経営戦略的な面に係る部分が大きく，定期的な監査計画により，事後的なフォローを図る。エンロン事件にみるとおり，制度構築だけでは不十分で精神面での問題が大きい。河本一郎「株主代表訴訟から見た内部統制のあり方」『日本の企業法制が向かうべき方向とは――企業，金融・資本市場・労働―』早稲田大学 COE 企業法制と法創造総合研究所（2008 年 1 月）。
(35) 河本一郎名誉教授は，むしろ差止請求権の整備を唱えられる。前掲・河本発言。
(36) 2003 年 4 月に委員会等設置会社（当時）が導入され，2007 年 9 月 14 日時点で東証上場会社のうち 61 社（他の会社の子会社になるものを除き 40 社）が委員会設置会社を採用する。委員会設置会社の平均社外取締役は 4.7 人，取締役に占める社外取締役の比重は 51.9％で委員会設置会社の全体でみれば取締役の半数を超える。委員会設置会社の社外取締役のうち 115 人は「他の会社の出身者」で，取締役として経営の基本方針の決定にも関与することから経営者としての経験，実績を重視する。監督・監視機能，コンプライアンス面よりも経営戦略面を考慮していることが窺える。社外取締役の兼任については，東証上場の委員会設置会社のべ 185 人の中，他社の社外取締役または社外監査役兼務者が 103 人（55.7％）であり，社外取締役としての人材不足が窺われる。責任限定契約は，156 人（84.3％）が締結している。横山淳「委員会設置会社の社外取締役」大和総研『制度調査部情報』（2007 年 9 月）参照。
(37) 上村達男「市民社会からみた資本市場法制構築の視点」，犬飼重仁「欧州に学ぶ「市場法制システムのプリンシプルとイノベーション」」上村達男・神田秀樹・犬飼重仁編著『金融サービス市場法制のグランドデザイン』東洋経済新報社（2007 年 11 月）118-147 頁，184-225 頁。犬飼重仁・田中圭子編著『日本版オンブズマンへの構想―認定投資者保護団体制度を生かす道』レクシネクシス・ジャパン（2007 年 11 月）。
(38) 取締役の構築する内部統制のレベルにつき，黒沼悦郎教授は，内部統制の目的は不祥事の防止と取締役の免責システムであるが内部統制のレベルを上げれば免責内容が減少し，かえって取締役に酷となること，いくらレベルを上げても不祥事が防止できない場合が問題となることを指摘される。稲葉威雄教授は，取締役会が内部統制を各自の担当分野につき構築していることを報告させるフォローの仕組みの必要性を強調される。免責することが相当であるか否か，効率性と費用対効果など経営判断の及ぶところであり裁判所が逆算していくシステムである。上村達男教授は，監査証明ではなく法的評価，プロセスの問題であり COSO のスキームが上手く行かずに法的評価に戻していると述べられる。前掲・早稲田大学 COE 企業法制と法創造総合研究所における各発言参照。上村達男『会社法改革―公開株式会社法の構想』岩波書店（2002 年）54 頁，190-191 頁。奥島孝康「サステナビリティ会社法序説―CG と CSR の交錯と共働―」奥島孝康編『企業の統治と社会的責任論』金融財政事情研究会（2007 年 6 月）4-38 頁。
(39) 安易に免責を認めるべきではなく，実体面の検討からきめ細かい判断を行うことになろう。経営判断原則については考慮事項の 1 つともなろう。
(40) 2003 年 6 月公表の「リスク新時代の内部統制」は，2003 年 7 月「COSO Enterprise Risk Management—Integrated Framework」草案の発表，2004 年 9 月最終版発表前に作成されており，ERM については触れていない。逆に COSO ERM では，「リスク新時代の内部統制」における「事業活動の遂行に関連するリスク」ならびに「事業機会に関連するリスク」といったリスクの分類はなされない。「戦略的意思決定，コーポレート・ガバナンスを包含するリスクマネジメント」をtheoretical RM（理論的 RM）あるいは ERM とし，戦略的意思決定，コーポレートガバナンスを

第20章　我が国のコーポレート・ガバナンス法制と Senior Management Regime のアナロジー　　*309*

含まない RM を practical RM（実務的 RM）」あるいは従来型 RM として，theoretical RM への接近の必要性を唱える。前掲・真崎 4 頁。定義・用語につき，八田進二監訳・中央青山監査法人訳『全社的リスクマネジメント フレームワーク編』東洋経済新報社（2006 年 3 月）65，56，150 頁。ERM とガバナンスとのグレーゾーンの議論であり，これからの十分な議論が必要となるが，戦略決定というリスク克服に向かって，内部統制が ERM の枠組みを通してガバナンスへ接近し，自発的に改良へ向かっているともみられる。もっとも米国 COSO ERM においては，前提として事象を 2 つに分け，マイナスの影響を持つ事象をリスクとし，プラスの影響を持つ事象はリスクでなく事業機会とするが，ERM というリスクマネジメントの目的の中に戦略目的を追加していること自体，用語の十分な整理が未だされていないともいえよう。

(41) 英国のターンバル委員会報告書（Internal Control: Guidance for Directors on Combined Code）は，統合規範（Combined Code）の内部統制（Internal Control）に関する取締役のためのガイダンスであり，ロンドン証券取引所の上場企業が同取引所の上場規則の要求事項を遵守するための指針であるが，同報告書においては，経営者の意思決定あるいは暴走といった面の記述はない。

(42) 松嶋隆弘「コモンウェルス諸国における内部統制」根田正樹・菅原喜与志・松嶋隆弘編著『内部統制の理論と実践』財経詳報社（2007 年 2 月）52-59 頁。英国においてハードローとソフトローの協働ともいうべき現象が生じていることが指摘される。統合実務規定とターンバル・ガイダンスにみる内部統制システムの概要，英国法における取締役の注意および技量義務（duty of care and skill），ヒッグス・レポートならびにスミス・レポートと統合実務規程の改訂など示唆に富む。

(43) 早稲田大学商法研究会（2015 年 6 月 18 日）の稲葉威雄弁護士発言など参照。

第21章

米国における法の拡張と柔軟性
―責任制限，忠実義務などにおける規範化概念―

I．法の拡張，効果的エンフォースメントと柔軟性維持
　　―法と社会規範の相互作用―

　コード規範の存在しないとされる米国における法の拡張と柔軟性について考察を深めたい。英国のコード概念との接近が窺われる。
　米国はルールベースであり，コードは存在しないが，判例形成などにより忠実義務などで規範化概念の構築が進められる。英国コード，非業務執行取締役やApproved Persons制度と交錯する領域でもある。英米法における法の拡張（juridification）の相違(1)，効果的なエンフォースメントと柔軟性の維持の衝突を考える上で，社会規範の役割，法と社会規範の相互作用，規範の維持に法が役立つ場合などが検討される(2)。

II．英国・米国における法の拡張，効果的なエンフォースメント達成と柔軟性の維持

1．米国における法の拡張，社会規範と法の相互作用
　米国ではエンロン事件等から自主的ガバナンスに対する信頼が揺るぎ，自由度の高い州会社法を補完するべくサーベンス・オクスリー法（SOX法）等が連邦証券諸法（1933年証券法，1934年証券取引所法等）に加わった。英国は非制定法上の文書を維持せんとし，エンフォースメント重視，エンフォースメ

ント不足を柔軟性確保の代償とする立場の対立となる[3]。実効性の面では両国に実効性に相違があると一概にはいえない[4]。効果的なエンフォースメントと柔軟性の維持の衝突を考える上で，社会規範等の法以外の要素が無視できない[5]。社会規範と法は相互に作用する側面が認められる。

2．信認義務の役割，忠実義務の規範化概念と注意義務の境界，法の強制と裁判規範

　米国における取締役の信認義務の法と社会規範の関わりについて，取締役の注意義務には責任の対象とならない広範な会社行為の領域が存在する（注意義務のミステリー）。注意義務に関し，受認者の行為規範の水準と司法審査の審査基準（責任基準）の乖離が存在することに起因する。取締役の注意義務には緩やかな司法審査の基準が望ましいことを正当化する理由があるとする場合，行為規範自体が緩やかな司法審査の基準に合わせられないのかが考察対象となる[6]。また近時，loyalty および care という道徳規範的語彙で表される信認義務において，社会規範の再発見とも呼ぶべき学問的探求が示されている[7]。

　司法審査基準よりも厳格な取締役の行為規範が置かれる意味として，注意義務は法規範の典型というよりも，経営判断原則を伴い，法に依拠しない実現ルール・社会規範として把握できる見解もある[8]。取締役の責任免除規定を対象とし，忠実義務の再検討が試みられる[9]。会社法が loyalty，care など道徳的語彙を引き継いでおり，社会規範と法の相互作用などの検討がされる。立法論としてデラウェア一般会社法 102 条（b）(7) の忠実義務の責任免除の例外につき，取締役が直接または間接に違反から利益を獲得する場合，取締役が故意または思慮分別を欠いて（recklessly）不当な行為をなした場合に限定するべく修正し，Lyman Johnson 教授は適正な忠実性（due loyalty）の概念による絞りをかける。私見であるが，米国では法による作用が及ぶ部分が英国に比し多くなるとはいえ，信認義務を通じてコードの機能を実質的に果たしているのではないか，と思料される。

Ⅲ. 責任免除規定の適用除外事由と注意義務ならびに忠実義務

1. 責任免除規定の具体的な適用除外事由と信認義務

　米国の信認義務の考察において，責任免除規定の適用除外事由との関連で注意義務と忠実義務の規範的側面の検討を進める。米国でも規範による規律づけが別の形で機能・発展したことを示し，忠実義務の概念と実際の扱いが鍵となる。従前は注意義務の概念を広くとり，重大な過失概念により緩やかな適用関係とし，反面忠実義務は狭くとり，厳格適用関係としたと理解されるが，忠実義務適用面でも規範的要素が窺え，拡張には適正な忠実性の概念を用いて歯止めをかけていると思料される[10]。

　責任免除規定の具体的な適用除外事由について，責任制限制度創設の契機はSmith v. Van Gorkom 事件（Trans Union 事件）判決であり[11]，デラウェア州最高裁判所は取締役が十分な情報を得た上での判断（an informed business judgment）をしなかったこと，合併承認手続きで株主の判断のために重要かつ十分な情報を開示しなかったと認定し，重過失（gross negligence）による信認義務違反とした。D&O 保険危機と共に取締役救済制度の喪失として就任拒否が起こり，社外取締役確保が困難となった[12]。インディアナ州，デラウェア州などは責任制限制度を導入し，各州の会社法改正競争に繋がっている。

　責任制限制度について，デラウェア法などは定款による減免として賠償責任額軽減（limit）または全額免責（eliminate）規定を置く方式が多い。適用除外は，①会社または株主への忠実義務（duty of loyalty）違反の責任，②善意（good faith）でないか意識的な違反行為（intentional misconduct）もしくは悪意の法違反（knowing violation of law）を伴う行為ないし不作為の責任，③違法配当，違法な株式買受などの責任，④取締役が不当な個人的利益を得た取引に関する責任の4つである。重過失（gross negligence）は除外事由に該当せず，責任制限の適用がある。デラウェア判例法では注意義務違反の責任を認定し，経営判断原則が適用されないのは重過失，重い違反のみで，通常過失

は責任を問わない（重過失基準）[13]。上記判決が重過失の賠償責任を認定したため，重過失違反の責任も制限することとした。しかしデラウェア法も重過失の明確な定義はなく，過失と変わりがない。過失責任には過失の程度を問わず責任制限が適用され，無謀あるいは故意の義務違反には責任制限の適用が除外される。デラウェア最高裁 Aronson v. Lewis 判決[14]において，経営判断の原則の適用がない場合を表す重過失の文言との統一的理解が困難となる。同判決の重過失の意味は理性的でなく取締役の裁量範囲を逸脱する場合であり，適用除外事由の②に該当する。その後も Aronson 判決を踏襲するものがみられるが，重過失基準によるとしつつ，通常過失により責任を認定した最高裁判例もある。

　責任制限の対象は取締役のみで執行役には適用されない[15]。金銭賠償のみに適用され，エクイティー（衡平法）上の救済たる差止命令（injunction），無効・取消処分（rescission）は制限されず，株主の取締役解任権も影響しない。対会社・株主責任であり対第三者責任には適用されない。経済的損失の会社・取締役間の配分は株主・会社が決定でき，制定法・自動執行型でない定款方式の意義が存在する。定款による免責，制定法による責任消滅の場合，除外事由に該当しない限り訴は却下される。適用除外事由非該当の証明責任はデラウェア判例は affirmative defense（積極的抗弁事項）として被告取締役に負わせる[16]。制限条項に基づく防御は訴訟が長引き，無益で濫訴誘発に繋がりかねないとの批判がある。

　責任制限制度の評価について，注意義務基準の実質的消滅が窺える。責任制限の定款規定を採用しない会社は社外取締役が確保できず監視機能を弱め，全面的免責を選択すれば違反抑止力を失いかねない[17]。理論的妥当性（rationale）として責任の公平性，注意義務基準の活性化と無益訴訟等の排除，D&O 保険の適正化が挙げられる。忠実義務違反の注意義務違反へのすり替えがなくなり，忠実義務違反への D&O 保険の不適用が徹底する[18]。注意義務基準の損害補償，違反抑止機能の低下はあるが期待すべきでない[19]。

2．忠実義務ならびに責任限定制度と監査等委員会
(1) 責任限定制度と我が国の監査等委員会制度の敷衍

　責任限定について改正会社法では，業務執行取締役等を除く取締役または監査役は社外取締役・監査役でないものも責任限定契約を締結できる（427条1項）[20]。業務執行取締役等を除く取締役に係る最低責任限度額の算定に際して職務執行の対価の財産上の利益の額に乗ずべき数は2とする（425条1項2号ロ・ハ）。社内取締役も非業務執行役員であれば責任限定の対象となり得るため，上記考察は規範形成において有用性を持つといえよう。

　監査等委員会制度を採用する場合，利益相反処理における非業務執行役員と株主の役割分担が考察され，非業務執行役員拡充の法制整備が提案されている。私見であるが，米国型経営機構と異なり，改正会社法における非業務執行取締役を中核とする監査等委員会制度導入の意義付けにも繋がる。非業務執行役員の義務は注意義務もさることながら，忠実義務に力点を置くことが想定でき，規範的要素の整合性などが検討される。本来的に内包する規範的要素に力点を置けば非業務執行役員の責任追及の場面が増えるが，金銭的損害賠償は狭めて解釈し，厳格な無過失責任とする。更に非業務執行役員の役割を重視した改革を進め役割分担のあり方を設計する場合，抽象的に過ぎることを忌避するため適正な忠実性（due loyalty）などの概念を用いることになろう。屋上屋を重ねることになり，抽象的文言によって限定が実効性を持ちうるかは疑問無しとしないが，判例などの蓄積を待つ必要があろう。

(2) 注意義務と忠実義務の境界の不分明

　会社法の忠実義務の理解において loyalty, care など道徳規範が用いられ，社会規範としての取り扱い，法ルールの積極的意味が意識されている。利害衝突の存在を忠実義務と注意義務の区別の標識とする見解もあるが[21]。忠実義務の充足と区別にも十分ではないことが判例法で示される[22]。忠実義務の概念は明確なはずのところ，柔軟な規範的要素を含むが，損害賠償に関しては狭くして解釈する。デラウェア州一般会社法102条（b）(7) の忠実義務の責任免除の例外として取締役責任を追及する場合，不当な行為などにより限定することで衡平法上の救済または限定された損害賠償を基礎づけ，他方裁判官は

損害賠償を離れて loyalty の規範意識により実務の改善に導くことが可能となる[23]。

(3) 忠実義務と支配権争奪および自主規律

2つの義務につき，取締役の利害対立が標識（Flag）とはなるが十分でなく，忠実義務は厳格性よりも開かれた規範的構造として不分明さを内包する。個人的利益の対立の回避のみでは忠実義務を果たすには十分でなく，監督・開示についても注意義務から容易に遮断されない。取締役の開示義務は信認義務の誠実義務を含む義務の結合から生じる。異質性の立場に親和するものとなろう。

私見であるが，今後の我が国において，行動規範としてスチュワードワードシップ・コード，コーポレート・ガバナンス・コードの果たすべき機能・役割とも整合するものといえる。スチュワードシップ・コード導入の局面では，機関投資家の受認者義務が特に意識され，予測可能性，確実性の点から規範意識と合わせて客観性，具体性の要求の充足が必要と考えられ，上記議論とも共通する面が多い。忠実義務は広く把握され，他の義務との衝突，不分明な領域も発現する。それが具体化された経営の実際局面において，機能的に忠実義務の適用を図るには一定の規範概念による柔軟な仲介項が必要となる。それが規範意識であり，裁判官も取締役の説得を試み，また取締役側の自己規律付け，コンプライアンスなどの事前予防効果の発揮に繋がる。多様性を内包する忠実義務であればこそ，2011年 Southern Peru 事件（デラウェア州衡平法裁判所）[24]など支配権争奪に関わる判例における株主間差別化の動向とも整合性ある機能を発揮でき[25]，規範意識がメルクマールたり得るものと思料する。

3．責任限定制度と我が国法制の比較考察
―執行役への適用，経営判断原則との異同―

米国の責任限定制度が我が国法制に与える示唆について考察したい。対会社責任に関する補償制度として[26]，各州法は取締役等の勝訴の場合の裁判費用を補償するが，敗訴時の費用・賠償金等は補償しない。D&O 保険の填補額は上限があり，責任認定判決が増加すれば保険料高騰などから救済制度の機能を

発揮できない。事前の責任制限制度の必要性があり，全州の会社法が注意義務違反の金銭賠償責任制限を認める。責任制限論は米国法律協会（American Law Institute：ALI）が学説を継承しモデル制度を完成させた。通常過失の責任は事実上消滅し，注意義務基準は実質的に廃止された。米国における責任制限制度は除外事由に該当する場合を除き取締役に金銭的賠償責任を全額負わせない一方，執行役に適用がなく責任の公平な負担，適切なリスクテイクを促す政策趣旨を反映していない。

　我が国の責任制限制度導入に関して実用面で疑問が残る。米国では重過失による責任も制限の適用対象となる。重過失概念は各州において過失，過失の領域を超えた不誠実な行為，意図的なあるいは無謀な義務違反など悪性の高い反公序の態様として，適用除外となる行為態様の中間とされる。このため適用除外事由が重要となる。米国法は，制定法の不備をコモンロー（原則，裁判準則），public policy（公的政策，公序）が充足し，判例により合理的結論が得られるが，事実認定により妥当でない結論を生じる可能性はある。

　また経営判断原則については判例上形成されたが，ALI，模範事業会社法（Model Business Corporation Act）により条文化も試みられる。責任制限制度同様，過失による注意義務違反の救済機能を有する。経営判断原則適用がない事由として，ALIは誠実でない場合，忠実義務（公正取引義務）違反，判断が理性的（rational）でない，裁量権を逸脱している場合とする。理性的でない，の用語は適用除外事由の義務の認識ある無視（無謀性），会社に対する義務の放棄と同じともみられるが，デラウェア法の重過失には責任制限適用はあるが経営判断原則適用はなく，経営判断原則の統一的理解の曖昧さが指摘される[27]。また経営判断原則は法令違反（コンプライアンス）には適用されない。責任制限は悪意でも，非難可能性の低い法違反であれば適用される点で経営判断原則と異なり，責任追及には経営判断原則よりも緩く働く。経営判断原則は事後的で判例準則のため適用にばらつきが生じやすく，監視義務違反に適用がないことが欠点となる[28][29]。ここに注意義務違反に関する事前の制度である責任制限制度の意義が存在する。

IV. 米国における取締役の信認義務―グッドフェイスと新2分説など―

1. 信認義務における注意義務と忠実義務の序列関係ならびに問題意識

　取締役の職務執行に際して，適切な動機・認識の意義をグッドフェイス（good faith）として考察する研究が進められ，信認義務の中の忠実義務（loyalty），注意義務，グロス・ネグリジェンス（重過失），権限濫用などの相互関係が検討される[30]。定款の責任制限規定をもってしても信認義務違反に基づく取締役の損害賠償責任を免除し得ないグッドフェイスを欠く行為の具体的意義について議論がなされる。

　忠実義務は利益相反禁止義務に限定されず，会社利益の積極的増進に専念すべきことを取締役に求め，積極的作為義務（自主開示の義務など）を含むことが学説，判例で確認されている。他方，注意義務は積極的利益増進の動機を持つ取締役が動機実現のために注意，技能を尽くし，慎重に行動すべき義務を意味する。忠実義務の充足後に注意義務が成立する序列関係が認められるが，両者は渾然として司法審査される場面が存在する。利益相反関係は経済上の利益相反に限定されないこと，個人的感情など金銭上の利害のない要因が動機となるときも忠実義務またはグッドフェイスの欠如に基づく忠実義務違反が問われる可能性があること，著しく拙劣な経営判断は取締役において会社の利益増進以外の動機の存在，自己の職責に対する無視・無関心の事実がグッドフェイスの欠如と評価され得ること，経営判断の質が司法審査の対象から除外されているといい切れないことも示される。

　私見であるが，これらは米国において，グッドフェイスという誠実義務を忠実義務の下位的要求とする近時の米国Disney事件判決[31]の検討も含め，信認義務の考察に大きな影響をもたらすものといえる。我が国においても，参考となるところであろう。主観的な規範領域を問題とし，注意義務と忠実義務の境界が不分明となり，忠実義務が柔軟性を有することで適用領域が拡大する反面，従前の注意義務のミステリー状態が本来厳格な忠実義務に及ぼす影響も検討が必要となる。他方，経営判断領域として経営陣の不可侵とされた戦略面の

判断にも司法判断が及び，取締役の責任が問われることが想定される。その場合の本来的な監視責任の担い手はどうなるか，両方の義務が渾然化する中で注意義務のミステリーの解消に向かう側面があるのではないかなど論点を抱えている。コードの趣旨，英国会社法の取締役の一般的義務規定などと整合性を持ったコーポレート・ガバナンスのコンバージェンス（収斂）の中で顕現化した論点といえよう。

忠実義務の問題点として[32]，①米国では総株主の利益の増進の観点から解して既存株主の利益を害する取引，株主間の差別的取扱いが忠実義務違反になり得ると解され，差止請求等の救済が認められること，我が国で会社損害を要件としない取締役に対する一般的違法行為差止請求を認めるべきとの議論に繋がること，②取締役が特に少数派株主に対して信認義務を負うとする根拠と内容の考察が行われていないこと[33]，③グッドフェイスの欠如の状況として監視義務懈怠があるが，判例・学説の整理が行われていないこと，法令遵守体制整備義務の検討が不十分なこと，④代表訴訟提起において，原告株主の事前の提訴請求の免除要件（demand futility）に関するデラウェア州判例[34]につき十分な考察がされないこと，⑤忠実義務に含まれる競業避止義務についての説明がないこと，⑥信認義務規範に関し契約論者の見解[35]が検討されることが指摘される。

２．取締役のグッドフェイスに関する考察

(1) 取締役のグッドフェイス

グッドフェイスは会社の正当な利益増進のためという認識・心理状態（state of mind）を取締役が有することで[36]，その欠如は認識を欠くこと，正当な利益増進のためではないと認識していることである。1996年デラウェア州衡平法裁判所で示されたものである[37]。忠実性の欠如とは相似性があり，忠実義務違反を経済的な利益相反に限定しない議論から，質的相違の意味合いが失われつつある[38]。

(2) 経営判断原則の保護が及ばない場合の公正性の立証とグッドフェイス

取締役の責任追及，違法行為の差止等を求める原告から経営判断原則の5類

型の該当事実のいずれかを欠く行為であるとの一応の（prima facie）証明がされれば経営判断原則の保護は及ばない⁽³⁹⁾。原告請求に一応の理由があるとして正式事実審理（trial）に入る。利害関係を有する，またはグッドフェイスの欠如の事実は忠実義務違反の根拠事由となり，注意義務違反を構成すると考えられるものに比べ重視される。被告取締役側から積極的抗弁（affirmative defense）による訴え却下の申立てが行われると，本案審理前に被告申立てを認容する判決⁽⁴⁰⁾が出される。経営判断原則の保護が及ばない場合，公正性の立証義務が取締役に課される⁽⁴¹⁾。完全な公正性（entire fairness）として要求水準は高い。グッドフェイス（good faith）遵守義務とは次元が異なり，峻別すべきものとなる。

(3) 忠実義務とグッドフェイス

　忠実義務と類似概念の同質性が問題となる。忠実義務違反の主張がされ，グッドフェイスの欠如，または利益相反の疑いが原告により一応立証され経営判断原則の保護が及ばない場合，注意義務違反同様に取締役は客観的または本質的公正性に関する厳しい挙証責任が課せられる。忠実義務違反行為の是正・救済として，取消し，取締役の報酬請求権の否定，取締役が得た財産にかかる擬制信託（constructive trust）の設定が挙げられる⁽⁴²⁾⁽⁴³⁾。

(4) 忠実義務違反行為の類型

　注意義務と忠実義務は性質上異なるが⁽⁴⁴⁾，境界は明瞭でなく，監視懈怠など同一行為が両方の義務違反に該当するとの判例もある⁽⁴⁵⁾。忠実義務違反の定義・基準はなく，会社に対する詐欺行為，バッドフェイスの行為，自己取引・利益相反取引，収賄行為などの例示的な判断基準があるに過ぎない。会社の最善の利益の実現という動機に基づかない行為が忠実義務違反行為となるところ，曖昧であり，会社利益の積極的または消極的侵害行為を忠実義務違反として認定する傾向がみられる⁽⁴⁶⁾。利益相反取引のほか，損害発生の懸念を知りつつ開示しなかった不作為も含まれる。私見であるが，この点は我が国法制度において消極的妥当性にかかる領域であり，米国判例法における Red Flag の機能する接点となり得る。忠実義務と法令遵守体制，即ち消極的妥当性の経

営判断であっても，経営判断原則が機能し得ない部分となり，健全性・コンプライアンスと同様に取り扱う境界線となろう。

　支配権争奪の介入につき，取締役の地位保全を主目的とする行為は忠実義務違反となる[47]。利益相反回避という狭義では把握されない[48]。敵対的買収防衛における取締役の対応は第1段階の忠実義務，第2段階の注意義務の2つを含む（ユノカル事件）[49]。私見であるが，米国法に関して，権限分配論に基づく知見であり，この場合は取締役における主観的な要件でなく，客観的な要因で判断していることになる。グッドフェイスの面からは問題なくても，忠実義務の点で取締役の責任を追求することとなるが，3分論に近接した論拠となろうか。Southern Peru 事件にしても同様の類推が及ぶことが考えられる。忠実義務は対象領域を広くして把握ができるが，なおグッドフェイスとは異なる存在ということになろう。

(5)　忠実義務違反に対する完全な公正性の立証責任

　忠実義務違反の主張に対し損害賠償責任を免れ，差止請求等を回避するためには取締役は完全な公正性を立証する必要がある[50]。独立取締役で構成される特別委員会から情報提供を受け承認が行われた事実を主張すれば，立証責任は原告に転換される[51]。私見であるが，この点からも今後の我が国法制において，非業務執行取締役に係る忠実義務に関しては，正しい経営判断を行うことが可能となる情報入手の確保，権限内容が規定されることが重要となる。差止請求権に関して，非業務執行取締役が担う差止請求権と忠実義務違反における外部株主などからの差止請求権の両面から検討することとなる。非業務執行取締役は業務執行を行わないが戦略面では参画するとみられ，忠実義務は経営判断の前提として位置付ける限り，非業務執行取締役も差止請求権の対象となり得よう。積極的な業務展開にかかる戦略策定の決定場面で止めることができなかった点に企業価値向上を図るべき非業務執行取締役の忠実義務違反を観念する。英国スチュワードシップ・コードに関わる近時の Mitsui Sumitomo Insurance Company (Europe) (2012) 事件，HBOS (Halifax Bank of Scotland) 事件[52]などは取締役の忠実義務違反として検討する余地もあろう。

3．取締役のグッドフェイスと信認義務3分説
(1) 運営のプロセス化と取締役の義務
　社外取締役が多数を占めると公開企業では忠実義務違反による損害賠償責任が認められる事例が減少した[53]。法令遵守・内部統制体制整備が進められ，2002年SOX法により内部統制監査・報告書作成がフォーム10-K提出会社に義務づけられた。客観的検証可能性から業務執行過程をプロセス・透明化する傾向が高まり，利害関係のない取締役が業務執行プロセスに従っていることで注意義務履行の客観的裏付けの事実となる。反面，プロセスとして具体化されないが取締役に期待されている行動は何かという疑念が残る[54]。グッドフェイスの議論はプロセス化された経営環境における義務規範，信認義務の統一的理解において有用となる[55]。私見であるが，今後の我が国法制において，忠実義務の規範化に関してはグッドフェイス概念が中核をなし，エンロン事件，サブプライム金融危機などの不祥事がモニタリング型機構を徹底しても防止できなかったという病巣を根治するものとなろう。鍵となるのは機関投資家・株主，経営陣双方における企業価値最大化に向けた規範の向上であり，米国ではコードが根付かないのであれば判例形成による規範化概念導入が実際となる。グッドフェイスにかかる議論が参考となるが，グッドフェイスのみでこと足りるのか，戦略的リスクマネジメント（ERM）の要素を充足させるための今後の検討が必要となろう。

(2) 不適切な経営判断に対する責任追及とグッドフェイス
　原告の責任追及において忠実義務違反，定款による責任減免の対象外ということが明白でない限り，実質的な責任減免の対象外行為としてグッドフェイスの欠如を主張する。請求原因の選択となる忠実義務違反（利益相反），注意義務違反（経営判断プロセスの過誤）以外にグッドフェイスが注視される所以となる。定款の免責もなく帰責性が高く，忠実義務違反との境界領域に位置する。グッドフェイスを欠く注意義務違反行為は，取締役が免責されず，保護の適用対象外である点から忠実義務違反に近接するが，利益相反がないという点では狭義の忠実義務違反とはいえない。免責されない点では注意義務違反ともいえない。独立義務として信認義務の第3類型とする見解が成り立ち得る。他

方，忠実義務の本来的意義は利益相反禁止よりも積極的利益増進にかかる取締役の動機の保持であるとすれば，グッドフェイスを欠く作為・不作為は忠実義務違反の範疇に観念される[56]。

(3) 信認義務 3 分説とグッドフェイス

1993 年デラウェア州最高裁判所判決は信認義務を忠実義務と注意義務，グッドフェイスの義務の一体（triad）としてとらえる[57]。他方 2001 年 2 月衡平法裁判所判決は伝統的信認義務 2 分論から忠実義務の一部と明示した[58]。アイゼンバーグは独立の義務として次の通り観念する[59]。①会社に法令違反行為をさせない，②自主開示，③恣意的手続を通じて機関決定を受けない，④金銭が絡まなくとも不正な動機を持たない，⑤自己の職責を事実上無視する態度をとらない義務である。　私見であるが，今後の我が国法制において，責任規範もさることながら行為規範としての機能に着目した点で名宛人こそ違えどスチュワードシップ・コードと共通性があり，健全性のみならず，効率性の是非の判断を含めることで経営判断領域に踏み込むという特色を有する考え方である。消極的妥当性か，企業価値最大化のための積極的妥当性も対象領域とするか検討が進められよう。我が国のコーポレート・ガバナンス・コード策定にかかる領域の対象となろう。これらの内容は我が国において忠実義務あるいはグッドフェイス義務の規範化概念としてコードあるいはガイドブックを実際に策定する場合の参考となる。グッドフェイスはコーポレート・ガバナンスの観点でいえば，妥当性ないし効率性の面で積極的妥当性，消極的妥当性の分水嶺となるといえよう。

(4) 新 2 分論とグッドフェイス

信認義務 3 分説と 2 分論の議論は 2006 年デラウェア州最高裁判所が新 2 分論の立場をとり[60]，一応の収束をみた。グッドフェイスは忠実性の副次的要件に過ぎないとして 3 分説を否定する見解は，伝統的 2 分論と異なり，忠実義務ないし忠実性を広義に解し（新 2 分論），会社の最善の利益を増進する積極的な行動を求める義務として構成され，会社の利益を侵害してはならないという要請が内包される[61]。グッドフェイスの機能は，グッドフェイスを欠く作

為・不作為について定款の免責を認めないデラウェア州会社法102条（b）(7)が各州法で設けられ，経営の不手際のある取締役の責任追及として原告株主が利用せんとすることにある[62]。信認義務3分説，新2分論とも，業務執行面のグッドフェイスの意義を会社利益実現に貢献すると認識する点で大きな相違はない。新2分論は，忠実義務を利益相反禁止のみならず，広義の義務として把握する[63]。

　私見であるが，我が国において従前は上場・公開企業における社外取締役の数が少なかったところ，近時徐々に増加しつつあり，社外取締役を含めた取締役全体の義務を考察する場合，不作為のみならず，上場・公開企業の実際としても倫理・規範的観点からの義務概念を導入する必要性が高まりつつある。スチュワードシップ・コードが企業価値最大化の観点から機関投資家が採用すれば，経営者にも同様の規律づけが以前にも増して必要となる。コーポレート・ガバナンス・コードレベルの策定と共に[64]，米国型の法制度を基礎とする我が国とすれば，法規範・裁判規範の面でも平仄を合わせた検討が必要となろう。コードが事後的裁判規範として機能するかどうか，判例形成を待つのか，その間の規律づけとエンフォースメントなど整理すべき課題は多い。

4．Red Flag とグッドフェイス義務の接点

　私見であるが，今後我が国において，行為規範（code of conduct）としてコーポレート・ガバナンス・コードを策定する場合，行為規範と責任規範の境界をいかに認識するか，米国判例法上のRed Flag（危険な徴候）が示された場合に関する経営陣の責任が考察されるが[65]，さらに故意または未必の故意を持ち無視する場合に両説のいかなる立場に立つにせよ，信認義務違反を生じる可能性があることになる。Red Flag とグッドフェイス義務の接点といえる。Red Flag は消極的妥当性の局面においてコンプライアンスとの境界線を形成し，経営判断原則の適用を受けない場面が想定される。グッドフェイスの義務の場合，積極的妥当性をも対象領域とする規範概念であるため両者は完全に重複するものでなく，重なる領域が存在する。Red Flag は，積極的妥当性，消極的妥当性のうち，消極的妥当性において機能しうるものでコンプライアンスとの接点となる。経営陣が Red Flag を看過する場合，コンプライアンス違反

に近似し，経営判断原則は適用されない。取締役の責任追求において，範囲が狭められ，明確さを伴うものといえる。この点が責任追及側としては利点となろう。

　他方，グッドフェイスの義務は作為・不作為も含むが，欠如した場合，直ちに信認義務違反とならず，忠実義務・注意義務違反の責任追及の前提要件となる。Red Flag も Red Flag 違反義務は観念されず，この点で同一であるが，グッドフェイスの義務は概念自体が広範であり，これ自体行為規範となる。従ってコーポレート・ガバナンス・コード策定の対象の1つとなる。責任追及のため経営判断原則適用を排除するには，別途故意要件などが必要となる。これにより法規範性を備えることになる。責任追及の方策たり得る点では同一であるが，Red Flag との相違点は規範として，元来内心面の主観的，抽象的な概念という点である。他方 Red Flag 自体は具体的な徴候として把握され，客観的要素が強い。Red Flag は主観的要素を補完することで容易に裁判規範たり得るが，グッドフェイスの義務は単独では信認義務違反に結びつくとはいい難い。会社利益の向上という積極面を存在根拠とする点で Red Flag と相違がある。両者の関係は重複し近接もするが，独自の作用領域を有する。グッドフェイスの義務は今後の判例形成など絞り込みが求められよう。

【注】
（1）野田博「コーポレート・ガバナンスにおける法と社会規範についての一考察」COESOFTLAW（2004年9月）1-20頁参照。
（2）拙稿・前掲「忠実義務と非業務執行取締役の考察―米国の忠実義務の規範化概念と英国会社法の一般的義務，英国スチュワードシップ・コードと Approved Persons 制度等の接点―」参照。
（3）メルビン・A・アイゼンハーグ（川口恭弘訳）「アメリカにおける会社法制の改革」民商130巻3号（2004）389頁以下。
（4）See Karolina Eriksson, Corporate Governance in the European Union: Post-Enron, 15 Bond L. Rev. 158, 168（2003）.
（5）大杉謙一「アメリカのコーポレート・ガヴァナンス論・再論（下　その一）―および『日本的経営』の法と経済学―」都法44巻2号（2004年）145頁，192頁。Melvin A. Eisenberg, Corporate Law and Social Norms, 99 Colum. L. Rev. 1253（1999）．伊藤靖史「会社法における社会規範の役割」〔2001-1〕アメリカ法（日米法学会）179-184頁。
（6）仮屋広郷「取締役の注意義務と経営判断原則―人間観と法の役割―」一橋法学3巻2号（2004年）107, 122頁以下。Winiam T Allen, The Corporate Director's Fiduciary Duty of Care and the Business Judgment Rule under U.S. Corporate Law, in Comparative Corporate Governance: The State of the Art and Emerging Research 307, 330.（Hopt et al. eds. 1998）

（7）野田博「法規範と社会規範の相互作用についての一考察—取締役の信認義務との関係を中心として—」ソフトロー理論研究会（東京大学）（2004 年 9 月 24 日）参照。
（8）Edward B. Rock & Michael L. Wachter, Island of Conscious Power:Law, Norms, and the Self-Governing Corporation. 149 U. Penn. L. Rev. 1619. 1676（2001）.
（9）Johnson, Lyman, After Enron: Remembering Loyalty Discourse in Corporate Law. Delaware Journal of Corporate Law, Vol. 28, No. 1, pp. 27-73, 2003.
（10）上田谷恒久「取締役の対会社責任の制限」筑波大学学位論文（2004 年）1-294 頁参照。
（11）Smith v. Van Gorkom 488 A.2d 858（Del. 1985）.
（12）Note（by Craig W. Hammond）: Limiting Directors' Duty Of Care Liability: An Analysis Of Delaware's Charter Amendment Approach, 20 U. Mich. J.L.Ref. 543, 546（1987）.
（13）E. Norman Veasey and William E. Manning, Codified Standard-Safe Harbor or Uncharted Reef? An Analysis of the Model Act Standard of Care Compared with Delaware Law, 35 Bus. Law. 919, 928（1980）.
（14）Aronson v. Lewis 473 A 2d 805（Del 1984）.
（15）Arnold v. Society For Sav. Bancorp., 650 A.2d 1270, 1288（Del. 1994）.
（16）Rothenberg v. Santa Fe Pacific Corp, 18 Del. J. Corp. L. 743, 751-53（Del. Ch. 1993）. William T.Allen, Jack B. Jacobs and Leo E. Strine, Jr., Realigning the Standard of Review of Director Due Care with Delaware Public Policy: A Critique of Van Gorkom and Its Progeny As A Standard of Review Problem, 96 Nw. U. L. Rev. 449, 452 n13（2002）.
（17）上田谷恒久・前掲注（20）80 頁以下。R. Franklin Balotti and Mark J. Gentile, Commentary From the Bar: Elimination or Limitation of Director Liability for Delaware Corporations, 12 Del. J. Corp. 5, 13（1987）．取締役会の代表訴訟却下権限が行使されない場合，事前に取締役を注意義務違反の責任から保護できる。
（18）Frank H. Easterbrook, Managers' Discretion And Investors' Welfare: Theories And Evidence. 9 Del. J. Corp. L. 540（1985）．市場の力による規律説の立場からデラウェア法が支持され，株主利益の寄与の観点からエージェンシー・コストを測り，新制度が圧倒的に低いとする。
（19）ALI Principles§7.19 Reporter's Note 5, Vol. 2, at 258-59.
（20）武井一浩「日本経済活性化に向けた企業法政改革—平成 26 年会社法改正を踏まえた今後の論点—」『日本経済の活性化に向けたコーポレート・ガバナンス』東京大学第 46 回比較法政シンポジウム（2014 年 2 月）。日本版訴訟委員会制度の整備として，非業務執行役員が 60 日間で訴えなければ自動的に 1 人の株主でも提訴できるものとする。
（21）Rodman Ward, Ir. et. al., Folk on the Delaware Corporation Law§141.2. at GCL IV-20（4th ed., 2000-2 Supp.
（22）See Inre Santa Fe Pac.Corp. S'holders Litig., 669A. 2d 59. 67（Del. 1995）, State of Wis. Inv. Bd., 2000 Del. Ch. LEXIS 170.
（23）注意義務を手続面で慎重に（with care）行動すべきものとし，忠実義務を広く把握しても損害賠償で狭く解釈すれば結局忠実義務を狭く理解することになる。現実性付与のための適正な忠実性（due loyalty）による限定の主張に辿り着く。忠実義務違反の不当行為を具体性付与により認める可能性を示している。野田博・前掲注（17）15 頁以下。
（24）In re Southern Peru Copper Corp. Shareholder Derivative Litigation, C.A. No. 961-CS（Del. Ch. Oct. 14, 2011）.
（25）拙稿「米国金融規制改革法など国際金融法制における新たなリスク・ガバナンス—規制強化とコンバージェンスならびに忠実義務などを通じた株主間差別化に向けて—」政経研究第 49 巻第 3 号（2013 年 1 月）。忠実義務の域外適用，信認義務・忠実義務と経済政策の衝突に関して，拙稿「国

際取引における域外適用ルール統一化ならびに秩序形成に向けて」日本法学第79巻第1号（2013年6月）25-26頁，34-35頁。
(26) 近藤光男『会社経営者の過失』弘文堂（1989年）37頁以下，竹内昭夫「取締役の責任と保険」『会社法の理論Ⅱ』有斐閣（1984年）77頁。
(27) 上田谷恒久・前掲注（20）115-118頁。
(28) 近藤光男「取締役の責任とその救済（二）」法協99巻7号（1982年）1060頁以下。
(29) ALIの責任制限は経営判断原則の免責と異なり，全額賠償を消滅させることはない。
(30) 酒井太郎「米国会社法学における取締役の信認義務規範（1）」「米国会社法学における取締役の信認義務規範（2・完）」一橋法学第11巻第3号（2012年）49-166頁，第12巻第1号（2013年）89-230頁参照。
(31) 日米のフィデューシャリー義務の比較検討につき，正木義久・野崎竜一「日米のフィデューシャリー義務の変容と比較」商事法務1804号（2007年7月）30-41頁参照。
(32) 酒井太郎・前掲注（40）（2012年）52-53頁。
(33) 太田洋・矢野正紘「対抗的買収提案への対応に際しての取締役の行動準則〔上〕〔中〕〔下〕―わが国でレブロン「義務」は認められるか―」商事1884号（2009年）15頁・1885号（2009年）38頁・1889号（2010年）。
(34) 近藤光男・志谷匡史編『新・アメリカ商事判例研究』〔伊勢田道仁〕商事法務（2007年）22頁。
(35) Aronson v. Lewis, 473 A.2d 805 (Del. 1984); Rales v. Blasband, 634 A.2d 927 (Del. 1993). 片山信弘「取締役の忠実義務―仮定的契約としての会社法観を契機として」岡山商科大学法学論叢11号（2003年）22頁。
(36) William T. Allen, Reinier Kraakman & Guhan Subramanian, COMMENTARIES AND CASES ON THE LAW OF BUSINESS ORGANIZATION 256 (2nd ed., Aspen Publishers 2007); Knepper & Bailey, supra note 34, §2.08, at 2-29; 40 West 67th St. Corp. v. Pullman, 100 N.Y.2d 147, 156 (N.Y. 2003).
(37) Gagliardi v. TriFoods International Inc., 683 A.2d 1049 (Del. Ch. 1996).
(38) 酒井太郎・前掲注（40）（2012年）98頁・注（189）。
(39) Citron v. Fairchild Camera & Instrument Corp., 569 A.2d 53, 64 (Del. 1989); Moore Corp. v. Wallace Computer Services, Inc., 907 F. Supp. 1545,1554 (D. Del. 1995), citing Unitrin, Inc. v. American General Corp., 651 A.2d 1361, 1374 (Del. 1995).
(40) 略式判決（summary judgment），指示評決（directed verdict）としての書証に基づく終局判決である。
(41) Koos v. Central Ohio Cellular, 641 N.E.2d 265, 273 (Ohio Ct. App. 1994), citing Granada Investments, Inc. v. DWG Corp., 823 F. Supp. 448, 456 (N.D. Ohio 1993); Grobow v. Perot, 539 A.2d 180, 187 (Del. 1988); Unitrin, Inc. v. American General Corp., 651 A.2d 1361, 1371 n. 7 (Del. 1995).
(42) See Levin v. Levin, 405 A.2d 770, 777 (Md. Ct. Spec. App. 1979); Anderson v. Bellino, 658 N.W.2d 645, 658-59 (Neb. 2003).
(43) 信託型契約の観点からの参照すべき文献として，長谷川貞之教授・弁護士「信認関係と忠実義務―信認型契約の創設を構想する立場からの提言―」円谷峻編『社会の変容と民法典』成文堂（2010年）310-328頁。
(44) In re Lukens, Inc. Shareholders Litigation, 757 A.2d 720, 731-32 (Del. Ch. 1999).
(45) See Mills Acquisition Co. v. MacMillan, Inc., 559 A.2d 1261, 1284 n. 32 (Del. 1989).
(46) Solash v. Telex Corp., C.A. Nos. 9518, 9528 & 9525, 1988 Del. Ch. LEXIS 7, at 20-21 (Del. Ch.Jan. 19, 1988).

(47) See, Heineman v. Datapoint Corp., C.A. No. 7956, 1990 Del. Ch. LEXIS 162 (Del.Ch. Oct. 9, 1990).
(48) Blasius Industries, Inc. v. Atlas Corp., 564 A.2d 651 (Del. Ch. 1988). Williams v. Geier, 671 A.2d 1368, 1376 (Del. 1996)。Blasius 基準は厳格に過ぎ，適用はまれであるとする。
(49) Unocal Corp. v. Mesa Petroleum Co., 493 A.2d 946 (Del. 1995).
(50) Weinberger v. UOP, Inc., 457 A.2d 701, 710 (Del. 1983) ; Cinerama, Inc. v. Technicolor, Inc., 663 A.2d 1156, 1163 (Del. 1995).
(51) Gottlieb v. Heyden Chemical Corp., 91 A.2d 57, 58 (Del. 1952) ; Weiss v. Kay Jewelry Stores, Inc., 470 F.2d 1259, 1271-72 (D.C. Cir. 1972) ; Kahn v. Tremont Corp., 694 A.2d 422, 428 (Del. 1997).
(52) FSA issues ban and fine of £500,000 against former HBOS executive, Peter Cummings, FSA/PN/087/2012, 12 Sep. 2012.（拡大戦略における不十分なリスクコントロール事案）
(53) 武井一浩「米国型取締役会の実態と日本への導入上の問題（Ⅰ）（Ⅱ）（Ⅲ）（Ⅳ）（Ⅴ）」商事法務 1505・1506・1508・1509・1511 号（1998 年）。
(54) 太田洋・佐藤丈文「米企業改革法と NYSE・NASDAQ 新規則案の概要（上）（中）（下）」商事法務 1639 号（2002 年）19 頁・1640 号 37 頁・1641 号 88 頁，酒井太郎「法令遵守体制の整備とコーポレート・ガバナンス（下）―ニューヨーク証券取引所新上場基準―」監査 464 号（2002 年）13 頁。
(55) 酒井太郎・前掲注（40）（2013 年）92 頁。
(56) Citron v. Fairchild Camera & Instrument Corp., C. A. No. 6085, 1988 Del. Ch. LEXIS 67 (Del. Ch., May 19, 1988).
(57) Cede & Co. v. Technicolor, Inc., 634 A.2d 345, 361 (Del. 1993).
(58) Emerald Partners v. Berlin, C. A. No. 9700, 2001 Del. Ch. LEXIS 20 (Del. Ch. Feb. 7, 2001).
(59) Melvin A. Eisenberg, The Duty of Good Faith in Corporate Law, 31 DEL. J. CORP. L.1, 5-6 (2006).
(60) Stone v. Ritter, 911 A.2d 362 (Del. 2006).
(61) Leo E. Strine Jr., Lawrence A. Hamermesh, R. Franklin Balotti & Jeffrey M. Gorris, Loyalty's Core Demand: The Defining Role of Good Faith in Corporation Law, 98 GEO. L. J. 629 (2010).
(62) 酒井太郎・前掲注（40）（2013 年）207-213 頁。
(63) 片山信弘「デラウェア会社法における取締役の忠実義務」阪学 37 巻 2 号（2011 年）149-179 頁，同「アメリカ会社法における取締役の誠実義務」阪学 33 巻 1・2 号（2007 年）79 頁。Strine et al., Loyalty's Core Demand: The Defining Role of Good Faith in Corporate Law, 98 Geo. L. J. (2010).
(64) 金融庁・第 1 回「コーポレート・ガバナンス・コードの策定に関する有識者会議」資料（2014 年 8 月 7 日）。自民党・日本経済再生本部「日本再生ビジョン」（2014 年 5 月 23 日）にも「会社法上の規定のない執行役員の地位およびその忠実義務の明確化」，「取締役には経験や独立性，知識といった観点からのバランスを求め」ている。
(65) 米国の Red Flag に関する論考として，南健悟「企業不祥事と取締役の民事責任（五・完）―法令遵守体制構築義務を中心に―」北大法学論集第 62 巻第 4 号（2011 年）747-811 頁。

第22章
日本版スチュワードシップ・コードの新たな実践と機関投資家，議決権行使の影響

Ⅰ．日本版スチュワードシップ・コードと機関投資家

　日本版スチュワードシップ・コード導入と機関投資家に与える影響について，近時の動向を見ておきたい[1]。

1．日本版コード導入が機関投資家活動に与える実務面の影響
　アセットマネジャー，公的年金等のアセットオーナーにおいては2009年公表の金融庁「我が国金融・資本市場の国際化に関するスタディグループ報告」に基づき議決権行使方針，行使結果の開示を既に行っているところもあるが，日本版コード採用により方針に大きな変化はないと想定される。即ち，日本版コードは議決権行使の反対票を増加させることが目的ではなく，企業の持続的成長を促すために機関投資家が積極的に行動することを目指すものであり，公表されている機関投資家の議決権行使方針・基準は，各投資家の投資方針に基づき投資先企業の価値を毀損することなく成長に繋げる目的に従って策定されているため，日本版コード採用を契機に変更される類のものではない。従って，日本版コードに関連した機関投資家の対応は，実務を文書化し透明性を高めるために明確化せんとするもので新たな実務を模索するものではない。
　しかしながら日本版コード導入が機関投資家活動に与える実務面の影響も考えられる[2]。①将来的に日本版コード導入により，機関投資家の活動が積極的になる可能性がある。この場合，積極的株主とはアクティビストでなくアクティブな株主，即ち中長期投資を前提に積極的にエンゲージメント等のスチュ

ワードシップ活動を行う機関投資家のことで，日本版コードの責任ある投資家に通じる存在である。機関投資家の方針が開示され，他の投資家と比較して補完などの対応がが可能となってくれば全体的な対応水準が高まることも期待できよう。②機関投資家の議決権行使の判断基準に対しては，会社法改正，社外取締役採用増加など会社制度変更，経営実務の進展による影響も大きく，監査役設置会社における任意の社外取締役について独立性は重視しなかった投資家も将来的には独立性について厳しく判断するようになる可能性がある。

2．機関投資家のスチュワードシップ活動に関する透明性向上

　日本版コードを採用する機関投資家は各原則に対応する考え方，対応状況を説明し，スチュワードシップ責任を果たすための方針（原則1），利益相反を管理するための方針（原則2），エンゲージメントに関する方針（原則4），議決権行使に関する方針（原則5）などの策定・公表が求められる。方針には従来は機関投資家内部，顧客・受益者等においてのみ共有され一般公表していないものもあり，情報開示によってアセットマネジャーを採用するアセットオーナー，受益者，投資先企業において機関投資家の行動指針が明らかになれば有用と考えられる。

3．スチュワードシップ活動の一環としてのエンゲージメント強化

　日本版コードを採用する機関投資家は，将来的にスチュワードシップ活動を進展させ，上場会社のエンゲージメントを強化させることが予想されるため，上場会社側もアクティブな機関投資家に対応すべく社内体制を整備することが期待される。具体的には，株主総会における議決権行使関連の質問，通年でも環境・社会，コーポレート・ガバナンス等のESG（環境，社会，ガバナンス）問題など非財務問題に関する質問が増加する可能性があるため，財務情報を中心とするIR体制に加え，かかる問題に関する体制整備・準備を行うことが望まれる。場合によってはIR部門や財務部門，更には総務部門，経営企画部門等も含め組織横断的な関与も必要となろう。

II．機関投資家によるスチュワードシップ活動と議決権行使

1．招集通知の早期発送

　上場会社は，事前に議決権行使の動向を把握し，緊急的対応も行えるように早期の招集通知発送が望まれ，機関投資家および外国人投資家の持株比率が高い会社では会社提案が否決されるリスクを低減させる観点からもこうした対応が求められる[3]。議案内容について機関投資家が疑問を持つ場合，反対の意思表示を行使することを検討している場合，追加説明を行って時間的余裕を与え，再検討，議案撤回を促すことが考えられる。外国人比率の高い会社では議決権行使助言会社の推奨を受けて始めて投資先企業側が追加説明を行うことを検討する場合もあるが，海外投資家に対する説明・周知には相当程度の時間が必要となる。

2．招集通知および参考書類における機関投資家が必要とする情報提供

　招集通知および参考書類は会社法上に基づく書面であり，記載事項は定められているが，機関投資家の議決権行使においては招集通知の記載情報のみでは不十分な場合，情報の掲載場所により的確に情報を分析できない場合が出てくる。議決権行使には時間的制約があり，必要情報を適切に提供できれば機関投資家が実質的判断を行う時間的余裕が生じる。また招集通知の説明，記載内容が不明確な場合には，機関投資家が投資先企業に議案に関する質問を行う場合があるが，多数の投資先企業を抱えて議決権行使を行う機関投資家，株主総会を控える上場会社のいずれにとっても負担が大きい。役員選任議案，特に社外役員関連に関しては，機関投資家様々な観点から判断を行うことになるが，必要情報は招集通知等に記載されているものの，記載場所が種々工夫されれば判断も容易となろう[4]。

3．非財務情報など情報管理の徹底

　機関投資家によるスチュワードシップ活動が活発化し，財務問題に加えて

ESGなど非財務問題について(5), 上場会社経営における様々な論点の対話が行われる可能性がある。環境・社会問題（人権，労働者保護など）について，上場会社においては海外取引先，下請会社を含めたグローバル・サプライ・チェーンの対応が求められ，コーポレート・ガバナンスに関しては役員に関する情報（報酬，実効性，独立性等）など，会社の経営の質に関した問題を重視する機関投資家が多い。経営参画により企業価値向上を目指す機関投資家は除き，大多数の機関投資家は売買に制約があるため，未公表の重要情報取得には躊躇する傾向があり，会社側も投資家とのエンゲージメントにおいては重要情報に該当する事項につき，十分な注意が求められる。

4. 自社の株主に対する評価としての日本版コード

① 上場会社においては，自社株主を評価する手段として，日本版コード署名の有無が有効となる。日本版スチュワードシップ・コードは企業の持続的成長を目指すもので，敵対的機関投資家としてアクティビストに対する過度な懸念も出され，日本版コード導入によって一般機関投資家がアクティビストのような会社にとり悩ましい株主になることを心配する意見もあるが，逆にアクティビストの多くは世界的にみてもスチュワードシップ・コードのような機関投資家に対する規範には署名しておらず，長期投資を前提とするメインストリームの機関投資家は早期段階からコードを採用していることが多く，情報が公表され透明性も高い。

② 議決権行使の厳格化の懸念も出されるが，機関投資家がスチュワードシップ・コード採用を契機にして厳格基準を設け反対票比率を増加させる動きはみられない。特に我が国の機関投資家は外部委託せずに内部リソースを活用して議決権行使を行うため，形式的・機械的判断に陥ることはなく，丁寧な判断を行っている。今後は機関投資家側は現状の実務について文書化・公表を図ることが想定される。

③ 寧ろ上場会社において重要な問題は，日本版コード導入によりコンプライ・オア・エクスプレインのアプローチが導入され，上場会社のコーポレートガバナンスに対する取組み姿勢，説明のあり方に影響が出てくることが考えられる。あるべき望ましい実務慣行としてのベストプラクティスを示しつつ，当

事者の実態に応じ実施できる範囲で対応すればよく，実施できない場合に理由を説明すればよいとの対応は，異なる企業文化を相互に許容し上場会社として求められるガバナンス体制構築を図る上では有効な手法となろう。

【注】
（1）スチュワードシップ・コード，英国の取締役の一般的義務などに関して，前掲・拙著『国際経営法の新展開―会社法改正ならびに金融法とコーポレート・ガバナンス，スチュワードシップ・コードの接点―』。
（2）上田亮子「スチュワードシップ・コードが株主総会に与える影響―機関投資家対策―」資料版商事法務 No. 361（2014 年 4 月）6-13 頁参照。油布志行「ディスクロージャー・企業会計等をめぐる動向」（2014 年）商事法務 2021 号 56 頁。
（3）招集通知の平均発送日程は総会開催日の 19.2 日前（日本投資環境研究所調査），2013 年 6 月総会では 21 日前発送が 14.7％と最も多い（資料版商事法務 2014 年 3 月号「招集通知発送日早期化状況調査」）。2010 年以降証券取引所のホームページで株主総会招集通知および添付書類等が公表され，機関投資家の議決権行使業務においては格段に早期に議案情報が取得できるようになっている。上田亮子「2013 年株主総会の総括」資本市場リサーチ 28 号（2013 年）155 頁。
（4）①現任役員について，事業報告の役員の状況に記載される情報，参考書類の役員選任議案の候補者経歴表にフォントによる注記形式で記載される情報などがあり，投資家は複数の情報に基づき議決権行使の判断を行うため，以下の情報が役員選任議案の役員候補者の経歴と同じ場所に記載されていれば整理され分かり易い情報となる。例として，法定外の情報を含め役員候補者の氏名，読み仮名，性別，独立役員候補者については会社との利害関係，取締役会等の出席状況，東証独立役員として届出の有無等の情報である。②社外役員について，取引関係等により独立性に疑義がある候補者の場合も東証独立役員として登録された候補者は客観性があると判断する機関投資家がいる。この場合，独立役員の基準を満たします，という表現に止まる場合は届出の有無について不明なため，機関投資家側は独立役員であると判断できない。届け出ている，届け出る予定，など届出の有無について明記することが望まれる。
（5）ESG 問題に関して，経済産業省「企業における非財務情報の開示のあり方に関する調査研究報告書（概要版）」（2012 年 3 月）財団法人企業活力研究所。www.meti.go.jp/meti_lib/report/2014fy/E003728.pdf。

第23章

英国における金融監督・規制ならびにバーゼル規制の方向性

I. 英国における金融監督・規制ならびにバーゼル規制の方向性とコーポレート・ガバナンス・アレンジメント,国際的相互作用 —Senior Management Regime の接点—

　以下では,バーゼル銀行監督委員会の国際金融監督・規制,英国金融監督体制の近時の変化という大枠の中で,英国FRCのコーポレート・ガバナンス・アレンジメント,国際的相互作用コーポレート・ガバナンスのフレームワークとソフトローミックスなどをSenior Management Regime も絡めて,広い視野から俯瞰しておきたい。

　コーポレート・ガバナンス・コード,スチュワードシップ・コードを担う英国FRC（Financial Reporting Council 財務報告評議会）が抱える近年の新たな事項（recent findings）と 2015 年・2016 年の優先的課題（priorities），国際的相互作用（international interaction）を掲げておきたい（Financial Reporting Council FRC（財務報告評議会）Chief Executive Officer（CEO），Executive Director 講演参照）[1]。

1. 英国のコーポレート・ガバナンスの全体の規制枠組みと近時の特徴

　英国のコーポレート・ガバナンスの規制枠組み（The UK regulatory framework for corporate governance）を整理すると,①会社法・証券法制（政府）（Company and Securities Law（Government））は,取締役の義務（Directors' duties），株主の権利（投票,差替えの権利など）（Shareholder rights（e.g. voting, pre-emption rights），報告の要求（取締役の報酬など）Reporting requirements（e.g. Directors' remuneration）を規定する。②上場規則と投資家に対する規則（FCA）（Listing Rules and equivalent rules for investors（FCA））は，コードがいかに適用されたかに関する報告の要求を含め，投票と報告の要求を定める（Set voting and reporting requirements, include requirements to report on how the Codes are applied）。③Comply or Explain に関するコード（FRC）（'Comply or Explain' Codes（FRC））は，上場企業向けの英国コーポレート・ガバナンス・コード（The UK Corporate Governance Code（for listed companies）），ファンドマネジャーとファンドオーナーに向けた英国スチュワードシップ・コード（The UK Stewardship Code（for fund managers and owners））を担っている。

　FCA は，市場のプラクティスと上場規則を扱い，コーポレート・ガバナンス規制はソフトローとのミックスとなっている（combination of soft law）。私見であるが，Senior Management Regime は FCA と PRA が担い，ソフトローといっても FCA はハードローの色彩が強い部分を担う。コーポレート・ガバナンス・コード，スチュワードシップ・コードは FRC が扱い，こちらは伝統的なコーポレート・ガバナンス改革の延長線に位置付けられる。英国のガバナンス改革の担当機構をみても，Senior Management Regime は強制力を強めてきていることが首肯される。

　また銀行に対するコードの適用は，業務の複雑さもあって同一ではないと考えられる[(2)]。英国では銀行内のリテールバンキングを分離する（Retail Fencing Bank）政策を採りつつある。銀行取締役の責任について，公益性の観点などから厳格に考える見方も多いこととパラレルとなろう。Senior Management Regime も銀行を念頭に設計が進められ，許容される推定規定，刑事罰など個人責任追及を強めていることに一定の合理性ももたらす所以となろうか。

2．英国コードの近時の特徴点―取締役会評価と報酬制度の視点から―

　FRC の Stephen Haddrill CEO の説明によれば，英国コーポレート・ガバナンス・コードについて，①2010 年版コードは，2006 年と 2008 年のコード

に倣って，統合コード（The Combined Code）が英国コーポレート・ガバナンス・コードに名称を変え，FTSE 上場350社の取締役の毎年の選任についても含むものとなった。②2012年版コードでは，FTSE 上場350社は少なくとも3年毎に外部監査人との契約を退出することが求められる。監査委員会に関するより詳細な報告が要球される。取締役会の多様性に関して企業の方針の進捗状況（progress with their policies on boardroom diversity）を説明し，報告することが求められている。③2014年9月改訂版では，コーポレート・ガバナンスに関するより長期的視点からのアプローチ（a longer term approach）が図られる。1つには，リスクマネジメントと継続企業の前提（going concern）があり，企業は会計・決算の目的で継続企業の前提に関する決定を行う場合（making their going concern judgement for accounting purposes），少なくとも1年先を視野に入れる必要がある。2つには，より長期的な実現可能性に関する声明（New longer term viability statement）があり，企業は現状のポジション，主要なリスクを考慮に入れ，長期的な実現可能性に関する声明を発する。その声明に係る時期的な該当範囲，適切と考える理由を特定する。3つには，報酬に関する報告の変化がある。即ち，報酬と事業の継続的成功とのリンク付けを促進すること（promoting link between remuneration and sustained success of the business）が求められる。

　2014年9月版コードをみると，18原則（Principles）については企業はいかに適用しているかを説明する義務がある。55条項（Provisions）については企業は遵守することが要求され，そうでない場合は説明義務がある。付加的ガイダンスが監査委員回，リスクマネジメント等に関して出されている。Comply or Explain に関しては，EC 委員会（The European Commission）がコーポレート・ガバナンスの質的側面に関する勧告（a Recommendation on the quality of corporate governance）を2014年4月に発出しているが，Comply or Explain 原則に基づくものである。

　コードの主要原則は，SectionA：Leadership（リーダーシップ），SectionB：Eeffectiveness（効率性），SectionC：Accountability（説明責任），SectionD：Remuneration（報酬），SectionE：Relations with Shareholders（株主との関係作り）となっている。このうち，取締役会評価と報酬制度の視

点から，SectionB：Eeffectiveness では，取締役会が取締役会自身，取締役会の内部委員会，個々の取締役に関して正式かつ厳格な毎年の評価（a formal and rigorous annual evaluation）を行うことが規定されている。

SectionA：Leadership では，各企業は長期的成功に向け集合的に責任を担う効率的な取締役会を形成することが求められる。監督と執行は明確な分離が必要であり，取締役は誰も自由な意思決定の権限（unfettered powers of decision）を有していない。取締役会議長の役割がリーダーシップ，効率性の強化の点で重要となる。非業務執行取締役（NED）は取締役会の大部分を占め，戦略面の提案を建設的に促し，進める手助けをしなくてはならない（should constructively challenge and help develop proposals on strategy）。

SectionD：Remuneration では，業務執行取締役の報酬は企業の長期的成功を増進するべく設計されなくてはならない。業績に関連した要素については，透明性を有し，柔軟性があり，厳格に適用されたものでなくてはならない（should be transparent, stretching and rigorously applied）。業務執行取締役の報酬に関する方針を進める場合，あるいは個々の取締役の報酬パッケージを固定する場合（for fixing the remuneration packages of individual directors），公式で透明性のある手続きが必要である。いかなる取締役も自身の報酬決定においては関与は許されない。

私見であるが，取締役の個人責任を追及する場合の取締役会評価のあり方，長期的観点の強調，報酬体系とのリンクなど，Senior Management Regime のスキームとも連関する内容である。非業務執行取締役と戦略提案に関しては，建設的に促し，進める手助けをしなくてはならないことが述べられ，少なくとも建前としては，日本版コードの攻めのガバナンスに係るリスクテイクの後押しの役目と基本的なコンセプトに大きな相違はない感もある。その上で英国では実際のステージとして，過剰なリスクテイクに対する抑制が働きつつあることになろう。FRC の Melanie McLaren Executive Director（ED）によれば，英国コードは Growth oriented Governance，日本版コードは Offensive oriented Governance と評される。歴史，ビジネス，文化等の長い蓄積の相違が背景にある。社外取締役を念頭に置いた英国の非業務執行取締役に戦略面についてどこまで役割を期待するか，取締役に求められるスキル，経験，更には

取締役に選任後に必要なトレーニング,兼任の限界,出社の必要回数等のコンセプトにも影響を及ぼす部分である。

3．FRC の新たな事項と優先的課題,国際的相互作用

FRC（Financial Reporting Council：財務報告評議会）が抱える近年の新たな事項（recent findings）と 2015 年・2016 年の優先的課題（priorities）について,①監査委員会の報告においては近年改善がみられ,透明性に富み,情報提供も有益で充実（informative）している。

多様性の方針に関する報告では特に進歩がみられ,FTSE 企業 100 社では 85％が明確な方針を有している。女性の取締役について 2015 年においては 23.5％を占めている。多様性の拡大に向けた業務視移行取締役のチャネルの改善）（improving the executive pipeline in connection with the wider diversity）が今後の優先事項として残されている。② 2015 年・2016 年の優先的課題では,取締役会の継受（board succession）の計画とベストプラクティスの進展,企業文化（company culture）とプラクティスの確立および良い企業行動の埋め込み（embedding good corporate behavior),企業継続の前提と報酬に関する 2014 年のアップデイトの履践状況（2014 updates on going concern and remuneration）をレビューすることなどが挙げられる。後述するリスクカルチャーの重視に繋がる部分である。

国際的相互作用（international interaction）に関して,①海外諸国との政策ならびにベストプラクティスの共有,② EU 各国がコーポレート・ガバナンス・コードを有するに至り,EU 内のコーポレート・ガバナンスに関する協力が進んでいること,③英国は欧州コーポレート・ガバナンス・コード・ネットワーク（the European Corporate Governance Codes Network）の議長国を務めており,非公式団体ではあるが,上場企業の考え方,経験とプラクティスに向けた事項を扱っていること,④ OECD コーポレート・ガバナンスの見直しに向けて OECD との関係を深めることなどを重点事項と考えている。

4．スチュワードシップ・コードの新たな事項と優先的課題

機関投資家向けの英国スチュワードシップ・コードについては,①新たな事

項として投資の連鎖（investment chain）を通じた透明性のあるアプローチ作りが挙げられる。従来，機関投資家の責任について受託者責任の範疇で議論されたが，アセット・マネージャーから年金基金等のアセット・オーナー，更に年金受給者等の受益者などが連鎖し，また議決権行使機関の存在もあることから，投資連鎖の複雑化，関係当事者の拡大により，受託者責任の概念では把握できない場合が生じてきた[3]。顧客と受益者への十分かつ効率的な報告を通じてのみ達成できる事項である。②2015年・2016年の優先的課題としては，投資家と経営陣の関係作りを進展させること（Developing evidence base for engagement practice and the benefits of effective engagement），スチュワードシップ・コードの署名国の拡大と内容の十全さを図ること（Looking at adherence to the Stewardship Code），スチュワードシップ・コードと類似した（akin to a Stewardship Code）EUの株主権利に関する指令の進展に影響を及ぼすこと（influencing the development of the new EU Shareholder Rights Directive）が挙げられる。

5．コードに関する国際的ネットワーク策定の動き

　私見であるが，先進諸国においてスチュワードシップ・コードあるいはコーポレート・ガバナンス・コードを保有すると共に，コーポレート・ガバナンス自体のみならず，ソフトローであるコードの面でも国際的なコンバージェンス（融合），平仄あわせの動きが出されつつあり，国内企業への適用の増加，適用内容の監督と合わせて自主規制といいつつも監督機関の役割は増加しつつある。今後は，国際的なネットワーク策定などの動きが注視される。

　独禁法分野においては，米国の域外適用に対する摩擦もさることながら，主要国間において競争政策実施に関する国際礼譲と国際協力体制構築に主要な課題が移りつつあるといえる。そこで競争政策に関する国際機関の設立状況をみると，OECDの制限的取引慣行委員会（Competition Committee：競争委員会）において国際的競争政策問題が検討され，国連貿易開発会議（UNCTAD）では発展途上国の立場から競争政策の課題について検討を行い，多国籍企業に関するガイドライン等活動を行っている。二国間協定・地域協定による競争政策協定も締結され，自由貿易協定（FTA）による競争政策に関する協定締

結も進められている。国際協力の枠組みの中で米国司法省が提唱して構築された ICN（International Competition Network）が注目される。競争政策や競争法を有する国の施行機関，関係法曹などによるネットワーク形成を通して，競争法の調和・実施の協力を行うことを目指している。2000年 ICPAC（The International Competition Policy Advisory Committee）報告書の構想に基づき，2001年フォーダム国際競争政策会議において実現化するに至っている。ICN はネットワークであり，参加，勧告受容等は加盟国の判断による。WTO 等のように拘束的協定でなく非拘束的協定であり，ソフトローである。ICN は，競争政策の国際的進展においてその役割が拡大しつつある。ICN を中心に他の国際機関が協力する形で国際的競争政策の展開が進んでいこう[4]。

　もっとも，立法事実とソフトロー形成において，ICN のような国際的協調・ハーモナイゼーションの枠組みからのエンフォースメント形成を優先するか，国内事情を背景とした独自の制度変革ならびにケースローのような実務面からの蓄積の汲み上げを図るか，に関して相克もあろう。英国における Senior Management Regime への変革は後者の例といえる。英国においては，条約の自動執行性あるいは直接適用可能性（direct applicability）を受け入れず，条約が議会の法律を通じて国内法化する変型方式を採用してきていること[5]も背景にあると思料される[6]。日本版コードの攻めのガバナンスのコンセプトも，我が国のガバナンスの独自性発揮として，OECD 原則の一歩先を行くものという評価もあり，過剰なリスクテイクの抑制に主眼のある英国の Senior Management Regime 改革とは双方の独自性の顕れとして視座を異にする面もあるが，長期的な観点からは企業価値向上に向けた改革としてハーモナイズする内容ともいえる。ソフトローの発展段階についての示唆となる考察となろう。

II．英国金融監督体制の変化と Senior Management Regime

　近時の英国金融監督体制の変化と Senior Management Regime 改革について，改めてまとめておきたい。英国 FSA（Financial Services Authority：

金融サービス機構) は1997年以降金融機関の監督を担ってきたが，2007年ノーザンロックの取り付け事件および国有化などに端を発したサブプライム金融危機を防止できなかった反省から，2013年4月1日英国FCA (Financial Conduct Authority：金融行為監督機構)，PRA (Financial Regulatory Authority：健全性規制機構) に分割され，ツインピークス体制に移行している[7]。またシステミックリスクに対応し，英国金融システムを強固なものとするべく，中央銀行のイングランド銀行 (Bank of England：BOE) 内に金融安定政策委員会 (FPC：Financial Policy Committee) を設置した。従来の英国のFSA，BOE，財務省の三者監督体制では権限と責任が明確でなく，FSAは健全性規制監督と金融行為規制監督の両方に責任を負い，適正なバランスが取れなかったといわれている。

　新たな金融監督体制では，BOEは英国の金融システム安定化に責任を有しており，マクロ的な金融システム安定化の目的でBOE内にFPCを設立されたFPCは，英国金融システムの強靭性の保護と強化の視点から，金融システムに重大な影響を及ぼしかねないシステミックリスクを認識し，その除去・軽減措置を取る。金融機関に対する直接的な監督権限は持たないが，PRAとFCAに対する提言・指示権限を保有している。BOEはマクロ的な金融システム安定化の観点からシステミックインフラ機関の規制を行う。

　PRAはBOEの子会社となり，BOEの一部として健全性規制の責任を担うが，PRAは金融システム安定化の観点から重要性の高い銀行など預金受入機関，保険会社，一部の投資会社の計約1,700社を監督対象とし，安全性と健全性を促進し，金融システム安定の阻害要因の最小化を目的とする[8]。金融システムの安定性を阻害する事象が発生した場合，PRAは金融機関のガバナンス・リスク管理体制，資本十分性，流動性，倒産した場合にも市場規律を保ち破綻処理が可能であること等を監督することにより，健全性規制を実施する。

　これに対して，FCAはBOEとは別機関であり，全金融機関に対する金融行為規制に責任を有する。FCAの金融行為規制の監督対象は，銀行など預金受入機関，保険会社，投資会社，独立系金融アドバイザー，アセットマネジメント会社など英国における全金融機関の計約26,000社となっている。FCAは市場の良好な機能の維持を目的とし，金融サービス取引の公正性確保を使命と

する。適切な水準で消費者を保護し，消費者利益に適う金融機関の効率的競争を促進し，英国金融システムの公正性を保護・強化することにより達成され，インサイダー取引，相場操縦などの市場不正行為，消費者が金融機関から不公正な取引を受けることを防止することを含む。FCA は PRA により規制を受けない金融機関に対する健全性規制も行う。

PRA と FCA はツインピークス体制を構成し，健全性規制と金融行為規制に別個に注力し，監督規制が有効に機能することが期待されるものである。両者は緊密に連携し，他方に対する潜在的懸念事項があれば通知し，相互に情報を共有する。従来の三者監督体制から，FPC が金融安定化のためにマクロレベルの監督，PRA と FCA が健全性と金融行為の観点からミクロレベルの監督を行う体制に変更され，金融危機以前のライトタッチな監督から徹底的な監督に切り替わるものとされる。

PRA は，金融機関の安全・堅実さを従前以上に判断を用いて評価し，その裁量の要素が大きくなること（judgement-based approach），外部経済環境から起こり得る将来リスクをより評価すること（forward looking approach），こうしたリスクならびに英国金融システムの安定性に重要なリスクを与える金融機関の監督に注力していくこと（focused approach）が予想されている。

他方で，かかる監督を受ける金融機関にとって規制対応が過度の負担となり，コスト削減，成長阻害といった懸念も表明されている。本節で考察を深めてきた Senior Management Regime においても，国際競争力強化と規制コスト低減，規制当局の恣意性の懸念，特に企業の自主規制と合わせて重要なリスクに絞って個人責任を強化し，裁量を利かせる手法などが制度改革の特徴として挙げられるところである。

Ⅲ．英国 FCA とリスクカルチャーならびにプルーデンス規制 ―Senior Management Regime と報酬規制改革―

上記を踏まえて，現下の英国金融事情とコーポレート・ガバナンス改革の方向性をみると，FCA とリスクカルチャーの関連が注視されている[9]。Senior

Management Regime を含め，直近の英国における金融規制全体の傾向ならびにバーゼル規制の方向性とコーポレート・ガバナンスの本質等について，英国現地法人の経営陣に対するヒヤリング結果を参考に取りまとめておきたい。

1．リスクカルチャーと報酬規制―クローバックと繰延報酬化―

FCA は行動原則を規定するが，Senior Management Regime と報酬規制改革を２つの柱としてリスクカルチャー（risk culture）の整備を図りつつある。サブプライム金融危機の中でロイズ・バンキング・グループ，RBS に 2008 年公的資金が注入され[10]，リテール銀行部門における事業売却などのリストラを余儀なくされたことが背景にある。英国では銀行において会長などが過剰な報酬をとっていたことに対する反省もあって，Senior Management Regime による個人責任厳罰化と合わせて報酬規制強化を図らんとする。今後は，企業として過剰なリスクテイクを規制する方向にある。

リスクテイカーは誰かを問い，定性的側面では当該ポジションの位置付けを精査し，定量的側面では一定額（50 万ユーロ）[11]を上限規制とする方向が FCA の報酬政策（remuneration policy）となってきつつあり，FSA Handbook において規定される。FCA は PRA 同様に報酬，報酬政策，再生計画といったプルーデンス規制に関する一般規則制定の権限を付与されている。企業の自主規制への依拠ではなく，FCA の監督規制として展開が予定され，ストックオプションでは繰延報酬化（deferred compensation）あるいは米国ドッド・フランク法同様に破綻・倒産後のクローバック（claw back 回収）方針などが課される方針である。クローバックに関しては，米国ドッド・フランク法をみても実際の適用には課題も多い。このような英国金融規制の方向性は，リスクテイクを促す攻めのガバナンスを標榜する日本版コードとは逆の様相を示している感もあるが，既述の通り，リスクテイクと企業成長の相関関係の中で事象の発現のズレともとれよう。英国のコードあるいは会社法も企業価値最大化を目指す点で同じであり，両コードの精神は共通のものといえる。

英国では経営の責任者である CEO について，報酬の内容が現金ならびに将来の約束された確定年金が主であることには強い反論が出され，年金部分の減額を図り，非業務執行取締役主体の報酬委員会による改革の推進が目されてい

る。金融業界対象のSenior Management Regimeにおいては，報酬委員会委員長は重要なfunctionの1つとなり，非遵守の場合には罰則適用の対象となることは既にみてきた通りである。

　ここでクローバックについて，2010年7月ドッド・フランク法（Dodd-Frank Wall Street Reform and Consumer Protection Act：米国金融改革法）第954条はインセンティブ報酬のクローバックに関する方針を策定し，実施していない発行体の有価証券の上場を禁止する[12]。当該条項は主たる上場が米国外の取引所であっても，米国に有価証券を上場している海外民間発行体には適用される。2002年7月サーベンス・オクスリー法（（Public Company Accounting Reform and Investor Protection Act of 2002：米国企業改革法）第304条には，第954条の要件の前身とみることができる条項が盛り込まれていた。多くの点でサーベンス・オクスリー法第304条の要件に比べてドッド・フランク法第954条の要件は厳格であり，特に以下の点が挙げられる。第954条は，不正行為が生じたかどうかにかかわりなくクローバックを義務付ける。ルックバック（遡及）期間が12ヶ月ではなく，3年間である。第954条は，CEO及びCFOのみではなく現職または元役員に適用される。第954条は，SECによってではなく発行体によって執行される。クローバックの問題点として，①第954条に基づき，クローバック方針は役員（executive officers）に適用されるが，同条において定義がされていない[13]。②クローバック方針は，インセンティブ報酬（報酬として付与されたストックオプションを含む）に適用される[14]。③クローバックの金額の算定は必ずしも単純ではない[15]。④税務上の考慮も複雑な問題を提起する可能性がある。報酬の返還を求められる役員は，報酬に関する税金を既に支払っていることもあり得る[16]。⑤3年間の回収期間がいつの時点で開始し，いつの時点で終了するのかに関してやや不明瞭な部分がある[17]。⑥第954条は文言上，クローバックがSECによってのみ執行可能であるサーベンス・オクスリー法第304条と対照的に，発行体自身によって執行されることを想定しているように思われる。但し，同法は発行体が全ての修正再表示に関してクローバックを求める義務を負うのか，または発行体が修正再表示後にクローバックの要否を自ら判断することができるかどうかを明確にしていない[18]。

２．プルーデンス（健全性）規制と自己資本比率―標準的手法と内部格付けモデル―

　次に PRA のプルーデンス（健全性）規制に関し，バーゼル銀行監督委員会の BIS 規制において[19]，G20 サミット下の金融規制改革の課題は①金融システムの安定の維持・確保を目的とするプルーデンス監督・規制（マクロ・ストレステストの実施を含む），②銀行規制の強化（バーゼルⅢ）として，自己資本，流動性，レバレッジ規制の強化・導入，③システム上重要な金融機関（SIFIs）への対応として金融システムに危機をもたらす大規模かつ複雑な金融機関（TBTF の金融機関）に対する追加的なプルーデンス政策，④秩序だった破綻処理（orderly resolution）の枠組みの整備（Key Attributes）として，危機を避け，納税者負担を回避しつつ破綻処理を行う制度の整備（ベイルインを含む），⑤シャドーバンキングの規制強化として，非銀行セクターに対する規制強化（ヘッジファンド，非連結投資ビークル，MMF，ファイナンス会社，レポを含む），⑥不健全なインセンティブの是正として，報酬慣行，リスク・ガバナンス（リスク・アペタイト）の改善，⑦市場インフラ整備として，証券化，OTC デリバティブ（店頭デリバティブ取引：Over the counter derivatives），レポ取引（買戻条件付債券取引：Repurchase），格付会社の規制が挙げられる。

　特にプルーデンス規制の中核をなす自己資本比率規制に関して，① 2014 年 12 月 22 日バーゼル銀行監督委員会による市中協議文書「資本フロア：標準的手法に基づく枠組みのデザイン」が発出され[20]，標準的手法の見直しがされている。1 つには，従来は内部格付モデル手法では標準的手法に比して引当金を取らなくて済む利点があったが，見直しにより内部格付モデルをもってしても標準的手法の所要自己資本が最低基準（ミニマムスタンダード・フロア）となったこと，2 つには，格付け機関の行う格付けに委ねるのでなく収益性と自己資本比率自体が重視され，格付け機関が求める所要自己資本を上回る自己資本を蓄積することが必要となってきたことから，健全性の強化が図られている。この結果，大規模銀行には二重に保守的対応が求められ，自己資本強化を余儀なくされる。② FSB（Financial Stability Board：金融安定理事会）は TLAC を提唱し，14 年 11 月ブリスベン・サミットにおいて G-SIB を対象

にTLACの最低基準を提案する。TLAC（Total Loss Absorbing Capacity）は，グローバルなシステム上重要な銀行（Global Systemically Important Bank：G-SIB）を対象として破綻時の損失吸収力を求めるスキームである。TLACは本質的には，自己資本に加えて債務の破綻時の損失吸収力を確保する検討であり，ベイルインの実行可能性を確保するために自己資本プラス債務の損失吸収力に最低基準を設けようとする。ベイルイン（bail-in）はSIFIを含む金融機関の破綻処理ツールで，無担保・無保証債務の元本削減（write-down），エクイティへの転換を通じて資本増強（capitalization），資本再構築（recapitalization）を図る株主・債権者負担措置といえる。ベイルアウト（bail-out）は銀行損失の納税者負担スキームである。英国のPLAC（Primary Loss Absorbing Capacity）は，自己資本とベイルイン可能な債務を合わせ，G-SIBの資本サーチャージが最大の2.5％の場合には連結ベースでリスク・アセット比17％を要求することが検討されている。通常のバーゼル規制では所要自己資本比率8％のところ，これは銀行においては大きな負担となる。米国では具体的提案は行われていないが，FRBが米国G-SIBの持株会社を対象にベイルイン可能な長期無担保債務の最低基準を定める検討を行っている。③更にレバレッジ規制が強化され，国債の流動性が低下するリスクが高まった。即ち，銀行が保有する国債に新たな国際規制が設けられる見通しとなり，バーゼル銀行監督委員会は国債の金利が突然上昇（価格は下落）して損失が出ても銀行経営に影響が出ないようにする新規制を2016年にもまとめる方針を示している[21][22]。

こうした①②③の規制動向を受けて，大規模銀行としては自己資本積み増し，あるいは貸出し抑制に向かうことが予想され，一種の景気循環増幅効果（procyclicality）をもたらしかねないジレンマにもある。我が国ではガバナンス改革において攻めのガバナンスが強調されるが，金融規制の世界的動向としては，むしろ全般的引き締め傾向にあるともいえる。英国のSenior Management Regime，リスクカルチャーの整備はこうした金融全般の一連のプルーデンス規制強化の流れに沿ったものともみられる。

上記をまとめると，英国では①FCAでは行動原則に関連し，リスクカルチャーの向上・浸透を目指し，英国の伝統的な戦略的ERMの統制環境の整備

にも通じる。企業価値最大化を企図しつつ，過剰なリスクテイク抑制に依然として重点を有している。金融業界向けの Senior Management Regime も同様の側面が強く，我が国のガバナンス改革とは進展段階のズレがあることが感得できる。②PRA の健全性規制については，内部格付け手法から標準的手法重視への移行，TLAC ならびにレバレッジ規制強化の3面から大規模銀行に対する自己資本積増し要求が出されて来つつある。③報酬政策では非業務執行取締役による自主規制を主として，クローバックや繰延報酬などが打ち出されている。Senior Management Regime の主要 function にも関連する部分である。

Ⅳ. 二重処分リスクと規律の多面性

　APR，SMR を通じて本来的公法領域にガバナンス，リスクマネジメントなど私法的規律が導入され，ソフトローのハード化同様，多面性を備えつつある。多重適用に関して，現地法人において進出先のコードと母国規制機関による二重処罰リスクが懸念される。国際競争力喪失にも繋がりかねず，国際連携と独自性発揮の同時進行によるジレンマともなろう。国際連携により情報が入手しやすくなり，母国でも規制庁の処分が同一内容に関して下される怖れがある。各国規制庁における独自性発揮の傾向が強まっている折，こうした傾向に拍車がかかる。企業側が不利益を甘受する根拠が明確に示される必要がありはしないか。

Ⅴ. コーポレート・ガバナンスのフレームワークとソフトローミックス—Senior Management Regime とコーポレート・ガバナンス・コードの接点—

　以下は私見であるが，英国におけるコーポレート・ガバナンスのフレームワークの展開について，ソフトロー形成も含めて，FCA，PRA を含めた英国における監督・規制とソフトローのあり方にかかる根本的なフレームワークの

問題でもある。元来は1992年キャドベリー報告書など民間主導で形成されてきたソフトローであるコーポレート・ガバナンス・コードがハードローである英国会社法，あるいは同じソフトローといっても強制力の強い上場規則などと合体（combination）して実効性とエンフォースメントを強化しつつあることが窺われる。

Senior Management Regimeにしても金融サービス法というハードローと一体化した金融業界向けのソフトローといえよう。FCA・PRAが所管するSenior Management Regimeには許容される推定規定，刑事罰などが定めれるものの，Senior Management Regimeの一部を構成するPRA所管のCertification Regimeにおいては企業における自主規制による実効性確保を第1に設定しており，ソフトローたる内容を有する。ハードローとのソフトローミックスであり，日本版コーポレート・ガバナンス・コードも事実上改正会社法と一体的に導入され，東証上場規則に転化がされる。上場企業においては，内容面ではComply or Explainといった柔軟な措置が多いものの，規定自体は実際には強制適用の意味合いも強く，やはりソフトローミックスの性格が強い。日本版コーポレート・ガバナンス・コードは英国のコードを始め，ドイツ，フランスなどを含め先進諸国のコードを参照して策定されたものであり，内容面は当然近接していようが，コードの性格では一歩先を行き，事実上の強制力を強めた新たな段階にあるものといってよいのではないか。即ち，ハードローとの一体的な運用面という点では，英国コードよりも日本版コードの方が企業側の対応として急を迫られていると思料する。日本版コードが標榜する攻めのガバナンスに関して，海外機関投資家やコーポレート・ガバナンス原則策定の元祖であるOECD（Organization for Economic Co-operation and Development：経済協力開発機構）の評価も高いとされるが，かかるソフトロー展開の考察においてもまた先んじた内容を有しており，日本版コードは英国Senior Management Regimeと類似したソフトローミックスの性格を有していよう。

英国ではコードの運用はFRCが行い，他方Senior Management Regimeは上場規則などを所管するFCAとPRAが担う。Senior Management Regimeに上場規則同等以上のエンフォースメントが付与される所以でもあるが，我が

国では監督体制の相違はあるが，日本版コードを金融庁・東商の連盟で原案策定し，実際には東証規則として発布される予定である。この点から，今後日本版コードは当面の Comply or Explain ルールでひな型的記載などによるその場しのぎの形式的 Explain が流布すれば，社外取締役導入などにしてもいずれは強制性を付与されることが予想され，英国コードとは根本的性格を異にすることになる可能性もある。攻めのガバナンスを内容とすると共に，こうした我が国独自の展開を遂げつつある日本版コードの法規範形成については，既にみてきた通り，ケースローによる蓄積・法秩序形成が鍵を握ることになる。この点では，敵対的買収防衛策において，米国に約30年遅れて我が国に導入されたが，ポイズンピル（毒薬条項）の発動実績がないとされる米国に比して，既に我が国が独自の展開，裁判蓄積を行いつつあることとパラレルに考えられよう。

英国 Senior Management Regime については，2012年 UBS 事件（John Pottage v. FSA（FS/2010/0033））を契機に Approved Persons Regime が Senior Management Regime へ抜本的な変容を遂げることとなり，エンフォースメントを強化したハードローとの渾然一体化の性格を強めつつあることをみれば，ケースローによるソフトローの法規範形成の1つの道筋が窺えよう。

【注】
（1）Stephen Haddrill〔Financial Reporting Council Chief Executive Officer〕, Melanie McLaren〔Financial Reporting Council Executive Director〕"Developments in UK Corporate Governance Arrangement under the UK Corporate Stewardship Code 2012". 早稲田大学産業経営研究所講演会（2015年5月1日）参照。
（2）銀行取締役の有する高度の善管注意義務の問題など，拙稿「銀行取締役の追加融資責任に関する考察—東和銀行損害賠償請求等訴訟事件と関連事案の検討ならびに米国の比較法的研究を通じて—」法学紀要第54号（2014年3月）55-162頁。
（3）金融庁「日本版スチュワードシップ・コードに関する有識者検討会」第1回－第3回資料参照。
（4）OECD と UNCTAD については，前者は先進国間の協定という制約があり，後者は発展途上国の利益保護に特化するもので普遍性に欠ける。WTO は協定が拘束的である。いずれも競争政策の国際的展開に対する貢献には限界があるといわざるをえない。松下満雄・渡邉泰秀編『アメリカ独占禁止法〔第2版〕』東京大学出版会（2012年3月）362頁。
（5）栃山茂樹「条約の自動執行性と権力分立論」熊本学園大学経済論集20巻1-4合併号（2014年3月）41-58頁。
（6）日本大学商事法研究会「「『商法（運送・海商関係）等の改正に関する中間試案』に関する意見募集」に対する意見」2015年4月27日における議論参照。

（7）アーンストアンドヤングロンドン事務所津村健二郎「英国の金融監督体制の変更」情報センサーVol.84July2013.14-15 頁参照。http://www.shinnihon.or.jp/shinnihon-library/publications/issue/info-sensor/pdf/info-sensor-2013-07-03.pdf. 小立敬「英国の新たな金融監督体制―マクロプルーデンスに重点を置いた体制づくり」月刊資本市場 No. 323（2012 年 7 月）28-34 頁、佐賀卓雄「金融システム危機とコーポレート・ガバナンス改革」月刊資本市場 No. 340（2014 年 10 月）28-35 頁。
（8）銀行が無秩序に倒産した場合，預金者が預金に対するアクセスを失い，当該銀行にエクスポージャーを有する他の銀行の預金者も預金に対するアクセスが制限される可能性がある。保険会社が突然撤退した場合，保険契約者が保険による損失の保障を失うこととなる。
（9）前掲・DBJ Europe Limited に係るヒヤリング調査（2015 年 4 月 23 日）。
（10）小立敬「リテール銀行のリングフェンスを提案する英国独立銀行委員会の中間報告書」野村資本市場クオータリー（2011 年春号）55-69 頁、同「英国の金融システム改革法―マクロプルーデンスに重点を置いた体制構築」野村資本市場クォータリー（2012 夏号）1-15 頁。
（11）EU 指令では 50 万ポンドと更に引下げられ，厳格化の方向にある。
（12）発行体が，証券諸法に基づくいずれかの財務報告要件の重大な不履行を原因として，会計書類の修正再表示を作成することが求められた場合，当該発行体は，かかる会計書類の修正再表示の作成が求められている日付から 3 年前までの期間に，誤ったデータに基づいてインセンティブ報酬（報酬として付与されたストックオプションを含む）を受領した発行体の現職又は元の役員（executive officers）から，当該役員に対して会計修正再表示に基づき支払われるはずであった額を超える分を回収すること。セオドア・A・パラダイス，マイケル・ダン，杉山浩司「ドッド＝フランク法に基づく報酬クローバック：海外発行体に対する影響」DavisPolk & Wardwell LLP（2011 年 9 月 7 日）1-5 頁参照。
（13）1934 年証券取引所法に基づくルール 3b-7 は，役員を社長，登録会社の主要な事業単位，部門又は機能（販売，管理または財務など）を担当する副社長，政策決定機能を遂行するその他の役員または登録会社のために同様の政策決定機能を遂行するその他全ての者を意味すると定義している。子会社の役員は，登録会社のためにそのような政策決定機能を遂行する場合には，登録会社の役員とみなされることがある。SEC は，ルール 3b-7 の定義または他の何らかの定義を採用するのかについて決定する必要があろう。
（14）SEC のレギュレーションでは，米国発行体に関する委任状説明書（proxy statement）の開示要件の関連でインセンティブ報酬を定義している。第 954 条の文言ではクローバック方針は，証券諸法に基づき報告されるべき財務情報に基づくインセンティブ報酬にのみ適用されるべきであることを示唆している。
（15）クローバックは，会計書類の修正再表示に基づき役員に支払われるはずであった額を超えるもの，に対して求められる。株式の価値は，当該価値が算定される時点によって異なる株式報奨の場合など金額の決定方法が不明瞭となる可能性がある。SEC は明確なルールを採択する可能性もあるが，別のアプローチとして，関連する決定を取締役会またはその委員会に委ねることもあり得る。
（16）関連する法域の法律次第で，役員は以前に支払った税金の全額を取り戻すことができる場合とできない場合があることになり，税金を取り戻すことができる場合もかかる税金の払戻しはクローバックが求められる時点よりもずっと遅くなる可能性がある。
（17）第 954 条に基づけば，その期間は，発行体が会計書類の修正再表示を作成することが求められる日付，から遡って 3 年間である。米国の発行体の場合，修正再表示を報告するためには，フォーム 8-K ファイリングが義務付けられる可能性がある。フォーム 8-K の提出日が要件の目的上適切な日かもしれない。但し，米国外の登録会社の場合，フォーム 8-K の提出日は適用できない。米国外の登録会社が財務業績に関して重要な修正再表示を公表する場合，当該公表と共にフォーム

6-K を迅速に提出することが要求される。SEC はかかる公表日，フォーム 6-K の提出日またはそれ以外のいずれの日が本要件の目的上適切な日であるかを評価すべきである。
(18) SEC が後者の選択肢をとる場合，SEC は決定に係る実質的または手続き上の基準を明確に規定する可能性がある。TARP（不良資産救済）プログラムに基づく連邦資金の受領者に対して適用されるクローバックのガイドラインにおいては，発行体はクローバックが不合理である場合には，その執行を求められてはいない。その他の想像できる状況の中で，執行のコストが回収できる資金を超過する場合，または経営幹部が資金を返還するための十分な原資を有していない場合，かかる執行は不合理となる可能性がある。元の従業員に対する執行については，発行体が今後支払われるはずの報酬を留保することができない可能性があるため，一層困難である可能性がある。
(19) 小立敬「バーゼルⅢの先へと進む金融規制改革—バーゼル 3.5 またはバーゼルⅣ，ベイルインおよび GLAC」証券アナリストジャーナル（2015 年 1 月）74-85 頁，同「内部モデル手法採用行に適用される資本フロアーに関するバーゼル委員会の検討」野村資本市場クォータリー 2014 年冬号 1-7 頁。①国際的な金融規制改革と別に，欧米では銀行構造改革（Bank Structure Reform）と呼ばれる独自の規制改革が実施されようとしている。米国ではボルカー・ルール（Volcker Rule）」が 2015 年 7 月から完全施行され，銀行および銀行グループによるプロップ・トレーディング（自己勘定取引），ヘッジファンド等への投資等を原則として禁止する。欧州はボルカー・ルールとは異なり，プロップ・トレーディングやヘッジファンド等への投資を禁止するのではなく，銀行グループでそれらのビジネスを行うことは認め，銀行本体から切り離すことを求めている。銀行が危機に陥った場合，投資銀行のリスクからリテール預金業務，融資業務を含む商業銀行の機能を保護しようとするリングフェンス（Ring-fence）であり，英国，ドイツ，フランスはこの構想を実現するための関連法案が既に成立している。欧州の投資銀行にとっては少なくとも投資銀行ビジネスを行う上での制約となり，銀行の収益性に影響を与えることになろう。②自己資本比率の計測方法には標準的手法，内部モデル手法の 2 つがある。標準的手法は，エクスポージャーの額に対して当局が定めるリスク・ウエイトを乗じてリスク・アセットを算出する。一方内部モデル手法は，銀行が自行の内部モデルに基づいてデフォルト確率などのリスク・パラメータを推計し，これを基にリスク・アセットを計測する。2012 年規制整合性評価プログラム（Regulatory Consistency Assessment Program：RCAP）では，銀行が推計するリスク・パラメータに銀行間でばらつきが生じていることが判明し，内部モデル手法に対して制限をかける議論がなされてきた。最も制限をかけたのは米国であり，大規模銀行を対象に内部モデル手法と標準的手法に基づいて自己資本比率を各々算出し，数値の低い方を当該銀行の自己資本比率とするルールを導入している。銀行にとっては内部モデル手法を利用する意義が薄れるのみならず，リスクアセットが増えることで自己資本比率の低下要因になる可能性がある。
(20) 「バーゼル銀行監督委員会による市中協議文書「資本フロア：標準的手法に基づく枠組みのデザイン」の概要」金融庁／日本銀行（2015 年 1 月）。現行のバーゼル合意では，銀行が内部モデル手法に移行する際に所要自己資本額が急激に減少することを防ぐため，バーゼルⅠに基づく所要自己資本に一定の掛け目（95％〜80％）を乗じた水準が，所要自己資本額の下限（フロア）として設定されている（バーゼルⅡの導入に伴う移行措置）。問題点は，現在，内部モデル手法には，バーゼルⅠではなく，標準的手法から移行することが一般的。バーゼルⅠに係るシステムの保有を義務付けることは，合理的ではない。バーゼルⅠを導入せずにバーゼルⅡ・Ⅲを導入している国がある。バーゼル 2.5 やバーゼルⅢによって追加的な資本賦課が導入されているが，現行のフロアはそれらを捕捉していない。現在，バーゼル委は標準的手法の見直しを行っているが，現行のフロアはこうした重要な進展を反映していない。そこで，バーゼル銀行監督委員会は，2014 年 12 月 22 日資本フロアの見直しに関する市中協議文書を公表。本市中協議において，資本フロアの参照基準を現行のバーゼルⅠから標準的手法に変更することを提案した。今回の市中協議では，

規制の水準（資本フロアの掛け目）は提示されていない。水準に関する検討は，信用リスク，マーケット・リスク，オペレーショナルリスクに係る標準的手法の見直し作業等を経て，今後検討されることになっている。

(21) 2015年4月26日日本経済新聞。
(22) 国債の流動性・価格低下から金利上昇のはずであるが，現下では世界的に金利低下の現象がみられ，EUの中でドイツ，フランスなどではマイナス金利の現象まで生じている（2015年4月22日日本経済新聞）。日欧米の金融緩和（Quantity Easing：QE）が背景にあるためで，バーゼル規制強化によって潜在的には金利上昇，国債価格低下のリスクは強まっているとみられる。

Phase VI

2015年株主総会と攻めのガバナンスの実践，企業価値向上に向けたインセンティブと改革とSenior Management Regime（SMR）の接点，刑罰規定における規範化概念の進展と域外適用，SMRならびにSMFsとNEDの関係ならびに未調整項目の克服，SMRにおける忠実義務と攻めのガバナンス，報酬政策とガバナンス・フレームワークなど最新の動向と展望

第 24 章

2015 年株主総会の変化にみる攻めのガバナンスの実践と Senior Management Regime (SMR) の接点

　以下の章立てにおいては，英国金融規制と SMR，コーポレート・ガバナンス・コードなどソフトローの実践，就中アベノミクスの攻めのガバナンスにかかる企業価値向上への規制誘導と 2015 年 6 月株主総会における企業の取組み，域外適用に関する近時の新しい動向を踏まえた刑事法域との一体的検討，SMR と忠実義務と執行機能の関連，更に SMR あるいは上級管理者機能 (SMF) 等に関する未調整項目の検討，グランドデザインとしての英国金融規制のガバナンスのフレームワークと報酬政策の新しい動向など，直近の動向に焦点を当て，現地の最新のヒヤリング調査も織り込みつつ，更なる考察を深めることとしたい。SMR，更にはガバナンスのあり方の根底にもかかる領域の考察となり，包括的で意義深いものと考える。

　なお，全体としてテーマ毎でなく，制度進展の時系列を意識した Phase Ⅰ～Ⅵの構成とし，いくつかの論点をその都度有機的に連関させつつ，包括系考察を試みた。類似の論点が各 Phase 毎に何度か採り上げられることになるが，施行前の最終調整段階に入り，課題や展望の重点が微妙に変化しつつあることが浮き彫りにされよう。我が国の攻めのガバナンスも時期を同じくしてコードの提示・導入から実践段階に入りつつあり，新たな法的論点などが議論されてきている。英国において精力的に進められる議論ならびに考察が，我が国においても驚くほど有意義なもの，かつ軌を一にするものとして感得できよう。本書が金融業界に限らず，ガバナンス改革を目指される多くの企業などにおいて，将来の展望の一助として活用頂ければ幸いである。

I．2015 年 6 月株主総会にみる攻めのガバナンスとコーポレート・ガバナンス・コード

1．2015 年 6 月株主総会とコーポレート・ガバナンス・コード

　2014 年改正会社法（2015 年 5 月施行），スチュワードシップ・コード（2014 年 2 月導入）およびコーポレート・ガバナンス・コード（6 月導入）が揃った後の初めての株主総会が 2015 年 6 月に開催され，企業と投資家の対話の促進を含め[1]，従来とは異なる傾向が窺われている。2015 年 6 月株主総会とコーポレート・ガバナンスの状況について上場企業の最新の動向を概観し[2]，SMR の接点に論及していきたい。

(1) 株主総会の日程

　2015 年 6 月 26 日に集中しているが，分散化も進み，招集通知情報の発送前 Web 開示も進んでいる。

(2) 議案の状況

　監査等委員会設置会社に移行するに当たり，業績連動型報酬制度を導入する企業が増加し，役員報酬改定議案を提案する企業数が増加している。

(3) 定款変更

　今次総会では会社法改正に伴う定款変更の提案が増加し，指名委員会等設置会社の移行は 4 社，また監査等委員会設置会社の移行は 85 社に上っている。監査等委員会設置会社の移行時を含め，取締役の員数を増加させる企業が増えている。また会社法改正に関して，業務を執行しない取締役および監査役に対する責任免除の提案が多かったが，機関投資家は監査機能強化の観点から賛成する傾向が強い。他方，社内取締役については反対の立場を明確にしている機関投資家が少なくなく，このため社内・非業務執行取締役の責任免除については反対する機関投資家も存在している。

(4) 役員報酬—攻めのガバナンスと取締役会評価，SMR の接点—

　攻めのガバナンスの関連で，適切なリスクテイクに対する報酬付与の議論がされる領域である。コーポレート・ガバナンス・コードへの対応の関係で，退職慰労金制度を廃止する企業が増加し，業績連動型報酬の導入が増加している。有利発行としてのストック・オプションの場合，総会の特別決議を毎回要するため，株式報酬型ストック・オプションが増加している。付与対象者，希薄化の2点で機関投資家が判断することになり，前者では社内の業務執行取締役（ED），従業員の場合は賛成し後者では，非業務執行取締役（NED），監査役の場合は反対票を投じている。後者では，新株発行に伴う希薄化率が5％を超える場合，否定的に判断する株主が増加する傾向にある。我が国ではグローバルにみて報酬水準が低いとされるが，責任内容に見合ったものであることを投資家に説明することが望まれる。

　適切な役員報酬の付与の議論は，今後大きなテーマになってくるとみられ，コーポレート・ガバナンス・コード導入により，①第1段階として形式・手続き面の整備が図られ，社外取締役導入，責任制限規定の整備が進められた。当初は社外取締役の独立性，構成などに主眼があったが，質の面の確保に重点が移行する。②第1段階として取締役会の機能の実効性をいかに確保するか，に焦点が移ってくる。いかなる基準・手続きで取締役に報酬を支払うか，が問題となり，取締役会評価（Board Evaluation）の論点に繋がってくる。英国 SMR の接点となる部分であり，英国でもコーポレート・ガバナンス・コードの整備が先行し，続いて取締役会評価と合わせて，金融業界を対象に Approved Persons Regime（APR），SMR の導入が図られ，取締役や上級執行役員などの実質面の確保に重点が移ってきている。その場合，報酬面の改革が同時に進められている。

　中期計画に対するコミットメントとして，中期計画を軸に役員報酬を定めていくことになるが，計画数値の達成か未達か，未達の場合には退任を迫るか，の選択手段ではなく，経営者の目標達成に関する評価として用いることで，報酬に反映させ，固定報酬（現金）と業績連動型報酬の組み合わせが適切とみられる。

　今次総会の役員報酬に関する特徴をみると，コーポレート・ガバナンス・

コードに伴い，報酬の構成に対する投資家の視線は厳格化し，中期経営計画へのコミットメントの評価，固定報酬（現金）と業績連動型報酬（現金賞与と株式報酬型ストック・オプション）ならびに短期報酬（1年）と長期報酬（3～5年）のバランスが焦点となっている。

　退職慰労金支給議案について，2015 年 6 月に退職慰労金支給議案を提案した企業は 176 社で，うち 36 社は退職慰労金制度の廃止伴う精算支給である。支給対象者に社外者（社外取締役あるいは社外監査役）が含まれる会社は 120 社である。退職慰労金の支給金額の開示も定着し，18 社が開示を行っている。

　有利発行を伴うストックオプション，労務対価と相殺する形で，公正価格で発行される株式報酬型ストックオプション（役員報酬額改定のうち株式報酬を含むに該当する）の論点として，付与対象者は社外取締役，監査役，顧問・社外協力者など業務執行からの独立性や業績向上に直接関与しないと考えられる者に対する付与は否定的に判断される場合がある。有利発行を伴うストックオプションは 50 社で提案され，うち対象者に監査役が含まれる会社，顧問・社外協力者等が含まれる会社が各 1 社，社外取締役が含まれる会社が 5 社存在した。役員報酬額改定議案を提案した 261 社のうち，171 社は金額等の変更である。監査等委員会設置会社に移行する企業において，監査等委員でない取締役，監査等委員である取締役について，各々報酬額改定議象が提案された。株式報酬型ストックオプションを提案した 90 社のうち，7 社は社外取締役にも付与する。

⑸　株主提案

　機関投資家は，株主提案に対して株主共同の利益の観点から判断を行っている。特定の株主の利益に関する問題には賛成せず，透明性やコーポレート・ガバナンス向上に寄与すると判断される情報開示強化等は賛成する傾向が強い。

⑹　企業の社会的責任

　機関投資家は，投資先企業に法令違反，反社会的行為等が認められた場合は社会・経済的影響を勘案して役員選任議案，退職慰労金支給議案等に反対する等の判断を行う場合がある。またスチュワードシップ・コードの導入により，

海外情報の取得が容易となっており，リスクマネジメントの上で国内グループ企業のみならず海外現地法人を含めたグローバル・サプライチェーン全体としての共通理解が重要となってくる。

(7) 取締役・監査役の状況および監査等委員会設置会社導入

　取締役・監査役の状況については，会社法改正および社外取締役2名以上の導入を求めたコーポレート・ガバナンス・コードが影響を与えており，事実上の基準として機能していると考えられる。2016年6月総会時点で98.4%の企業が社外取締役を選任しており，65.6%の企業は2名以上を選任している。2015年6月総会終了時点の1社当たり平均取締役数は9.3名で，うち社外取締役は2.0名である。監査役設置会社において社外取締役を採用する会社は1050社から1271社に増加した。これに伴い，全般的に取締役会の規模が縮小している。監視機能への特化を示していよう。21名以上の企業は2005年6月41社から2015年6月4社に減少した。監査等委員会設置会社は2015年6月に85社が移行し，監査等委員の平均人数は3.5名，うち社外取締役2.6名である。

　社外取締役および社外監査役の独立性については，取引関係・借入先・顧問関係，大株主上位10位以内で銀行・保族会社出身，親族関係（三親等以内の親族が当社等の従業員・役員である場合の基準をもって検討すると，依然として株主・取引関係などの属性に関して課題が残る。また社外取締役の方が社外監査役よりもやや独立性は高い。

(8) 取締役会・監査役会の開催と役員の出席率

　取締役会，監査役会共に月1回程度の開催が平均的であり，開催頻度は低下傾向にある。社外取締役，社外監査役の平均出席率は，社外取締役は94.1%（昨年92.4%）・社外監査役は取締役会に94.9%（同94.7%），監査役会に97.2%（同97.3%）となっている。社外監査役は設置が義務付けられている反面，監査役設置会社における社外取締役は設置が任意であること，他社の経営者，研究者等を配置していることなどが出席率が低下している原因の1つとみられる。出席率が一定水準（70%〜75%程度）以下の役員候補者には否定的に判断する投資家も少なくない。

(9) 買収防衛策の動向

2015年6月時点で全上場会社のうち480社が買収防衛策を導入しているが，2008年564社をピークに2010年以降は廃止する企業が増加している。機関投資家としては反対の立場が定着し，エンゲージメントの余地も少ない。

2．社外取締役とアドバイザリー機能の相違—質の面の確保とSMR—

(1) 社外取締役の質の面の確保

形式面からコーポレート・ガバナンス・コードが求める社外取締役導入の体裁は整えられつつあり，今後はコードの内実面の充足として，攻めのガバナンスの観点から，独立性と主に質の面の整備が求められる。当該社外取締役が，いかに具体的に経営面で貢献できるのか，その説明を株主に図ることが求められる。法律・会計など専門性を備えたアドバイザリー機能とは分けて考えて，経営の執行と監督の分離の観点から，執行部門担当から提示された戦略・経営計画の肯定，あるいは差し戻して修正させる判断を下せる機能を果たすことが求められる。必ずしも同業他社の役員経験者でなくとも，多様な業種であっても企業経営の実践に経験の豊富な，単なるご意見番でなくCEOに対して経営面の駄目出しのできる人材が適任となろう。私見であるが，こうした社外取締役の質の面の確保について，法文やコードに記載しても実効性の確保は難しく，SMRにおいて述べたCR（Certification Regime）のような自主的な社内認定制度と規制当局の監督の組み合わせが規制コスト削減の点からも望まれよう。コード規範導入が効果を発揮する上でも，こうした制度スキームは望ましい。コードの実効性確保の観点から，関係官庁の縄張り争いも絡み，類似規制の重複と詳細なガイドラインなどの頻出を生み出し，規制を受ける企業側の混乱を引き起こしかねない。ソフトローであるコードのルール・ミックス化に伴う，必然的な転換期の問題点といえる。

(2) 社外取締役とアドバイザー機能の相違

社外取締役において求められる判断事項として，プロセスにおけるFairnessが重要となる。リスクの過剰さ，攻めのガバナンスの姿勢などにおいて，公平性のある意思決定がなされているかどうか，の判断を行うことであ

る。

　社外取締役に求められる役割は，各個人毎に各々異なっていようが，企業の成長ステージでみれば上場企業など成熟企業の場合，グローバル企業の経営の経験者が就くことは不可欠である[3]。整合性，成長性などの視点で大局的に市場と企業をみていくことが求められる。新興・非上場企業では，財務面，銀行取引面の経験者，営業実務面のネットワークを保有している人員が必要となろう。

　社外取締役とアドバイザー機能の相違としては，社外取締役には視野の広さ，経験の豊富さ，企業人としての人間性等が重要さを増し，意思決定プロセス，リスクなどガバナンスに関わる機能が求められるが，アドバイザー（顧問）の場合は，CEOのアドバイザーとして諮問会議（アドバイザリー・ボード）の形で助言することになる。専門家が自身の専門性は狭いとして固執した場合も，社外取締役としての責任を回避はできないことになる[4]。

　取締役会の監査を行う必要性があり，例えば市場替えなどの時に東証の事後監査も困難で，取締役会評価，自己評価あるいは第三者評価の開示が求められる。適切な第三者としては，監査役，監査法人は利害相反などの問題が生じる。

　社外取締役についてアクセル役か，ブレーキ役か，3つの会社形態に応じて役割は異なると考えられる。米国型モニタリング機能重視の指名委員会等設置会社では，社外取締役には社内の役員人事マターは理解しがたい面はあり，経営側も人事・報酬面を委ねるには躊躇もある。監査等委員会設置会社へのシフトが増加している所以でもある[5][6]。

3．資本政策とグランドデザイン

(1) 資本政策の基本的な方針と日本版コード

　取締役会評価の項とも関連するが，企業において資本コストを上回る収益を上げるべき最適資本構成の構築が主題となる。かかる資本政策の基本的な方針に関して，日本版コード原則1-3では，上場会社は，資本政策の動向が株主の利益に重要な影響を与え得ることを踏まえ，資本政策の基本的な方針について説明を行うべきである。原則5-2では，経営戦略や経営計画の策定・公表に当

たっては，収益計画や資本政策の基本的な方針を示すとともに，収益力・資本効率等に関する目標を提示し，その実現のために，経営資源の配分等に関し具体的に何を実行するのかについて，株主にわかりやすい言葉・論理で明確に説明を行うべきである。

　資本政策において，資本構成（自己資本比率等），資本効率（自己資本利益率（ROE）等），株主還元（配当，自己株式取得等）を勘案することになる[7]。

　ROEもさることながら，最適資本構成の議論を踏まえると，ROA（総資本に対する営業利益の割合）を踏まえたROEの指標が業績評価の基準となる。レバレッジ効果，利子率とROEの差などの理論が前提となる。ROE＝|ROA＋負債比率（ROA－利子率）|×（1－税率）の図式において，財務レバレッジ効果については，①「ROA－利子率」がプラスの場合は株主側の要望に応じ財務レバレッジを高めることが許容されるが，金利の上昇リスクが懸念されることになる。また有利子負債の支払利息は税法上損金に算入され，支払利息に税率を乗じた分は税金を払わなくてすむことになる（負債の節税効果）。財務レバレッジについて，安全性の面からは財務レバレッジが低い（株主資本比率が高い）ことが好ましいが，収益性の面からは財務レバレッジが高い（株主資本比率が低い）方が一定の成約の下では好ましいともいえる。その最適資本構成を経営陣は各局面に応じて模索することになる。

　こうした前提で，経営陣には配当と内部留保・ROE，翌期の利潤を生み出す株主還元政策の構築が求められる。単に当期の株主配当性向，ROEをいかに設定するか，中期経営計画に連動したグランドデザインは重要となる。企業の競争力の観点からは，投資家は投資収益の上がる有効な投資の判断を下すことになるが，結果としては企業側も企業価値創造に向け目指す点は同じであり，ROAの検討が資本政策の視点で必須であろう。対外的な目標としてROEの数値，内部収益率（IRR）を開示するとしても，攻めのガバナンスの視点から，経営の内部面の深化としてキャッシュフローの管理が大切であり，フリー・キャッシュフローの黒字化が長期的な投資資金を生み出す好循環を創造することになる。

4．伝統的リスクマネジメント理論からみた近時の企業不正

2015年になって会計面における利益の上乗せ操作など企業不正が再度勃発し，形式的には米国型経営組織（指名委員会等設置会社）の形態を採っているにも関わらず，監視機能が働かなかったこと等が問題視されている。伝統的リスマネジメント理論からすれば，一種のリスク・パラドックスに陥っており，実質面の充実を図るべく，スチュワードシップ・コード等を通じてステイクホルダーなど各層が多様な情報と見方の共有を図り，対話・共創するリスクコミュニケーションの充実が重要となるのであろうか。そのためのガバナンスの可視化，透明化の必要性が唱えられる[8]。

II．コーポレート・ガバナンスの実践―企業価値向上に向けたインセンティブと改革―

1．企業価値向上のためのコーポレート・ガバナンス・システム

企業価値向上のためのコーポレート・ガバナンス・システムの在り方について，2015年7月24日「コーポレート・ガバナンスの実践―企業価値向上に向けたインセンティブと改革―」コーポレート・ガバナンス・システムの在り方に関する研究会（座長神田秀樹教授）報告書が経済産業省産業組織課から提示されている[9]。報告書の骨子は，2つの日本版コード策定・実施を受け，企業におけるコーポレート・ガバナンスの実践段階の検討，攻めのガバナンス体制の強化として，①中長期的な企業価値向上のためのインセンティブ創出，②取締役会の監督機能の活用，監督機能を担う人材の流動性の確保と社外取締役の役割・機能の活用，③具体的な取組（プラクティス）と制度の双方を踏まえた検討の必要性を基本的な考え方とし，具体的な施策として，④企業における実務（プラクティス）の整理，⑤関連する法的解釈の明確化等を掲げる。④では，(a)新しいボードプラクティス，(b)報酬設計や会社役員賠償責任保険の活用に関する実務上の工夫，⑤では(c)取締役会の上程事項，(d)社外取締役の役割・機能等，(e)役員就任条件，(f)新しい株式報酬の導入について検討を加えている。

2．企業価値向上に向けたインセンティブと改革，法的論点に関する解釈指針

　上記報告書では，役員報酬によるインセンティブの付与について，中長期の業績目標の達成度合いに応じて現物の株式を役員に付与するパフォーマンス・シェア（PS），一定期間の譲渡制限が付された現物株式を役員に付与するリストリクテッド・ストック（RS）の発行手続きを明確化すると共に，中期計画との連動，業績連動報酬の設計などについて整理を図っている。自社株式を予め定められた権利行使価格で購入する権利であるストックオプション（SO），株式報酬型ストックオプションの他，報酬相当額を信託に拠出して信託が当該資金を原資に市場等から株式を取得した上で一定期間経過後に役員に株式を付与する株式交付信託を用いてPS, RS類似の効果の実現を図る制度も導入されているが，PS, RS自体を導入する仕組み，税制上の手当が未整備であることを指摘する。

　会社保証，D&O保険による適切なリスク軽減に関しては，会社法上，一定の要件・範囲の下で会社保証が可能であることを明確化し，D&O保険の保険条件を確認する差異の実務上のポイント，保険料を全額会社が負担する手続きを整理している。我が国にはグローバル水準の補償の仕組みがなく，CEO等が適切なリスクテイクをする際の障害となることを述べる。特に会社補償（Indemnification）が社外取締役を活用した一定の要件・範囲の下で，会社法解釈において可能なことを明確化している。D&O保険については，社長独断の不祥事の場合に他の役員が保護されないこと，会社法上は会社が保険料の全額を負担してよいか解釈上の争いがあることを受け，実務用の検討ポイントと対応策を述べ，会社が保険料の全額を負担してよいことを明確にする（税制上の取り扱いは今後の課題となる）。

　取締役会の実効的な監督について，取締役会の上程事項，社外取締役の業務・監視義務の範囲等について，会社法上の解釈を明確化している。監視義務については，社内の知見に乏しい社外取締役があらゆる事項について監視義務が求められ結果責任を負うこと，提訴判断については会社法上は独立した立場の監査役が提訴の判断を担うが（会社法386条1項），将来の会社利益も含めて判断ができる社外取締役が活用されていなかったことが問題意識となっている。

上程事項の範囲を決定する際の考慮要素として，任意設置の指名・報酬委員会（取締役の監督機能の補完），社外取締役の選任（監督機能の強化），内部統制システムの構築・運用（個別の業務執行リスクの適切な管理）を掲げ，一定の場合には上程事項の範囲を限定的とすることができる旨を明示する。

　更に，「業務を執行した」に該当せず，社外取締役が行うことが可能な行為を例示し，内部通報の窓口となること，MBO（マネジメント・バイアウト）において買付者の間で交渉を行うこと，株主・投資家との対話や面談を行うことを掲げている。

　社外取締役の監視義務については，監視義務の範囲に関する考え方，ならびに取締役の責任追及に関する提訴判断では社外取締役を活用することが望ましいことを明示し，裁判所が監査役・社外取締役の不起訴判断を尊重し，株主による提訴を却下できる仕組みの導入が立法的課題となる。

　社外取締役の監視義務については，内部統制システムを前提として考えるべきで，内部統制システムの機能・運営を確認し，その過程で不正の端緒を発見した場合に限り適切に調査を行えば足りる。

　取締役の責任追及に関する提訴判断では（会社法386条1項），社外取締役の監督機能を適切に活用した上で，提訴の判断要素として取締役が職務を怠ったこと，提訴により会社が被る不利益，将来取締役が積極的意思決定を見送る可能性等を総合的に勘案する。

　こうした法的論点に関する解釈指針を示すことで，ソフトローとしての役割も報告書に持たせているといえよう。

【注】
（1）経済産業省「持続的成長に向けた企業と投資家の対話促進研究会〜対話先進国に向けた企業情報開示と株主総会プロセスについて〜」報告書（2015年4月）1-141頁。
（2）日本投資環境研究所調査部・上田亮子「2015年6月株主総会とコーポレート・ガバナンスの状況」『2015年の株主総会の総括と2016年の株主総会に向けた対話のポイント』スチュワードシップ研究会（2015年8月）参照。
（3）東芝における新たな社外取締役がその例であろう。2015年8月19日日経新聞。
（4）藤沢久美「社外取締役の立場からみた，課題と期待」日本証券アナリスト協会（2015年8月18日）講演参照。専門家のプライオリティは高くなく，監査役あるいはアドバイザーが適当とみられる。
（5）米国のように人事コンサルタントを活用することを通じて，将来的には米国型に収斂する可能

性もある。前掲・藤沢久美「社外取締役の立場からみた，課題と期待」。私見であるが，執行と監督機能の分離徹底化のみならず，米国のように CEO などが社外から招聘されることが多くなることが前提となろうか。多様な業種の経営経験者が CEO に就くシステムが構築されるようになれば，社外取締役にも，自身が経営経験が豊富な場合，役員人事の判断は一定程度行うことが可能となろう。
（6）①我が国独特の顧問・相談役制度の存在が，現在の経営陣の意思決定面の足枷となり，また報酬の終身的保証から社長時にリスクテイクを避けて積極策を採らず，また社長を退いた後も経営経験を活かして他社の社外取締役就任を忌避する一因ともなる。この連鎖を断ち切るには，取締役会会長を社外取締役に委ねることが考えられる。② 2015 年 3 月期に年間の取締役開催回数が急減しているが（58 回から 20 回へ），総会後の社外取締役比率の上昇（6.3％から 12.5％），従来の日常業務的議題は社外者に理解し難いため，監督面などの高次元の事項に絞ったことが考えられる。③ Comply or Explain について，説明の必要がある場合に投資家が理由を認識できるのは実際には総会後になるため，開示の問題が出てくる。株式会社 ISS Japan 代表石田猛行「今般の株主総会と海外機関投資家の動向」証券経済学会（2015 年 8 月 22 日）。
（7）資本政策の基本的な方針に関して，デット・エクイティ比率などの具体的方針，政策保有株式に関する方針（原則 1-4）および株主の利益を害する可能性のある資本政策（原則 1-6）の対応など原則の背後にある基本的な考え方が議論された。有識者会議（第 7 回）における議論。
（8）上田和勇「リスク・パラドックス」，奈良由美子「生活リスクのパラドックスとリスクガバナンス」ドイツ日本研究所国際フォーラム・日本リスクマネジメント学会全国大会（2015 年 9 月 18 日）。亀井利明『リスクマネジメント総論』同文舘（2004 年），亀井利明・亀井克之『危機管理とリーダーシップ』同文舘出版（2013 年），同『危機管理と危機突破』ソーシャルリスク研究所（2015 年），亀井克之『現代リスクマネジメントの基礎理論と事例』法律文化社（2014 年），上田和勇『企業倫理リスクのマネジメント』同文舘出版（2014 年）参照。
（9）経済産業省産業組織課長中原裕彦「企業価値向上のためのコーポレート・ガバナンス・システムの在り方について」日本コーポレート・ガバナンス・ネットワーク（2015 年 9 月 15 日）参照。「コーポレート・ガバナンス・システムの在り方に関する研究会」報告書について，http://www.meti.go.jp/press/2015/07/20150724004/20150724004-1.pdf。

第25章
刑罰規定における規範化概念の進展と域外適用, Senior Management Regime (SMR) における刑事罰規定のあり方の試論

I. CFAAにみる米国の刑罰規定における規範化概念の深化と司法判断

　英国のSMRを中心にNEDの機能からSMFsに向けたガバナンスの進展を考察してきた。SMRにはエンフォースメント強化として刑事罰規定導入が予定されている。またSMRの外国銀行支店あるいは本店に対する域外適用も懸念されている。現時点では，規制当局は刑事罰規定の発動や域外適用に関しては抑制的ともみられるが，対応を迫られる銀行業界からはNEDとSMFSの概念の重複，不明確さなどもあって疑問の声が出されていることを述べた。
　ここでは，拡大適用と域外適用に関連して，近時の米国の刑罰規定における社会規範の概念導入，ならびに域外適用について検討してみたい（ヨーゼフ・ホフマン インディアナ大学 ロースクール教授講演参照）[1]。法的保護を受けることの許容範囲に関して，米国のComputer Fraud and Anti-Abuse Act（CFAA, 18 USC§1030）を考察する[2]。私見であるが，本来はルールベースである米国において，規範化概念の深化といったプリンシプルベースへの接近，ソフトローのルールミックス化ともいうべき傾向が窺える[3]。これまでのSMR等の議論との交錯領域といえようか。
　1980年代初に米国の法執行機関はコンピュータ時代に向け，新たに発生するコンピュータ犯罪に対処する刑法が存在しないことに懸念が高まっていた。連邦議会は，既存の刑法にコンピュータに関する新規定を加えるのでなく，

単一の新しい制定法（刑法典 1030 条コンピュータに関連する詐欺及び関連行為）の中でコンピュータ関連犯罪に対処する道を選択し、刑法典 1030 条の制定後も 1986 年コンピュータ詐欺と濫用に関する法律（CFAA）の制定に至っている（刑法典 1030 条改正）。連邦議会は CFAA において、コンピュータ犯罪に対する連邦政府の関心、犯罪を禁止・処罰する各州の関心や能力の間に適切なバランスを取ろうとし、連邦議会は連邦レベルの司法管轄を連邦政府が関心を持たざるを得ないケース、即ち連邦政府機関や特定の金融機関のコンピュータが関係するケース、犯罪自体が本質的に州際または国際的であるケースに限定した。他方で各州内で発生するコンピュータ犯罪については、州レベルの司法管轄として各州にて法令を定めている。CFAA により刑法典 1030 条の規定が明確化され、更にコンピュータ関連の犯罪行為が追加された（コンピュータ経由による財産の窃盗を罰する規定（1030 条(a)(4)）、他者に帰属するデータを故意に改変・損傷・破壊する者を罰する規定（1030 条(a)(5)）が追加）。コンピュータ犯罪の高度化、検察当局の経験の蓄積に伴い、刑法典 1030 条の修正条項として議会は逐次修正決議を行っている。刑法典 1030 条では(a)(1)から(a)(7)まで 7 種類の犯罪が規定され、同条の(b)により犯罪の未遂も犯罪となる。法執行機関または諜報機関の合法的な捜査活動・諜報活動等は 1030 条の対象から明示的に除外される。

　CFAA の元来の立法意図はハッキング（hacking）防止であったが、2008 年に至るまで修正が行われている。特に(a)(2)に焦点を当てると、無権限、あるいは権限を超えてアクセスし、財務情報や政府の情報、さらには保護されたコンピューターのあらゆる情報を得ようとする行為が厳罰の対象となっている。内容は禁固刑（最大 5 年）、民事責任として補償的損害賠償（compensatory damages）と差止命令（injunctive relief）となっている。

　ここで同条の許容範囲を超えてアクセスすることの意味合いの理解が問題となる。法律文言、さらには技術面で法益は保護されているはずであるが、米国司法省（DOJ）の発出したマニュアル（U.S. DOJ CFAA Manual）によれば、①法律文言、②技術面の他に③契約面、④社会規範の 2 種類の判断に保護手段を拡大している。③契約としては、terms of service, a computer access policy, a website notice, 更には an employment agreement があるが、こ

れ以外に4つ目の判断基準として，④文章化されていない社会規範に拡大される。

想定されるCFAA違反行為として，無権限のアクセス共有，False user profiles (e.g., Facebook)，VPN access（バーチャル・プライベート・ネットワークのアクセス），Date mining（データ採掘）の他，White Hat hacking（善良目的のハッキング）も該当する。

かかる議論は，ルールベースが主体のはずの米国におけるソフトロー発展，ルールミックス化に関する議論と軌を一にするものであろう[4]。

①文章化されていない社会規範の違反行為事例として，U.S. v. Nosal（9th Cir.2012)[5]がある。被告従業員は雇用主のコンピューターを使用して情報をダウンロードしようとしたが，業務に役立てる目的であった。司法省は，雇用契約上は禁止されていないが（③），本来であれば企業側は許容しないはず（④），と判断してCFAAにより訴追したものである。連邦地方裁判所は次の通り述べて訴えを却下した。連邦議会がコンピューターを使用する者に対してコンピューターの使用制限の違反により（in violation of computer use restriction）刑事責任の拡大を意図するのであれば，コンピューターを使用する全員が包含されかねない。政府は，軽微な違反は訴追しないと保証するとしているが，我々は地方の検察官のお情けで生きていくのではない（shouldn't have to live at the mercy of our local prosecutor）。魅力的なターゲットが出現した場合に，政府を信用できるかは明白ではない。

CFAAに関しては，規制当局側が訴追拡大の手法として規範化概念を持ち出し，司法判断はこれを否定したという図式であろう。

Ⅱ．CFAAにみる域外適用と米国法の動向—近時の裁判例との整合性—

刑事法領域における域外適用（Extraterritorial Application）の概念については，主観的・客観的属地主義，属人主義，効果主義などが掲げられるが[6]，刑法における立法意図による解釈が重要となる。

第25章　刑罰規定における規範化概念の進展と域外適用，Senior Management Regime（SMR）～　　*369*

　CFAA における保護されるコンピューター（Protected Computer）の定義については，米国外のコンピューターであっても州際取引，海外取引（interstate or foreign commerce or communication in the U.S.）に影響を与える場合は本罪の対象となる。司法省の解釈としてはコンピューターがネットに接続されていれば十分であり，ウェブサイトの無断使用の場合，.com，.net，.edu などが用いられていれば CFAA の規定に従うものとされる。

　CFAA に関する連邦最高裁の判断はまだ出されていないが，近時の裁判例として ① Morrison v. National Australia Bank 事件（Morrison 事件），② Kiobel v. Royal Dutch Petroleum 事件の判断枠組みが参考となる。

1．Morrison v. National Australia Bank 事件（Morrison 判決）[7]

(1)　Morrison 判決における域外適用の否定

　オーストラリアの銀行であり，ADR（米国預託証券）を NY に上場していた間接的上場の事案で，foreign-cubed 訴訟（外国人原告らが外国の証券取引所で外国会社の株式を購入した有価証券に関する訴訟）について，第 2 巡回区控訴裁判所が初めて審理したものである。争点は，米国内の子会社が行った不正行為に関し，米国外企業の米国外上場株式について，米国外投資家が米国において証券取引所法 10 条(b)項の事物管轄および訴権を有するかであった。

　Morrison 事件の原告は，ナショナル・オーストラリア銀行の子会社による虚偽記載の原因は米国で発生し，虚偽記載は同行によって SEC への証券届出書に盛り込まれ，1934 年法第 10 条(b)による訴訟は国内行為に基づく請求であると主張した。最高裁は法令の真の目的を判断するとともに，申立ての国内行為が議会が法律制定時に意図した目的に沿ったものであるかを判断するためには，該当法（1934 年法）の条文を検討しなければならない。1934 年法は，詐欺行為そのものを処罰するものではなく，国内証券取引所に登録された証券，または国内証券取引所に登録されずに国内で売買された証券に関連した詐欺行為を処罰するものである。Morrison 事件の詐欺行為は法律が目的とする行為ではなく，証券の販売は米国内で発生したものでないから，申立ての国内行為は請求を起こすには十分とはいえないと判示した。最高裁の判断枠組みとしては，議会が通す立法は，米国の土地管轄内の適用のみが推定され，詐欺行

為の発生地は米国外であり、域外の推定が働くとする。以下では、本判決直後に制定されたドッド・フランク法との関連も含め、更なる検討を深めたい。

(2) ドッド・フランク法の証券取引法に関する域外適用
 (イ) 米国証券法の域外適用
　ドッド・フランク法では米国証券法の域外適用を許容する明文規定が置かれ、従前の米国証券法に関わる司法判断を覆す可能性もあり、米国進出の邦銀等の影響も大きく、米国証券法に内在する潜在的リスク、訴訟リスク等に関する検討が必要となる。ドッド・フランク法929条Pは詐欺禁止条項違反を主張してSEC、米国政府に対する訴権を認め、一般私人にも提訴権を認めるかが議論される。
 (ロ) モリソン事件における行為・効果基準と米国最高裁の域外適用否定
 ① 行為・効果基準
　米国では証券法の域外適用は肯定されてきたが、2010年6月最高裁判所はMorrison v. National Australia Bank事件で域外適用を原則的に否定する立場を示した。しかし、同年7月ドッド・フランク法において、米国証券法の域外適用を許容する明文規定が置かれた。域外適用否定の立法意思推定、立法目的に照らし厳格に国内行為を判断すること、非米国有価証券発行体の訴訟リスク軽減への寄与、同法による行為・効果基準の復活ならびに私人への提訴権付与等である。米国連邦第2巡回区控訴審は行為・効果基準（conduct and effects test）により裁判管轄権を有しないと判断したが、最高裁は同じ結論ながら立法意思から法律解釈するアプローチを採る。
 ② 最高裁の判断
　最高裁は、議会の立法意思が明確に存在する場合に限り法律が域外適用されると判断し、国内行為の存在を主張するのみでは必ずしも法律が国内で適用されることにならないとの判断を示している。Foreign-Cubed（外国証券取引所詐欺）事件に多岐の影響を及ぼし、米国内で事業を営む非米国発行体において、米国証券法に関係する潜在的リスクが制限されることになろう[8]。
 ③ ドッド・フランク法929条Pと行為・効果基準の復活の影響
　ドッド・フランク法第929条Pは1934年法を改定し（1933年証券法、1940

年投資助言者法の改定も含む），同法の詐欺禁止条項の違反を主張して SEC 又は米国政府が提起する以下の訴訟について米国連邦地方裁判所に管轄権を賦与する。①証券取引が米国外で行われ，外国投資家のみが関与する場合であっても違反行為を形成しているきわめて重要な構成部分が米国内で行われている場合，②米国外で行われた行為により，米国内に実質的な影響を及ぼすであろうことが予見可能な場合。

　行為・効果基準の復活であり，連邦議会による域外適用の立法意思は明白であるため，Morrison 事件の判例法理からも域外適用が否定されることはない。ドッド・フランク法第 929 条 P は海外証券詐欺事案について米国裁判所に訴え出る権利を SEC と米国政府に付与するが，一般私人による米国での訴訟提起は規定していない。同条を拡張適用して海外証券詐欺事案について一般私人にも米国裁判所に訴える権利を認めるべきか否かを判断するための調査を SEC が行うものとする。私人への訴訟提起権付与については，クラスアクションを容易に起こせることも懸念される[9]。

　規制当局は，司法省の米国 FCPA（The Foreign Corrupt Practices Act of 1977）の摘発態度にみられる通り，政策遂行から域外適用を強め，他方で裁判例は域外適用に否定的であると考えられる。もっとも，私見であるが，モリソン事件は域外適用を認めた場合，逆に米国サイドの国益が損ねられるケースともみられ，効果基準・効果主義の立場から鑑みて，必ずしも整合性がとれないともいえないのではないか[10]。

2．Kiobel v. Royal Dutch Petroleum 事件（Kiobel 判決）[11]
―域外適用否定の推定則―

　原告はナイジェリア国籍人であり，残虐行為（committing atrocities）を理由に英国，オランダおよびナイジェリア企業を被告とする事案である。問題となる行為は国外（パラグア，メキシコ）で行われた。原告によれば，これらの企業はナイジェリア政府の国際人権法違反を幇助した。米国の裁判管轄権の根拠として援用されたのが外国人不法行為法である。外国人不法行為法（Alien Tort Statute, 28 U.S.C. § 1350, ATS）の下で国外行為について米国裁判所で争いうる訴訟原因が生じるかである[12]。

外国人不法行為法（ATS）では，米国が当事者となっている条約および国際慣習法（law of nations）の違反によって被害を受けた外国人による不法行為訴訟について合衆国地方裁判所が第一審裁判管轄権を有すると規定されている(13)。合衆国第2巡回区控訴裁判所は，慣習国際法が企業の不法行為責任を認めていないという理由で訴えを却下した。最高裁における争点は，ATSにも域外適用否定の推定則が適用されるか，適用される場合に本件において推定が覆されるかである。最高裁判決は，原審判決を維持しATSにも域外適用否定の推定則は適用され，本件では推定が覆されないと述べている。

　問題点は，上訴人が 外国人不法行為法（ATS）の下で適切な主張をしたか否かでなく，主張が外国の領域で行われた行為にまで届くかである。域外適用否定の推定則は，制定法に域外適用について明確な指示がない場合に域外への適用がないとする原則で，合衆国法は国内問題を統治し，世界を支配しないという推定（presumption that United States Law governs domestically but does not rule the world）を反映したものである。この推定は，他国の法との国際的な軋轢を生じさせるような意図しない衝突を防止することに役立つ（serves to protect against unintended clashes between our laws and those of other nations）ものである(14)。国際礼譲（international comity）主義(15)に依拠するものといえようか。

　政治部門が明らかに意図していない外交政策上の結果をもたらすような合衆国法の解釈を司法が誤って採用しないようにする役割を持っている。ATSが制定された元々の歴史的経緯（the historical background）も，即ち米国に赴任してきた外国大使の保護，カリブ海の海賊に対する防御なども，域外適用否定の推定則を克服するために制定されたことを立証するに十分なものではない。米国がこうした刑事・民事責任訴訟に関して，セーフハーバーとなることを防止するものともいえる（includes a distinct interest in prevention the United States from becoming a safe harbor）(16)。

　上記の通り，外国人不法行為法（ATS）に関する最新の最高裁 Kiobel 判決では，Sosa v Alvarez-Machain 判決(17)とは対照的に，訴えを事物管轄権の不存在（lack of subject matter jurisdiction）のゆえに却下した(18)。米国法の域外適用否定の推定則を援用し，原告主張を否定している(19)。

3．域外適用否定の推定則適用と管轄権の誤謬の論点
―管轄権の存否と実体法上の有効性の差異―

　Kiobel 判決における域外適用否定の推定則適用に関しては，管轄権の誤謬の論点が指摘されている[20]。外国人不法行為法（ATS）は完全に管轄権に関する法律であり，域外適用否定の推定則を論じることはほとんど意味がない。外国人不法行為法は行為の内容を規律するものでなく，一定の事件に連邦裁判所を訴訟の場として提供するだけの管轄権に関する法律である。同法の管轄権の範囲に入る事件を規律する実体法は国際法であって米国法そのものではない。Kiobel 判決では，拷問や裁判によらない処刑は Sosa 事件で問題となった拉致よりも深刻であり，訴訟原因がないという口実で問題回避ができず，最高裁は国際法の問題を避けるために煙幕を張ったのである。域外適用の問題に注意を集めて，訴訟原因の存否，企業の国際不法故意責任の有無など，より本質的な問題に向き合わなかった。問題の回避は，最高裁が下級審の事物管轄権の不存在を理由に訴訟を却下するという手続き論によって処理を図ったことで複雑化している。実際は法律の域外適用否定の推定則に依拠して本案問題を最高裁は扱っており，判決は本案問題についての判決であると表現されるべきである。連邦裁判所には国際人権法の問題という国際法の実体問題を判断する権限が与えられており，国際法の形成に参加することをためらってはならない。

　域外適用の実体的性質に関して，Kiobel 判決における最高裁の誤りは，域外適用の問題が事件の本案についての判断でなく，事物管轄権の不存在の問題として事件を却下したことにある。事物管轄権の問題は裁判所の審理権限の問題であり[21]，本案は請求の実体法上の有効性に関わる問題である。

4．域外適用の司法判断と SMR の敷衍

　こうした域外適用に係る近時の米国判例の傾向をみると，FCPA，CFAA など米国法の過度に広い域外適用を米国司法省などが積極的に求めていることに対して，米国の裁判官は懸念し始めており，概して逆に謙抑的姿勢を示しているということができる。裁判所は司法省による域外適用の制約要因となろう（Joseph L. Hoffmann 教授）。域外適用に係る司法判断の動向は，世界的な規範形成の一環でもある[22]。

翻って英国の SMR に係る域外適用についてみると，私見となるが，SMR の外国銀行支店，本国の本社に対する域外適用などに関する規制当局の姿勢については，施行時期（2016 年 3 月 7 日）の前の段階であるが，現時点で，司法判断の謙抑的姿勢を反映してか，或いはロンドン金融市場の国際競争力，更には規制コスト抑制などを念頭に置いているためか，抑制的とみられる。SMR の中で，企業の自主的対応を促す Certification Regime（CR）の役割が強調されることと整合性もあろう。もっとも，刑事罰規定導入などのエンフォースメントを今後強める可能性もあり，導入後の姿勢の変化などは不透明といえる。英国の政策方針は独自性を強めつつあり，またルールベースの米国における司法判断とは根本的相違もあろうが，今後の SMR の方向性を考察する上で大きな示唆となろう。プリンシプルベースにおけるルールミックスとしての SMR における行動規範・ルールの整備が実効性確保の 1 つの鍵となるものと思料される[23]。

【注】
（1）「The Extra-Territorial Application of U.S. Criminal Law 米国刑法の域外適用」（Professor Joseph L. Hoffmann Maurer School of Law Indiana university ヨーゼフ・ホフマン インディアナ大学 ロースクール教授）東京大学第 49 回比較法政シンポジウム『Modern Issues in American Law アメリカ法の現代的課題』（2015 年 8 月 5 日）参照。シンポジウムではこの他，「米国裁判所における国際人権法の展開」トム・ギンズバーグ（シカゴ大学 ロースクール教授），「ニューヨーク法に基づくソブリン債のパリパス条項（債権者平等条項）―アルゼンチン国債判決」チャールズ・ムーニー（ペンシルバニア大学 ロースクール教授），「国外への法制の伝道―来るべき米中間の競演」ベロニカ・テイラー（オーストラリア国立大学アジア太平洋カレッジ教授，ワシントン大学ロースクール客員教授），「2015 年税制改正の概要と今後の動向」クリストファー・ハンナ（サザンメソジスト大学 ロースクール教授）の講演が行われた。
（2）「諸外国における他人の識別符号の譲受け行為等を規制する関連法令に係る調査報告書」財団法人社会安全研究財団（2010 年 12 月）1-42 頁。
（3）拙稿「忠実義務と非業務執行取締役の考察―米国の忠実義務の規範化概念と英国会社法の一般的義務，英国スチュワードシップ・コードと Approved Persons 制度等の接点―」日本法学『山川一陽教授古希記念』第 80 巻 3 号（2015 年 1 月）439-492 頁。
（4）拙稿「忠実義務と非業務執行取締役の考察―米国の忠実義務の規範化概念と英国会社法の一般的義務，英国スチュワードシップ・コードと Approved Persons 制度等の接点―」日本法学『山川一陽教授古希記念』第 80 巻 3 号（2015 年 1 月）439-492 頁。
（5）http://harvardlawreview.org/wp-content/uploads/pdfs/vol126_united_states_v_nosal.pdf.
（6）拙稿「国際取引における域外適用ルール統一化ならびに秩序形成に向けて」日本法学第 79 巻第 1 号（2013 年 6 月）1-73 頁。
（7）http://www.supremecourt.gov/opinions/09pdf/08-1191.pdf. Morrison v. National Australia

Bank, Ltd. No.07-0583-cv (2d Cir. 2008).「米国連邦第 2 巡回区控訴裁判所, 外国発行会社の証券訴訟について判断」モリソン・フォースター LLP (2008 年 11 月 11 日)。http://www.mofo.jp/topics/publication/20081111.html。湯原心一「アメリカ法判例研究(6) 証券取引所法第 10 条(b)項の域外適用と外国での取引」比較法学 45 巻 2 号 (2011 年 12 月) 231-238 頁。拙稿「域外適用と銀証分離の交錯—グローバル金融法制の新潮流—」政経研究第 49 巻第 4 号奥村大作教授古希記念号 (2013 年 3 月) 171-204 頁。
(8) 2007 年 SEC のルール (12g3-2(b)) が改正され, スポンサーなし ADR プログラムが急増し, 当該プログラムに関連する発行体の米国における行為は存在しないため非米国発行体が懸念すべき訴訟リスクは小さくなるはずである。前掲・大橋宏一郎 50 頁。
(9) 大橋宏一郎「米国証券法の域外適用に関する最近の動向」金融財政事情 (2011 年 2 月 7 日) 48-50 頁。
(10) 拙稿「域外適用の現代的考察—恣意性ならびに効果主義理論の整合性—」『企業コンプライアンス』尚学社 (2013 年 12 月)。
(11) Kiobel v. Royal Dutch Petroleum Co., 133 S.Ct. 1659 (2013).
(12) アレックス・グラスハウザー (Alex Glashausser, Professor of Law, Washburn University School of Law, Topeka, Kansas, USA.) 講演・宮川成雄訳「人権と管轄権の正誤—外国人不法行為法の解釈の誤謬—」比較法学 48 巻 1 号 (2011 年 12 月) 121-138 頁参照。
(13) 小沼史彦「アメリカ法判例研究 (13) II 外国人不法行為法と域外適用否定の推定則:Kiobel v. Royal Dutch Petroleum Co., 133 S. Ct. 1659 (2013)」比較法学 47 巻 3 号 (2014 年 3 月) 336-345 頁参照。
(14) EOc v. Arabian American Oil Co., 499 U.S.244 (1991).
(15) 米国における国際礼譲の取り扱いについて, 1993 年ハートフォード火災保険最高裁判決は, 原則として効果主義に従い反トラスト法の域外適用の可否が判断されることを確認し, ①外国の法律が米国法の禁止する方法で行動することを強制している場合, ②米国法を遵守することが外国の法律によって発動される命令に違反する場合に限り, 国際礼譲により管轄権の行使が抑制されるとした。国際礼譲の範囲を狭く限定する解釈を採用したものである。「第 14 章 一方的措置《参考》競争法の過度な域外適用について」『2013 年版不公正貿易報告書—WTO 協定及び経済連携協定・投資協定から見た主要国の貿易政策—』経済産業省通商政策局編, 469-504 頁参照。「補論 2 国際的経済活動と競争法」『2015 年版不公正貿易報告書』563-584 頁。
(16) BREYER, J., filed an opinion concurring in the judgment, in which GINSBURG, SOTOMAYOR, and KAGAN, JJ., joined. SUPREME COURT OF THE UNITED STATES, Syllabus, KIOBEL, INDIVIDUALLY AND ON BEHALF OF HER LATE HUSBAND KIOBEL, ET AL. v. ROYAL DUTCH PETROLEUM CO. ET AL. CERTIORARI TO THE UNITED STATES COURT OF APPEALS FOR THE SECOND CIRCUIT No. 10-1491. Argued February 28, 2012-Reargued October 1, 2012-Decided April 17, 2013. http://www.supremecourt.gov/opinions/12pdf/10-1491_l6gn.pdf.
(17) 542U.S.692 (2004).
(18) Kiobel v. Royal Dutch Petroleum Co., 621 F.3d 111.149 (2d Cir.2010), aff'd, 133 S.Ct.1659, 1663 (201).
(19) Breyer 最高裁裁判官は, 推定則自体には依拠せず, 原告の訴が米国との十分な接触の無い故に裁判管轄権が存在しないという見解を採っている。
(20) 前掲 Alex Glashausser 講演・宮川成雄訳「人権と管轄権の正誤—外国人不法行為法の解釈の誤謬—」125-129 頁に詳説される。最高裁が Kiobel 判決において域外適用の問題を事物管轄権の問題とする過ちを犯した理由について, 最高裁は外国人不法行為法 (ATS) は純粋に管轄権に関す

る法律であることを認めつつ,十分に内容の定まった国際法に基づき一定の訴訟原因を認定する権限を裁判所に認めていると述べ,準実体的説明を行っている。この不正確さから,①米国法を外国での行為に適用しないという推定がATSの下で連邦裁判所に提起される国際不法行為上の請求に適用される。②従って本件請求は事物管轄権の不存在を理由に却下される,といった二段階での誤謬があったものである。外国人不法行為法はKiobel事件についての事物管轄権を設定し,Sosa事件でも同様に,同判決の事案の処理は実体法上の問題として処理されている。連邦裁判所はATSの事件を審理する権限を有しており,国外でなされた不法行為についても権限を有している。ATSは存在意義を失っており,争いのない一般的な管轄権授権以上には何ら連邦裁判所に管轄権を与えていない。しかしながら,ATSがあるが故に実体法上の重要事項から関心をそらす重複的な存在となっており,Kiobel判決の第2の管轄権の誤りとして,ATSの誤った側面に関心を注いでいることである。

(21) Arbaugh v. Y&HCorp., 546U.S.500, 514 (2006) (quoting United States v. Cotton, 535U.S.625, 630 (2002)).
(22) 米国への輸入取引または輸入通商に関する行為についてアルコア事件控訴審判決(1945年)を受けた1993年ハートフォード事件最高裁判決が基本先例として存在する。控訴審は外国人が外国において行った行為が米国に効果を与え,かつ行為者にかかる効果を与える意図がある場合にはかかる行為に対して米国法を適用できる,として域外適用を認めた。この反トラスト法領域の判例との整合性について(質問者は小原喜雄名誉教授),Joseph L. Hoffmann教授は,域外適用の試みは①米国が世界の規制当局になること,②世界的な規範形成の一環であること,の2つの見方があるが,FCPAでは両方のアプローチを採ろうとしている。他方でOECDなど国際機関を通して総意・規範形成を図る動きもあることを述べ,②のアプローチの一環として把握する。域外適用を巡る米国判例の動揺については,米国裁判所がセーフハーバーとなることを避けているとすれば,司法の判断と当局の意図は逆に結果的には同一方向にあるとも考えられようか。理論的整合性よりも広義の国益の保護に主眼があり,これもまた効果主義の範疇に入るとみられなくもない。
(23) 私見であるが,英国規制当局は政策の独自性を強める方向の流れにあり,金融資本市場・証券取引所の国際競争の中で,あくまでも金融機関の体質改善,ひいては英国金融市場の競争力強化等に主眼がある。SMRの域外適用を本邦銀行の日本本社に及ぼすことには現時点では消極的なコメントが伝えられている。域外適用による海外銀行に対するエンフォースメント強化で摘発件数や制裁金収入は増加しても,日本市場の競争力強化に資することは矛盾ともなる。英国がSMR導入による規制の独自色を強めることは国際礼譲とは逆の方向性であるが,域外適用の意味合いはその狭間で考察されるものとなろうか。

第26章
Senior Management Regime（SMR）ならびに SMFs と NED の関係
―SMF18 と NED を中心に，域外適用および攻めのガバナンスの一体的考察―

Ⅰ．Senior Management Regime（SMR）と NED の関係―SMF18 と NED を中心に―

1．Senior Management Regime（SMR）ならびに SMFs に係る考察と攻めのガバナンス

英国 SMR ならびに SMFs に係る考察は，攻めのガバナンスにおけるアクセルとブレーキの役割の明確化の観点からも，我が国のガバナンスのあり方の検討に重要な示唆となる。そもそもガバナンスの柱は執行と監視の分離の徹底，違法性の監視と経営の妥当性のチェックにある。攻めのガバナンス自体が我が国 CGC 独特の概念でもあり，やや分かり難さもなしとしないが，積極的妥当性の領域に踏み込むもので，実効性確保には戦略的リスクマネジメント（ERM）の装備が不可欠となろう。SMR 自体は上級経営陣の機能（SMFs）と責任，エンフォースメントなど主に執行面に広範に焦点を当てる。FCA・PRA の協議文書などでは SMFs には一定の NED の機能も包含する旨が記されるが，SMFs と NED の概念との整理は規制当局も調整を模索中の不明確な問題である。SMFs と NED の役割・機能，実際の企業における配置などは，我が国の攻めのガバナンスの実践段階において肝要となる議論として意義深い。

SMR の制度が今後機能していく上で，SMFs（上級管理者機能）と非業務

執行取締役（NED）の包含状況あるいは区分境界，更に包括的な SMFs としての SMF18 が内容面の不透明さがあり，被規制側の予測可能性からも検討が肝要となる。SMFs は NED を含めた概念であるのか，NED を含むにせよ，企業内の重要なガバナンス機能を担う NED は包含し，全体として企業運営・執行面に重要な役割を果たす観点から考察していくものであるか，英国規制当局も 2016 年導入を前に協議文書などにおいて調整を重ねているのが実状といえよう⁽¹⁾。

2．SMFs と NED—Generic NED（一般的・非業務執行取締役），SMF18 の境界の不透明化—

(1) SMFs と NED—Generic NED—

2015 年 3 月協議文書（フィードバック）⁽²⁾をみると，既に SMR の内容としては標準的な NED（standard NEDs）は対象外とする旨をアナウンスしてきたが，パブリックコメントに対するフィードバックの中で，大筋に変化はないが，特定の機能に関しては若干の修正を表明している。即ち，SMR に NED を包含することで，業務執行機能面の責任をとらされることにならないか，結果として NED の独立性を損ね（compromise），集団的意思決定原則を弱める（undermine the principle of decision-making）ことにならないか，更に資質の高い NED の獲得を困難としないか，等の懸念が表明されてきたためである。FCA の立場としては，内部委員会委員長を兼職していない standard NEDs については Senior Managers として任命される必要はないとする⁽³⁾。

即ち，上級管理者は権限委譲を受けたことに関して説明責任を果たすべきであり，第三者に外注する機能についても同様である。新たな Senior Managers, Certification Regimes はかかる期待と整合性を持ち，当該企業の監督に資することが求められる。PRA における SMR では取締役会の全メンバー，および執行役（Executive committee）をカバーしているわけではない。特に取締役会議長，監査委員会委員長，リスクマネジメント委員会委員長，報酬委員会委員長，上級独立取締役（SID）ではない一般的・非業務執行取締役（Generic NEDs）については PRA は承認せず，一般的 NED については FCA の方で SMFs として承認される見通しである。

もっとも，こうした狭い視野に止まらず，PRAとしてはGeneric NEDsを含めて，SMRの対象外の個人ともエンゲージメントを強め，企業の監視と取締役会評価の定期的なレビューを継続していく所存である。従って，全てのNEDは，Senior Managementの業績に関して，PRAと継続的にオープンな意見交換ができるようにすることが望まれる。

PRAは，マネジメント層 (managing bodies) である個人の実効性に係るガバナンスに関心があり，いかに取締役会と内部委員会の各議長が対処しているか。割り付けられたSMFsの機能とも整合性を保っているか，に第一義的に重点を置いている。しかしながら，他方でPRAは金融サービス法の各条項の法的枠組みの中で，法的な権威 (the legal authority) を保ち，Generic NEDs, FCAの他のSenior Managersに対する正規の監督 (formal supervisory) とエンフォースメント行動も実行する予定である。

(2) PRAとFCAの分類

ここで狭義のSMRであるSenior Managers' Regimeにおいて，PRAにおけるSMFsの分類をみると(4)，Executive機能としてChief Executive function, Chief Finance function, Chief Risk function, Head of Internal Audit, Head of key business area, Non-Executive機能としてChairman, Chair of the Risk Committee, Chair of the Audit Committee, Chair of the Remuneration Committee, Senior Independent Directorとなっている。更にExecutive, Non-Executiveの双方に亘る機能として，Group Entity Senior Managerがある。リスク機能については，リスクテイクを図る執行側とその監視側の委員会の双方に配されている。内部監査機能は，CEOなど執行サイドに就くものとして，Executive機能に分類されている。監査に関しては，内部監査機能と監査委員会機能が明確に区別されており，戦略重視型の配置といえようか。

またFCAによるSMFsの分類では，Executive機能としてExecutive Director, Significant Responsibility Senior Manager, Money Laundering Reporting, Compliance Oversight, Non-Executive機能としてNon-Executive Director, Chair of Nominations Committeeとなり，指名委員会

議長の機能（NED）は行動規制の監督を担う FCA が対象としている。議会委員会報告書（the PCBS report）は SMFs は組織のトップにあって相対的に小さなグループであるべきで、取締役会と業務執行会議体（the Board plus the Executive Committee）の二層制（the top two layers）を望ましいものと提言している。FCA の SMFs の構造に関する設計としては、この提言に同意し、各企業において最適な Senior Management が構築できるように自由度を与えているものである。PRA, FCA により特定されている SMFs と共に、FCA の指定は取締役会の全員をカバーする。英国 2006 年会社法が明らかにする通り、取締役会は究極の意思決定機関である。しかしながら、2層目である執行機関は異なる手法で設計されても構わない。必ずしも Executive Committee を保有する必要もない。

(3) 結合リスト

既述してきたが、SMFs と管理する PRA, FCA の関係（結合リスト）を整理すると、最高経営責任機能（Chief Executive function）（SMF1）PRA, 最高財務責任機能（Chief Finance function）（SMF2）PRA, 業務執行取締役（Executive Director ED）（SMF3）FCA, 最高リスク管理責任（Chief Risk function）（SMF4）PRA, 内部監査部長（Head of Internal Audit）（SMF5）PRA, 主要ビジネス領域の担当長（Head of key business area）（SMF6）PRA, グループ全体の上級管理者（Group Entity Senior Manager）（SMF7）PRA, 信用組合の SMF（小規模信用金庫のみ）（Credit union SMF（small credit union only））（SMF8）PRA, 取締役会会長（Chairman）（SMF9）PRA, リスク委員会委員長（Chair of the Risk Committee）（SMF10）PRA, 監査委員会委員長（Chair of the Audit Committee）（SMF11）PRA, 報酬委員会委員長（Chair of Remuneration Committee）（SMF12）PRA, 指名委員会委員長（Chair of the Nominations Committee）（SMF13）FCA, 上級独立取締役（Senior Independent Director）（SMF14）PRA, 非業務執行取締役（Non-Executive Director NED）（SMF15）FCA, コンプライアンス監督（Compliance Oversight）（SMF16）FCA, マネーロンダリング報告（Money Laundering Reporting）（SMF17）FCA, 重要な責任機能（Significant

第 26 章　Senior Management Regime（SMR）ならびに SMFs と NED の関係

Responsibility SMF）(SMF18) FCA となっている。概して，PRA は健全性の監督官庁として財務，リスク，監査，報酬などの機能を NED を含めて対象とし，FCA は行動規制の監督を担うべく指名，ED などの機能を対象とする。FCA はコンプライアンス，マネーロンダリングを含め，指名委員会議長（NED）の他，委員会議長などではない一般的 NED（Generic NED），更に包括的な内容の重要な責任機能（Significant Responsibility SMF SMF18）も広く対象としていることが窺える。

(4)　重要な責任機能（SMF18）の意義—Generic NED との境界の不明確さ—
　SMFs のうち，重要な責任機能（SMF18）については，取締役会のメンバーとして選任はされないが，SMF の構造において企業の Senior Executive の設計に関する自由度付与のために創出されてきたものである。私見であるが，包括的な内容を持つ SMF であり，この点はコーポレート・ガバナンスにおける One size does not fit all の考え方と符合するものといえよう。
　SMF18 については数の上での制約はなく，また職名のタイトルが重要となるものでもない[5]。例えば生産開発担当長に任命された場合も，顧客向けの設計・製造の責任を担っていない場合もあり，Significant Responsibility SMF には該当しない。この場合も，Significant Responsibility の機能を担う他の SMF18 の個人に報告することで問題はなくなる。取締役会が特定の機能（a particular function）に関する包括的な責任（overall responsibility）を付与した場合，SMF18 を担う個人は取締役会に当該機能に関する報告を自ら行うことが求められる（部長代理（their deputy）からでは許されない）。また企業は 1 つの機能毎・SMF 毎に 1 人の個人を任命する必要はなく，企業の柔軟性の確保の視点から，多くの SMF18 の担い手と業務執行取締役（ED）が協働して多くの重要な業務領域に究極的な責任（ultimate responsibility）を持つことになる。企業側のビジネス設計の自由度が高まり，SMFs の増殖（proliferation）を避けることができる[6]。私見であるが，SMF18 の設定によって SMFs の無際限な増加が抑えられ，ガバナンス設計の自由度が高まろうが，不明確な責任を担う SMFs の創出により，包括的な故に NED と SMFs の概念の不明確さに拍車がかかり，域外適用などの局面を含め，規制当局側の

恣意的な適用のリスクが高まらないか，懸念が残るところである．

(5) 責任推定における異同—SMFs でない NED における反証—

　最近の 2015 年 3 月協議書（FCA CP14/13/ PRA CP14/14）[7]においては，責任の推定に関するガイダンス（guidance on the Presumption of Responsibility）が記載されている．金融サービス法により，要求された一定要件を充足できない個人は，当該ポジションにおいて違反を回避することが合理的に期待される場合には，違法行為により有罪となる．Senior Manager が責任推定における反証を図る（rebut）場合のステップについて 2014 年 7 月協議書（FCA CP14/13/PRA CP14/14 Appendix2）に回答してきた．責任の推定の適用は，SMFs の機能として取締役会議長，上級独立取締役（SID），監査委員会・報酬委員会・リスク委員会・指名委員会の各議長を務める NED にもなされるが，他方で SMF の昨日を担わない NED は責任推定の規定は及ばない．また行動ルールに違反した場合，企業として規制の要求に反した場合は，Senior Manager に対して課徴金（financial penalties）も課される．

　責任推定における反証を図る場合のステップは，全ての想定される環境の下で，特定の地位，役割，責任を担っている能力があり適格な Senior Manager であれば採るであろうステップとなる．こうしたステップを踏んだかどうかの決定を FCA が行うに際して考慮する内容は，DEPP マニュアル（Decision Procedure and Penalties Manual）[8]に規定されており，また Senior Manager はいかなるステップを踏むべきかに関して，現存の制定法・コモンロー，衡平法上の縛り（their existing statutory, common law and equitable obligations を考慮に入れる必要があり，この中には 2006 年会社法，行動ルール，UK Corporate Governance Code, Model Code[9]が含まれる．

　FCA が NED に期待する責任の推定に対する反証のステップは，ED において合理的に要求されるものとは異なる．NED に関する FCA のガイダンス[10]と整合性がある内容であり，NED は責任の推定に関しては ED における責任の内容を要求も想定もされていない．

⑹ 行動ルール―ミニマムスタンダード化―

　行動ルールについて，あらゆるレベルの授業員が従うべき，説明責任の担うミニマムスタンダードとして重要であるとFCAは述べている。協議文書に対する企業等からの反応として，ancillary staff（補助スタッフ）を含むか否かの問いについて，FCAは除外する旨を述べている。

　私見であるが，金融サービス法との結合した部分ではなく，Senior Managers' Regime, Certification Regime 以上にソフトローとしての性格を強めた部分であり，対象を更に拡大したものと考えられる。SMRはこのようにソフトローのハードローミックス化した形態といえるが，ミニマムスタンダードであればますますルール化の様相が強まろう。

⑺ Overall Responsibility（包括的責任），SMF18とNEDに係る機構設計と区分の重要性

　特定の機能についてOverall Responsibility（包括的責任）を担う個人（SMF18）が，governing body（統治組織）に含まれていないことは問題はなく，例としてコンプライアンス部門長は，governing bodyの一員ではなくとも直接にgoverning bodyに報告を上げられる。かかる観点からは，相対的に企業内の下部層に位置する個人であっても，Overall Responsibilityを有し，governing bodyに報告できることを意味しているが，FCAとしては十分に上級経営層で信頼性があり（sufficiently senior and credible），十分な経営資源と権威（sufficient resources and authority）を有する個人をOverall Responsibilityを担う個人として想定している（SYSC4.7.5R(3)）。私見であるが，こうした内容はコードなどソフトローおいて定めるべきものといえよう。

　小規模で複雑でない企業であれば，Overall Responsibilityをgoverning body（取締役会）のメンバーに割り振ることもあり得ようが，効率的な運営を図ることからは，企業が広範囲な責任を特定の個人に担わせることはやはり避けるべきである。従って，複雑で大規模な企業の場合，governing bodyの下層の組織において（in the layer of management below the governing body）Overall Responsibilityを割り当て，SMFsの機能を果たすことが期待される。

私見であるが，Overall Responsibility を担う個人（SMF18）の位置づけは，執行と監督の分離を図るガバナンス体制の中で，執行機能の要素を更に強めたものであり，NED の機能とは乖離があろうか。SMF18 の内容が広範囲で不明確な色彩を強める中，NED 機能との峻別は規制当局の恣意的な運用を避け，被規制側において予測可能性を保つ観点からも重要な課題となろう。

FCA によれば，通常の企業（小規模企業を除く）においては SMRs の責任のうち以下の（in rows (6), (7) and (8) of the table in SYSC4.7.7R）内容は NED に割り当てるものとする[11]。(6)内部監査機能（the internal audit function）に係る独立性の確保と業務の監視（SYSC6.2 Internal Audit），(7)コンプライアンス機能（the compliance function）に係る独立性の確保と業務の監視（SYSC6.1 Compliance），(8)リスク機能（the risk function）に係る独立性の確保と業務の監視（SYSC7.1.22 Risk control）（SYSC Systems, and Controls sourcebook）。

他方で，SMRs の責任のうち以下の（in rows (9), (10) of the table in SYSC4.7.7R）内容，および Overall Responsibility（functions under SYSC4.7.5R(3)(allocation of overall responsibility for firm's activities, business areas and management functions)）は執行機能を担う SMF Manager に割り当てられることを期待している。(9)更なる金融犯罪のリスクに対処するための企業の方針と手続き（the firm's policies and procedures）に係る Overall Responsibility であり，効果的なマネーロンダリングシステムに係る機能を含む（SYSC6.3.8R）。企業は，かかる FCA の承認する Senior Management の責任をマネーロンダリング・オフィサー（MLRO）に割り当てることが可能であるが，必須ではない。もし MLRO に割り当てない場合は，この FCA の承認する Senior Management の責任は，MLRO の監視を含む内容となる。(10) CASS（Client Asset sourcebook FCA）に係るコンプライアンスの方針と手続きに関する Overall Responsibility である。いずれにしてもこれらの責任の内容は，Overall Responsibility を前提としたものとなっている。

⑻　MLRO

　MLRO（Money Laundering Reporting Officer SMF17）について，SMR の対象にするべきではないという feedback もあるが，マネーロンダリング，反テロ資金などの金融犯罪に係る責任を有する人員は説明可能としておくべきである。不正発生時に他の責任者が存在するにも拘わらず，scapegoat にされる懸念が存在する。そこで MLRO を certified person として EU 法の国際的基準に基づき，SMFs の枠組みの中に構成することが提示される。SMFs の数をこれ以上増加させることなく，企業の説明責任の遂行が可能となる。

⑼　Complex legal structure, Matrix Arrangement および
　　Robust Governance Arrangement

　大規模・複雑な Complex legal structure あるいは Matrix Arrangement に対して，いかに規制当局が提示する制度が機能するであろうかという回答もある。特に銀行グループ内において 1 人，または複数の人員が Overall Responsibility（包括的な責任）を担う場合に，いかに当該制度が環境に適応できるかについて懸念を表明する企業もある。即ち，私見であるが，英国会社法ハードローに UKCGC や今次の APR，SMR ならびに関連のガイダンスや協議書など多くのソフトローが積み重なっており，効果的に機能しうるかという疑問とみられる。これに対して FCA は，Certification Regime（CR）の項で述べたことであるが，複雑な企業グループやマトリックス構造においても当該制度は十分適応でき，もし企業内の複雑な構造の故に責任の割り当てができないようであれば，そのこと自体が企業サイドにおいて低減を図る（mitigate）べき規制リスク（a regulatory risk）といえよう。Overall Responsibility について，取締役会とそれ以外の正規の法的主体ではない権限を委譲された個人の間に正式な調整を図る（formalize existing arrangements）ことを FCA は要求することもあると述べる。他方で，FCA は各個人の責任を正式なものにする場合にいかなる種類の調整が図られるべきかについては提示しないと述べる。企業内において，個人との契約，あるいは取締役会からの委譲を通じてなされるべき事柄であるとする。私見であるが，監査役設置会社において法的な主体である取締役会と定款で任意に執行権限を委譲した執行役員（会社法上の

正規の制度ではない)の間の権限調整・分配を正規の手続きを持って明確化することが，とかく不明確な Overall Responsibility (SMF18) の実践配備に求められることを述べていよう。

次に Robust Governance Arrangement (強固なガバナンス・アレンジメント) に関し，FCA は企業が senior management responsibilities, overall responsibility の責任 (SYSC 4.1.1.R) を SMF managers 間に分割し，グループ扱いとされるべき複数の責任を1人の SMF manager に割り当てるように期待している。企業としては，SYSC 4.1.1.R におけるどの複数の責任が纏めてグループ扱いとされるのかを判断すべきである。企業は，その場合の組織化，業務内容，そして不必要に多くの責任が1人の個人に割り当てられることがないよう考慮しなくてはならない。

【注】
(1) Strengthening accountability in banking: a new regulatory framework for individuals-Feedback on FCA CP14/13/ PRA CP14/14 and consultation on additional guidance, March 2015.
(2) 注(1)参照。
(3) Consultation Paper FCA CP14/13/PRA CP14/14 Strengthening accountability in banking: a new regulatory framework for individuals July 2014.
(4) 注(3)参照。
(5) 注(3)参照。SMF18 については，Senior Executive がある業務に関して包括的な責任 (overal responsibility) を有するが，取締役会のメンバーではなく，他の FCA・PRA における SMFs の機能も担っていない Senior Executive を配する自由を企業に付与するものであるが，企業サイドの意見として，この機能は潜在的に広範であり，説明責任を弱めることが懸念されている。実際にいかに機能発揮するか，キーとなる機能あるいは主要な業務分野といかに適合する (fit) か，につき明確さが要求されるとする。この点で FCA は，きめの粗い SMFs の特定作業をすることなく (without having to specify a series of granular SMFs)，当該業務分野における責任者が誰なのかを知りたいと考える旨を述べる。必要な状況においてのみ，この機能を用いればよい。企業は包括的な責任について，種々な側面で柔軟に用いることができる。SMF18 と FCA がこれまでに提示した主要な業務分野のリストとは直接の関連はなく，明確にするものでもない。私見であるが，元来 SMFs による担当責任が不明確な場合の責任者の位置付け，および企業側の柔軟な設計に SMF18 主眼があり，2012年 UBS 事件 (John Pottage v. FSA) において FCA が個人責任の追及ができなかった反省もあって創設したものであろう。従って規制側の恣意性が入り込みやすいことは否めず，広範な SMF18 の内容の特定，NED の機能との相違の明確化などを企業側が求めてくることの間には大きなズレがあろうか。
(6) 注(1)参照。
(7) 注(1)参照。
(8) http://fsahandbook.info/FS/html/FCA/DEPP.

(9) http://fsahandbook.info/FS/html/handbook/LK/9/Annex1.
(10) Prudential Regulation Authority, Bank of England, Consultation Paper FCA CP15/5 PRA CP7/15 "Approach to non-executive directors in banking and Solvency II firms & Application of the presumption of responsibility to Senior Managers in banking firms" February 2015.
(11) Strengthening accountability in banking: a new regulatory framework for individuals-Feedback on FCA CP14/13/ PRA CP14/14 and consultation on additional guidance, March 2015. Annex2 List of non-confidential respondents.Appendix1 Near-final rules.

第27章

Senior Management Regime (SMR) における忠実義務の考察
―米国会社法制との比較検討，攻めのガバナンスにかかる挙証責任の試論など―

I. SMR における忠実義務

1. 問題意識

　以下は SMR，SMFs に係る問題意識と試論である。先ず対象範囲について，SMR では拡大し，規制の実効性確保から中核である Senior Management Regime, Certification Regime (CR) に分けて制度を構成している。米国では執行機能を担う下層レベルの役員 (Officer) について，注意義務しか問えないとする見解があり，モニタリングモデルならではの立場であろう。執行機能を担う役員には極力自由に行動させ，取締役会がその監督機能を果たす考え方といえる。もっとも，米国においてはエンロン事件，サブプライム金融危機などの不祥事が相次いで起こり，独立性を高めた監査機能強化などにより対処せんとするが上手く機能しているともいい難い。ここにソフトローミックスの SMR の枠組みの検討の意義がある。米国では元来責任も上記の通り弱く，責任減免の対象からも除外される。我が国ではガバナンス・コード創設，攻めのガバナンスなど英国のスキームに接近しつつある。一定の責任，例えば忠実義務も執行機能が担うことが想定される。NED も攻めのガバナンスにおいては役割を担うが，本質は執行機能における役員が主体となる。従って，アクセル，ブレーキ役の区分は必要であり，従来の取締役会の内部の議論でなく，監督と執行の分離の全体を踏まえた NED，SMFs の概念の整理が必要となる。

第 27 章 Senior Management Regime（SMR）における忠実義務の考察　　*389*

　この点で，SMF18 は overall responsibility を担い，SMR に関する協議書ではNED も generic NED と中核的な NED に分けているため，SMF18 と generic NED の境界の不明確さが残る。SMR の対象となる個人について，責任追及・エンフォースメントに当たり，特に下層部は CR に位置する企業側の自主的な扱いの対象であり，概念の不透明さと相俟って，域外適用を含め，規制当局の恣意的な運用が強まることが懸念される。SMR の嚆矢は UBS 事件において FCA 側が敗訴し，個人責任追及を強めたいという思惑があり，特に SMF18，generic NED の昨日を担う個人において，こうした懸念の顕在化が考えられる。以下では，忠実義務など米国法との比較を通じて，議論を深めたい。

2．執行機能と忠実義務

　NED の独立性，責任や役割の強化のみでは社内コントロールは不十分であり，また自主的な個人責任追及も必ずしも機能し難い。APR，SMR の議論の発端といえる。SMFs の明確化が求められるが，SMF18 がなおも不明確であり，企業の自由度，柔軟な設計に任せるとしつつ，一種のしわ寄せになっている。戦略性，妥当性を司る overall responsibility として Executive に位置する概念であり，NED とは緊張関係に立つ。当局の恣意性も出る怖れがあるため，内容の明確化，そのコントロールをいかに図るかが求められる。コンプライアンス面は英国・米国に独自の秘書役[(1)]の職に任せるとして，監査委員会監査委員では日常的監視は困難となり，コストベネフィットからも自主的な社内監視体制（CR）を重視することになる。企業に対する縛りとしては，上場時の証券取引所との契約責任（インド法を想定）に縛ることが一案となる。積極的妥当性，企業価値向上の努力義務とすれば，2006 年英国会社法における一般的義務を我が国でも設けること，あるいは Senior Manager の忠実義務の範疇に括っていくことも考えられるが，Senior Manager と企業との契約でなく，上場時の契約とすればあまり大きな責任の内容とすることも現実的ではない。信頼利益止まりとし，Senior Manager における忠実義務，信頼利益の責任を検討する意味合いが生じる。一方で，SMR は対象の範囲を拡大しつつある。一律に責任を設定することも現実的ではなく，米国 ALI（全米法律家協会）における分類の考察が参考となる。契約関係とすれば，英国は契約理論主

体のため，株主の対会社の忠実義務の場合はパートナーシップ的構成として，組合的に当初の構成員合意の原点に帰るアプローチとなろうか。

契約締結理論を持ち出す場合，信頼利益止まりとなり，解除などは誠実信用の原則，誠実性のマターから限定的に扱うことになろう。SMR における行動ルールの誠実性 (integrity) の要求とも重なり，コードで扱うべき事項となる。証明責任の転換の問題も検討がされる。米国における忠実義務の規範化概念に逆に接近する可能性があり，SMR がルール化傾向を強めているのであれば，コンバージェンスの傾向は当然ともいえる。

英国会社法における取締役の一般的義務では把握が不十分となり，SM における忠実義務の検討が求められる。攻めのガバナンス，積極的な企業価値向上義務として，取締役の監視義務とは異質の内容となる。米国における執行役の忠実義務の考え方が参考になる。立証責任についても，米国の忠実義務同様に完全なる公正義務とするのか，その内容も問題となる。また責任追及の場合，範囲も問題となり，責任限定が事前にされる場合，積極的抗弁等が論点となる[2]。

米国では多くの州法において，定款規定により，注意義務違反に基づく取締役に対する損害賠償請求権を会社は放棄できる。差止請求，無効・取消しの主張の場合はともかく，株主代表訴訟等により会社に生じた損害を取締役に賠償させる場合，会社自身が賠償請求権を放棄し，提訴に至った場合も被告取締役の申立て（積極的抗弁 affirmative defense に基づく正式事実審理前の訴え却下の申立て motion to dismiss）により訴えが却下されることになる。取締役の責任制限規定の代表例としてデラウェア州会社法 102 条サブセクション(b)のパラグラフ(7)が存在する。企業側が，SMR において，契約理論を前提に責任制限規定を入れる可能性は想定されよう。もっとも，忠実義務については別異に理解することになるか，役員の場合は責任制限の対象にならないのか，といった問題が次に生じる。

伝統的な考え方として，忠実義務を会社に不利益な利益相反関係の形成禁止の義務と把握すれば，取締役は利益相反が生じないようにする努力，あるいはその蓋然性があることにかかる嫌疑を晴らす努力をすべきで，それで十分に忠実義務を果たしたこととなる。しかし忠実義務を広義にとらえる立場では，会

社および株主の積極的利益増進の義務と解し，忠実義務における取締役の作為義務の内容は無限に拡大する印象を与える。取締役の忠実義務違反は，利益相反行為により個人的利益を得る会社に対する積極的利益侵害の他，会社の損害に繋がる情報，株主の権利行使に必要と思われる情報を把握しながら開示せず，会社または株主の利益を侵害した消極的利益侵害にも成立する。会社または株主の利益侵害を回避するための最大限の努力が求められる。取締役が行う情報の開示は利益相反に限らず，利益相反関係がなくても会社または株主の利益侵害に繋がる全情報を適切な形で開示すべき義務として観念される。

　この結果，忠実義務の内容として取締役が負う義務として，利益相反関係またはその疑いを生じる事情がなくても取締役は自己の行う開示に際して株主等の開示相手にとり有益・重要であると判断される情報を積極的に提供すべき義務がある（自主開示の義務 duty of candor）[3][4]。

　取締役の自主開示の義務は，利益相反取引における公正取引の義務（利害関係取締役による十分な情報開示を踏まえ利害関係を有しない取締役による審議と承認を課する手続的要請）から派生した義務である[5]。忠実義務の類型として位置づけることは自然なこととも言える。

　忠実義務違反の主張に対する被告の取締役の立証責任は，完全な公正性の立証を求められる。取締役の行為の忠実義務・信認義務違反を理由として損害賠償責任を追及し，または差止めなど衡平法上の救済を求める原告は，取締役が利益相反取引に関与したこと，会社における支配的地位を維持する目的で株主の権利・利益を侵害したことなどの事実の主張をもって，忠実義務違反ないし信認義務違反の事実に関する立証を行う。忠実義務違反を裏付ける一応の証拠を原告が提出できた場合，取締役は損害賠償責任を免れる等のためには，原告の示す事実の存在にも関わらず，自己の行動が公正なものであったことを主張・立証する必要がある。取締役が利害関係を有しない独立取締役，または独立取締役により構成される特別委員会により完全な情報提供を受けた上で承認・追認が行われている事実を主張できれば，公正性の立証に関する挙証責任は原告に転換されることになる。①原告による形式的な忠実義務違反事実の主張，②承認または追認の事実にかかる取締役側の主張（挙証責任が原告に転換される），③取締役が上記主張に失敗すれば係争行為にかかる取締役による公

正性の立証の形をとる。完全な情報提供を踏まえた承認・追認があれば，取締役の行為の公正性は担保でき，②，③の主張は実質的に同じ事柄に関するものである(6)。

　取締役の行為の公正性にかかる立証は忠実義務違反がないこと，形式的な事実の存在にも関わらず忠実義務違反を構成すべき利益侵害またはその怖れが生じていないことの立証である。経営判断事項につき利益相反関係を有している取締役が負うべき公正性にかかる立証責任は，完全な公正性（entire fairness），本質固有の公正性（intrinsic fairness）にかかる立証責任と呼ばれる（ワインバーガー対 UOP 事件判決）(7)。完全な公正性の意義として，忠実義務違反事実がないことの立証に必要な完全な公正性の内容は，主に支配従属会社間の合併等（二段階買収の第二段階の交付金合併）における少数派株主の締出し行為の適法性をめぐる事案において論じられてきた。支配権争奪目的の敵対的企業買収防衛の場合，ユノカル基準およびパラマウント基準が示しているが，会社に対する脅威と信じるべき相当の根拠を有していたこと，対抗措置が差し迫った脅威に照らして相当であることを把握していた情報，意思決定プロセスの合理性の側面から立証すれば足りるとされる。二段階買収の第2段階としては，少数派株主の締出し行為を伴う合併等を行う場合，ワインバーガー基準として交渉・実行過程の全てと対価の両面につき中立性あるいは公正性を立証することが求められる。この取扱いの差は経営判断時の状況，取締役が抱える利益相反の程度などに基づくものである。完全な公正性にかかる立証が取締役から行われた場合，取締役の行為は忠実義務違反の疑いを免れ，次に経営判断原則の保護対象として取り扱われるはずであるが，判例では，完全な公正性の存否の立証責任が原告側に転換されるに止まり，取締役の立証により経営判断原則の保護対象となる（保護対象外となる事由を原告が立証しない限り，司法上の審査が手控えられる）とされるものではない(8)。

　米国におけるこうした先行研究を踏まえて，私見であるが，SMR の挙証責任の転換は，①，②の段階において転換を図り，③完全な公正性の証明に係る責任に被告である Senior Manager の責任を追い込み，責任追及しやすくする意味を持つものとなろうか。攻めのガバナンスにおける責任追及の実質的な分水嶺を示す内容ともなり，本来的に忠実義務に係る責任追及を信頼利益程度と

して限定する場合，逆に責任追及を促進する方向になる。SMRにおける執行機能を担う Senior Manager の責任自体は限定的としつつも，その追及自体は容易に当局などが問えるとする主旨であろうか。

Ⅱ．Senior Management Regime（SMR）における執行機能の範囲の考察

SMRにおいては，取締役あるいはNEDの機能との異同として，執行機能の範囲を画し，概念と職務の明確化を図ることが重要となる。米国における役員（officers）の概念・範囲と責任等について考察を深めたい[9]。

役員の対会社責任と制限・免除の可否に関して，米国の多くの州法では信認義務違反に基づく損害賠償責任の制限または免除規定が導入され，その適用可能性が問題となる。かかる規定は，取締役のみに注意義務違反に基づく損害賠償責任の制限・免除を定款規定に基づいて認めるとし，役員については適用対象外とするものが多い。また忠実義務違反に該当する行為，不誠実な行為，故意の法令違反などに基づく責任については有責性が高い行為として適用されない。1985年デラウェア州最高裁による Smith v. Van Gorkom 判決[10]では，取締役の注意義務違反が社外取締役も含めて認定され，役員賠償責任保険の保険料高騰，社外取締役の不足を招くこととなった。米国会社法では，役員は，責任制限に関しては忠実義務違反に基づく責任を制限・免除の適用除外事項として挙げていることが多い。

ALI原理は，忠実義務に関する規定の適用を受ける対象を上級業務執行役員と取締役とし，上級業務執行役員以外の役員は契約自由の原則の適用を受ける代理法理の下での忠実義務に服するに過ぎないとする[11]。

この点では，SMRにおける執行機能を担う個人への責任追及の強化の方向性は逆になろうか。むしろ，責任の負担を拡大したい方向となる。

役員として忠実義務と注意義務を負う者を選任・任命の有無の形式基準に加え，実質基準で把握せんとするALI原理および判例法における試みが業務執行者規制について参考となる。私見であるが，契約をもってSMRにおける

Senior Manager の責任を問う場合は、忠実義務違反を信頼利益に制限し、実質基準を機能するのであれば、平仄をとり責任減免を認めない考え方もあろう。他方で、積極的に経営を行わせる考え方からすれば、役員にこそ、減免措置が求められることになる。その場合に SMFs が実質基準として機能してこようか。

　ALI 原理における提言は、業務執行権限を取締役会から役員へ委譲することを許容ないし是認するに止め、取締役会が業務執行権限を行使しうる余地を残している州会社法や判例の立場は異にしている。ALI 原理の提言では、取締役会は役員によって行われる業務執行に対する監視・監督機関に近づくことになる。

　米国では代理人に対して代理法理下の忠実義務が課されるが、役員に課されている忠実義務は、代理人の忠実義務とは異なる特徴を有する。①代理法理では、代理人が本人に対して負う忠実義務の範囲について当事者間で別段の合意を結ぶ余地が残されている。②代理法理下では、代理人の忠実義務違反が認められる場合も責任の制限・免除は可能である。役員については、州会社法上認められていない。③米国法は ALI 原理に見るとおり、利益相反取引、報酬の付与、会社財産・重要な非公開情報・会社の地位・会社の機会の利用、競業などの行為を役員が行う場合、行為が許容される場合も取締役会等に対する当該行為の開示、利害関係のない取締役または株主の承認を経る手続が要求されている。

　ALI 原理は、忠実義務に関する規定の適用を受ける対象は、上級業務執行役員と取締役のみとし、上級業務執行役員以外の役員は代理法理の下での忠実義務に服するに過ぎないとする。

　以上を受ければ、私見であるが、英国の SMR において役員の忠実義務を追及せんとする方向性は、米国の ALI 原理とは逆の方向性で制度を構築するものともみられる。

　ここで信認義務を負う役員の範囲に関して、ALI 原理における役員の定義を検討していきたい。信認義務、違反した場合の責任は役員に対してのみ適用され、代理人や被用者には適用されないが、役員と代理人等は州会社法の規定に基づいて選任されたか否かの形式的な差異しかないともいえる。役員として

第 27 章　Senior Management Regime（SMR）における忠実義務の考察　395

の信認義務，責任を課される者の範囲を実質的に画する必要が生じることになる。ALI 原理では，役員としての信認義務，責任を課される者を実質的に捉える試みがなされている。

　私見であるが，こうした試みを通じて，SMR に関して述べてきたような形式面の相違点は縮小し，コンバージェンスを示すことになろうか。米国法では形式面から入って実質的な基準を模索し，それが忠実義務の規範化概念などに相当しよう。英国では，SMFs により，予測可能性のある実質基準を模索している段階であろうか。

　ALI 原理は，役員について 3 つの定義規定を設けている。役員（Office）（ALI 原理 1.27 条），主要上級業務執行役員（Principal Senior Executives）（1.30 条），上級業務執行役員（Senior Executive）（1.32 条）であり，公開会社の事業運営は主要上級業務執行役員，またはその監督の下で取締役会もしくは役員が経営権限を委譲したその他の役員および被用者によって行われるべきものとする。忠実義務の適用対象は上級業務執行役員，注意義務の適用対象を役員として，適用対象とする役員の範囲を分類している。

　主要上級業務執行役員は，大規模・複雑な大会社において必須の役職である。かかる役職も含め，一定の業務執行を行う者には選任・設置を強制し，任務の適切な履行を図るべく職務・権限に基づいた義務・責任を課すことが必要である。適切かつ実効的な規律づけ，行為規範・責任に関する予見可能性が確保されることになる[12]。

　忠実義務および注意義務双方の適用を受ける上級業務執行役員については，主要上級業務執行役員，更に伝統的な役員，主たる事業ユニット，部門，職務担当，主要な政策決定を行う職務を遂行する副社長・副議長を想定している。

　注意義務のみの適用を受ける役員は，ALI 原理は会社が役員として任命するその他のあらゆる個人とする。主要上級業務執行役員，上級業務執行役員以外の者で会社が役員として選任・任命しない者は役員として扱われないこととなる。

　私見であるが，単なる役員であれば忠実義務はなく，注意義務のみとすればこれに対しては企業価値向上に関して義務違反を問い難いことになる。SMR は対象範囲を拡大しており，かかる対象範囲に対しても事実上の忠実義務の内

容を課していく制度であろうか．下部経営層には，Certification Regime（CR）として企業サイドの自主的な規律スキームとしている点がポイントで，Senior managers' Regime 以上にソフトローに依拠した内容の色彩が強まる。米国ではルールベースのため，根本のスキームが自ずと異なる，逆にいえば，米国では下部経営層に対しては忠実義務を問いにくい弱点となろう。最下部経営層でなくても一定レベルまでの企業価値創造を担う層は，利益相反防止のみならず，企業価値向上を図る義務も包含させた広義の忠実義務違反の対象とすることには合理性がある。SMR の存在意義であり，攻めのガバナンスにおいても実効性確保から求められるものといえよう。米国のモニタリング機構においては，大半の経営の妥当性に係る責任は執行と監督が分離徹底した上層部の監視にかかる責任となりがちである。ここが社外取締役中心のために明確なコンプライアンス違反は抑えられても，リーマン金融危機のような経営面の違反については機能しにくさが残る。CEO を含めて経営者の多様性・流動性が元々大きく，人事面の断絶にも問題がなく，客観的に選別が可能な土壌があれば社外独立役員にも大きな選任・報酬面の結果責任を課していくことにも合理性はある。

　米国では，実務上は役員が業務執行を行っているが，業務執行権限は法的には取締役会の有する業務執行権限を委譲されたものに過ぎない。もっとも州法の会社法規定，近時の判例法，ALI 原理においては役員を必須の機関と把握する動きがみられ，ALI 原理では5つの主要な職務について担当役員が公開会社に必要であるとする。役員としての信認義務を負う者を主要な政策決定を行い，主たる事業ユニット，部門もしくは職務を担当しているなどの実質基準によって把握する動きも見られる。

　ガバナンス・システムの実効性確保のためには，業務執行者を適切に把握し，職務・権限の内容に応じた行為規範，責任を課すという直接的な規律づけが重要となる。ガバナンス・システムと有機的に結合することで，健全な企業経営の確保に結びつくことが望まれる。我が国は，米国以上に業務執行者に対して職務・権限に基づいた義務，責任を実質的に課する基盤が欠如している。代表取締役，執行役などの大まかな区分のままでは，過大責任，あるいは逆に過小責任を課する危険性を孕んでいよう。職務，権限に応じた義務・責任ス

キームを構築する上で，業務執行者の概念を明確にし，一定の役職を担う業務執行者の設置強制の必要があろう[13]。

行動ルール，ソフトローの重要さが述べられている。私見であるが，こうした動きを踏まえれば，英国，ひいては我が国も含めて，役員の概念や責任に関する相違面は縮小してきているといえる。我が国において，SMR ならびに SMFs（上級執行者機能）を参考に，具体的な業務執行機能の枠組みの導入を議論することは予見可能性と実効性の確保の視点からも意味がある。SMR の対象や SMFs の機能の列挙・職務の明確化は米国における ALI 原理の考察よりもさらに広い。設置強制の方向として，これをコードか，ルール的色彩によるか，の相違はあれ，目指すべき方向性は同一となる。しかしながら，我が国においても執行機能を主体とする設置強制を SMFs の形で拡大し，Senior Managers' Regime におけるような FCA の面談による承認を必須とすれば，縛りがきつくなり，CR による自主的な導入，PRA 的なプルーデンス規制が現状では規制コスト削減の観点からも望ましいといえよう。

Ⅲ．役員に対する経営判断原則の適用

役員に対する経営判断原則（business judgement rule）の適用に関して付言しておきたい。ALI 原理は，経営判断の原則について 4.01(c) 項に規定を置いている[14]。経営判断原則の意義，機能に関しては米国でも見解の一致はみられていない。デラウェア州判例には，反証可能な推定（rebuttable presumption）と位置づけ，取締役等の経営判断に異議を申し立てる当事者が所要の要件を満たさない事実について立証責任を負うものとし，立証責任の分配の問題として把握する立場がある[15]。ALI 原理では，セーフハーバーとし，この原則自体を裁判所の経営判断事項に対する自己抑制，謙抑的態度を明確にするものとして捉える。もっとも ALI 原理 4.01 条(d)項では，責任追及を行う者が取締役または役員の注意義務違反について立証責任を負う旨が定められ，結果的にはデラウェア州の判例法と大きな差異はない。同原則適用により，責任を追及される役員は，行為が所要の要件を満たさないことが立証され

ない限り，裁判所による司法審査を免れる。

　私見であるが，こうした米国法理の経緯を受けて，SMFs の責任マップ（responsibilities map）等により不明確な役員層，業務執行役員の責任・義務を明確化し，SMR では個人の説明責任を追及しやすくする責任の推定規定を置くことで，米国法の反証可能な推定同様に規制サイドの立場を明確とし，UBS 事件のように FCA 敗訴の轍を踏まないようにしたものであろう。我が国においても，攻めのガバナンスの実践段階が進むに伴い，エンフォースメントの一環として必要な考察事項となると思料する。執行機能を担う ED あるいは役員，非執行役員たる NED の忠実義務の相違も検討を深めることが必要となろうか。現状では，我が国は代表取締役，取締役，執行役などの大まかな役職名のみが法制度上存在し，裁判例によりその都度実状に応じたきめの細かい判断が下されているが，こうしたケースローを踏まえて，ソフトロー主体に概念，責任のスキームの構築と整備を図っていくことが期待される。

【注】
（1）秘書役は米国会社法において，株主総会や取締役会の議事録，その他の記録の作成，保持，認証を行う特別な役員として明確に位置づけられてきた。和田宗久「アメリカ会社法における役員（officer）制度―その概念と職責―」早稲田法学 53 巻（2003 年）258 頁。
（2）酒井太郎「米国会社法学における取締役の信認義務規範（1）」「米国会社法学における取締役の信認義務規範（2・完）」一橋法学第 11 巻第 3 号（2012 年）49-166 頁，第 12 巻第 1 号（2013 年）89-230 頁参照。
（3）アイゼンバーグによれば，正確かつ十分な情報を適時に提供すべき義務とされる。Melvin A. Eisenberg, The Duty of Good Faith in Corporate Law, 31 DEL. J. CORP. L. 1, 39-45（2006）. アイゼンバーグは，この自主開示の義務は忠実義務にも注意義務にも属しない義務，信認義務の第 3 の義務としてのグッドフェイスの義務の類型に当たることを主張する。忠実義務を取締役の利益相反回避の義務と狭義に解し，注意義務を取締役の業務執行・意思決定にかかる適切なプロセス確保の義務と解する立場である。
（4）株主総会決議，株主の同意等株主の行動が会社にとり必要な状況に限らず，取締役が自己の判断で開示行為をする場合に認められる。Lynch v. Vickers Energy Corp., 383 A.2d 278, 279, 281（Del. 1977）; Rosenblatt v. Getty Oil Co., 493 A.2d 929, 944（Del. 1985）; Ciro, Inc. v. Gold, 816 F. Supp. 253, 266（D.Del. 1993）; In re Marriott Hotels Properties II Limited Partnership Unitholders Litigation, C.A. No. 14961, 2000 Del. Ch. LEXIS 17, at *34（Del. Ch. Jan. 24, 2000）.
（5）Lawrence A. Hamermesh, Calling Off the Lynch Mob: The Corporate Director's Fiduciary Disclosure Duty, 49 VAND. L. REV. 1087（1996）.
（6）酒井太郎・前掲「米国会社法学における取締役の信認義務規範（1）」129 頁参照。
（7）Weinberger v. UOP, Inc., 457 A.2d 701（Del. 1983）. 交渉に際して最大限のグッドフェイス，最も厳正なる本質固有の公正さ（most scrupulous inherent fairness）をもって臨んだ証明

(demonstrate）が求められると述べ，厳しい水準が想定されている印象があるが，制定法条文の手続要件が実質的部分（情報提供の十分性，判断主体の独立性など）を含め充足されていれば，形式的に利益相反関係が存在しても当該取引は，上記の意味において公正なものとなり，取締役は承認事実以外の事実にかかる挙証責任を負わない。
(8) Cinerama, Inc. v. Technicolor, 663 A.2d 1134, 1154（Del. Ch. 1994).
(9) 和田宗久・前掲「アメリカ会社法における役員（officer）制度—その概念と職責—」早稲田法学 53 巻（2003 年）245-290 頁参照。
(10) Smith v. Van Gorkom 488 A.2d 858（Del.sup.1985).
(11) American Law Institute, Principles of Corporate Governance: Analysis and Recommendations（American Law Institute Published 1994).
(12) 執行役などの役職でなく，①全ての業務執行を統括する者，②運営，③財務，④法務，⑤会計の 5 つの職務を担う業務執行者の選任ないし設置を強制することが合理的である「役職の中身が重要である。和田宗久・前掲「アメリカ会社法における役員（officer）制度—その概念と職責—」273 頁。
(13) 和田宗久・前掲「アメリカ会社法における役員（officer）制度—その概念と職責—」275 頁以下参照。
(14) 和田宗久・前掲「アメリカ会社法における役員（officer）制度—その概念と職責—」268 頁以下。
(15) Benett v. Propp, 187 A2d 405（Del 1980).

第28章

Senior Management Regime (SMR) の展望
―英国金融規制と Senior Management Regime (SMR), 報酬政策に関する最新の動向, 未調整項目の克服に向けて―

I. 英国金融規制のガバナンスのフレームワークと報酬政策等の最新動向

1. 問題意識

　以下では, 英国金融規制とコーポレート・ガバナンス改革, 特に鍵を握る報酬政策に関して, 最新の動向の概要を示し, 考察を加えたい。

　その中で SMR の展望に関して, 制度導入時期を前にして精力的に各種の協議文書, ガイダンスなどが発出される中, 未調整項目の克服の問題が喫緊の課題となっている。調整済みの項目も含め, 英国内設立企業, non-EEA 銀行の支店, EEA 銀行の支店に分け, 各要点を整理しておきたい[1]。

2. 英国金融規制と SMR, 報酬政策に関する最新の動向に関するヒヤリング調査

　日本政策投資銀行 London 現地法人である DBJ Europe Limited (London, UK) に英国金融規制と SMR, 報酬政策に関する最新の動向に関して資料収集・ヒヤリング調査をさせていただいた (2015年9月4日)[2]。ヒヤリングの概要は以下の通りである。

(1) SMR と CR に関する最新の動向

　まだ SMR と CR に関する内容は調整中で, 最終決着に至っていない。現在

調整中で，協議文書からの変更点もいくつか存在する。(a)英国銀行（含む子会社），(b) Branch (non-EEA)，(c) Branch (EEA) に分かれて検討されているが，分析すると，①子会社（DBJ はこのカテゴリー），② Branch（英国銀行，non-EEA，EEA），③域外適用（EA）の3分類に区別できる。

①では，SMF1-18 は全て適用される。表では英国内で設立された銀行の扱いとなる。

②では，3つに分け，表では英国設立銀行の支店は(a)に入る。邦銀支店も今回の SMR の対象となるが，どこまで対象を拡大するのかが最後まで争われたところである。

③については，外銀の場合，本国の本社までは規制の効力がそこまでは及ばないことになっている。規制の主旨は，英国のみの市場の競争力を守っているものであり，米国のボルカールールのように世界の警察的な役割を果たすこと，また税金を徴収することといった意識は英国規制当局は持っていない。

国際テロ資金提供に関する金融制裁の領域であるが，OFAC については，米国規制当局は我が国についても課金する方針である。米国 FCPA も同様に刑事・民事制裁の適用を既に我が国企業を含むグローバル企業に行ってきている。

(2) 英国現地法人の実際

DBJ Europe Limited は，預金業務を扱っておらず，銀行の定義からは外れている。このため，APR の制度が存続し，主要な役員は FCA の面接を受けて承認を求められるが，SMR としての適用はなく，面談も比較的軽いものとなる。

他方，預金業務を扱う銀行，および大きな証券会社については SMR の適用対象となり，制度としては2本立てとなる。当初は APR から完全に SMR に制度が転換するものとみられていたが，一部 APR も規模の小さな金融機関を対象に存続する方向となってきている。

SMR のみの適用を受ける金融機関と APR の対象金融機関に分かれることになる。協議文書の Scope に記されている内容である。

私見であるが，SMR はそもそも規制の適用対象を拡大する主旨で始まって

おり，こうした現実的な対応でSMRの対象を絞り始めたことには一貫性の点から疑問も感じられるところである。

(3) 英国金融規制について
① これまでの幾度かの金融危機の反省が新たな金融規制に反映されてきている。当初は，預金流出，不正の問題が主であったが，リーマン危機でシステムリスクも問題が生じ，個別行の問題でなく，金融システムに影響することが問題となってきた。預金，税金も含めたベイルイン，ベイルアウトの対応が進められた。一方で，Libor金利操作，FXのオファーの問題などリスクマネジメント領域のソフト部分も対象とする必要が生じた。

　私見であるが，明確な不正，あるいは倒産処理に繋がる著しい不正領域の問題処理から，妥当性領域の適切な扱いに焦点が移行してきていることを示していよう。

② 英国金融規制改革に関して，ターナーレビュー，ウォーカーレビュー，ビッカーズレポートの3つが出されている。2009年11月に自己資本規制のみならず，ガバナンス，更にNED，ボードの役割に主に視点を当てたレビューが出され，2011年に法制化されている。2回のレビューでは対応が不足し，ユーロ危機も勃発して十分でないため，ビッカーズレポートにおいてリングフェンス（RF），SMRの改革が示され，この内SMRは法制化されることとなった。

　もう一つの柱として，報酬規制が出されている。報酬規制に関しては，バーゼルⅢが2014年1月から実施されているが，英国では先行して進められてきている。2019年に全体の実施を行い，それまでの間は段階的に実施する方針である。

③ 英国でガバナンス改革が逐次進められているが，特にSMR，RFの制度改革が鍵になるものと位置づけられている。

(4) リングフェンス（RF）と報酬改革の現状
　英国における銀行内のリテール部門の囲い込み，リスクの遮断措置ともいえるリングフェンス（RF）施策の現状を報酬改革にみると，元来の英国のRF，

これとバーゼルⅢプラスCDR4（EU）におけるRCの両方を兼ね備えさせたものがFCAの報酬改革内容であり，ボーナスにおける変動部分の割合の増加，クローバック，繰延べ支払いが主名内容となる。

　また報酬規制対象も，マテリアル・リスクテイカー（MRT）についてはリンクさせることとしており，15段階に分けて，適用対象を列挙し，銀行内において自主的に管理させている。これによってMRTはボーナスのクローバックなどの適用を受ける。CDR4が加わることで対象が拡大されたことになり，MRTとしてはSenior Managers, CRの双方の対象者が加わることになった。なお，CRは元来，顧客機能を重視する制度である。

⑸　SIF（APR）からSMFs（SMR）への変化

　上級管理者機能に関して，SIF（APR）からSMFs（SMR）に変化し，細分化することとなった。例えばSIF1はDirector, SIF2はNEDであったが，ターナーレビューを受けてNEDの細分化が企図され，例えば2aはChairman, 2bはHead of Auditという案も出されたが，結局見送られている。

　SMRではSMFsの体系はコンパクトになり，1人の個人が複数の各機能を持つことができ，不明確な機能は包括的にSMF18として認定が必要になる。

　APRでは，包括的なCF（Control Function）28があり，申請時に28の機能のどれに該当するか各個人が指定することで足りる。（例として，A氏はRisk Function, B氏はFinance F, C氏はITFなど。）即ち，包括的な内容を示す機能ではあるが，その中で更に細分化が進められ，自主的な指定がなされることで，実務上の支障は生じないように設計されている。結局Chairman, CEO, CFOは必須の機能，配置人員とするが，それ以外の組織の柔軟立て付けの問題とし，必須の機能としていない。SMF18もなくてもよい機能である。私見であるが，包括的内容の機能を設けつつ，実際には内容を細分化した上で企業の自発的指定に任せているものであるが，小規模の金融機関はともかく，今後の金融の高度化，複雑化において大規模銀行では際限のない細分化が必要となる可能性もある。中には業際的な領域もあり，各行で扱いが区々となることが考えられる。規制コスト削減もあって自主的管理の扱いとした嫌いもあるが，細分化・分類の屋上屋を繰り返すこととなり，大規模金融機関側から

の管理面，あるいは不透明さ故に規制の適用の予測可能性が低下することに対する危惧も今後出されてこようか。ソフトローとしつつ，複雑化したルールの様相を呈しつつあり，エンフォースメントも並行して強化されれば，ガイドブックなど規制側が発出し易いソフトローの体裁を採りつつ，実質的には金融の複雑化・規模拡大に伴う規制コスト増大を避け，企業側に負担増大分を転科したルール強化ともいえる。企業側の対応するための負担増大，あるいは現在は行わない旨を示している域外適用，二重処罰などのリスクがいずれは顕現化する怖れもあろう。

3．英国金融規制のガバナンスに関する監督指針案のフレームワークの最新動向

PRA は 2015 年 5 月新たな協議書（CP18/15）[3]を発出し，ガバナンスに関する監督指針案のフレームワークと取締役会の責任について，以下のことを掲げている。

(1) 概要
① 背景
良いガバナンス（good governance）は健全で効率的な企業経営にとって死活的に重要（critical）であり，その中心には取締役会が存在する。金融機関の健全かつ安全に対する一義的な責任を担っている。近年の金融業界の破綻にはガバナンス，あるいはリスクマネジメントの失敗が重要なキーとなる要因であった。PRA がこうしたガバナンスの増進に責任を負うことは自明（axiomatic）のことである。

効率的な取締役会には，業務を理解し，明白な戦略を確立し，こうした戦略を明確なリスクアペタイト（a clear risk appetite）と関連付け（articulate），更に効率的なリスクコントロール・フレームワークを監視し，かかる戦略や経営がリスクアペタイトの中に納まっていることを厳格に（rigorously）説明できるような経営執行陣のスキル，経験と信頼を総体的に（collectively）維持することが求められる。

PRA が提示する監督指針案（draft supervisory statement）は，こうした

いくつかのキーとなる要因を各金融機関の取締役会が特定できるように規制機関としての経験を引き出すためのものである。他方で良いガバナンスの理解に関しては，ガイダンスとして，FRC が発出しているコーポレート・ガバナンス・コード（CGC）を参照されたい。指針案では取締役会のメンバーが共有する集合的責任には下線を引いて強調し，PRA が Senior Managers Regime（SMR）あるいは Senior Insurance Managers Regime を通じて紹介している個人責任を補完する（complement）形となっている。

　私見であるが，全上場企業向けのガバナンス規律一般については UK-CGC が存在し，金融危機や Libor 不正など不祥事を抱えた金融業界向けに上乗せした形の指針となろう。

　② 監督指針の要旨

　監督指針案は，戦略設定，企業文化，リスクアペタイトとリスクマネジメント，取締役会の構成，ED と NED の各自の役割（the respective roles），NED の知識と経験，取締役会の時間と資源，マネジメントの情報と透明性，報酬，子会社の取締役会，取締役会の内部委員会に関する指針を提供している。

　③ 法令上の制約

　特定の機能に関して，こうしたルール策定，全般的方針や原則の決定を図る場合，PRA は規制対象企業の健全性と安全性の増進に努め，コーポレート・ガバナンスを促進させ，明白性を高めることになる。PRA は，2000 年金融サービス市場法における原則に関連づけて監督指針の策定を進めてきているが，個別企業の細かいガバナンスのアレンジメントは，企業規模，業務の性質や複雑さに応じて異なることも許容される（may vary）。

　私見であるが，ガバナンスのあり方に関する一律さの否定，多様性の許容については，従来からの我が国のガバナンスの考え方，日本版コードとも共通する部分である。

　④ 平等性と多様性

　PRA は，元来，差別的な取り扱いは行わない方針であり，2010 年平等法（the Equality Act 2010）の要求としても政策やサービス，機能の実行面で差別的待遇は行わないことが要求されている。今次協議書においても，PRA は提案に対する評価を考慮に入れ，平等性と多様性の特定について最終的な結論

には至っていない。

⑤ 競争に関するインパクト

初期の目標に向けて全般的な機能達成を図りつつ，PRAは二次的な目標として，PRAにおいて承認された人員により提供されるサービスに基づいて市場の効果的な競争力促進を目指している。協議書自体の提案により競争力が即，向上することをPRAは期待していないが，潜在的な競争力向上に関するコメントは多く寄せられている。

私見であるが，競争力向上を企図する主旨であり，不正防止あるいは金融危機の再発防止に止まるものではでなく，日本版コードの攻めのガバナンスの考え方とも軌を一にするところが大きい。SMRの制度設計においても，英国議会報告書などで同じ主旨が述べられてきたところである。以下では，英国の現下のガバナンスに関する課題等について，SMR等に関連する領域を中心にその要諦を述べていきたい。

(2) コーポレート・ガバナンスと取締役会の責任

(イ) 協議書の主旨とSMR―個人責任の明確化とリスクアペタイト―

当該協議書の主旨は，英国PRAが金融監督において注視するべき取締役会のガバナンスの内容を特定し，取締役会側においても理解の得られるガイダンスを提供するものである。全般的なガイドラインとしては，FCAの発出するUK Corporate Governance Codeなどが存在する。

PRAとしては，効率的な取締役会の設置に向けて以下の内容を特に重視している。継続可能なビジネスモデルと明確な戦略，リスクアペタイトの選択と評価，健全な経営を支えるための規制当局とのオープンな対話ならびに企業カルチャーの創設。

効率的な取締役会であるためには，最新の状況に即応できる（up to date）様々なスキルと経験に裏打ちされた個人の存在が必要であり，これにより情報に基づく意思決定（make informed decisions）と効果的なリスク監視を行うことになる。

Senior Managers' RegimeとSenior Insurance Managers Regime（SIMR：保険業界）により特定された個々の取締役の説明責任は，取締役会の一員

として共有する集団的な責任に対して付加的あるいは補完するものとなる (additional and complementary to the collective responsibility shared by directors as members of the board)。例として，企業カルチャーは，取締役会の集団的責任にかかるものであり，取締役会議長は取締役会全体としてのカルチャーと基準の策定に主導的な役割を担っている。私見であるが，従来の集団的意思決定スキームに阻まれてきた取締役の個人責任追及が SMR 導入により容易となってきたことを受け，今次のガバナンスに関する協議書が発出されたことを示していよう。

　こうした個人責任追及については，画一的なものではなく，ガバナンスモデルの性質と規模等に応じて異なる内容となる。規制当局の投じる注意もまたリスクプロファイル，経営の失敗に係る潜在的インパクトにより変化があってもよい。ガバナンス・アレンジメント (governance arrangements) もまた，PRA がその規制目標からどれだけ逸脱しているかを判断する場合，カルチャー，インセンティブ，企業のビジネス目標等から受ける影響は異なり得る。

　グループ全体に関する取締役会について PRA の期待するところは，その再生・清算戦略 (the recovery and resolution strategies) により影響を受けることになるが，主要な子会社の取締役会が十分親会社からの独立性のある企業行動をとれ，組織されているかを考慮に入れるものである。

　㈡　戦略の設定と Senior Managers―NED の役割と積極的妥当性の接点―
　取締役会のキーとなる役割は，リスクアペタイトの範囲内での戦略目標の設定である。

　PRA は，取締役会が設立され，継続性のあるビジネスモデル (a sustainable business model) と整合性のある意思決定を行い，明確で健全な (prudent) 戦略が採られ，規制の要求に適ったリスクアペタイトをマネジメントしていることを期待する。

　企業戦略の設定と Senior Managers' Regime および Senior Insurance Managers Regime に関して，取締役会議長と経営執行陣 (Chief Executive) が取締役会の発展と維持に大きな役割を果たしている。非業務執行経営陣 (non-executives) には，時間と機会を与えて戦略の発展に寄与させると共

に，取締役会の最終的な計画の破棄（sign off）の前段階において適切な異議を唱える（challenge）ことを求める。

　私見であるが，この非業務執行経営陣（non-executives）には非業務執行取締役（NED）が一義的には想定されるが，定義の上では非業務執行に係る社内取締役なども包含されよう。また Senior Managers も NED の機能と重複する内容があることを述べてきた。監視する役と非監視側の区別の困難さ等の論点が顕現化する領域である。NED においてこうした非業務執行社内取締役と協働して戦略の策定立案にも一定の役割が期待されることを含蓄していよう。監視機能以上の役割が検討されるところである。また計画立案そのものには主に加わらなくとも，その実行段階での修正，あるいは差止（injunction）に係る機能が期待されるところである。NED の役割と積極的妥当性の接点の議論である。以下では，協議書における non-executives については NED として扱うこととする。

　㈢　企業カルチャー

　取締役会はビジネス目標を追及した組織形成に向けて，リスクの認識と倫理的行動を維持する企業カルチャーの醸成を図ることが求められる。PRA としては，報酬関連に限定されるものではないが，そのための適切なインセンティブが組み込まれ，取締役会によりその状況が監視されることを期待する。NED は，かかるカルチャーの企業への組み込み（embedding），維持に責任を持つことになる。

　㈣　リスクアペタイトとリスクマネジメント

　リスクアペタイトについて，ビジネス戦略はこれを上手く組み合わせた形でサポートがなされる。リスクアペタイトの表明は取締役会が行う。PRA としては，リスクに関わる行動の監視がリスクアペタイトに従ってなされていることを期待する。リスクコントロールのフレームワークは取締役会のリスクアペタイトから派生する（should flow）ものである。

　リスクコントロールのフレームワークがレビューを通じて活かされるのは取締役会の責務であり，取締役会の採るリスクアペタイトと合致し，取締役会において経営に係る必要な情報が保持されることが求められる。

　リスク委員会を設置した場合，その委員長は独立性を保ち，執行陣のリスク

機能の実績（CRO（the chief risk officer）を含む）を監視することが求められる。コンプライアンスのような他の統制機能の監視に係る強固なアレンジメント（robust arrangements for oversight of other control functions）についても取締役会の役割となる。

㈭　取締役会の構成

良いガバナンスの原則は親子会社を含めて適用され，十分な質と人数を備えたNEDが必要で，独立性，業務に対する理解，執行陣に対して効果的な意義を発することが求められる。

取締役会会議長を除いて，取締役会の最低半数は独立したNEDにより占められる必要がある。小規模企業においても，最低2名の独立したNEDが求められる。

取締役会会議長にはNEDが就くことが期待され，CGCに従って任命における独立性が求められる。そうでない場合には，執行陣の監視を独立した立場で行っていることをガバナンス・アレンジメントにより充足する必要がある。

㈮　EDとNEDに期待される役割

単層性の取締役会（Unitary boards）はED（業務執行取締役），NEDにより構成されるが，EDは経営責任，NEDは執行に係るマネジメント層のサポートと監視機能を担う。取締役会のメンバーとして，NEDは企業の成功を増進させる取締役会の広範な責任を共有し（share in the wider board duty to promote the success of the company），規制業種である企業（銀行）が2000年金融サービス市場法において定められている（under the Financial Services and Markets Act 2000）Threshold Conditions（敷居値）を充足することに責任を負う。

取締役会は相互協力的に行動し，これによってNEDは執行陣のサポートが可能となる。しかし，だからといってNEDが執行陣に対して異議を唱え，あるいは説明責任を果たさせることは禁じられない。PRAとしては，取締役会議長がかかる企業カルチャーの促進の上で最大の役目を果たすことを期待する。

取締役会はCEOや執行陣に対して（to the chief executive or to executive management）大幅な権限と責任の委譲を行っている。こうした権限を委譲さ

れた内容について，PRA は取締役会が詳細に亘って監視していること，不明確なこともなく経営陣が取締役会に報告を上げてくることを期待する。

　NED としては，経営陣が権限を委譲された内容について説明責任を果たさせ，また効果的かつ迅速に異議を唱えることが求められる。

　私見であるが，取締役の企業の成功を増進させる責任は，英国会社法に規定される内容であり，NED もまた取締役会の一員としてかかる義務を担っていることを明示したものといえよう。近時の英国規制当局のキーとなるポリシーは，企業カルチャーの醸成とインセンティブとしての報酬体系の整備にあり，攻めのガバナンスと主旨を同じくするといえる。

(ト)　NED の経験と知識

　NED は業務領域に関する十分な知識と経験が求められ，これはまたビジネスモデルに含まれるリスクや企業全般の業務にかかる異議を唱える場合にも必要となる。PRA としては，特に戦略的決定に関する効果的な異議を NED が唱えることに期待する。執行陣が取締役会の議論をコントロールできないこと（取締役会の独立性のことであろう），あらゆる見解が聞き入れられたことに関して，これを確認する議長の役割が大きいといえるが，しかしながら，取締役会の責任は集団的であり，効率的な取締役会は単なる専門家集団の集合でもない。NED としては，主要な決定に関する責任を，その業務領域では専門家とされるような個々の取締役に単純に委ねるべきではない。

　私見であるが，NED の監視責任について，たとえ非専門的領域であっても，専門性のある取締役の決定等を安易に信頼することなく，自らの責任領域として扱うことが求められているといえる。

　たとえ十分に経験を積み，広範な陣容で成り立っている取締役会であっても，業務範囲が広く複雑化した金融業務に関しては必ずしも全ての領域で専門性を備えていることは期待しがたい。重要なことは，経験と能力の多様性であり，広範な業務全般に亘って効果的な異議の発出を行うことができること，厳格に主要ビジネスを開拓する機会を提供することである。時としては，取締役会が複雑な法的，技術的，規制面の知識の充足を取締役会は求められ，必要に応じて NED は適切で専門的なアドバイスをする能力が必要になる。しかしながら，全ての取締役は常に取締役会の決定に対して究極的な説明責任を担って

私見であるが，単純に取締役会の構成を男女比，業種，国籍等による多様性とせず，業務の経験面での多様性を求めており，企業経営の実践の経験が議長など独立社外取締役に必要としてきた我が国ガバナンスの議論と同じ方向性のものといえる。

(チ)　取締役会の時間と資源

　新しい NED を採用するに当たっては，その義務と責任を果たすべく十分な時間を有することが確かめられなければならない。議論の場としては十分な時間をかけてなされるべきであるが，正規の取締役会以外の場でも議論はなされ得る。しかしながら，取締役会の議論は真摯で (genuine) オープンなものであり，影で糸を引いたものであってはならない (not stage-managed)。このことには議長が責任を有する。

　PRA は，NED が十分な補助スタッフのサポートを受けられることを求めている。適切かつ関連する入門研修 (relevant induction)，専門的アドバイス，オフィスの設備やスタッフのサポートも実践的な助力となる。CGC が求め，また Senior Managers' Regime あるいは Senior Insurance Managers Regime において PRA が求めているものは，議長が効率的な方針と手続き面に関する進化とモニターを主導し，取締役会メンバーの専門的な進化とトレーニングについても，就中 NED に関して，リードしていくことである。

　私見であるが，NED に関する議長に期待されるこうした役割は，日本版コードと共通するものといえよう。

(リ)　経営に関する情報と透明性

　PRA は，マネジメント層がオープンで透明性があり，取締役会が十分に情報を通知されていることを期待している。マネジメント層は通知する中身について，決して形式的内容に限定してはならず，NED としてはその責務を果たす上において，従業員や情報に関して制限されることなく接することができる必要がある。

　上記の通り，取締役会は監視面に責任を有するが，経営のマネジメントには責任はなく，それは執行陣の責任となる。しかしながら，PRA としては，経営マネジメント層は経営判断を下し，取締役会の役目を主要業務に関する初期

段階の適切な発展，決定，行動に限定できるように積極的に行動することが求められる。特に執行陣は，取締役会がその役割に集中できるようにする責任がある。私見であるが，経営陣，特に執行陣については取締役に本来の機能を果たさせるべく，十分積極的に実践面での経営判断を下していくことが必要であることを述べており，業務の監視と執行の境界線の事柄を指摘しているといえる。

(ヌ) 後継者計画

取締役会はそのメンバーのスキル，経験と有効性について十分な注意を払い，将来のビジネス等を見据えた強固な（robust）後継者計画の策定が求められる。

長期的視点のみならず，短期的観点からも Senior Managers' Regime あるいは Senior Insurance Managers Regime に述べられる役割を果たさせるべく，後継者計画の維持を取締役会は図る必要がある。

(ル) 報酬

PRA は，取締役会が企業における報酬体系のデザインと運営について担い，インセンティブと健全なリスクテイクが果たされることを期待する。

(ヲ) 子会社の取締役会

良いガバナンスの原則は，概して重要な子会社に対しても適用され，その議長の親会社からの独立性，取締役会全体としても効果的に独立した存在であることが求められる。特に，親会社との潜在的利益相反の局面，あるいは子会社の法的な責任，安全かつ健全さの面において子会社が独立した意思決定を要求される場合が想定される。PRA としては，子会社の取締役会における重要な地位について，例えば議長，内部委員会の委員長，CEO や CFO を兼ねる取締役（chief executive or finance director）が親会社の執行陣によって占められることは望ましくないと考える。しかしながら，グループ全体を担当する NED が子会社の NED として就くことは妨げられない。

PRA が考える子会社の独立性に係る要因には多くのものがある。例えば，戦略上あるいは運営上の独立性の程度，業務やビジネスモデルの規模と性質の相違，子会社におけるインセンティブなどは広範なグループであれば区々に分かれ，それぞれの取締役会の構成に反映されることになる。もう 1 つの可能性

のある要因として，子会社が親会社あるいはグループ内の他の企業に依存していること，またグループ内の破綻・清算計画に拠っていること，あるいは保険業者の取締役会（the board of an insurer）が現在あるいは将来の保険契約者（who are, or may become, policyholders）に関する業務面の意思決定の効果に関わりを持たざるを得ないことが挙げられる。

英国内のリングフェンス・バンクの取締役会は，グループ内の他の銀行等における相互の取締役の職・任期（cross-directorships）の制約に従わなければならない。グループ内の親会社となる持株会社とグループ内の他の銀行等の関係において，リングフェンス・バンクは，非リングフェンスの部分がグループレベルで支配する地位に立つものではないということを再度保証させることは可能である。

私見であるが，英国独自の施策であるリングフェンス・バンク改革において，グループにおける子会社の独立性の確保，利益相反の回避などと同様の主旨で，その地位の保証，親会社の持株会社からみて決して従属的地位に立たない旨を述べているものといえよう。

リスクの大きいリテール分野を分離・独立させるものであり，取締役に関して任期などはグループ全体の影響を受けるが，決して支配従属関係にあるものではないことを改めて記しているといえようか。

(7) 取締役会の内部委員会

内部委員会の役割は取締役会のサポートであり，取締役会に対する説明責任を負うが，しかしながらこれによって取締役会がその責務を軽減される（relieve）ものではない。

4．英国金融規制の全体スキームと上級管理者機能等に係る Senior Management Regime（SMR）ならびに SYSC，報酬コードなどのソフトローの最新の俯瞰

英国金融規制機関として，既述の通り，Bank of England を中核に健全性に係る PRA と行動規制に係る FCA が存在する。以下に英国金融規制の全体スキームと SMR ならびに報酬コードの最新の俯瞰を示すが，金融サービス市場法のハードローの下，詳細なソフトローであるコードにより規定がされ，ソフ

ト・ハードローミックスを形成していることが窺えよう。また上級管理者機能等に焦点を当てて，改めて考察を進めたい。

現状のAPR (Approved Persons Regime) については，主なControl FunctionとしてCF1 (Director), CF2 (Non Executive Director), CF3 (Chief Executive), CF10 (Compliance function), CF11 (Money Laundering Reporting Officer), CF30 (Consumer function) がある[4]。

FCAの監督アプローチとしては，①行動監督の層 (Pillars of conduct supervision) があり, Pillar1 (Proactive Firm Supervision (Firm systematic framework)), Pillar2 (Event-driven work) (入力に従って作動する), Pillar3 (Issues and products (including thematic reviews)) に分かれる。②監督のカテゴリー (Categories of supervision) があり，4つの行動監督のカテゴリー (4 categories of conduct supervision) としてC1Firms (Proactive supervision will be on a 1 year cycle), C2Firms (Proactive supervision will be on a 2year cycle), C3Firms (Assessment will be on a 4 year cycle (no dedicated supervisor), C4Firms (Pouch point once during 4 year cycIe) となる。また4つの健全性監督のカテゴリー (4 categories of prudential supervision：P1-P4) として, P1Firms (Prudential critical. Their failure would have a significant impact on the market), P2Firms (Prudentially significant. Their failure would have a significant impact on the functioning), P3Firms (Non significant. Their failure is unlikely to have significant impact.), P4Firms (in administration/insolvency) となっている。

更に(イ)ハイレベル基準 (High Level Standards) として，① Principles of Business (All firms applied), ② Senior Management Arrangements, Systems and Controls (SYSC) (Remuneration Code：All firms applied, Reverse Stress Testing：All firms applied) がある。(ロ)プルーデンス（健全性）基準 (Prudential Standard) として, IFPRU1Application (Definition：Type of IFPRU investment firm), IFPRU2Supervisory processes and governance (All firms applied (ICAAP-Internal Capital Adequacy assessment)), IFPRU3Own funds (All firms applied), IFPRU4Credit Risk (All firms applied (Standardized approach/IRB), IFPRU5Operational

Risk (Except for Limited License firm), IFPRU6Market Risk (All firms applied), IFPRU7Liquidity (Exempted if classified as non-ILAS firm), IFPRU9Public Disclosure (All firms applied. Pillar3 disclosure (annual)), IFPRU11Recovery and resolution (Exempted if classified as non PRA investment firm) がある。(ハ)業務上の基準 (Business Standards) として、Conduct of Business Sourcebook がある。

この内、(イ)ハイレベル基準 (High Level Standards) の②Senior Management Arrangements, Systems and Controls (SYSC), および Remuneration Code (All firms applied) をみていきたい。

SMR (Senior Management Regime) に係る重要なコードとなる Senior Management Arrangements, Systems and Controls (SYSC) の主な内訳は、Reference Code SYSC1 (Application and purpose), SYSC2 (Senior management arrangements), SYSC3 (Systems and Controls), SYSC4 (General organizational requirements), SYSC5 (Employees, agents and other relevant persons), SYSC6 (Compliance, internal audit and financial crime) (コンプライアンス、内部監査、金融犯罪), SYSC7 (Risk control) (リスクコントロール), SYSC8 (Outsourcing) (外注), SYSC9 (Record-keeping), SYSC10 (Conflict of interest) (利益相反), SYSC18 (Guidance on Public Interest Disclosure Act : Whistle blowing) (内部告発), SYSC19A (Remuneration Code), SYSC20 (Reverse stress testing) (逆ストレステスト)[5]となっている。

繰り返しになるが、SMR (Senior Management Regime) については Senior Managers' Regime/Certificate Regime の全体を総称し、SMFs (Senior Managers Function, Senior Management Function : Chairman, CEO, CFO, CRO, Head of key business area) (上級管理者機能), New criminal offence (Reckless misconduct that leads a financial institution to fail carries the potential risk of imprisonment for seven years and/or unlimited fine) (刑事罰), Reversal of the burden of proof (If there is a failure on either the conduct or prudential side, it will be for Senior Manager to demonstrate that they have taken reasonable steps to prevent it.) (証明責任の転換),

Statement of Responsibility, Handover certificate（責任の声明）により新制度が構成されている。

次に動向が注視される Remuneration Code（報酬コード）の概要については，現状では以下の通りである。① 12 Remuneration Principles apply to "Remuneration Code Staff"（12 のコード原則）。② Remuneration Code Staff-Material Risk Taker identification（報酬コードが適用される重要なリスクテイカー），Qualitative Criteria（Board, Risk & Compliance func-tion, dealers, credit proposal etc.）（質的基準），Quantitative Criteria（total remuneration under EUR500,000）（量的基準）がある。 ③ Main Remuneration Principles（主な報酬原則）として，以下のものがある。Fixed and variable components of total remuneration-1:1（固定給部分と報酬比例部分の割合が 1 対 1）。Deferral（at least 40% of a bonus must be deferred over a period of at least three years）（3 年間，40％の繰延報酬），At least 50% of any bonus must be made in shares.（50 ％の株式報酬）。No guarante-ed bonuses of more than one year（1 年以上のボーナス保証なし）。④ Proportionality（Level1 to Level3：Exclusion of Principles, Disclosure requirements）（比例の内容）。

Ⅱ．Senior Management Regime（SMR）における未調整項目の克服に向けて

SMR に関しては，既述の通り 2016 年 3 月施行に向けて精力的に調整作業が進められ，各種協議書，ガイダンスなどが相次いで発出されているが，未調整となっている項目も少なくない。以下において，未調整項目とその問題点，見通しなどを掲げておきたい。SMR の根幹に関わる部分もあり，こうした検討を通じてガバナンス全体の考察も深まろう。

1．英国内設立企業（海外銀行の子会社を含む）に関する未調整項目
(1) Senior Managers' Regime
先ず調整済みの項目であるが，改めて概要を整理する。

① 視野（Scope）：小規模の CRR 企業（総資産規模 250 百万ポンド未満）についてはより制限的な SMR の適用を受ける。PRA のルールのみ，CEO，CFO，Chairman（取締役会議長）が対象となる。

② SMFs：調整済みの項目であるが，PRA，FCA に分けて整理する。

(a) PRA：各企業において最低限要求される SMFs 機能として，Chief Executive，Chief Finance，NEDs（Chairman）。

加えて規制の適用可能な SMFs 機能として，Chief Risk，Head of Internal Audit（内部監査長），Chair of the Audit Committee（監査委員会委員長），Chair of the Risk Committee（リスク委員会委員長），Chair of the Remuneration Committee（報酬委員会委員長），Senior Independent Director（上級独立取締役）。

PRA の管轄に関して，SMF6（The Head of Key Business Area）は関連企業群の中で大きな業務部署を管理する個人を対象とするが，CEO，あるいは他の SMF に報告を行う場合も単独の SMF としての権限を付与（warrants）される。

同じく PRA の管轄に関して，SMFs に係る未調整事項として，SMF7（The Group Entity Senior Manager）は，英国外にいて英国内企業に影響を及ぼし得る個人が対象であるが，親企業の個人も補足可能となることが指摘されており，子会社のマネジメントにかかる個人，英国内の規制活動に係る直接的な決定を行う場合，こうした個人は SMF7 あるいは他の SMF として承認が求められる可能性が高いことになる。PRA は，海外企業グループの一部分であるすべての関連企業において SMF7 としての承認を要求するものではなく，ケースバイケースの対応となろう。

CR（Certification Regime）の certification functions を担う個人に対して，行動ルール（conduct rules）に従いつつ，企業は 2016 年 3 月 7 日までに特定させることが求められる。財務省によれば，2017 年 3 月 7 日までに企業がかかる個人に対して（社内）認定を下す（issue certificates to individuals）ことを求めることになろう。

段階的実施（Grandfathering）に関して，各企業は 2016 年 2 月 8 日までに各個人の責任に係る表明（Statement）を含む告知を図ることが要求される。

以上は SMFs に係る未調整項目である。

(b) FCA

未調整項目ではないが、FCA の管轄に関して、次の Executive レベルの取締役会は PRA の SMFs、NEDs ではカバーされない。Chair of the Nomination Committee, Compliance Oversight (MLRO)、FCA の Key Functions を担う個人（金融犯罪リスクに対処する責任を含む（including responsibility for countering financial crime risk）、重要な責任機能（Significant Responsibility Function）。

(2) 責任の推定

未調整項目ではないが、責任の推定（Presumption of Responsibility）に関し、やや疑義のあった部分でもあるが、関連する Senior Managers の領域における業務上の失敗について、規制当局により民事裁判にのみ適用される。刑事訴追には適用されない（does not apply to the criminal charge）ことが明示された。かかる推定は、① Senior Manager である（であった）個人であること、②企業における関連の要件の充足に違反（contravention）があったこと、③その違反行為に関連して、Senior Manager が企業活動における管理責任を担っていたはずであること（must have been responsible for managing）が前提となる。

PRA は、その監督指針案（a draft Supervisory Statement）の中で、網羅的な例ではないが、個人が合理的な段階を経るべき環境、決定に関連した行動、PRA が依拠すべき証拠（the evidence which the PRA may rely on）を例示している。

私見であるが、これらの項目を設けていることに関しては、2012 年 UBS 事件（John Pottage v. FSA (FS/2010/0033)）において規制当局が敗訴したことが発端であり、その審判所判断（the Tribunal's decision）の中で示された内容を踏まえて対応したものと思料される。

未調整項目ではないが、Senior Manager が意思決定の手続きに中で合理的な段階を踏んだか否かを FCA が判断し決定する場合に考慮すべき事項に関しては、意思決定手続きと罰則マニュアル（the Decision Procedure and

Penalties Manual DEPP)[6]に示されている。

(3) 刑事罰

刑事罰 (Criminal Offence) に関しては，調整済み項目ではあるが，2013年金融サービス市場（銀行改革）法 (the Financial Services (Banking Reform) Act 2013) に依拠し，当該金融機関を破綻させる原因となった無謀な意思決定に対する潜在的な刑事罰 (a potential criminal charge for a reckless decision) である。対象は英国内設立企業であり，検察側に有罪であることの証明が求められる (requires the prosecution to prove guilt)。従って，責任の推定の規定は刑事責任の追及には適用されない。

私見であるが，この点は従来より若干の疑義のあったところであるが，海外企業の支店には適用されないこと，従って本国の本社にも域外適用はされないこと，証明責任の転換の規定は民事の事案に限定され刑事事件には適用されないことが明確となった。またSMRのスキーム全体はソフトロー，ハードローのミックスで構成されるところ，刑事罰に関しては罪刑法定主義，構成要件の明確化から，あくまでも金融サービス市場（銀行改革）法を根拠法としている。

(4) PRA，FCAの責任規定

PRA，FCAの責任規定 (PRA & FCA Prescribed Responsibilities PRs) に関しては以下の通り，未調整項目が多くなっている。

対象銀行の規模別に30のPRA，FCAの責任規定が存在するが，これらは以下の特定の企業に適用される。①自己勘定取引 (proprietary trading) を行う企業，②リングフェンス規制 (ring-fencing obligations) にかかる企業，③リスク・内部監査部門長 (the Head of Risk or Head of Internal Audit functions) を担う個人が存在しない企業。

PRAの責任規定は1名以上のSenior Managerに割り当てられることも可能であるが，その場合も各Senior Managerはかかる責任に対しては完全な説明責任を負う (fully accountable) ことになる。

全ての銀行は，資産規模別に異なる責任規定の適用を受けることになる (the

'Small Firms' bracket（assets of £250 million or less），the 'Larger Firms' bracket（assets over £250 million））。いくつかの規定については適用可能な場合のみ責任の割当てを求めている。これらの規定の内容について詳細は調整中である。

(5) 重要な機能―SMF18―

　重要な機能（key functions）に関して，従前 Significant Responsibility function（SMF18）と呼称されてきた包括的責任機能（The 'Other Overall Responsibility function）はFCAのルールにより定義される特定の行動，機能，業務領域について包括的責任を担う個人をカバーするものであるが，FCA，PRAによる承認を求められる他のSMFとしては特定されないような機能を果たす個人が対象となる。この点は，未調整項目である。

　従って，SMF18は，他のSMFとしては承認されないが，ある分野における包括的な責任を担う場合に要求されるものとなる。FCAによれば，かかる機能は一連のきめの粗いSMFsがある場合に，わざわざ特定することなく企業に柔軟性を付与することが可能となる。この点は調整済み項目である。

　FCAはかかる包括的責任機能について，役割を担う個人の重要な機能がリストアップされることを期待しており，取締役会において係る個人に包括的責任機能を権限委譲した場合，その個人は一義的にこうした機能に関する取締役会への報告義務を負う。FCAは，SMRに関するPRA，FCAのルールを通じて，企業の経営層は取締役会，その下の層（an Executive Committee など）となることを期待している。FCAはマネーロンダリングに関するSMF（MLRO SMF）に加えて，金融犯罪の責任を設定し，企業は今後かかる責任を承認された Senior Manager（an approved Senior Manager）に担わせることになる。MLROと同一人であることも可能であるが，逆に同一人である必要はない。この点は，調整済みとなっている。

(6) 責任マップ

　FCA，PRAはマネジメント，ガバナンス・アレンジメントのために企業が責任マップ（Responsibilities Map）を備えて更新することを要求している。

このマップは，いかに各責任が個人あるいは1人以上の個人に割り当てられ，あるいはこれまで割り当てられてきたかを示すものである。

　未調整項目として，FCAはかかるマップは単一の文書に納められることを要求してきたが，相互の連結状況が明確に分かるものであれば，1つのホルダーの中にいくつかのファイル，シートがあり，その組み合わせとすることも可能である。

(7)　Certification Regime

　Certification Regime（CR）の視野（Scope）に関する未調整項目として以下のものがある。①重要なリスクテイカー（material risk takers）がCRの規律に従う場合，報酬コード（the Remuneration Code）に従う個人にのみ適用可能となる。②FCAは協議文書（CP15/22）においてCRに係る重要な害意に関する機能の2つの新しい類型（two new categories of Significant Harm Functions）を示しているが，英国を基盤とする個人，あるいは英国の顧客を取り扱う個人に適用されることになる。③顧客を取り扱う個人（Individuals dealing with clients）とは，CF30機能を果たす個人などを捕捉するもので，この機能は通常は助言，投資行動を対象とする。重要な害意という新たな分類は，非投資に係る保険契約（a non-investment insurance contract）などでなく，助言，投資を対象としている。顧客に関しては，リテール，コーポレート・ファイナンス，ベンチャーキャピタルの顧客が含まれる。④アルゴリズムトレーディング（Algorithmic trading）[7]に関して，FCAはアルゴリズムトレーディングの配置（the deployment of trading algorithms）に責任を有する個人がfit and proper原則に従っていることを確実にする重要な害意に関する機能の更なる分類を提示している。この重要な害意に関する新たな分類では，責任を有する個人はアルゴリズムトレーディングあるいはその重要な一部の配置，修正，結合状況，モニタリングについての証明に責任を持ち，またアルゴリズムトレーディングの使用，配置が当該企業にかかる規制に準拠した（compliant with the firm's obligations）ものであることに責任を持つものとされる。

(8) 適合と適正

　適合と適性（Fitness and Propriety）に関する未調整項目として，FCA と PRA は犯罪記録のチェックを SMR に従うスタッフ，将来のスタッフに対してのみ行うことを企業に求めている。規制に関する参照事項は，海外企業から得られる参照事項の質問，実現可能性に従って 2015 年秋に協議される予定である。

(9) 行動ルール

(a) 視野

　行動ルール（Conduct Rules）に関しては，既述の通り，PRA では Senior Manager として PRA，FCA から認定される全ての個人，および CR の規律に従う者に対して適用される。FCA では，PRA よりももっと広範囲な個人，スタッフなどに倒しても適用される。

　行動ルールに関する未調整項目として，行動ルールの適用において SMR あるいは CR の規律に従わない他のスタッフについては，SMR あるいは CR の規律に従う個人よりも更に 1 年の適用延期措置がとられる（2017 年 3 月まで）。

(b) 個人の行動ルール

　個人の行動ルール（Individual Conduct Rules）に関しては，未調整項目として，全ての PRA により承認された個人，NED あるいは信用組合の NED は契約に基づいて個人の行動ルール 1-3 を遵守することが求められることになる。既述の通り，行動ルールには 1-5 の 5 つがあり，1 は誠実性，2 は適正な技術，注意，そして勤勉さ（due skill, care and diligence），3 は FCA，PRA 等規制機関との開かれた協調性（be open and cooperative）を求めている。

(c) Senior Manager の行動ルール

　Senior Manager の行動ルール（Senior Manager Conduct Rules）に関しては，SMFs 機能を担う個人のみを対象とする。以下の未調整項目がある。PRA による承認者に対象は限定される。既述の通り，SMF1-4 までの 4 つの行動ルールがあるが，PRA の承認者に対して契約によりかかるルールに従うことが求められる。また NED あるいは信用組合の NED は契約に基づいて Senior Manager の行動ルール 4 の遵守が求められる。Senior Manager の行動ルール

4 は，FCA，PRA が通知を求めることが合理的な情報について，適切に情報開示を行わなければならない。

(d) FCA，PRA に対する連絡（その他の行動ルール適用対象のスタッフ）

未調整項目として，FCA，PRA に対する連絡（FCA & PRA Notification）について，毎年かつ総計的なリスト・フォーマットで（in an aggregated list format）企業は対象の個人による行動ルールの実際の違反，疑わしい違反（suspected individual breaches）の全てを規制当局に連絡することが求められる。

未調整項目として，PRA に対する懲戒処分（disciplinary action）の連絡に関し，企業は行動ルールの違反，および当該違反に係る重要な懲戒処分があった場合は双方を分離して連絡しなければならないものとされる。

2．non-EEA 銀行の英国支店に関する未調整項目

(1) Senior Managers' Regime

先ず調整済みの項目であるが，PRA では SMFs19（Head of Overseas Branch）を上級管理者機能として提示している。典型的には当該支店において CEO に類似した機能を担う個人が対象となる。大規模支店で執行機能としての SMFs（executive SMFs），即ち CFO（最高財務責任者），CRO（最高リスク責任者），Head of Internal Audit（内部監査部門長）の地位にある場合は，PRA は関連する SMFs の機能を具備することを要求することになる。海外にいる個人が，当該英国支店における規制活動に関する経営管理，意思決定の責任を担っている場合（例として Head of EMEA（Europe, Middle East and Africa））は，PRA は Group Entity Senior Manager としての承認を求めることになる。

FCA に係る未調整項目として，執行機能の The Executive Director（SMF3）function は，当該支店の関連でのみ Senior Management に適用され，企業全体の関連で適用されるものではない。この The Executive Director function は，SMF3 の機能を担う個人が存在しない場合は要求されないものであり，the Director function を担う個人が当該支店に存在しない場合にはこうした SMF を充足するものではないことになる。

The Other Local Responsibility（SMF22）function は non-EEA 銀行の英国支店に適用されることになろう。当該支店は，支店の活動，業務，経営管理について地域的な責任を担う個人を設定することが可能であるが，支店の関連で特段これ以外の SMFs を担う旨の承認は必要ない。私見であるが，SMF22 として包括的にカバーされるという趣旨であろう。

　この The Other Local Responsibility function は，当該地域の責任を担う個人が他の SMF を担う個人としては一切承認がされていない状態においてのみ適用されることになる。かかる SMF22 は PRA，FCA の責任規定（PRA or FCA Prescribed Responsibilities）としての割当てを行うことができないことは留意がされる。

(2) 責任の声明

　責任の声明（Statements of Responsibility）に関し，提出様式（The SOR forms）は各支店毎の異なる性格を考慮に入れ，修正が図られてきた。この form は支店のみに係る地域の責任の焦点を当て，SMFs と PRs の支店として縮小された責任を含むものである。PRA，FCA は non-EEA 支店，EEA 支店に分けて異なる様式を整えようとしている。

(3) PRA，FCA の責任規定

　全ての non-EEA 支店は，規模に関係なく，12 の PRA，FCA の責任規定について za から zl に至るまで[8]適用されることになる。未調整項目である。

　かかる責任規定は従前の規制である Approved Person に割当てられなければならないが，責任規定はSMF22（Other Local Responsibility function）を含む NED 機能を担っている個人に対しては割当てるべきではない。この点は調整済み項目である。

(4) Certification Regime

　Certification Regime（CR）の視野（Scope）に関する未調整項目として以下のものがある。

　FCA はその協議文書（CP15/22）の中で，かかる規制を市場全体に拡

大することを提示している。私見であるが、SMR の規制の中で、Senior Managers' Regime は狭くして厳格適用とし、他方 CR の自主規制に関しては規制コストの低減にも繋がり、対象を拡大適用せんと企図するものと思料される。

3．EEA 銀行の英国支店に関する未調整項目

Certification Regime（CR）の視野（Scope）に関して、FCA は CR の制度を MRTs を含め、英国の顧客、EEA 支店に対して重要な害を引き起こしかねない者に適用する意図であるが、あくまで当該支店に関連して必要な限りにおいてのみ適用を制限する。この点は調整済みである。未調整項目として、FCA の CASS（Client Assets Sourcebook）監視機能（The CASS oversight function）[9]が EEA 支店に適用される予定である。

4．Senior Managers' Regime と攻めのガバナンスの概念整理，代表訴訟制度の意義における法規範形成とのアナロジー──SMR の我が国企業規律への導入に向けて──

代表訴訟制度の意義における法規範形成、公序の観点とのアナロジーを通じて、証明責任の転換、刑事罰導入などは当面除外した SMR の緩和した形態をコードとして、我が国の実状に適合した自主的導入を図り、SMFs の内容、機能・責任分担、特に NED との異同、更にエンフォースメントなど社内で厳格に策定して規律づけ、妥当性領域において攻めのガバナンスの実効性を上げるべく機能させることが想定される。鍵の1つとなる SMFs と NED の機能分担の異同等についても私見を述べてみたい。

(1) 機能面の不透明・重複と攻めのガバナンスの概念整理

ガバナンスの一般概念において、取締役に係る健全性（コンプライアンス）は経営判断原則による免責の対象外となる。著しく不正の領域は消極的妥当性との接点に位置し、また積極的妥当性領域に関しても実際には消極的妥当性との異同は微妙になると考えられるところである。各機能の担い手・責任・義務の構成が不明確とならざるを得ない所以出もあろう。NED が担う領域は、健

(概念図)

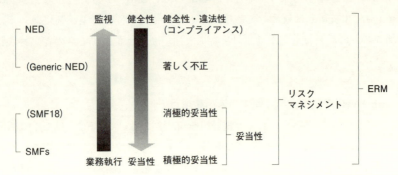

全性，著しく不正，更には消極的妥当性に至るまで傾向として広範に想定がされつつある。近時の東芝の会計不正発覚後の2015年7月以降の社内ガバナンスの改革をみても，NEDである取締役会議長に会計や法律の専門家あるいは学識経験者でなく，大企業の経営経験者を据えており，単なるコンプライアンス，更には著しく不正に限らず，消極的妥当性，積極的妥当性領域の判断の担い手としても期待がされる感がある。攻めのガバナンスとの問題の符合点といえるが，大枠の概念整理を図ることは重要となろう。

　著しく不正，消極的妥当性，積極的妥当性の領域は，広義のリスクマネジメントの部分といってよい(10)。先ず，コンプライアンスとは峻別される。NEDとしては，消極的妥当性について，例えば戦略案の実行に関してだめ出しを行い，更にはその修正も図るとなれば経営の知識・経験を有することが必須となる。概念図としては，積極的妥当性領域にまで一部関与し，戦略案の策定自体は経営執行陣に委ねるとしても，そのチェックを事前にどの段階で図るか，取締役会上程まで一切関わらないとするのかどうか，柔軟な対応も考えられることとなろう。銀行業界であれば，リスクアペタイトとリスクトレランスに関する戦略上の決定などは消極的妥当性のみならず，適切なリスク設定をどの対象にどの程度行うかという意味において，収益向上を目指す積極的妥当性の領域でもある。攻めのガバナンスそのものであろう。あるいは3つの防衛線の設定にしても，業務管理，リスクマネジメントさらに内部監査部門との連携が重要となり，各々担っている妥当性領域の範囲は広く，かつ重複もあり得る（重複しているからこそ，漏れなく十全な機能保持が図れるともいえる）。

(2) 英米との論点の異同

 既に指摘したとおり，英米におけるコンプライアンス，ガバナンスの重点とはズレのあるところである。英国では近時の金利不正（コンプライアンス，著しく不正）が問題となり，我が国の東芝事件も然りではあるが，我が国ではリーマン危機においても大きな不正事件は顕在化しておらず，攻めのガバナンスにおける適切なリスクテイクが求められる所以である。従って積極的妥当性を観念し，その場合のインセンティブ，責任・機能などが問われている。事情を熟知した内部 NED と Senior Managers の連携によって攻めの機能充実を図り，企業価値向上を目指すことになるが，厳格な責任分担・区分けが容易ではないところである。また集団的意思決定スキームの壁もある。今後，我が国において攻めのガバナンス実践を目指すのであれば，適切なリスクテイク促進策と並行して個人責任の追及方策も考えることは有意なこととなる。

 もっとも，現段階では我が国アクセルと共にブレーキを同時期に踏むことは摩擦を生じかねず，企業による自主的な社内承認システムである Certification Regime を当面の導入の基礎とし，英国のように個人責任追及の必要性が切迫した段階でもないとすれば証明責任の転換，刑事罰新設については不要とすることが考えられる。

 しかしながら，(1)に述べた枠組み，機能面などについて，重複は否めないとしても理論的整合性を図ることの重要性は否めない。現実のガバナンス規律は，各企業の規模，業種，内容などに応じて多様である。担い手である監視役の NED，上級経営管理者の機能である SMFs も，Generic NED と Overall Responsibirity を役割とする SMF18 の間の区分けは微妙である。健全性，著しく不正，更には消極的妥当性毎に，あるいは金融業界であってもリスクテイクを主とするか否かで業態，組織構造も大きく異なりうるため業態毎に対処すべき内容を規定する場合，やはりコードというソフトローで柔軟に修正も図りつつ，実効性のある規律スキームを策定することになろう。

(3) 代表訴訟制度の意義における法規範形成とのアナロジー

 もう1つ考慮すべきが代表訴訟制度の主旨との関連である。代表訴訟制度の被告の範囲について，取締役会の人数削減と共に執行役員制度が導入され，権

限委譲が図られている事は周知のことであり、かかる執行役員への代表訴訟の対象拡大が議論されている。会社法上の正規の役職ではないが、実質的権限として企業価値創造を担う役職であり、SMR、SMFsの枠組みが導入可能な部分といえる。

更に社内から非提訴判断が出された場合の扱い、また実効性の面から親会社取締役の子会社管理責任は米国でも緩く（General Rubber Co. v. Benedict, 109 N.E.96（1915））、責任を問いにくいこと、立証も図りにくくグループ規律が十分でないことが指摘されている。代表訴訟制度の意義として、損害填補機能、違法行為防止機能に加え、法規範形成機能を重視し、利害関係人（ステイクホルダー）や公序のための利益、即ち代表訴訟の公益性を上手く活かすことの肝要さを唱える観点から、提訴懈怠可能性概念の再構築を全体に、被告の範囲として実質的な権限の大きさに着目して重要な使用人（執行役員等）を加えること、支配株主とその関係者（親会社と親会社取締役）を加えることが提示されている[11]。後者については、我が国では濫訴の怖れも高くなく、支配関係による提訴懈怠の可能性、重大な権限を規律付ける必要性、および法規範形成の観点から親会社など支配株主も代表訴訟の被告の範囲に含めるべきではないか、と述べられる。

私見であるが、SMRのスキームについては立証責任軽減等によって上級管理者に対する責任厳格化を図るもので、こうした議論とは発端を同じくする。もっとも我が国では過剰な監視となりかねず、緩和された形態での議論が検討される。非取締役である経営執行陣、即ち上級管理者が包摂されるが、その典型である監査役設置会社における定款導入による執行役員について、会社法上、代表訴訟の非対象のままであるとすれば、ソフトローであるコード規範によってSMRの緩和されたスキームを盛り込むことは、公益性維持の観点からの代替として少なからぬ意義があろう。

もっとも代表訴訟自体の濫訴は我が国ではまだ多くなく、経営陣による不提訴判断の問題先鋭化もさほど議論にはなっていない現状では、公益面における代表訴訟機能の一部代替としては、Certuification Regimeを中核として証明責任の転換、刑事罰新設については不要とするスキームが現実的な規律、法規範形成といえよう。SMRの緩和した形態をコードにより自主的に導入させ、

SMFs の内容，責任，社内エンフォースメント等を社内プログラムとして厳格に策定させる。これによって，境界域の不明瞭な妥当性の領域における適切な規律づけを図ることが期待される[12]。

　NED など取締役会構成員を含む Senior Managers の SMFs を担うメンバーを対象として，SMFs と配置人員について各社毎の特長を活かしつつきめ細かく定め，SMR に係る社内プログラム策定・運用・評価により量刑ガイドラインとコンプライアンス・プログラム，あるいは特別訴訟委員会同様の免責等に係る機能を付与し，インセンティブ付けを図る。英国 SMR における Certification Regime（CR）では広範な役職員を対象としているが，我が国において攻めのガバナンスによる企業価値向上ならびにその規律付けを考える上では，先ずは対象は Senior Manager に絞り，米国企業改革法（サーベンス・オクスレー法）等を参考に内部統制スキーム類似の観点から CEO 等による statement（声明）を発出させ，自主的な枠組みの構築をコードあるいはガイドラインにより図っていくことが当面の施策となろう。

【注】
（1） Association of Foreign Banks, Senior Managers/Certificate Regime Wallchart, August 2015. Relevant Consultations:FCA CP/12, PRA PS16/15, PRA SS28/15.
（2） DBJ Europe Limited（Level 20, 125 Old Broad Street London EC2N 1AR, UK）。先方は Haruhisa Kawashita Executive Chairman（Menber of the Board），Hideyuki Nagahiro COO（Chief Operating Officer, Menber of the Board）。有益な示唆，情報を得ることができ，改めて感謝申し上げたい。但し，文責は全て筆者にある。
（3） Consultation Paper CP18/15 Corporate governance: Board responsibilities May 2015 the Prudential Regulation Authority.
（4） Hideyuki Nagahiro「英国の金融規制について」DBJ Europe Limited Legal and Human Resources Study Meeting（労務法務研究会）（2015 年 5 月 20 日）参照。
（5） 国際金融危機の再発防止に向け，英国金融サービス機構（FSA）が求める新たな健全性審査（財務の健全性を評価する特別検査）であり，通常のストレステストと異なり，あり得ないといえるものの，可能性のあるシナリオを想定するよう銀行に求めるものである。破綻しない限界を特定し，それまでの過程を逆算し，様々な衝撃に備えるため事業を改善する方法を打ち出すよう求める。銀行業界の懸念はこうしたストレステストが強制的な増資に繋がりかねないことであり，英国の逆ストレステストに対する不満として資本金額や手元流動性に関して，規制が行き過ぎとの反発もある。バークレイズのマーカス・アギウス会長は 2011 年 1 月オズボーン財務相あてに，不公平な条件を生んでいると主張し，逆ストレステストなど FSA が他国の当局や国際基準より厳しいことを示す報告書を示している。http://jp.wsj.com/layout/set/article/content/view/full/182266。
（6） Consulted on in CP15/9. The Final handbook text on Guidance on the presumption of responsibility is scheduled to be released Autumn 2015.

(7) アルゴリズムトレードはアルゴリズムによる金融市場における売買，コンピュータによる自動売買の総称のことである。ボラティリティ（保有資産価格リターンの標準偏差）がリスクと定義されるが，値動きの大きさについての情報は与えるものの，売買のタイミングの決定，売買数量に関してはあまり役立たないとされ，この部分に関する技術がアルゴリズムトレードである。http://www.cmdlab.co.jp/cncmdltopics/algo2/
(8) Figure 3, page 16, Feedback Statement on FCA CP15/10.
(9) 英国 FCA の CASS ルールについて，FCA の規定集（FCA HandBook，FCA が金融サービス業者に求める具体的なプリシンプル，ルール，ガイダンス等の規定集）に金融業界における顧客資金取扱規定（Client Assets Sourcebook CASS）が定められ，CASS では金融機関が破綻した場合，顧客資産を迅速に返還するため，金融機関が顧客資産を自己勘定として使用することを禁じ，また金融機関に顧客資金の名義，資金の保管および全取引について記録保持を義務付ける等，顧客資産の分別管理の規定をしている。2008年リーマン金融危機において分別管理など顧客資産の保護方法が不十分であることが露呈し，FSA は顧客資産保護を強化するため CASS ルールの見直しをはかり，2012年9月市中協議書を公表している。楼天甲「顧客保護の観点から見たグローバル市場における規制動向」三菱 UFJ 信託資産運用情報（2014年1月）1-20頁。
(10) こうしたコンプライアンス，妥当性などの全体的な管理を図るスキームが ERM（Enterprise Risk Management 統合的・全社的リスマネジメント）となる。
(11) 代表訴訟制度の意義等について，髙橋陽一「グループ経営の規律づけにおける多重代表訴訟制度の役割」日本私法学会報告（2015年10月10日）を参照させていただいた。髙橋陽一『多重代表訴訟制度のあり方―必要性と制度設計』商事法務（2015年）。
(12) 私見であるが，コンプライアンス，著しく不正の領域は判例法理も確立しており，既存の法理の枠内で SMFs，NED の扱い，責任マップなどを整備することで当面は足りようか。

終章

　英国金融規制と Senior Management Regime（SMR）を中心に，コーポレート・ガバナンス・コードなどソフトロー，英国米国の判例法理，我が国の 2015 年 6 月株主総会動向と攻めのガバナンス等を含め，包括的，多面的，比較法的考察を進めてきた。SMR の概要に加えて，Certification Regime（CR）などの我が国への適用可能性，攻めのガバナンスを念頭に日本版コードとの突合などを検討した。最後に，二重処分リスクと規律の多面性，更なる対象拡大の可能性，ならびにケースローによるハードローの法規範形成について改めて指摘しておきたい。

I．二重処分リスクと規律の多面性

　Approved Persons Regime（APR），Senior Management Regime（SMR）を通じて本来的公法領域にガバナンス，リスクマネジメントなど私法的規律が導入され，ソフトローのハード化同様，多面性を備えつつある。多重適用に関して，現地法人において進出先のコードと母国規制機関による二重処罰リスクが懸念される。国際競争力喪失にも繋がりかねず，国際連携と独自性発揮の同時進行によるジレンマともなろう。国際連携により情報が入手しやすくなり，母国でも規制庁の処分が同一内容に関して下される怖れがある。各国規制庁における独自性発揮の傾向が強まっている折，こうした傾向に拍車がかかる。企業側が不利益を甘受する根拠が明確に示される必要がありはしないか。

II. Senior Management Regime の更なる対象拡大と変容ならびにグランドファザリング

　Senior Management Regime (SMR) については既存の Approved Persons Regime の存続と SMR との当面の並立化がアナウンスされ始め，更に最終局面になり，急遽修正・拡大の動きが出されている。2016 年 3 月の適用開始予定日に向けて，残る未調整項目を含め，精力的な最終調整局面に入っていることを示している。

　直近において英国財務省（HM Treasury）からプロポーザルが発せられ（2015 年 10 月）[1]，① Senior Management Regime (SMR) の Senior Managers' Regime と Certification Regime のスキーム (SR&CR) は，銀行，住宅組合，信用組合と PRA 指定投資会社（banks, building societies, credit unions and PRA-regulated investment firms）を対象に 2016 年 3 月 7 日施行されるが，責任の推定（the presumption of responsibility），行動規則違反の要件に関しては切り離される（apart from）。銀行セクターは，2017 年 3 月 7 日までに既存スタッフの自社承認を終えること（to complete the certification of existing staff）が求められる。② SR&CR の新制度は対象が当初予定と異なり，非預金取扱金融機関にも拡大される。拡大適用（the newly extended regime）については，当局は 2018 年度施行を企図している。

　即ち，①証明責任の転換の規定を設ける予定であったが，拡大した広範な対象者に対して，挙証責任自体は規制当局側にあるとしつつも，一律に金融サービス市場法という制定法上の正規の義務として要件，効果を定めていくことにより，Senior Managers の個人責任追及を寧ろ進め易くする趣旨と思料されよう。② Senior Managers' Regime の部分の適用は当初は預金受入金融機関等のみが対象であったが，全ての金融機関を適用対象とし，拡大適用の導入時期は 2018 年の見込みと述べられている。現状で未調整項目の課題が残り，自主性の強い Certification Regime (CR) よりも再度規制の厳しい Senior Managers' Regime 主体にシフトしてきた様相も窺える。強制力が強まること

で，規制当局の否定的なアナウンスにも関わらず，域外適用の面の懸念も再び出てこよう。規制当局が初期の問題意識である個人責任の追及厳格化に戻って英国独自の政策面を優先し，安易な市場誘導でなく，徹底的に問題点を洗い出して，急がば回れの観点から，金融資本市場競争力の課題に取り組み始めたことを示していよう。

　また PRA によれば 2016 年 3 月 7 日に新たな制度が発効され，金融機関は責任の割り当てと必要な承認の取り直しが求められるが，現状で APR により承認されている個人について，SMR・SIMR の適用の延期を求める場合は，2016 年 2 月 8 日までに必要な手続きを整えるものとされている[2]。もっとも，FCA は対象金融機関に応じて Approved Persons Regime を存続させ，Senior Management Regime との併存・使い分けを示唆しているなど[3]，Senior Management Regime の施行に向けてなお流動的要素も少なくない。規制の施行後も当面はこうした議論が続くことになろう。

Ⅲ．コーポレート・ガバナンスのフレームワークとソフトローミックス─Senior Management Regime とコーポレート・ガバナンス・コードの接点─

　以下は私見であるが，英国におけるコーポレート・ガバナンスのフレームワークの展開について，ソフトロー形成も含めて，FCA，PRA を含めた英国における監督・規制とソフトローのあり方にかかる根本的なフレームワークの問題でもある。元来は 1992 年キャドベリー報告書など民間主導で形成されてきたソフトローであるコーポレート・ガバナンス・コードがハードローである英国会社法，あるいは同じソフトローといっても強制力の強い上場規則などと合体（combination）して実効性とエンフォースメントを強化しつつあることが窺われる。

　Senior Management Regime にしても金融サービス法というハードローと一体化した金融業界向けのソフトローといえよう。FCA・PRA が所管する Senior Management Regime には許容される推定規定，刑事罰などが定

めれるものの，Senior Management Regime の一部を構成する PRA 所管の Certification Regime においては企業における自主規制による実効性確保を第1に設定しており，ソフトローたる内容を有する。ハードローとのソフトローミックスであり，日本版コーポレート・ガバナンス・コードも事実上改正会社法と一体的に導入され，東証上場規則に転化がされる。上場企業においては，内容面では Comply or Explain といった柔軟な措置が多いものの，規定自体は実際には強制適用の意味合いも強く，やはりソフトローミックスの性格が強い。日本版コーポレート・ガバナンス・コードは英国のコードを始め，ドイツ，フランスなどを含め先進諸国のコードを参照して策定されたものであり，内容面は当然近接していようが，コードの性格では一歩先を行き，事実上の強制力を強めた新たな段階にあるものといってよいのではないか。即ち，ハードローとの一体的な運用面という点では，英国コードよりも日本版コードの方が企業側の対応として急を迫られていると思料する。日本版コードが標榜する攻めのガバナンスに関して，海外機関投資家やコーポレート・ガバナンス原則策定の元祖である OECD（経済協力開発機構：Organization for Economic Co-operation and Development）の評価も高いとされるが，かかるソフトロー展開の考察においてもまた先んじた内容を有しており，日本版コードは英国 Senior Management Regime と類似したソフトローミックスの性格を有していよう。

　英国ではコードの運用は FRC が行い，他方 Senior Management Regime は上場規則などを所管する FCA と PRA が担う。Senior Management Regime に上場規則同等以上のエンフォースメントが付与される所以でもあるが，我が国では監督体制の相違はあるが，日本版コードを金融庁・東商の連盟で原案策定し，実際には東証規則として発布がされる予定である。この点から，今後日本版コードは当面の Comply or Explain ルールでひな型的記載などによるその場しのぎの形式的 Explain が流布すれば，社外取締役導入などにしてもいずれは強制性を付与されることが予想され，英国コードとは根本的性格を異にすることになる可能性もある。攻めのガバナンスを内容とすると共に，こうした我が国独自の展開を遂げつつある日本版コードの法規範形成については，既にみてきた通り，ケースローによる蓄積・法秩序形成が鍵を握ることになる。この

点では，敵対的買収防衛策において，米国に約30年遅れて我が国に導入されたが，ポイズンピル（毒薬条項）の発動実績がないとされる米国に比して，既に我が国が独自の展開，裁判蓄積を行いつつあることとパラレルに考えられよう。

英国金融規制に関するSenior Management Regime（SMR）創設（2016年3月予定）について，アベノミクスの第3の柱の中核である攻めのガバナンスと比較検討しつつ，制度の理論と実践の両面から考察を行ってきた。従来はとかく監視機能にかかる非業務執行（社外）取締役（NED）の独立性や役割などにガバナンスの焦点があったが，アクセル役である企業価値創造を担う上級管理者機能（SMFs）に検討対象を拡大する点がポイントとなる。背景には不正防止や金融危機の再発防止に止まらず，英国金融業界の競争力向上政策があり，アクセルとブレーキを同時に踏むことの適否，両者の機能・役割の境界域の不明確さと未調整項目の検討，忠実義務と執行機能の法的考察，域外適用などの国際私法的規律の接点など多くの論点を包括的に採り上げた。

英国金融規制のガバナンスのフレームワークとSMR策定に至る最新の議論は，2015年6月総会を終え，日本版スチュワードシップ・コードならびにコーポレート・ガバナンス・コードの策定・導入を経てアベノミクスの第3の矢の根幹である攻めのガバナンスの実践段階を迎えている我が国ガバナンス改革にとっても軌を一にする部分が多く，意義深いものがある。SMRに関する域外適用については，規制当局は現時点で抑制的な運用方針を示すが，エンフォースメントの実効性を確保すべく，将来は米国FCPA同様に積極的になる可能性もある。取引所の競争力強化か，課徴金重視かなどの競争政策面の思惑も絡んでこよう。

Senior Management Regimeについて，2012年UBS事件（John Pottage v. FSA（FS/2010/0033））を契機にApproved Persons RegimeがSenior Management Regimeへ抜本的な変容を遂げることとなる。エンフォースメントを強化したハードローとの渾然一体化の性格を強めつつあることをみれば，ケースローによるソフトローの法規範形成の1つの道筋が窺えよう。

【注】
(1) Senior Managers and Certification Regime:extension to all FSMA authorised persons,HM

Treasury, October 2015.
(2) Strengthening accountability, Implementation, PRA. http://www.bankofengland.co.uk/pra/Pages/supervision/strengtheningacc/default.aspx.
(3) The FCA's Risk Outlook and Business Plan 2014/15 What it means for you, p. 7, PWC, April 2014.

［本稿は，財団法人民事紛争処理基金の研究助成金を利用した研究成果の一部である］

あとがき

　最後に，本著は研究書であるが，若干の想いを書かせて頂くことをどうかお許し願いたい。

　大学を卒業して約40年になる。この間，日本政策投資銀行，ならびに日本大学法学部には大変お世話になった。たくさんの方にお世話になり，多くのことを学ばせて頂いた。日本政策投資銀行の勤務中は，格付け機関などへの出向を含め，企業融資，審査，ならびに調査研究に大部分を費やした。

　日本大学では主に国際取引法を担当させて頂き，関連してコーポレートガバナンスなどにも研究を進めることができた。

　私は，日本大学の学祖山田顕義初代司法大臣と同じく山口県萩市の出身である（吉田松陰がペリー提督の黒船に乗ってアメリカ行きを試みた折りに同行した足軽の金子重之輔の家系と聞かされたが，家系図もない）。明倫館に由来する市立明倫小学校には，歩いて3分で通った。河村建夫元文部科学大臣は県立萩高等学校の大先輩であり，幼少の頃から親しくさせて頂いている。伝統ある日本大学に奉職ができたことは身に余るご縁である。いろんな機会を与えて頂き，ここまで何とかやってこれたことは，この上ない幸甚であり，ひとえに諸先生方や事務局，職員の方々のお蔭である。

　日本大学の故坂田桂三名誉教授・元法学部長には研究室が隣だったご縁もあり，本当にお世話になり，温かくご指導頂いた。毎日，日曜日も台風の日も出校しておられたことが目に浮かぶ。御恩を返す間もなく急逝されたことはかえすがえす慚愧の至りに思っている。

　また奥島孝康元早稲田大学総長・名誉教授は学位論文審査の主査を引き受けて下さった。コーポレートガバナンスの理論を最初に我が国に根付かせることに多大な貢献をされた。尊敬する第一人者である。いくら感謝しても足りない。厳しいご指摘を頂くと共に，銀行における企業経営，実務の理解，経験が君のオリジナルな強みだ，と分不相応な御言葉を頂いた。

私は京都大学法学部林良平ゼミ（民法，金融法）の卒業生である。最高裁判事3名のほか，学界では河本一郎神戸大学名誉教授，龍田節京都大学名誉教授，森本滋同志社大学教授・京都大学名誉教授などゼミの大先輩にはきら星のごとく名が連なる。私など末席の端である。

　特に金融業界では，奥正之株式会社三井住友ファイナンシャルグループ会長（元三井住友銀行頭取），高橋温三井住友信託銀行株式会社相談役（元住友信託銀行株式会社会長）を始め，銀行，証券，保険などに歴々を多数輩出してきた。きっての金融ゼミでもある。林先生は司法試験考査委員のほか，金融法学会創設に尽力されたと聞く。

　林先生ご自身，旧神戸銀行創始者の御家系（山崎豊子の小説「華麗なる一族」のモデルとされている）と話され,，京都にはお住まいにならず，合わないからと言っておられたが，神戸から大学まで通っておられた。学者にならなければピアニストになっていた，とゼミではよく話を聞かされた。阪神淡路大震災の後，体調を崩され，急逝された。

　私は林先生の厳しくストイックで孤高な，また実業界的な垢抜けした雰囲気とクールな御人柄に惹かれて林ゼミを迷わず志望した。しかし正直なところ，林先生と言葉を交わした記憶は，ゼミの発表の時に，こっぴどく追求された痛い思い出以外にはない。御自宅に伺うなど親しくお付き合いしたゼミ生も多いと聞くが，私の中の林先生像である。それでも他のゼミに行けばよかったと思ったことは一度もない。

　卒業後就職間もなくに，丸の内の日本工業倶楽部で東京地区のゼミOB総会が開かれ，私も出席させて頂いたが，先生とは，いつも通りのことではあったが，挨拶も交わさなかったところ，最後の先生からの御挨拶の中で,「みんなよく来てくれた。今日は言葉を交わさなかったが，目と目で分かる者もいる。」と何となく私の方を見ておっしゃった。あれが私にとって林先生との最後になってしまった。叙勲祝いなどその後の重要な行事にことごとく出席を怠った身から出た錆である。ご葬儀には参列したが，あの日の先生のお姿，言葉は鮮やかに焼き付いている。初めて，そして最後に，林先生と会話した思いであった。

　日本大学に転じてから，林先生との新しいお付き合い（大変恐縮なのである

が，いい言葉が思い付かない），が心の中で，始まったと思っている。吉田神社に参拝する度に，林先生に報告し，また林先生であればどう解答されるだろうといつもいろいろ問いかけている。

　坂田桂三先生，そして林良平先生のご冥福を改めて祈りたい。

2016 年 1 月

　　　　　　　　　　　　　　　　　　　　　　　　　　　藤川信夫

索　引

【数字・欧文】

1933年証券法（Securities Act of 1933） 228
1934年証券取引所法（Securities Exchange Act of 1934） 228
1992年キャドベリー報告書 103
1998年バーゼル銀行監督委員会（BIS）「銀行組織における内部管理体制のフレームワーク」 297
1999年「銀行組織にとってのコーポレート・ガバナンスの強化」 297
2000年金融サービス市場法（Financial Services and Markets Act 2000） 36
2003年改正統合コード 10
2006年英国会社法における一般的義務（general duties） 100
2007年資金洗浄規則（Money Laundering Regulation 2007：MLR2007） 18
2009年銀行法 123
2010年金融サービス法 123
2010年平等法（the Equality Act 2010） 405
2012年規制整合性評価プログラム（Regulatory Consistency Assessment Program：RCAP） 350
2012年UBS事件（John Pottage v. FSA（FS/2010/0033）） 52
2013年4月金融犯罪ガイドライン（Financial crime: a guide for firms Part1: A firm's guide to preventing financial crime, Part2: Financial crime thematic reviews） 20
2014年9月版コード 335
2015年6月株主総会とコーポレート・ガバナンス・コード 355
2層（two tiers）のルール 48
3層の監督構造（the 3 Pillars of Supervision） 107

3つの防衛線モデル（the three lines of defence model） 16
3倍賠償制度 15
Accountability Regime（説明責任制度） 112
AIRMIC（The Association of Insurance and Risk Managers） 251
ALARM（The National Forum for Risk Management in the Public Sector） 251
APER Principle 73
Approved Persons Regime（APR） 1
Approved Personsに関するコード原則の要求事項 83
A Risk Management Standard 251
Aronson v. Lewis判決 313
ARROW（Advanced Risk Responsive Operating Framework） 17, 36
bail-in 55
bail-out 55
Bank of England（イングランド銀行） 5
BIP（Bank Insolvency Procedure：銀行の支払不能の手続き） 117
Board（取締役会） 23
Cap on payday loans 54
CASS（Client Asset sourcebook FCA） 384
CCO（Chief Compliance Officer） 300
CEFs（critical economic functions：重大な経済的機能） 117
CEO（最高業務執行責任者） 9
Certification Regime 47
CFO（Chief Financial Officer） 301
Changing banking for good 58
Chief Risk Officer（CRO） 9
Code of Conduct（行動面のコード） 138
Commonwealth Oil and Gas Co., Ltd. v Baxter事件 11
Complex legal structure 385

索　引

Compliance & MLR Officer　15
Comply or Explain　8
Computer Fraud and Anti-Abuse Act (CFAA)　366
COSO ERM フレームワーク　297
COSO Enterprise Risk Management Framework　297
CRO　15
D&O 保険　363
DBJ Europe Limited　15
Disney 事件判決　317
Dorchester Finance Co., Ltd. v. Stebbing 事件判決　12
EEA（European Economic Area：欧州経済圏）　50, 97
ERM（Enterprize Risk Management）　16
EU 会社法指令　245
EU リーカネン報告書（2012 年 9 月）　127
Executive Chairman　15
Executive Director（最高経営責任者（Chief Executive Officer：CEO））　15
FCA（金融行為監督機構）　5
── ルールブック（Statements of Principle and Code of Practice for Approved Persons）　20
FDIC　123
Final Guidance on NEDs' duties（非業務執行取締役の義務に関する最終ガイダンス）　113
Final Guidance on 'Presumption of Responsibility'（責任の推定に関する最終ガイダンス）　113
Fit and Proper テスト（the Fit and Proper Test）　83
foreign-cubed 訴訟　369
FSA（FCA/PRA）Handbook　9, 20
FSMA2000（Financial Services & Market Act 2000：英国金融サービス法）　9
FX（Foreign Exchange：外国為替証拠金取引）　108
General Rubber Co. v. Benedict, 109 N.E.96 (1915)　428
Generic NED（一般的・非業務執行取締役）　378

Good Faith 義務　7
Governance Structure　15
Group Entity Senior Manager（SMF7）　143, 155
G-SIFI/N-SIFI バッファー　34
G-SIFIs（グローバルな規模のシステム上重要な金融機関）　117
GSIfs（グローバルな大規模金融機関）　122
Head of Planning & General Affairs　15
Human Resources Officer　15
ICN（International Competition Network）　339
ICPAC（The International Competition Policy Advisory Committee）　339
IR（インベスター・リレーション）　183
IRM（The Institute of Risk Management）　251
Jurisdictional Strategy（管轄権の戦略）　114
Kiobel v. Royal Dutch Petroleum 事件（Kiobel 判決）　369, 371
LCR　114
── transition（流動性カバレッジ比率）　117
Lead Independent Director　92
LIBOR（London InterBank Offered Rate：ロンドン銀行間取引金利）　108
── 事件（the LIBOR scandal）　58
Libor 金利不正　45
Liquidity（流動性）　117
Matrix Arrangement　385
Mitsui Sumitomo Insurance Company (Europe) Ltd.　27
Mitsui Sumitomo Insurance Company (Europe)（8 May 2012）事件　17
MLRO（Money Laundering Reporting Officer SMF17）　385
MREL（minimum requirement for own funds and eligible liabilities：ベイルインの実効性確保の観点から自己資本およびベイルイン債務の最低基準となる債務）　117
Morrison v. National Australia Bank 事件 (Morrison 事件)　369
Norman v. Theodore Goddard 事件判決　12
OECD　208

――コーポレート・ガバナンス原則　235
――の制限的取引慣行委員会　338
One size does not fit all　30
Overall Responsibility（包括的責任）　383
pay cap　224
Payment Systems Regulator（PSR：決済システム監査機関）　54
PEP（Politically Exposed Person）　27
Pillar1　34, 118
Pillar2　34, 118
Pillar3　118
Pillars of conduct supervision　22
PLAC（Primary Loss Absorbing Capacity）　345
PPI（Payment protection insurance：支払保障保険）　108
PRA（健全性規制機構）　5
　――・FCA協議文書「銀行の説明責任の強化：銀行の役員個人に関する規制の枠組み」　149
　――指定投資会社（UK-incorporated and PRA-designated investment firms（collectively, banks）　46
　――とFCAのハンドブック（Handbooks）　83
proprietary trading　187
Re City Equitable Fire Insurance Co., Ltd.　12
Reckless misconduct（不注意な管理・経営のミス）　54
Red Flag 遵守義務　7
Red Flag とグッドフェイス義務　323
ROA（総資本に対する営業利益の割合）　361
Robust Governance Arrangement（強固なガバナンス・アレンジメント）　385, 386
ROE（自己資本利益率）　51
RTO（Risks to Objectives Group）　37
say on pay　224
Senior Management Regime（SMR）　1
　――における執行機能　393
　――における忠実義務　388
　――における未調整項目の克服　416
Senior Management の行動ルール　100
Senior Managers' Regime　47
Shadow director position（影の取締役）　155

SMF18　378
Smith v. Van Gorkom 事件　312
Solvency II firms　42
Southern Peru 事件　315
Standard Bank（22 January 2014）事件　17, 27
Strengthening individual accountability　187
System and Control　33
TBTF（大きすぎてつぶせない：too big to fail）　121
　――問題　121
the Secretary of State v. Swan and North 事件　11
the Senior Independent Director　92
the Statements of Principle and Code of Practice for Approved Persons（APER）　83
the Tribunal's decision　69
Threshold Conditions Code（COND）　20
TLAC（total loss absorbing capacity：最低所要自己資本等に上乗せされる追加損失吸収力）　117, 122
Trans Union 事件　312
UBS 事件（John Pottage v. FSA）　66
UK Bribery Act of 2010（英国賄賂防止法）　18
UK Corporate Governance Code　41
WEBによる情報提供　271

【ア行】

アイゼンバーグ教授　243
アカウンタビリティの強化　88
アセット・オーナー　286
アセット・マネジメント　25
アセット・マネジャー　286
新しい株式報酬の導入　362
アテステーション（attestations）　84
アベノミクス　4, 45
アメリカ法律協会（American Law Institute：ALI）　299
アルコア事件控訴審判決　376
安全港ルール（safe harbor rule）　14
域外適用　7, 29
　――否定の推定則　371

索引　443

著しい不正　45
イングランド＆ウェールズ勅許会計士協会　241
インサイダー情報　271
インベストメント・バンク　25
ウォーカー報告書　7, 8
ウォーカー・レビュー　209
営業債権者（other trade creditors）　57
英国会社法　150
――における取締役の一般的義務　166
英国型市民社会ルール　7
英国議会の銀行基準に関する委員会（The Parliamentary Commission on Banking Standards）　58
英国現地法人　13
英国財務省　102
英国贈収賄防止法（UK Bribery Act 2010）　144
英国内部監査協会（Charted Institute of Internal Auditors）　19
英国における金融機関の監督手法（ARROW）　36
英国2006年会社法改正　7
英国ハンペル委員会報告書　87
英国貿易産業省（The Department of Trade and Industry）　241
エクイティー（衡平法）　313
エクイティ報酬　235
エンフォースメント　45, 49
――と刑事訴追の分断（separation of prosecutor from enforcer）　14
エンロン事件　86
欧州委員会バローゾ委員長　124
オペレーショナル・リスク　19, 23
オムロンにみるコーポレート・ガバナンス・ポリシー　287
親会社等との関連当事者取引　272

【カ行】

海外汚職行為防止法（Foreign Corrupt Practices Act：FCPA）　18, 143
海外支店上級管理者　147
会計監査人の選任　278
会社の成功を促進すべき義務（Duty to promote the success of the company）　167
会社法改正　26
会社法等の施行　264
会社補償（Indemnification）　363
会社利益の積極的増進　6
改正会社法　273
外部会計監査人　277
外部評価　209
カウンターシクリカル・バッファー　34
カウンターパーティ　57
カバード・ボンド　57
株式報酬型ストックオプション　363
株主間差別化　315
株主総会の招集通知の発送時期　271
株主総会の日程　355
株主代表訴訟制度　14
株主提案　357
株主との建設的な対話　257
管轄権の誤謬　373
監査委員会委員長　95, 135
監査等委員会委員　87
監査等委員会制度　314
監査等委員会設置会社導入　358
監査におけるインセンティブのねじれ　92
監査費用　277
監査役　277
――監査　275
監視義務　363
完全な公正性の立証責任　320
議案の状況　355
機関設計　177
機関投資家　328
企業価値向上義務　100
企業カルチャー　409
企業の社会的責任　357
規模の制限　125
客観的基準　11
客観的属地主義　35, 368
キャドベリー報告書　208
休眠取締役（sleeping directors）　171
協議文書（consultation）　43
業績連動型報酬　226
業務管理（operational management）　16

業務執行委員会（Executive Committee：EXCO）　109
業務執行取締役　94
銀行基準に関する議会委員会（the Parliamentary Commission on Banking Standards：PCBS）　46
銀行再生破綻処理指令（BRRD）　116, 124
銀行セクター構造改革案　127
銀行同盟（Banking Union）　124
銀行破綻処理制度　44
銀行標準ルール（Banking Standards Rules）　60
銀行法　26
銀行向特別破綻処理制度（SRR）　123
吟味の基準　294
金融安定政策委員会（FPC：Financial Policy Committee）　43, 340
金融安定理事会（FSB：Financial Stability Board）　55
金融機関清算　123
金融機関の再生　116
金融システム上影響を及ぼすような重要な投資会社（systemically important investment firms）　83
金融商品取引法　26
金融犯罪（Financial Crime）　16
グッドフェイス（good faith）　317
——の義務　170
繰延報酬　151
グループ統制　274
グループ内部監査　72
グループ内部統制　273
クローズアウト・ネッティング　56
経営執行委員会（Executive Committee）　15
経営の効率性，妥当性　86
経営判断原則　86, 173, 397
景気循環増幅効果（procyclicality）　124, 345
経済産業省「リスク新時代の内部統制」報告書　298
刑事罰（Criminal Offence）　88, 419
刑事法領域における域外適用（Extraterritorial Application）　368
ケースロー　163
——によるソフトローの法規範形成　435

結合リスト　380
限界費用（marginal cost）　189
建設的な対話　177
行為規制　22
行為・効果基準　370
効果主義　368
後継者の計画（サクセッション・プラン）　262
公的資金投入　121
行動規則（conduct rules）　48
行動原則　22
公法規律　30
効率性　73
合理的な注意（reasonable care）　70
子会社の取締役会　412
顧客デューデリジェンス　18
国際私法　29
国際人権法　373
国際的ネットワーク策定　338
国際礼譲主義（international comity）　29
個人責任の強化　187
個人の行動ルール　100
コストベネフィット　106
コードの法規範化　162
コーポレート・ガバナンス・コード　1
コーポレート・ガバナンスとリスクマネジメントの結合　250
「コーポレート・ガバナンスの原理：分析と勧告の研究」（Principles of Corporate Governance）　299
コーポレート・ガバナンスのコンバージェンス（収斂）　318
「コーポレート・ガバナンスの実践—企業価値向上に向けたインセンティブと改革—」コーポレート・ガバナンス・システムの在り方に関する研究会（座長神田秀樹教授）報告書　362
コモンロー　167
コンピュータ詐欺と濫用に関する法律（CFAA）　367
コンプライアンス部門　16
コンプライアンス・プログラム　20

【サ行】

罪刑法定主義　182

索　引　445

最高業務執行責任者（COO：Chief Operating Officer）　15
最高経営責任機能　94
最高財務責任機能　94
最高財務責任者（Chief Finance）　89
最終報告書（Final report）　58
再生・破綻処理計画（RRP：recovery and resolution plan）　125, 129
最善慣行（best practice）　243
最適資本構成　51, 361
再保険ブローカー　33
財務報告評議会：FRC　5
差止命令　313, 367
サステナビリティー（持続可能性）　181
定款変更　355
定性的評価　207
定量的評価　207
サブプライム金融危機　105
サンクション（制裁）　182
事業活動の遂行に関連するリスク（適正かつ効率的な業務の遂行に係る不確実性）　298
事業機会に関連するリスク（経営上の戦略的意思決定における不確実性）　298
自己勘定取引　187
自己資本比率の計測方法　350
市場における不正（Failure to Disclose to the Regulator）　66
市場リスク　23
システミック・サーチャージ（systemic surcharge）　124, 129
システミックリスク　340
システム上重要な金融機関（SIFIs）　57
事前承認の必要性（Requires pre-approval）　110
私訴（private suit）　15
執行役　177
　――員　177
　――員制度　427
私法の規律　30
資本コスト　207, 360
資本再構築（recapitalization）　345
資本政策　360
　――とグランドデザイン　360
資本増強（capitalization）　345

資本バッファー　23
資本保全バッファー　34
資本要件規制（CRR：Capital Requirements Regulation）　96
自民党・日本経済再生本部　255
指名委員会委員長　95
社外取締役がいない企業における説明義務　267
社外取締役とアドバイザー機能の相違　359
社外取締役の質の面の確保　359
社外取締役を置くことが相当でない理由　267
社外取締役を置くことの不相当性　163
社外役員親族関係　273
重過失基準　313
住宅金融共済組合（building societies）　46, 83
集団訴訟（collective actions）　15
集団的意思決定　59, 173
　――の原則　156
十分な損失吸収能力（LAS：Sufficient loss absorbing capacity）　122
自由貿易協定（FTA）　338
重要な影響力を保有する機能（SIFs：Significant Influence Functions）　82
重要な危害（significant harm）　47
重要な責任機能（SMF18）　381
重要なリスクテイカー（Material risk takers）　96
主観的基準　11
主観的属地主義　368
上級管理者機能（SMFs：Senior Management Function）　1, 82
上級審判所（The Upper Tribunal）　74
上級独立取締役　92
消極的妥当性　24, 425
消極的礼譲　29
常勤監査役　87
承継銀行（ブリッジバンク）　56
証拠開示（discovery）　15
少数株主権行使　271
譲渡制限付株式　226
承認の期限と条件（Approval with time limits or conditions）　110
証明責任の転換（Reversal of the burden of proof in cases of civil misconduct）　49

所要自己資本 23
——構成 34
新2分論とグッドフェイス 322
新BIS規制（バーゼルⅢ） 118
新FCAガイドブック 22
シングル・ポイントオブ・エントリー（SPE） 117, 122
シングル・レシーバーシップ（single receivership） 125
シンジケートローン 93
信認義務 312
——3分説とグッドフェイス 322
審判所判断 69
信用組合（UK-incorporated banks, building societies, and credit unions） 46
信用リスク 23
信頼性あるいは誠実性（integrity） 139
信頼の原則 304
数値規制（prudential supervision） 22
スコットランド法律委員会 167
スチュワードシップ・コード 1
ストックオプション（SO） 363
ストレス・テスト 23
スミス報告書 245
制限付株式賞与 restricted stock 228
政策保有株式 183
清算（gone concern） 56
正式事実審理（trial） 319
誠実義務 100
成長戦略 4, 45
成長と規制のバランス（balancing regulation with the growth agenda） 105
責任限定契約 272
責任の推定（Presumption of Responsibility） 88, 110
責任の表明（Statements of Responsibility） 110
責任マップ（the Responsibilities Map：責任の図解） 50, 94, 110
積極的抗弁（affirmative defense） 319
積極的妥当性 45, 425
攻めのガバナンス 85, 207
善管注意義務 12
——違反 282
全米取締役協会（NACD） 208
戦略的意思決定 294
早期警戒システム 124
早期警戒指標（early warning indicators） 116
贈賄リスク 33
属人主義 368
ソフトロー 7, 23, 156
——形成モデル 163
——のハードロー化 163, 196
損失吸収負債（loss-absorbing debt） 189

【タ行】

第1の防衛線 16
第2の防衛線 16
第3の防衛線 16
第三者による外部評価 209
第三の矢 45
対象限定アプローチ（Targeted approach） 57
代表訴訟 15
——制度 427
タイムテーブル 50
対話と Engagement 6
多重・重畳適用リスク 7
多重適用 29
ターナーレビュー（金融規制改革提言書） 123
多様性（diversity） 181, 190
単一破綻処理メカニズム（SRM） 124
段階的実施期間（Grandfathering period） 113
短期債務 57
ターンブル報告書 250
担保付債務 57
秩序立った清算（orderly wind down） 56
注意義務（duty of care） 11, 100
中間持株会社形態 35
忠実義務 6, 100, 170, 315
——違反行為の類型 319
——とグッドフェイス 319
——の規範化概念 12
重畳適用 29
ツインピークス体制 5
ディビット・ウォーカー 7
適合性と適切性（their fitness and propriety）

48
適切な水準調整(calibration) 117
適切な手続きの面(due process concerns) 14
デュー・デリジェンス(適正評価) 243
デラウェア州会社法 243
デラウェア州衡平法裁判所 315
テロリスト・ファイナンス(活動資金) 18
伝統的リスクマネジメント理論 362
ドイツ銀行 130
統合規範(combined code) 8, 209, 243
投資銀行部門 127
東証における上場制度の整備 262
統制環境(Control Environment) 52
特定完全子会社 272
特別破綻処理制度(SRR) 44
独立銀行委員会(ICB) 124
独立上級取締役 135
独立非業務執行取締役 8
トップダウン・レゾリューション(top-down resolution) 125
ド・ラロジエール報告書(金融規制改革提言書) 124
取締役会(Board of Directors) 15
 ――・監査役会の開催 358
 ――議長 8, 134
 ――議長兼業務執行者(Chairman & Executive Director (Executive Chairman)) 15
 ――評価(Board Evaluation) 206, 263
取締役責任免除制度 14
取締役対象の役員保険(D&O insurance) 12
取締役のグッドフェイス 318
取締役報酬報告書(DRR:Directors' Remuneration Report) 227
トレーディング勘定 123

【ナ行】

内部監査(Internal Audit) 15
内部告発(whistle blowing) 91
内部収益率(IRR) 361
内部通報者保護 277
内部統制 72
内部モデル手法 350

二国間協定・地域協定 338
二重基準 11, 166
二重処罰リスク 30, 31
二重処分リスク 431
日本再興戦略 255
日本再生ビジョン 255
日本版コーポレート・ガバナンス・コード 1
日本版スチュワードシップ・コード 1
認定制度(CR:Certification Regime) 47

【ハ行】

破産管財人 123
バーゼル銀行監督委員会 32
破綻時の再生計画と破綻処理計画(The firm's recovery plan and resolution pack) 91
破綻処理(Recovery and Resolution) 26, 116
 ――コスト 123
 ――制度(resolution regimes) 124, 129
破綻法制(bankruptcy code) 55
ハッキング(hacking)防止 367
バックオフィス 104
バッドフェイス 319
ハートフォード事件最高裁判決 376
ハードロー 160
パネル機関 303
パフォーマンス・シェア(PS) 363
犯罪履歴のチェックと規制当局の照会(Criminal records checks and regulatory references) 111
反証を許す推定(rebuttable presumption) 70, 88
反致(renvoi) 29
反トラスト法領域 14
ハンペル報告書 208
非業務執行(社外)取締役(NED:Non Executive Directors) 1, 6, 15
非業務執行役員 314
非財務情報 177
ビジネスの継続性(business continuity) 93
秘書役 207
ヒッグス報告書 208
筆頭独立社外取締役 92
ひな型(boiler-plate)的説明 181
標準的手法 350

448　索　引

ファイヤーウォール（利害相反関係などの遮断）　103
フォーム 10-K 提出会社　321
不注意な管理のミス　88
不注意な経営の誤り（reckless misconduct）　60
プライベート・エクイティ・ファンド（PE）　126
ブリッジ金融持株会社　126
プリンシプルベース　7, 23, 156
プルーデンス政策　44
プロジェクトファイナンス　131
フロントオフィス　104
ヘアカット（債務再編）　57
米国 FCPA（The Foreign Corrupt Practices Act of 1977）　18
米国 NYSE，NASDAQ　226
米国型モニタリングモデル　7
米国企業改革法（Public Company Accounting Reform and Investor Protection Act：サーベンス・オクスリー SOX 法）　86
米国金融改革法（Dodd-Frank Wall Street Reform and Consumer Protection Act：ドッド・フランク法）　53, 86
米国証券法の域外適用　370
米国トレッドウェイ委員会（Treadway Commission）　297
米国内国歳入法典（Internal Revenue Code）　225
米国法律協会（ALI：American Law Institute）　316
米連邦預金保険公社（FDIC）　125
ベストプラクティス　184
ヘッジファンド　126
包括的アプローチ（Comprehensive approach）　57
報酬委員会委員長　95, 135
報酬の取戻し（クローバック）　151
防弾チョッキ（bullet proof）　86
法と社会規範の相互作用　310
法の拡張　310
補償的損害賠償（compensatory damages）　367
補助スタッフ（auxiliary staff）　112

ボルカー・ルール　53, 123
ホールセール（Wholesale Conduct）　66, 93
　――銀行　127

【マ行】

マクロプルーデンス（マクロ健全性）　43
マトリックス型の組織構造（matrix organization structures）　84
マネー・ロンダリング　18, 92
　――・オフィサー（MLROs：Money Laundering Reporting Officers）　158
マリンホース事件　144
マルティプル・ポイントオブ・エントリー（MPE）　122, 123
ミクロプルーデンス（ミクロ健全性）　43
ミドルオフィス　93, 104
無効・取消処分（rescission）　313
モラルハザード　196

【ヤ行】

役員の出席率　358
役員報酬　356
ユニバーサルバンク　130
ユノカル事件　320
要約報酬表（Summary Compensation Table）　228

【ラ行】

ライトアプローチ（a lighter approach）　50
利益相反禁止義務　6
利益の衝突（Conflicts of Interest）　66
リーカネン報告　124
　――書　128
リスクアセスメント・フレームワーク　36
リスク・アペタイト　344
リスク委員会（Risk Committee）　15
　――委員長　95, 135
リスク加重資産（RWA）　127
リスクガバナンス　8
リスク管理　9
　――部門　16
リスク許容度（risk tolerance）　17, 24
リスクコミュニケーション　362
リスク・コントロール（Risk Control）　16

索　引　*449*

リスク削減プログラム（RMP：Risk Mitigation Program）　37
リスクテイク　85
リスク・パラドックス　362
リスクベース・アプローチ　18
リスク・マトリックス（Risk Matrix）　17, 24
リストリクテッド・ストック（RS）　363
リテール（Retail Conduct）　66
　——・リングフェンス　124
リーマン金融危機　7
流動性カバレッジ比率　114

両罰規定　173
リング・フェンシング（Ring-fencing）　54
リングフェンス銀行　53
レバレッジ　188
　——効果　361
レピュテーショナル・リスク　23
レポーティング・ライン　111, 179
連邦預金保険公社（FDIC）　123
ローテーション人事・派遣　9
ロンドン証券取引所（LSE）　241

著者略歴

藤川信夫（ふじかわ・のぶお）

1976 年 3 月　京都大学法学部卒業
1976 年 4 月－2004 年 9 月　日本開発銀行（現在，日本政策投資銀行）入行
　主として融資・審査業務，財務・資金，調査・研究等に従事
2004 年 9 月　日本政策投資銀行　退職
2004 年 10 月　日本大学法学部　教授
2007 年 10 月　日本大学大学院法学研究科　教授（兼務）　現在にいたる

（学位）
2007 年　博士（法学・早稲田大学）
（専門）
　国際取引法，金融法，国際経営法学，コーポレート・ガバナンス論，会社法，ビジネス法務
（海外研究歴）
2002 年　ペンシルバニア大学経営大学院ウォートン・スクール AMP（Advanced Management Program）修了
2011 年　ジョージ・ワシントン大学ロースクール 客員研究員
（出向歴）
1987 年 4 月－1989 年 3 月　㈱日本格付研究所（格付機関）出向，格付審査部・格付担当調査役
1991 年 4 月－1993 年 3 月　産業基盤整備基金（現在，中小企業基盤整備機構）出向，業務第一部保証課長 兼 出資課長 兼 新規事業課長（ベンチャー企業向）
（主要著書・論文）
1. 著書：単著（6 編）
『国際経営法の新展開―会社法改正ならびに金融法とコーポレート・ガバナンス，スチュワードシップ・コードの接点―』（文眞堂，2014 年，384 頁，2015 年 9 月日本リスクマネジメント学会優秀著作賞受賞），『国際取引法―理論と実務―』（尚学社，2013 年，464 頁），『国際経営法学―コーポレート・ガバナンス，米国企業改革法，内部統制，企業防衛策ならびに金融コングロマリット・金融商品取引法など国際的企業経営をめぐる法制度の現代的課題と実践―』（信山社，2007 年，828 頁），『事業創出・再生とファイナンスの実務―M&A，MBO，会社法制の抜本的改正―』（ビジネス教育出版社，2005 年，286 頁），『個人情報保護法と金融機関の対応―金融庁のガイドライン，全銀協・全信連の自主ルールを読んで個人情報保護法への具体的対応とコンプライアンス体制を構築する―』（金融ブックス，2005 年，246 頁），『コーポレート・ガバナンスの理論と実務―商法改正とその対応―』（信山社，2004 年，1012 頁）．
2. 著書：共編著（多数。主要 12 編を記す。担当分は全て単著）
松嶋隆弘編『会社法講義 30 講』（中央経済社，2015 年，378 頁中，担当分 29 頁），「域外適用の現代的考察―恣意性ならびに効果主義理論の整合性―」稲葉陽二＝藤川信夫＝岡西賢治編『企業コンプライアンス』（尚学社，2013 年，290 頁中，担当分 50 頁），明石一秀＝大塚和成＝松嶋隆弘＝吉見聡編『非公開化の法務・税務』（税務経理協会，2013 年，421 頁中，担当分 47 頁），藤川信夫＝松嶋隆弘編『エッセンシャル ビジネス法務 補訂版』（芦書房，2012 年，383 頁中，担当分 50 頁），根田正樹＝大久保拓也編『支払決済の法としくみ』（学陽書房，2012 年，283 頁中，担当分 9 頁），「金融危機後の国際金融法制の展望と新たな統合的リスク管理ならびにガバナンス体制構築に向けて」奥島孝康先生古希記念論文集第一巻『下篇』『現代企業法学の理論と動態』（成文堂，2011 年，1282 頁中，担当分 67 頁），菅原貴与志＝松嶋隆弘編『会社法による中堅企業のリストラクチャリング』（三協法

規出版，2009 年，261 頁中，担当分 66 頁），坂田桂三＝根田正樹編『会社法の基礎知識』（学陽書房，2009 年，366 頁中，担当分 29 頁），「コンプライアンスとコーポレート・ガバナンス—会社法，金融商品取引法，独占禁止法ならびに金融監督と金融機関の関係などコンプライアンス・内部統制をめぐる法の交錯と実践—」奥島孝康編『企業の統治と社会的責任』（金融財政事情研究会，2007 年，636 頁中，担当分 101 頁），根田正樹＝菅原貴与志＝松嶋隆弘編『内部統制の理論と実践』（財経詳報社，2007 年，369 頁中，担当分 25 頁），日本政策投資銀行企業創出・再生研究グループ＝監査法人トーマツ編『ベンチャービジネスのための資金調達実務ガイドブック』（中央経済社，2004 年，392 頁中，担当分 121 頁），末永敏和＝長谷川俊明＝稲葉陽二編『委員会等設置会社・重要財産委員会導入の実務』（中央経済社，2003 年，389 頁中，担当分 277 頁）．

3. 主要論文（80 編以上．直近の主要 12 編を記す．何れも単著）

「英国金融法制と Senior Management Regime—コーポレート・ガバナンス・コードの交錯，裁判例を通じたソフトローの変容，上級管理者機能（SMFs）および域外適用—」日本法学第 81 巻 2 号（2015 年 10 月）1-61 頁，「英国スチュワードシップコード，コーポレート・ガバナンス・コードの理論と実践—英国における新たなガバナンス規範と非業務執行取締役ならびに我が国の導入に向けて—」日本大学法学紀要（2015 年 3 月）第 56 巻 35-140 頁，「忠実義務と非業務執行取締役の考察—米国の忠実義務の規範化概念と英国会社法の一般的義務，英国スチュワードシップ・コードと Approved Persons 制度等の接点—」日本法学『山川一陽教授古希記念』第 80 巻 3 号（2015 年 1 月）439-492 頁，「英国スチュワードシップ・コードと Approved Persons 制度—域外適用と金融機関のリスクガバナンスならびに監査等委員会制度などの接点—」日本法学『日本大学法学部創設 125 周年記念号』第 80 巻 2 号（2014 年 9 月）415-467 頁，「米国金融改革法を中心とする国際金融法制の展開と日本への影響—法と実務の接点—」日本私法学会『私法第 76 号』（2014 年 4 月）247-254 頁，「新たな国際汚職行為防止法の考察—域外適用と Red Flag 対処義務—」政経研究『秋山和宏教授古希記念』第 50 巻第 3 号（2014 年 2 月）609-654 頁，「国際取引における域外適用ルール統一化ならびに秩序形成に向けて」日本法学第 79 巻第 1 号（2013 年 6 月）1-73 頁，「域外適用と銀証分離の交錯—グローバル金融法制の新潮流—」政経研究『奥ม大作教授古希記念』第 49 巻第 4 号（2013 年 3 月）171-204 頁，「銀行取締役の追加融資責任に関する考察—東和銀行損害賠償請求等訴訟事件と関連事案の検討ならびに米国の比較法的研究を通じて—」法学紀要第 54 号（2013 年 3 月）55-161 頁，「米国金融規制改革法など国際金融法制における新たなリスク・ガバナンス—規制強化とコンバージェンスならびに忠実義務などを通じた株主間差別化に向けて—」政経研究『高木勝一教授古希記念』第 49 巻第 3 号（2013 年 1 月）591-622 頁，「米国ドッド・フランク法における銀行持株会社ならびに M&A 取引規制等にかかる考察」日本法学第 78 巻第 1 号（2012 年 6 月）65-92 頁，「銀行取締役の善管注意義務違反と経営判断原則などに関わる考察—四国銀行株主代表訴訟上告審判決（最二判平成二一・一一・二七金判一三三五号二〇頁）の検討，米国の比較法の観点などを通じて—」日本大学法学紀要第 52 巻（2011 年）43-133 頁．

英国 Senior Management Regime(SMR), 上級管理者機能(SMFs)と
コーポレート・ガバナンス・コード
―攻めのガバナンス,国際私法の交錯領域―

2016年1月15日　第1版第1刷発行　　　　　　　　検印省略

著　者　藤　川　信　夫

発行者　前　野　　　隆

発行所　株式会社　文　眞　堂
東京都新宿区早稲田鶴巻町533
電　話　03(3202)8480
FAX　03(3203)2638
http://www.bunshin-do.co.jp/
〒162-0041 振替00120-2-96437

印刷・モリモト印刷　製本・イマヰ製本所
© 2016
定価はカバー裏に表示してあります
ISBN978-4-8309-4886-2　C3032